记者心语

邵华泽题

（题字：邵华泽）

新媒体与社会变革丛书

丛书主编 / 江作苏

记者心语新修

职业伦理与心理取向

江作苏 黄雪莹 / 著

中国传媒大学出版社

·北京·

初版序

艾　丰

这本书，不仅是一本勤奋的书，也是一本思考的书、智慧的书。

这本书，不仅是一本业务的书，也是一本学术的书、做人的书。

新闻界的朋友们出版过许多书籍，而像本书这样的书，还不多见。它不是一般的作品集，不是记者采写的社会事件和社会问题，也不是一般的新闻学著作，而是作者在实践中“理性化感悟”的集锦。作为一个多年从事新闻工作的老记者，我阅读这本书时，有一种亲切之感，好像是同行、朋友之间在谈心。作者的许多心得，引起了我的同感，给了我不少启迪。

近几年来，我反复强调重视“观念”的问题。主要有三个原因：

第一，就思维规律看，人的意识活动主要分为五个层面：第一个层面是信息层面，信息是能够解决人的认识上的不确定性的信号，没有信息，人的思维活动便没有原料；第二个层面是知识层面，知识也是信息，但它必须是含有事物规律性内容的信息，没有知识，便失去了把握事物规律的任何可能性；第三个层面是观念层面，大量的信息和知识输入到人的头脑中，再加上每个人所处的社会地位，于是渐渐形成了某种观念，观念是主观和客观的结合，它的核心是价值观，是价值的取舍，所以观念是有方向的；第四个层面是理论，理论是把信息、知识，在特定的观念指导下形成的理性认识体系；第五个层面是智慧，智慧是解决实际问题的高超的思维能力，人意识活动的最高层面是智慧，认识是要回到实践的，满脑子理论而不能解决实际问题的人，我们称为“书呆子”。在这五个层面中，观念处于“居中”位置。观念发生了问题，即便有足够的信息，即便有丰富的知识，也常常得不出正确的理论，也不会结出智慧之果，常常导致愚蠢。

第二，就我国所处的时代背景来看，这正是一个大转型时期。促成“两个根本性转变”的顺利实现，最重要的是“第三个转变”，也就是观念的转换。进入 21 世纪，我国经济面临着三个新课题：加入世界贸易组织，实施西部大开发战略，加快城镇化建设。从党的建设来看，还有如何理解和贯彻“三个代表”重要思想。实际生活中的巨大变化，都促使我们的观念随之变化。

第三，就我们同行的状况来看，不仅观念跟不上是一个普遍的问题，而且这个问题还没有引起我们足够的重视。

这本书正是抓住了新闻工作者需要转换观念这个重要环节，所以可以说它是抓到了新闻工作的痛处、痒处、要害之处、关键之处。

多年来，人们常常把记者称呼为“笔杆子”，优秀的记者是“大笔杆子”。对此我很不以为然，甚至有些反感。它给人一种错觉，似乎记者是没有头脑的“杆子”，任人攥在手中挥来挥去。为了“反抗”这种舆论，我把自己1986年出版的新闻作品集命名为《思考的笔》，并在序言中说，如果硬说记者是笔杆子，那么也是有生命的笔，有头脑的笔，是一枝“思考的笔”。

出色的记者应该是“一笔两家”：“笔杆子”+“社会活动家”+“思想家”。这不是新闻工作者的自我扩张，而是做好现代传媒工作的必然要求。

现代传媒在当今社会，实际上处于大型“立交桥”的地位。政治、经济、文化，乃至外交、军事等都要通过其运行。因此，新闻传媒就具有明显的双重品格和地位：一方面，它是一种具有自己独立范畴的业务活动；另一方面，它又是几乎可以囊括全社会的综合活动。所以，新闻既是一种专业，又是一种社会文化。这方面需要进行专门的论述，并不是这篇短文能够完成的任务，我只是在这里把它鲜明地提出来而已。

一个记者，一个新闻工作者，只有这样认识自己的岗位和职责，才能做好自己的工作。江作苏同志也是这样认识的和这样实践的。他在各方面取得了可喜的成果。

相信会有更多的同行这样认识并这样做起来！

2002年3月20日
于北京
（作者时为《经济日报》总编辑）

新修版自序

建设互洽的文化与传播伦理

江作苏

互洽也称自洽，语义上解释为自相一致，而且具有一定互补的作用。文化自信是对自身文化价值的肯定，与传播伦理具有互洽性。

人们的心理世界，更需要有一种自洽的心境。无论是新闻传播界的从业人员，还是教师与学生，无一刻不在寻求客观与主观的对接。然而，对接的心境总是处于常态的矛盾之中。因为这个世界实在是太复杂，而我们反映客观的手段和角度总是太有限。

当下，世界各国纷纷出台多样的文化政策以寻求自身文化的可持续发展，影响世界秩序的重建过程。在错综复杂的文化背景下，伴随逆全球化思潮，国际上也出现了极端的文化排外主义、文化虚无主义和文化保护主义。在这样的舆论场域中，中国提出文化自信、道路自信、理论自信、制度自信，这“四个自信”主张概括了中国特色社会主义的底气，成为建设中国特色社会主义的文化依据，标志着国家意志层面的理性。

媒介具有文化传播的功能和作用，同时媒介在传播文化的过程中也影响着文化的表现形式和传播模式，推动着文化的传承、发展与创新。尼古拉·尼葛洛庞帝称数字化生存的本质是赋权，信息技术的发展使新媒体的门槛降低，人皆拥有了自我表达的工具。

文化自信也是伦理自信，文化自信是对自身文化的价值和历史传统有充分的肯定，对当前的文化状态有清晰的认知，对自身文化的未来发展有坚定的信心。加拿大传播学教授赵月枝从主体性和问题意识考虑，认为中国的传播研究要有自己的主体意识和问题意识，不能是西方传播学的附庸和浅薄本土化的版本。这就要求，必须要有中国投射于世界关系的视野和乡土中国的立场。不难体会，这种主体思想正是文化自信的思想体现。

文化自信需要文化根基，这种基础是建立在民族文化传统之上的。中华文化积淀着如仁爱、礼义 、廉耻、谦虚、中庸、诚信、友善等价值观念，丰硕的优秀文化成果塑造了中华民族的特性，成为文化自信的来源。正如北大学者陈汝东认为的，在2000多年前，中国的古典时期创造了大量的伦理思想，包括儒家思想，墨家的“兼爱”、“非攻”，道家的无为而治，法家的法制，以及纵横家的修辞说服等思想，吸取这些中国的古典伦理智慧，是建构全球修辞传播秩序的重要手段和方略。关于伦理精神自信是文化自信的核心与根本观点的认识，获得了文化学界和伦理学界的普遍认同，在文化自信的系统结构和动力功能中，伦理自信既是基础性的自信又是动力性的自信，还是目的性的自信，其扮演着基础性的角色，对文化的产生、创造和维护起着尤为关键的作用。

传播伦理是指传播过程或传播行为所涉及的道德关系，多数学者认为大众传媒的根本职责在于传播真善美。可见，在传播过程中，礼、德、真、善、美等传统的文化价值观念对于传播伦理具有理论支撑的作用，例如孔子的“君子义以为质，礼以行之，孙以出之，信以成之。君子哉”，即指人与人之间交往的诚信原则，说话算话，信守承诺的责任担当表现。传播的行为是基于人的行为的，在当今社会技术形态的特点下，线上或线下、同向或逆向的传播，不同于以往的单向传播概念，形成了具有自洽性，即融合与互补性的作用。

由于传播边际不清晰，容易形成混沌的信息场域，则需要“伦理”这一新闻传播的内在约束性要素去规范整个传播行为。伦理作为一种文化意识形态，作用于传播的行为具有支配的作用，可以通俗化地解释为基于四心：“有良心”“责任心”“敬畏心”“同情心”。当然，伦理基础作用不是传播行为特有的，而是存在于人际交往中那些潜在的价值观、是非观和责任观，这些伦理观念绝非信手拈来，必须从中华文化中去吸取和提炼。媒介客观的事实报道反映规则背后的价值诉求，回应人心所向和塑造伦理人情，是对法律的有益补充。从这个层面上讲，法律与媒介伦理有着内在的自洽因素，因为，无论法律还是传播，都有着公益、公平、公义的共同道德责任。

当下传播环境中，存在着文化选择过度依赖媒介技术的伦理困境。思考文化与伦理之间的关系可以发现，文化“知沟”实质亦为伦理知沟，对文化的自信亦是对伦理的自信。因此，文化自信与传播伦理存在着互洽性的对接需求。突破文化传播的伦理困境，应当坚持文化自信之路，引导新闻工作者以理性的态度在传播行为中嵌合伦理价值。同时，提高公众、传媒业者和政府机构及其官员的媒介素养，可以从总体层面推动文化与伦理的互洽性构建。

因此，作者希冀从一个更广阔和更自由的界面，对记者这一职业所涉及的心理与伦理问题，作一深入探讨。考虑到碎片化时代人们的学习接受心理特征，所以把全书的设计，由多年前初版《记者心语》时我个人的常规独白式，与合作者共同改写为正文加心理小典、心智掌故、心灵启悟的组合形式，在总共 10 章的结构中，第 1 章至第 6 章侧重伦理探讨，第 7 章至第 10 章侧重心理探讨。努力在一种轻松的氛围中，达到对严肃主题的思考与探索，相信读者能够对此有所体会，亦能在阅读中得到共鸣。

这本书的初版与新修版在时间跨度上有 15 年，心理与伦理之“新修”，疏漏在所难免，期望读者不吝指正。

2017 年 12 月
于武汉

目录

第二章 记者职业伦理之发现篇 42

第三章　记者职业伦理之策划篇　76

第四章　记者职业伦理之导向篇　108

第七章 记者职业心理之审美篇 212

第八章 记者职业心理之防错篇 248

第九章 记者职业心理之修养篇 283

引 言

在传播技术突飞猛进的21世纪，传媒行业正经历着深刻的变革，技术的升级与应用正在形塑着这个行业的基本业态，使得传统媒体的发展模式逐渐式微，而移动新媒体的蓬勃之势已成常态。传媒行业中的各个缺口正在形成，而媒体间的深度融合才是弥补缺口的基本手段和行业发展的不竭动力。但是，"融合"并不只是观念上的概念，它必须被有效地付诸实践，而在实现从"理念"到"实践"的跨越过程中，须臾不可分离的就是技术，这使得技术成了支撑媒体间深度融合的一支重要力量。然而，有相当一部分人认为，技术才是实现传媒业发展的决定性因素，这往往使得技术背后的"主宰力量"——人，被有意无意地忽略了。对于新闻行业的发展来讲，我们理应达成一种共识：技术只是行业发展的有效辅助手段，而唯有人（通常指的是相关新闻工作人员）才是行业发展的主导力量，是行业蓬勃发展和走向兴盛的不竭动力。有了此种共识之后，我们后文围绕新闻工作人员的一切讨论才有了意义。

一

由于新媒体传播技术的赋权，"观点的自由市场"正在形成，几乎每一个涉网的人，都能够通过不同的渠道发出自己的"原创声音"，以表明自己的观点和态度，甚至是打造网络空间交往中的完美人格，所以说我们正步入"秀我"的时代：哪里有平台，哪里就是展现自我的舞台，而无论是传统媒体，或者是新媒体，都热衷于给民众提供一个这样的平台。至此，涌现在我们面前的是一个不断膨胀的"信息场"，其中穿插着各种各样、来源不同、形式丰富的信息流，让身处其中的人大有"乱花渐欲迷人眼"之感：信息涌入越多，越是困惑；越丰富，越是焦虑。对于新媒介技术带来的无限便利，现代社会中的人从不吝啬对其的赞美之词，休闲、娱乐、求知、学习等丰富而多元的体验只需要轻轻动一动手指即可获得；我们与生俱来所追求的平等与民主似乎也已经实现了，因为信息传播的功能被无限地放大，人们越来越倾向于认为网络空间是一个众生平等的民主场，每个成员都可以根据自己的情感、态度和认知进行不受限制的自我表达，从而实现个人的利益诉求，所以我们日益为高度自由和便利的网络空间鼓掌与欢呼。由此，现代社会的"信息化"特征，呈现出比以往更激进的态势。

早在20世纪20年代，美国著名政论家沃尔特·李普曼(Walter Lippmann)就在其所著的《公众舆论》一书中，论及信息环境的问题，该问题也被称作“拟态环境”问题。所谓“拟态环境”，就是我们所说的由大众传播活动形成的信息环境，它并不是客观环境的镜子式再现，而是大众传播媒介通过对新闻与信息的选择、加工和报道，重新加以结构化后向人们展示的环境，而传播媒介大多具有特定的倾向性，因而“拟态环境”并不是客观环境的再现，而只是一种“象征性的环境”。大众传播形成的信息环境(“拟态环境”)不仅制约着人的认知和行为，而且通过制约人的认知和行为来对客观的现实环境产生影响。在现代社会，由于时间、精力、财力等因素的约束，人们不可能事必躬亲，绝大多数人只能通过媒介为其提供的信息去了解世界。在很多情况下，人的行为已经不再是对客观环境及其变化的反应，而是对新闻机构描述的画面——“拟态环境”——作出反应，产生脑海图景，并据此指导自己的行动。日本传播学者滕竹晓在李普曼的基础上明确提出了“信息环境的环境化问题”，更深刻地表明了“信息环境”和“现实环境”的距离在日益缩小，人们越来越难以对两者进行区分。上述两位学者所生活的时代，互联网技术的发展尚且处在萌芽阶段，他们对媒介所产生的社会影响的全部认识还只是取决于对报纸、广播、电视等为代表的大众传播媒介的研究。在互联网高度发达的时代，传播媒介技术的高速发展对现代社会的影响无疑是颠覆性的。曼纽尔·卡斯特尔(Manuel Castells)在《网络社会的崛起》一书中认为：从最坏的到最好的，从最精英的到最流行的事物，在这个将沟通心灵的过去、现在与未来全都链接在巨大的非历史性超文本的数码式宇宙里，所有的文化表现都聚集在一起，如此一来，它们便构造出一个新象征环境，让我们的现实成为虚拟。让·鲍德里亚(Jean Baudrillard)将这个“虚拟特征横行、信息爆炸”的传播氛围称为“仿真文化”，一种比真实还真实的文化。它消解了时间与空间的维度，让人不再有过去与将来的概念，永远活在“现在”之中。

信息源与感知之间实现的这种“内爆”式联结，使信息消费者的“触媒”获得感已然呈现出如此的局面：一切不再新奇，伦理消解于变异的事实中。在媒介深度融合的当下，媒体从业人员，主要是传统媒体的从业人员普遍陷入了深深的职业伦理困惑当中，其职业使命感、职业自豪感、职业自信心等纷纷遭受严重的考验。罗伯特·克劳特(Robert Kraut)等人的研究结果表明，新闻工作者现在面临的这种“职业困惑”可能是作为“新手”在面对一项革命性的新技术时的不知所措造成的。在旧的新闻生产的思维模式还未被打破，新的传播技术还未“全副武装”起来的时候，难免会使人陷入悲观主义的情绪当中。基于此种传播生态给新闻工作者和非新闻工作者带来的双重负面影响，比尔·科瓦奇(Bill Kovach)和汤姆·罗森斯蒂尔(Tom Rosenstiel)对传媒行业的主体关照视角也进行了一定的转换，那就是从专业的新闻工作者那里游移到了普通的新闻消费者身上，他们把自己多年从事记者行业的一整套实践经验进行了归纳和总结，毫不吝啬地向作为信息消费者的普通人提供扫除“信息雾霾”，减轻信息焦虑的方法，意图为现代社会培养具有“高水平信息消费能力”的信息消费者，从而实现专业新闻工作者和非专业信息发布者的“双赢局面”。如果上述两位资深记者所构建的“蓝图”能够逐渐发挥实质性作用的话，那么具有专业水准的新闻工作者不仅不会被边缘化，反而更能发挥其信息传播的主导性作用。但对于新时期的新闻工作者来说，仅仅提高自己的专业技术水准，譬如将自己培养成掌握多媒体传播技术的“全能型”记者，是远远不能适应媒介素养日益提升的公众的需求的。未来的新闻工作者应当能够平衡各方议程，能够平衡最感兴趣、最愿意参与的公众和最不感兴趣、最不愿意参与的公众之间的关切。由此，职业伦理概念的引入，对于巩固记者的专业主义意识、责任意识、人文关怀意识等尤为重要。

二

中国人民大学新闻学教授陈力丹在论及现今的信息传播生态时，曾阐述道：“现在是新闻最多的时代，也是新闻最差的时代，我们似乎更容易看见‘真相’，但追究真相更难，我们已经生活在一个全民新闻的时代了，人人都可以发布新闻，但是事实的真相反而难以辨别了。”这是当今民众普遍面临的信息感知困惑。人们似乎拥有了前所未有的信息发布权和信息选择权，似乎比以往任何时代都更加自由，但与此同时，民众也比以往任何时代都更加不自由，因为他们被深深地卷入了信息漩涡之中，已经很难辨别前进的方向了，从而出现了情绪消费并不基于事实的“后真相”现象。面对如此矛盾的局面，民众自然会退守信息选择的安逸区，只关注自己能够轻松应对和能使自己愉悦的信息，因为长期注重单纯的感官刺激，人们理性的思考自然会消退。如果新闻消费者长期如此，“传播隔阂”不仅不会因为新技术的赋权而渐趋消失，而是会呈现扩大之势，然后横亘在信息之海和个人感知面前，在这个时候，专业的新闻工作者如果再不发挥自身应有的职业价值，那么新闻行业的负面效应便会持续恶化下去。

“机器人写稿”已经被一些媒体投入常规使用了，无人机报道有着无可比拟的优势，虚拟现实技术风生水起，大数据蕴藏着丰富的可能……面对新技术的广泛运用，我们仍然要强调记者的重要性，不仅如此，还要将其放在重要位置。回溯20世纪的新闻传播行业，因为普通民众精力的有限和活动范围的局限，他们不可能亲身经历社会生活的各个方面，所以对于自身之外的了解通常是通过新闻报道来实现的，而这一满足人们信息需求的任务自然是由专门从事信息采集工作的新闻记者承担。由于信息传播渠道的有限性，那时的公众被动地接受来自专业新闻工作者报道的新闻，传受双方彼此相安无事，整个传播生态也呈现一种相对和谐的状态。那是大众传播的“黄金时代”，记者“执笔仗言”，本着新闻专业主义的原则，通过自己精心采写的新闻报道，影响议事进程，影响社会舆论，由此也使记者这一职业形成极大的社会影响力。“无冕之王”曾经是无数有抱负的青年投身新闻行业的最大动力，因为这一荣誉称号不仅象征着一种社会使命感和责任感，更象征着一种职业自豪感和职业荣誉感。如今，新闻行业步入21世纪互联网时代的快车道，整个行业经历了翻天覆地的变化，对记者这一职业的称号已经由“无冕之王”渐渐演变成具有自嘲意味的“新闻民工”。新闻报道的门槛逐年降低，由于社交媒体的普及化，几乎每一个普通人都能参与到新闻报道中来，组织与组织、组织与个人、个人与个人之间的“传播”阻隔状态被打破，媒介组织、新闻记者的“传播中介”地位不复存在，“在这样的新环境里，新闻工作者像是在一个四周没有围墙的大门口站岗”，各式各样的信息纷至沓来，占据有限的注意力资源，浮躁的情绪开始在整个新闻行业里蔓延开来。在“信息传播速度越快，却越想快速发布信息”的传播怪圈里，传统的“新闻核实”理念似乎成了一种过时的概念，因为“更正式新闻”可以覆盖前面出错的新闻，但普通民众却越来越无法忍受为“媒体报道错误”买单，这已使新闻工作者处在一个十分窘迫的位置，即新闻工作者一方面绞尽脑汁取悦民众，另一方面民众却开始对新闻报道的真实性、媒体的专业性、记者的客观性表示怀疑。这不得不让如今的新闻工作者反思：

在媒介深度融合的今天，我是否紧跟时代，提升了自己的专业技能？

我有人文关怀意识吗？

我是否坚持了自己的职业职责？

我是否抛弃了传统的新闻精神，譬如认认真真地核实新闻和采写新闻？

我是否因过分迎合民众口味，而忘记了引导社会舆论、平衡社会意见与情绪的重担？

面对新时代的新闻业，作为记者的我是否真的准备好了？

这些问题只是新闻行业现在所面临问题的一个侧面缩影，民众真正要问的远远不止这些，但在社会对这个行业的负面情绪还没有触及警戒线之前，在媒体的公信力和权威还没有丧失殆尽之前，新闻工作者也要具备一定的危机意识，提早做好准备、转变观念，更好地担当好为民众服务的角色，更好地适应新时代新闻业的新变化。

由技术革新所带来的种种冲突和不适应似乎使新闻行业充满悲观情绪，现如今所谓的新媒体也渐渐失去了自己的“蓝海优势”，传统媒体的地位更是岌岌可危，但衰落的仅仅是行业中的渠道、平台、体制和技术等非主体性因素，行业中的主体性因素——人，是永远不会衰落的，从狭义上来说，记者永远是这个社会所不可缺少的。正如 2015 年 12 月从《南方人物周刊》主编岗位离职的徐列所说：“记者并没有衰落。现在是传统媒体衰落、新媒体兴盛的时代，而记者永远处在‘黄金时代’。”①人是具有独立思想的存在，更是实践活动的主体，对于新闻行业来说，记者是这个行业的主体，理应发挥主人翁的精神。面对如今新闻业所面临的问题，记者要转变自身观念，首先要做的就是怀有一种博大的胸怀，不仅自己要秉持专业主义的意识来从事新闻生产，更要用自己的专业主义精神来影响正在从事意义生产的绝大多数民众，使他们虽无限却杂乱的意义生产力量回归新闻传播的规律，并进一步反哺新闻业，如此，不仅新闻行业可获得广阔的发展前景，整个传播生态也必然焕然一新。所以，在此种良性设想面前，记者面临的情况比以往任何时候都要复杂，责任意识比以往任何时候都应该更加强烈。让我们回到上述反思的最后一个问题：面对新时代的新闻业，作为记者的我是否准备好了？那么，记者该为此做何准备？我们不妨从以下几个方面加以论述。

树立强烈的服务意识。在我国的新闻传播环境下，这样的思考角度尤为重要，具体原因如下。一则大局意识、服务意识一向是政府执政要义中的重要一环，作为党和政府喉舌的新闻传播行业，必须秉持这一意识；二则新闻传播行业本身属于第三产业，因而其服务的本质理应被加以强调。对于记者来说，这种服务意识必须从每一条被报道的新闻做起：我（记者）能够保证这条新闻的真实性和准确性吗？这条新闻报道到底能够给民众带来什么？能够发挥什么样的作用？如果记者认为报道新闻只需要做到客观叙事就足够了的话，那么很遗憾，记者的服务意识还远远没有体现出来。因为公众所需要的信息远远不止这些，在新闻报道不再是他们获取信息的唯一来源的当下，他们更希望专业的新闻机构能够提供一些新的知识、新的技能、看待世界的方法等一系列与新闻事实同等重要的东西。由此，理想的新闻组

① 陈敏，张晓纯．告别“黄金时代”——对 52 位传统媒体人离职告白的内容分析[J]．新闻记者，2016，(2)：16-28.

织还应该是一个积累和综合社会知识的地方，一个思维和方法碰撞的场所。例如，在科学知识的普及方面，公众完全可以通过多种渠道获得远比媒体报道更详细、更全面、更丰富的科学真知。因为相关方面的科学权威可以绕过新闻媒体，直接与公众对话，但这是不是意味着在科学知识的传播方面，记者就可以无所作为了呢？答案是否定的。只是记者要做的事情远比传播科学真知复杂，他们提供给公众的是寻找真正科学权威的渠道，以及鉴别真伪科学知识的方法。记者的服务意识就体现在这些方面。

做理智的信息过滤者。面对杂乱无章的网络传播环境，公众急需摆脱纷纷扰扰的信息噪音，减轻“信息冗余”带来的心理负担，回归更加清净的信息环境。如果记者能够发挥其应有的专业价值，进行科学的“信息过滤”，减少令人应接不暇的“信息选择”，那么公众的信息焦虑也会因此减轻许多。相比社会上其他个人或者组织团体，新闻媒体的传统价值和权威性还是被绝大部分公众所认可的，因而依托专业新闻媒体的记者可以而且应该承担起“信息过滤”的责任，凭借浸润多年的专业主义意识，对鱼龙混杂的信息进行“去粗取精”，从而为公众“减负”。与此同时，新闻行业在公众心目中原本有限的价值和权威也会因此得到加强。

坚守传统媒体的核心新闻价值观。在现今新型的传播业态下，首先必须恪守“真实性”的新闻铁律，“真实是新闻的生命”这句话永远不会因为新闻行业的快速发展而失去其应有的价值。围绕“真实性”这一话题展开，新闻核实的优良传统不应当被当代新闻工作者所忽略；信源的引用要比以往任何时候都更加谨慎，记者不仅要做到反复确认新闻来源的可靠性，更应该让公众看到其核实和确认的诚意。

“在20世纪，新闻是由新闻工作者决定的，今天在决定何谓新闻的过程当中，公众扮演着更重要的角色，下一代新闻业必须欢迎并且为更具参与性的公民服务。正是从这个意义上来说，新闻不再是讲授，它更多的是一种内容更加丰富的对话。”[①]记者要做的就是提供便捷丰富的对话平台，在这个话语平台上去展现这个行业应有的伦理取向。因此把伦理问题与心理问题并列开展探讨，就成为这本《记者心语新修》思考与写作的逻辑起点。

---

① 科瓦奇，罗森斯蒂尔．真相：信息超载时代我们如何知道该相信什么[M]．陆佳怡，等，译．北京：中国人民大学出版社，2014.

第一章　记者职业伦理之思维篇

第一节　生命乐在主动

"伦理之思，从心而动，思之所想，行有善焉。"记者职业伦理的开始在于思维的转变，因而在本书开篇我们应当介绍"主动思维"。"生命的快乐在于行动"，这是诗人雪莱喜爱的一句话。细细推敲一下，雪莱说的行动，肯定是主动的行动，而被动的行动恐怕不会给人带来多少快乐。新闻这一职业的生命也在于主动，特别是在现如今 UGC(User Generated Content，用户生成内容)盛行的时代，信息传播的主体呈现多元化趋势，如果此时记者还不能做到"主动出击"，那么记者这一职业势必会被其他信息传播者所取代，新闻人的职业生涯也就可以结束了。

我在业界工作和在大学执教多年，从记者和学者两个角度思考都认为，新闻工作是弘扬人的主体性的工作，没有主动精神和自主意识的记者，严格来说不是合格的记者。一方面，记者自身需积极发挥主动精神、勤于思考，传统理念"眼观四路、耳听八方""举一反三"的价值越来越凸显，互联网时代的记者必须是一个拥有主动思维的个体。另一方面，记者从来不是"孤独的勇士"，他们必定依赖某一坚强的后盾(传媒组织)来发展记者的主体意识和主动精神，培养并养成记者的健全个性，使他们始终保持生动活泼的工作状态，这是记者管理工作的灵魂，记者所在的传媒组织必须深谙这个道理。当代新闻界呼唤创新意识，而主动精神才能引出创新思维，即记者在接受理性教育的同时，能有个体的主观能动性加入到个体体验中去。同时，传媒组织需要搭建有利于记者"主体发展"的平台，技术和平台只是辅助性角色，记者才是这个舞台上永远的主角。

新闻人的主动体现在什么地方？主动采访、主动写稿、主动修改、主动学习、主动积累、主动吃苦……无一不是新闻人主动精神的外在表现。主动的外在表现虽多，但最宝贵的主动只有一个，就是思维的主动，而思维主动的外化，就在于主动策划。

新闻从策划开始。这并不是说策划太单调了，有新闻工作经历的人，稍稍沉吟一下都会感到，干这一行可以说是“成也策划，败也策划”，多少欢乐和烦恼都产生于主动策划之中。但是一不留意，这个“主动之神”就会离你而去，不知不觉你将陷于被动应付之中。新媒体技术为公众赋权，不仅使新闻传播的门槛降低，也培养出相当挑剔的新闻消费者，新闻人如何在维持新闻消费者稀有的注意力的同时，做好应有的舆论引导工作，其秘诀在于记者对主动精神的运用，突出表现在策划艺术上。现如今的传媒发展态势，给新闻人提供了充足的策划艺术运用空间：小到媒体官方微博内容的发布，大到纸质媒体、新闻网站、“三微一端”（微博、微信、客户端）等全媒体的整体运作路径。

策划工作既需要编辑的素质，也需要责任心和主动精神。事非涉及关键之处，我们是不会大声疾呼的，而所呼唤的实质是主动精神。

在新闻人的生命里，没有采访对象的世界是虚无的世界，没有主动精神的世界是死寂的世界，没有策划运作的世界是混乱的世界。主动策划者，必然不能把自己置于一种封闭的状态之中。如同热力学第二定律，对于任何一个封闭系统，运动的无序度将不断加大，有序运动通过耗散转为无序的热运动，最终只会趋于热平衡。只有处于开放的状态，交换中的热能才能不断转化为其他能量。新闻人的人生就如同这个动态模型，是一个开放的、永无止息的运动和做功的过程。新闻策划的精神要义，正如《北京日报》社长满运来所说：“新闻策划是开放式想象，是创新与激活，它拒绝平庸，产生卓越。”

主动既是一种创新的精神状态，也体现了一种理直气壮的勇气。主动不是目的，而是直指目的的驱动力量，这种力量来源于正义，来源于对美好事物的向往。某种向往在人的精神天地里发育得越成熟，主动的冲动就越强烈。对于一个中国新闻工作者来说，国家、民族和党的事业，凝聚着最大的人生向往，是他们的头号大事。把大事做足、做透、做精彩，就是发挥了正确的、有力的舆论引导作用，人生的热量也就转化为最大的力量。

有人说，我有好的动机，也有好的点子，只是这段时间没心情，等有了心情再主动策划，但当今的信息传播环境不会给记者多余的时间，机会和突破口是转瞬即逝的。其实，冷静观察人生，可以得出这样一个结论：人生成败最重要的不是动机，而是行动！你必须开始行动，如果什么事都要等到有心情再去做，你可能会永远等待下去。人不可能天天都能保持万丈豪情，但事业却不等人，必须日日推进。人生苦短，心境万变。成就是治疗坏心情最好的药方，每一点主动进取都会带来莫名的欣喜。

主动和自信是一对孪生兄弟。可是在我们这个提倡谦逊的国度里，有太多的人不自信。一边心里想着有几分得意的计划，一边又心里打着鼓自我否定；刚定了一个还不错的方案，遭人议论几句后又欲打退堂鼓。这种状况，如同俄国作家屠格涅夫批评过的那样："还没有动手做事以前就先发一通议论，是有害无益的，那正像拿一枚针去刺一只烂熟的水果一样，只是浪费精力与浆汁而已。"

主动去做就能创造一流，也能打开市场。世界是一个过程的集合体，精彩的过程是无数个精彩片断的叠加。每一个片断，都有发生、成长、成熟的过程，需要把握好每一个过程中的每一个时机。这种时机，具有不可逆性，该出手时不出手，再好的方案也会失去价值。凡先行一步者，往往占尽了先机，形成了巨大的优势。因此，一旦有了好的策划，必须尽快实施。快，从一定意义上来说，是新闻策划的生命线；快，是自信的表现；快，更是能力和实力的展示。"快中求稳""快中求活""快中求变"，新闻人应该分外珍视这个体现主动精神的"快"字。

美国作家爱默生说："没有行动，思想永远不能成熟而化为真理。"无数新闻记者的亲身实践证明：记者只有在快而主动的行动中，才能获得追求真理的愉悦，获得渴望的事业。

心理小典　突破心理定势

心理的主动，从心理学角度分析，是一种突破心理定势的选择。心理定势是指在从事某项活动时，人先于行为的一种心理状态，它潜在地影响活动进展的态势、行为者的态度和努力程度。一般在相对稳定的环境中长期生活，会使人形成一种相对固定的默认的认知模式，以惯性思维对待外界，用不变的方式处理事务。

心智掌故　伽利略的发问

伽利略在他 17 岁那年考进了比萨大学医科专业。他喜欢提问题，不问个水落石出决不罢休。

有一次在课堂上，比罗教授讲胚胎学。他讲道："母亲生男孩儿还是生女孩儿，是由父亲的强弱决定的。父亲身体强壮，母亲就生男孩；父亲身体衰弱，母亲就生女孩。"

比罗教授的话音刚落，伽利略不等教授发问，就主动举手说道："老师，我有疑问。"

比罗教授不高兴地说："你提的问题太多了！你是个学生，上课时应该认真听老师讲，多记笔记，不要胡思乱想，你动不动就提问题，影响同学们学习！""这不是胡思乱想，也不是动不动就提问题。我的邻居，男的身体非常强壮，可他的妻子一连生了5个女儿。这与老师讲的正好相反，这该怎么解释？"伽利略没有被比罗教授吓倒，继续反问。

"我是根据古希腊著名学者亚里士多德的观点讲的，不会错！"比罗教授搬出了权威学者的理论根据，想压服他。

伽利略继续说："难道亚里士多德讲的不符合事实，也硬要说是对的吗？科学一定要与事实相符合，否则就不是真正的科学。"比罗教授被问倒了。

后来，虽然伽利略受到了校方的批评，但是，他勇于坚持、好学善问、追求真理的精神却丝毫没有改变。正因为这样，他才最终成为一代科学巨匠。他的主动精神，投射到微观与宏观两个认识空间，引领人类前所未有地扩大了认识世界的视野。伽利略的生命价值，并不在于他有多么睿智，而在于他以不熄的主动精神，在多个领域突破旧的禁锢，发现新的曙光。

心灵启悟　本体的主动

记者，其职业规定的行动方式不是物质生产，而是认识世界。每天都去认知自己以前没有见过的事，每天都去报道自己以前不懂的对象。这种挑战的严峻性，要求记者要经常打破心理定势，从新的认识走向更新的认识。要做到这一点，只有依靠本体的主动。

第二节　思维的"收"与"放"

俄国学者鲁宾斯坦有句名言："为了做出可能的事，不要忘记去做不可能的事。"这句话对于新闻工作者来说，具有宝贵的警醒作用！

警醒在何处？警醒在思维上。新闻记者天天都在把素材变成文字，这种把可能变成现实的工作做多了，似乎会感到很容易，特别是在网络时代，信息唾手可得，导致有些记者"闭门造车"，弃鲜活的世界于不顾，仅靠网上的"只言片语"来生产，甚至是"组合"新闻，不动脑筋也是常有之事，凡此种种，往往会产生一种顺向思维的惯性，懒于去思考那些看起来不可能的事。结果，平庸就在慵懒中产生，在这种状态下产生的新闻作品，要想获得尽可能大、尽可能好的社会效果，那是一件不可能的事。

鲁宾斯坦之言的精髓在于，要敢于放开胆子、打开思路想问题。思维的发散，当然离不开“功利”的引导，即做出“可能”的事；但是，如果思维受限并且一味收缩，那么“可能”也会变成“不可能”，本来可以激活的新闻因素，也就被浪费掉了。

新闻思维是一种创造性的思维，而发散性思维是创造性思维的主要思维方式之一。具有发散性思维的记者，他的头脑就像一部功能强大的雷达，主动向不同方向、以不同的波束，进行多方位的探索。他的思维振幅，在这种充满了痛苦的思维与欢乐的振荡之中，逐步筛选出最适宜的波长、最优美的波形、穿透力最强的波束，最后形成他的文字。

发散性思维属于一种开放性的思维。它从某一基点出发，然后运用已有的知识和经验，通过各种思维手段，沿着各种不同的方向去思考，重组已有的信息和新获得的信息，形成新的创造冲动。根据美国学者吉尔福特的理论研究，与人的创造力有密切相关的是发散性思维能力与其转换的因素。他指出：“凡有发散性加工或转化的地方，都表明发生了创造性思维。”如果没有发散性思维的求异性和灵活性，就不会有“反常合道”的解决问题的方法。这种思维完全符合一切从实际出发、实事求是的唯物辩证观点，它用对立统一的观点看问题，既看到了事物之间的对立，也看到了事物之间的统一；还要看到不同事物在一定条件下可以互相转化，既要看到事物的正面，又要看到其反面，能从有利因素中看到不利因素，也能从不利因素中看到有利因素，总之是两点论不是一点论。

发散性思维当然有许多规律可探索，但最宝贵的是，它的旗帜上写着“突破已知”四个大字。换言之，不要让那些已经被别人摘过了的智慧果实，过多地吸附你的思维射线，而要敢于把思维波束投向那些未经探索之地，在勇敢而连续的撞击之下，就可能会产生“银瓶乍破，铁骑突出”的效果。法国学者贝尔纳说过：“构成我们进取最大障碍的是已知的东西，而不是未知的东西。”这句话有着深刻的哲理。在思维领域里，一旦有意识地把兵力集中于未知的目标，发散就有了合理的方向，进取的效率就会大幅提高。

现如今的传播技术为当今记者提供了充分施展拳脚的舞台，可视化新闻报道、大数据的挖掘与使用、VR 技术等在记者面前呈现的是丰富而多样的新闻表达方式，拥有发散性思维的记者才能灵活而恰当地运用的新闻传播手段。全媒体的新闻报道矩阵，需要记者脑筋灵活：在一次新闻事件的采集之后，能够根据不同传播渠道的特点，例如，微博传播的“短、精、快”，微信传播的音频、视频、图文等巧妙配合，纸媒侧重于深度长文，等等，有针对性地将内容进行移动端、PC端、纸媒等不同终端的匹配，实现信息的全方位、立体化覆盖。近几年的“两会报道”几乎已经成为一年一度的媒体报道的“盛宴”，可以说是新闻人发散性思维运用的典范。比如，在2017年的两会报道中，《人民日报》推出的2017年全国“两会”人民日报客户端特别策划《两会喊你加入群聊》可谓“匠心独运”，其运用H5的新闻报道方式，将“两会”中人们关心的热点政策和相关官员融入常见的微信群聊与朋友圈互动的场景中，使每一位打开该H5界面的人都能体验一场与总理、部长等的“微信互动”，新鲜有趣的同时很好地进行了会前的“政策预热”，不可谓不创新。发散性思维运用得恰到好处的话，新闻报道就会取得良好的传播效果。

与任何论点强调到极致都会导致荒谬一样，过分强调发散性思维的重要性也是如此。在看到发散性思维的优点时，绝不能排斥思维集束的重要性。发散性思维之花开得再灿烂，思维者也要善于采撷，把它织在稿件这只容量有限的花环上，这离不开集束思维的能力。思维的“收”与“放”，是记者驾驭思维能力的体现。

新闻作品的时效性决定了记者思维的发散与集束的过程，这是一个相对快速的过程。记者不能像文学家那样，慢慢推敲，反复编排，经年累月才成一稿。记者往往一进入采访，思维就要开始发散，与这种发散同步，要有一种决断意识相随，在恰当时候发散要戛然而止，经过集束，形成定稿。当年魏巍在战地采写《谁是最可爱的人》时，初稿就写了二十多个他认为最生动的例子。但他并不固步自封，而是发散性地思考。他适时收束思路，痛下决断：只取三个典型，从三个侧面来塑造最可爱的人——志愿军的形象。事实证明，魏巍“只取三人”的决断是完全正确的，是经得起历史检验的。

魏巍的这种决断能力，渗透着鲜明的理性色彩，反映了他强烈的社会责任感。生活中，人人都会面临大大小小的决断，有的决断高明，有的决断平庸，还有的决断错误。就新闻记者在思维方面的决断而言，要想正确决断，起决定性作用的是正确的思想观念和强烈的责任感，当然，还有一条是必不可少的：自身知识要尽可能地丰富。

牛顿说过：“没有大胆的猜测，就没有伟大的发现。”猜测，实际上就是一种最原始、最本能的思维发散。当牛顿坐于树下，偶见苹果落地时，他适时将思维收束于苹果这个具体对象之上，思维由猜测到深入研究，终于发现了伟大的万有引力定律。牛顿的这段话和这件轶事，不失为思维发散与收束的一种注解，值得新闻工作者深思。

心理小典　求异与收敛

发散性思维，又称扩散性思维、求异思维。它是一种从不同的方向、途径去探求多种答案，最终使问题获得圆满解决的思维方法。集束思维也称收敛思维，是在已有的众多信息中寻找最佳的解决问题方法的思维过程。收敛式综合不是简单的组合，而是具有创新性的整合，即对原有的知识从内容和结构上进行有目的的选择和重组。

心智掌故　叩诊与听诊的借鉴

从敲击木酒桶，到胸腔叩诊和听诊器的发明，是一种利用联系原理展开思维联想，并发散到不同领域而得到的结果。故事发生在300多年前，一位奥地利医生给一个胸腔有疾的人看病，由于当时还没有听诊器和X射线光透视技术，无法发现具体病因。病人不治而亡，后来经尸体解剖，才知道死者的胸腔已经发炎化脓，而且胸腔内积了不少水。他非常自责，决心要研究判断胸腔积水的方法，但久思不得其解。恰巧，这位医生的父亲是个精明的卖酒商，父亲不仅能识别酒的好坏，而且不用开桶，只要用手指敲敲酒桶，就能估量出桶里酒的数量。医生在他父亲敲酒桶举动的启发下想到，人的胸腔不是和酒桶有相似之处吗？父亲既然通过敲酒桶发出的声响可以判断桶里有多少酒，那么，如果人的胸腔内积了水，敲起来的声音也一定和正常人的不一样。此后，这个医生再给病人检查胸部时，就用手敲敲听听；通过对许多病人和正常人胸部的敲击比较，他终于能从几个部位的敲击声中，诊断出胸腔是否有病，这种诊断方法就是现在医学上所称的“叩诊法”。

后来，这种“叩诊”法得到进一步的发展。1861年的某一天，法国男医生雷克给一位心脏有病的贵妇人看病时遇到瓶颈。正在为难之际，他忽然想起了自己在参与孩子游戏活动中的一件事情，孩子们在一棵圆木的一头用针乱划，用耳朵贴近圆木的另一头能听到搔刮声，而且还很清晰。在此事的启发下，他请人拿来一张纸，把纸紧紧卷成一个圆筒，一端放在贵妇人的心脏部位，另一端贴在自己的耳朵上，果然能听到病人的心跳声，甚至比直接用耳朵贴着病人胸部听的效果还要好。后来他就根据这一原理，把卷纸改成小圆木，再改成现在的橡皮管；另一头改进为贴在病患者胸部且能产生共鸣的小盒，于是就有了现在的听诊器。这是发散性思维，还是聚合思维？实际上是二者的结合。

心灵启悟　吐纳在心

发散与集束，在人的心理活动中不是绝对割裂开来的，如同心脏搏动，收和放都在同一肌体上交替发生。在记者的认知过程中，收集材料不是目的，目的在于认知材料和运用材料。中国古典智慧中有吐纳之术，吐与纳互为因果表里，宜吐则吐，宜纳则纳，不为定式所限，宇宙方可存于心间。

第三节　驾驭浩然之思

“吾善养吾浩然之气。”孟子说的“气”，既是一种精神状态，又是一种思维的特征。在面对纷繁世界进行观察和思考的时候，以一种物我两忘、荣辱皆抛的思维姿态，凭临于万物之上，得出自己的结论，这种积极的思维，我认为就是记者特别需要的那种“浩然之思”。郑根成用“媒介载道”来阐明传媒伦理在维持社会道德、影响社会道德方面的重要作用。只有作为传媒运作主体的记者拥有“浩然之气”，“媒介载道”才会有实质上的意义。

我们并不赞成“记者是无冕之王”这个说法。记者出自于民，服务于民，何来“王气”？但是，借这个说法，有一点可以开启我们的心智，在思维的领域里，记者倒应该有一点“王者之气”，就是摆脱各种思维羁绊，积极主动地思考问题，做到“不唯上，不唯书，只唯实”。

反观当今的新闻传播环境，各种传媒组织竞相争夺有限的注意力市场，导致相当一部分新闻人出现被受众“奴化”的现象，即对待受众，只是激起了受众想要的情感，而不是激起了受众应该有的情感，过分迎合了受众的低级趣味，而忘记了传媒应该担负起的正当引导和教育的伦理责任。

值得注意的是，很多记者在思维上面临多重掣肘：行政掣肘、商业掣肘、权威专家人士掣肘，甚至是普通民众掣肘。面对着多重阻碍和限制，记者往往出现思维矮化的倾向，即把自己的思维层面矮化到部门利益、地方利益代言人的角色上，个别人甚至矮化到金钱奴隶的地位上！精神的矮化导致思想的僵化、视角的固化、文字的模式化，甚至出现华而不实、文不对题的现象。即使在如今的多样化信息传播的大环境下，编辑记者产出的新闻仍然会走两个极端：一边是在传统固化思维指导下产出的“鸡肋”新闻，毫无特色和营养；另一边是极尽抠词之能，用刺激性的标题吸引人眼球的新闻。这两种倾向都不可取，归根结底，还是记者没有培养“浩然之气”，不能跳脱思维的窠臼和摆脱浮躁的心气。

古人在论写作时，用“精骛八极，心游万仞”来形容思维的自由。只有在这种上天入地，翻飞自如的思维翱翔过程中，才能对被观察物获得最佳的观察角度、最全面的立体印象、最真实的方位辨别。

现在互联网上的信息浩如烟海，一方面，记者撷取新闻线索愈来愈便利和快捷，另一方面，记者也会陷入不知所措和茫然的境地，因为信息太多，众说纷纭，似乎每一条线索都很重要，又似乎都不重要。这时新闻敏感就显得尤为重要，而这种新闻敏感来源于平时的培养和塑造，也是记者本身独立思想的结果。思想独立，意味着记者不会为任何利益集团代言，而是秉持真实、全面、平衡的报道原则。记者应该乐于当受众的“诤友”和“真友”。如果说让记者到处去扮演“诤友”的角色，天天发报道得罪人不可行的话，至少也应该当一名“真友”。当“真友”的本钱就是思想要放得开，看问题比别人要更高和更全，能够让朋友分享到有价值的观察和思维成果。

有一年我到湖北房县。那个地方是大山区，记者来得本来就不多，我好不容易来一趟，县里当然希望我多帮他们发几篇表扬性的稿件。可是，当打听到这个县有三名副县级干部违纪兴建私房、近日要被拆除的新闻线索时，我表示要前去采访，县里有关方面同志感到为难，因为“家丑不可外扬”，而且与一些平原地区相比，这个县干部盖私房的违纪现象并不算严重。

我十分理解当地同志的心情，但我还是坚持到拆房现场去采访，并且当天就发了稿，次日见了报。待当地同志看了这篇题为《在房县看拆房》的现场短新闻后，非但没有生气和沮丧，反而十分理解和感谢。这是为什么呢？因为这篇报道用事实表达了三层意思和一个结论：一是把干部违纪建房的事实曝光，二是报道县里四大家领导班子现场监督拆房，这种不护短的精神应该提倡，三是报道了三名干部知错善改，自己请亲友用大锤和镐头拆去自己的新房；结论是“共产党人勇于和善于改正自己的错误”。

在多年以后，很多同志还记得这篇获得了湖北新闻奖一等奖稿件的末尾一句话：“……房县党员领导干部自己起来纠正自己错误的一页，正在房县群众的眼前翻开。”他们说，如果说这篇稿子是表扬的话，那是带着沉重感的表扬；如果说是批评的话，那也是充满了善意的批评。记者观察和思考的结论，不仅符合实际，也从正面给予他们很大的激励。

面对他们的赞美之词，我心里很冷静。实际上这篇稿件能写出，只是思维跳出了地方和部门的低层面的结果，在这种活跃的思维支配下去观察和写作，才有可能从人人都看得见的现象中，去发现并非人人都能意识得到的、有价值的新闻。

记者的浩然之思，必须建立在浩然正气之上，这种正气集中体现了自强不息、一往无前和勇于克服一切困难的顽强意志；伸张正义、抑恶扬善和不向邪恶势力低头的高贵品质。千百年来我们的民族英雄辈出，浩然正气可歌可泣。南宋文天祥“人生自古谁无死，留取丹心照汗青”的千古名言，浩气齐天；宋朝民族英雄岳飞的《满江红》，精忠报国，旷古留芳；晚清谭嗣同“我自横刀向天笑，去留肝胆两昆仑”的正气之歌，动人心魄；鲁迅先生“横眉冷对千夫指，俯首甘为孺子牛”的高尚志向，情真动人；叶挺将军“我愿在烈火和热血中得到永生”，可谓血写的人间圣曲。由此可见，中华民族的浩然正气，是民族的灵魂，是世世代代繁衍发展的强大基础。

古人云：“术自心来，心正术正，术正气正”。新闻记者特别需要的浩然之思，并不只是一种术业，它本源于人的思想，受制于人的世界观。浩然正气本来是每个人都必须具备的，只是因为有的人失之于放任，不知道涵养自己的浩然正气，渐渐地，这股正气也就消失了。如何涵养自己的正气呢？孟子说得最清楚了：“以直养而无害，则充塞于天地之间。”就是说，人如果用正道好好地培养它，没有一丝邪念来损害它，那么正气就能够充满天地之间了。可以这样说，记者的路有多长，“心正术正”的自我完善之路就有多长。

心理小典 广阔的心理能量

浩然之气是一种广阔的心理能量，它的心理出发点是“心向善、力为善”。心力为善，就常有愉悦之感；心力为善，就会光明磊落，常有进取之心。“心向善、力为善”，会使人始终保持泰然自若的心理状态，这种心理状态能把神经细胞的兴奋度调至最佳状态，从而旷达处世、阳光为人。

心智掌故 文天祥至大之气

宋代民族英雄文天祥被囚于“土室”，狭窄得仅能容人躺下，幽暗潮湿，四周又有炉灶、仓库、瘐死者的尸骸和腐鼠。“土室”里空气恶臭、闷热，令人窒息。然而，体质孱弱的文天祥“居二年而无伤”。文天祥自信地宣称：“彼气有七，吾气有一，以一敌七，吾何患矣。”他认为“浩然之气”就是“正气”，以一“正气”敌七“邪气”，充分体现了其精神和意志力量的伟大。

这种“正气”，就是孟子所说的“天地间至大至刚之气”，其实质就是一个人的秉性。

文天祥 21 岁就考中了状元。元朝军队大举进攻南宋时，文天祥变卖家财组织义军万人，保卫南宋都城临安（今杭州），次年任右丞相。临安失守后，他坚持抗元，转战于南方数省，终因双方力量悬殊而被元军俘虏。文天祥被俘后，多次求死，未能如愿。在押往元朝大都（今北京）的路上，他绝食 8 天，仍奇迹般地活了下来。押解到大都后，他受到了隆重接待，但在敌人的利诱面前，他没有一丝的动摇。元丞相以礼相待，文天祥长揖不拜。宋降臣前来劝降，他愤怒地大骂。元人将他关在阴潮的土牢里，折磨了四年，也未能使他斗志松懈。他于狱中写了许多诗篇，在《正气歌》中历数各朝各代不畏强暴、勇于牺牲的仁人志士，以表达自己反抗元朝统治的决心和视死如归的浩然正气。他向前来劝降的元世祖忽必烈立而不跪，面对忽必烈许以元朝丞相一职的诱惑，他严肃地回答道：“天祥是大宋状元、宰相，宋亡，只能死，不能活。”殉国前，他向象征着祖国的南方跪拜，神色安然地就义，时年 47 岁。文天祥就义后，人们在收敛其遗体时，发现他衣带上的遗墨：“孔曰成仁，孟曰取义，唯其义尽，所以仁至。读圣贤书，所学何事，而今而后，庶几无愧！”

心灵启悟　存世有节，处事有方

记者工作虽然不是每天都面对生死，但是浩然之气不可或缺。文天祥这种泰然面对生死的气概，是浩然之气的最好注解，也是把握心理主动，从容面对各种变故的典范。有了这种心理能力，可以存世有节、处事有方。从广义上讲，无浩然之气，就无驾驭手中之笔的气力。

第四节　注重战略思维

新闻采访是把握客观世界的一种方式，从战略高度思考分析问题，可以使人们摆脱枝节问题的困扰，从总体上把握客观事物发展的趋势和规律。在纪念邓小平同志诞辰 110 周年座谈会上，习近平总书记指出：“战略是一个政党、一个国家的根本性问题。”党和国家领导人在执政道路上，总是把战略思维放在一个突出的位置。

领导者与庸俗的事务家的区别，就在于能否高瞻远瞩。所谓高瞻，就是站在全局的高度观察和处理问题；远瞩，就是既立足当前，又跳出眼前繁琐事务的圈子，取得全局的主动。古人说：不谋全局不足以谋一域，不谋长远不足以谋一时。现在两个文明建设的任务繁重，但越忙，越应从事务性工作和各种应酬活动中跳出来，静下心来思考一些全局性、战略性、前瞻性的重大问题，从而把具体问题提到原则性高度，并加以分析和解决，这样才能获得工作的主动权。

战略思维建立在主观能动性之上，它具有超前性、创造性的特征，其主体要养成把握事物各方面关系的能力。尽管处于一线工作的编辑记者忙于事务，占有的战略思维材料可能有限，但这并不能成为我们逃避战略思维的口实。要做到对天下大势了然于胸，并不需要掌握太多的所谓内幕材料。更何况我们正处于信息多元化的时代，世界风云通过各种信息渠道汹涌而来，就看你是否有意识去思考和判断。相反，如果只就一些所谓的内幕小事津津乐道，引为谈资，那你就会陷入庸俗之地。

记者当然不是要放下手中的事，一门心思研究战略思维，而是要学会阶段性地融会贯通，并且掌握一定的战略思维方法，适时作出战略思维角度的判断。例如，进行纵向和横向的把握，就是一种方法。

我们试以生产力的发展为对象，以经济全球化的三次历史进程为坐标，展开纵向思维和横向思维，就可以产生一种历史责任感和紧迫感。

18 世纪中叶，世界步入第一次经济全球化。1848 年马克思在《共产党宣言》中说，资产阶级挖掉了工业脚下的民族基础，一切民族甚至最野蛮的民族都被卷到文明中来。这就是马克思战略思维的判断之一，而马克思主义的产生与这个判断及其剖析息息相关。马克思选择的战略道路，以及当时国际共产主义运动的策略也与此密切关联；19 世纪初，随着垄断资本主义的发展，第二次全球化以垄断者重新瓜分世界的战争方式，发展到白热化，以致经济的全球化产生逆转，直至中断。列宁适时把握这个战略转机，选择了从帝国主义链条中最薄弱的一环突破、社会主义在一国首先胜利的道路。这条不同于第二国际固守旧法的道路，开辟了包括中国在内的一大批落后国家在共产党的领导下，取得社会主义胜利的新纪元；20 世纪末，世界进入了第三次经济全球化时代，苏联和东欧的一批社会主义国家在新浪潮的冲击下，先是思想僵化，继而跳入自由化的另一极端，结果不战而亡。只有中国共产党作出了正确的战略选择，在坚持四项基本原则的前提下，通过改革，开创了民族振兴的新纪元。多年来的成就，离不开这个具有历史独创性的战略判断和战略选择。

这样一个战略思维的脉络是开放式的，且不可能完结，需要我们不断予以延伸，以达到意识清醒和责任觉醒的目的，达成我们建设有中国特色社会主义的战略取向。这种纵向的思维方法，完全可以用于其他事务，宏观把握各种发展趋向，这是编辑记者的责任。改革开放是一幕威武雄壮的活剧，虽然不可能预知情节，但作为亲历者，必须牢牢掌握历史活剧发展的走向。

战略思维可以帮助新闻记者"跳出三界外，不在五行中"，从系统和融合的角度去认识事物，而不是采访对象说什么，你就顺着他的思路想什么，不假思索，人云亦云。例如，就经济论经济，往往找不到区域经济发展的出路。只有在社会的大系统中，在经济基础与上层建筑的相互制约中，才能比较全面地找到区域经济的走向和真正出路所在。艾丰同志曾提倡"新闻记者要想总理的事"，这非常直观形象地说明了新闻工作者运用战略思维的重要性，只有总揽全局，才能看清局部。从目前记者队伍的情况来看，拓宽视野和研究领域的任务十分迫切，有的记者两眼只盯着自己所跑的线，对线外的事缺乏研究的兴趣；有的记者正襟危坐于电脑前，积极摘取网上信息，生产稿件，甚至缺乏实地的调查和取证。常识告诉我们，如果思维素材过少、思维方式过于定形，是不可能形成科学、系统思维的。以《周易》为代表的我国传统哲学思维的一个重要内容就是系统性，而系统的形成必然是一个宽口径、多因素的思维对象运动的结果，易学中的太极、八卦、河图、洛书等图像，可以把宇宙的一切事物都代入进去，进一步以阴阳变化之道来分析，说明宇宙间的一切现象，推测自然和社会的变化。如果《易经》包容的只是一个很小的思维体系，它不可能世代都放射出智慧的光辉。从某种意义上来讲，《易经》这种思维纵横于世间万物之间，善于从大而小、小而大、形而上、形而下的角度认识和灵活思考世界的方式，是一种大可借鉴的战略思维角度。

战略思维必须有针对性。战略的本质特征是各种资源和手段的整合，战略思维必须指向明确而不是散乱、系统而不是零散、深入本质而不是肤浅地分析形势和解决问题。战略思索虽然还不一定立即全部变成现实政策和策略，但是，一切策略的产生无不建立在对现象深刻的认识和把握上。如果你不思索、我不思索，只把战略思索的任务加在少数党的高层领导身上，那是一种不负责的态度，也必然会使党和国家损失许多时间与机遇。我们要在新闻工作者中大力提倡围绕重大现实问题，进行战略思维；围绕被报道区域中的重大问题，进行战略思维；围绕人民关注的重大利益问题，进行战略思维。

心理小典　高屋建瓴的智慧

战略思维即运用抽象思维所形成的若干相关因素，连续地、动态地、全面地度量这些相关因素的数量变化程度，并找出这些相关因素在数量变化程度上相互影响、共同变化的规律性。以发现的这些规律性为基础，以已形成的目标格局为导向，促使现实问题从当前状态向目标状态演化。战略思维要求新闻记者站在全局的高度上报道社会走向。

心智掌故　空城计

三国时，蜀国丞相诸葛亮错用马谡，失街亭后，只有 2,500 名军士驻守西城县。

忽然，哨兵飞马来报："司马懿引大军 15 万，往西城而来！"这时，诸葛亮身边无一员大将，只有一班文官。众官员听得这个消息，个个大惊失色。诸葛亮登上城头，果然尘土冲天，魏军分路向西城县杀来。诸葛亮当即传令道："将旌旗全部隐藏起来，军士们各守卫在城上巡哨的岗棚，如有随便出入城门及高声讲话的，杀！大开四个城门，每个城门用 20 个军兵，扮作百姓，打扫街道。魏兵到时，不可乱动，我自有计谋对付。"

传令下去后，诸葛亮披鹤氅，戴纶巾，引两个少年携带一张琴，来到城头上，凭栏而坐，焚香操琴演奏。

魏兵的前哨急忙将这个情况报告司马懿。司马懿立刻命令军队停止前进，自己飞马向前观望。果然见诸葛亮在城楼上，笑容可掬，焚香弹琴，左面一个少年，手捧宝剑，右面也有一个少年，手执麈尾。城门内外，仅有二十余名百姓，低头打扫，旁若无人。司马懿看后怀疑城中有重兵，连忙指挥部队撤退。

他的儿子司马昭说："莫非诸葛亮没有多少兵力，故意这样的？父亲为什么要退兵呢？"

司马懿板着脸说："诸葛亮一向十分谨慎，从不冒险。今天大开城门，必定有重兵埋伏。我们若是冲进去，一定中计。你们懂得什么？还不快退！"

诸葛亮见魏军远去，哈哈大笑起来。

众官员问他："司马懿是魏国的名将，今统率 15 万精兵来到这里，见了丞相，慌忙撤退，这是什么原因呢？"

诸葛亮说："他料定我平生谨慎，从不冒险，见我们这样镇定，怀疑有重兵埋伏，所以退去。我并非在冒险，只因为不得不这样啊！”

大家敬佩地说：“丞相的计谋，鬼神也不能预料啊。如果由我们来指挥，必定会弃城而走了。”

诸葛亮说：“我们只有2,500人，如果弃城而走，必定走不远，不是很快就会被敌人追上吗？”

心灵启悟　谋略全局

战略思维是对全局性、长远性、根本性问题进行谋划的思考方式，是科学的世界观和方法论在实际工作中的具体运用，是从现象揭示本质、从局部把握全局、从当今前瞻长远、从被动变为主动的重要工作方法。不谋全局者不足以谋一域，不谋长远者不足以谋一时，记者不用战略思维怎能运筹帷幄？

第五节　学会有思有辨

孟子曰：“贤者以其昭昭使人昭昭，今以其昏昏使人昭昭。”对记者来说，先要“以其昭昭”，方能“使人昭昭”，“昭昭”的前提在于学会“有思有辨”，思辨或“思辩”，先要有思，而后有辨或辩。

现在的问题是，有些记者太慵懒，根本就不把“思”放在履行本职工作的重要位置上，只把自己当成一个记录和整合材料的文字匠，例如，有的记者连基本的核实、调查和采访都没有，转载是新闻，组合亦是新闻，于是乎手脚束缚于办公场所的同时，思维也愈来愈被屏幕所束缚。因而“有思有辨”是当今互联网传播环境下的一种难能可贵的“思维动能”。

“思”，从某种意义上讲，是带着警惕性去考虑问题。宋代思想家朱熹认为，思辨的工夫主要在于以独到的眼光去分析，他在《朱子语类》中说：“学问须严密理会，铢分毫析。”就像庄子讲的“庖丁解牛”，起初只见到牛是个“混沦物事”，后来经过多次解剖，就见到牛的筋骨有交错聚会处，有缝隙可解处，于是顺着缝隙处用刀剖析，目无全牛，把牛分解成若干片。这就是在看到了矛盾、探明了机理的基础上，真正弄清了对象。如果没有警惕性，那就会顺着别人设计的路子去思考，很可能走入荒谬的路。1998年，山西某地的大规模“渗灌”工程一度被某些报刊宣传得很成功，其实是假的。写这些稿件的记者也曾到当地进行实地采访，路边水池成线，喷管成排，煞是壮观。但是，如果他们在思想上对这种假象稍有一丁点怀疑，就会注意到这些池子都是干的；如果用手摇一摇喷管，这些喷管居然都只是像木桩子一样插在地里，地底下都没有水源管与之相连！正所谓“眼见也不一定为实”，记者实地采访，尚且还会陷入别人设计的圈套，更何况是不加核实地在网上转发新闻呢！一年一度的“十大假新闻”评选，不得不令人反思，我们甚至会惊讶地发现，《人民日报》、央视新闻这样的主流权威媒体有时候也会成为假新闻传播的载体。

单从防止新闻报道严重失实，或者是非不辨这一条出发，把“多思”的重要性强调到任何高度，都是不过分的。韩愈说：“行成于思毁于随。”这是不易的真理，也是记者面对复杂世界的护身之符。

我们社会主义的新闻宣传方针是“正面宣传为主”。正面宣传当然是彰扬、是褒奖、是夸赞，但它绝不是无原则地对什么都说“好、好、好”。彰扬什么、褒奖什么、夸赞什么，需要经过认真思考和选择。这种思考和选择，同样需要有质疑性的思维相伴，有辨别是非的警觉相随。

20 世纪 90 年代初，我曾接到一篇来稿，内容是表扬湖北省松滋县一位叫罗远利的农村党员，把自己办的一个小絮棉厂当作党费交给组织，稿件的基调是表扬他大公无私，对党忠诚。说老实话，作为编辑，如果按这种调子编发上版面，也不算是错的。

但是在“多思多辨”意识的支配下，我暂时压下了这篇稿件。因为稿件没有回答，在当时当地个体私营经济还十分弱小的背景下，罗远利为什么要无缘无故把本来办得很好的厂子交出去？

我带着稿件跑了好几百公里路，来到罗远利所在的小镇上。通过采访，终于弄明白了，罗远利的这个举动，是在巨大的传统观念压力下，出于无奈而作出的选择。受传统的“左”的思想影响，当地一些干部群众，甚至包括罗远利本人，都把“党员”与个体私营业主放在对立面上，似乎二者必居其一，不能两全。出身贫寒、感情质朴的罗远利在这种思想的重压下，只好作出了交厂的选择。

我把采访到的情况写成了通讯《罗远利现象的反思》。稿件以敢于承担风险的态度表明了记者的观点：作为党员，虽然在任何时候都有把财产当作党费上交的自由和权利，但是，在特定的此时此地，个体私营经济还十分弱小，而党中央和国务院又正在大力倡导和扶持个体私营经济发展的大背景下，这个举动不应该在党报上予以宣扬，以避免对群众形成“办了厂日后总是要交厂”的误导。稿件还建议地方党委政府应该从这个事件中看出，当地一些干部对党和国家的个体私营经济政策的认识还很模糊，还有大量的思想解放的工作要做。

稿件发表后，收到了很好的社会效果。不仅罗远利放下了包袱，而且当地党组织和政府因势利导，借党报宣传的观点，扫除当地个体私营经济发展的思想障碍，为个体私营经济营造了更加适宜的发展氛围。几年后，罗远利也成长为全省优秀个体私营户标兵，为当地经济作出了更大的贡献，他一直非常感谢党报在关键时刻对他的指点和帮助。

明代学者陈献章说过："学贵善疑，小疑则小进，大疑则大进。疑者，觉悟之机也，一番觉悟，一番长进，更无别法。"其实，"疑"就是一个思辨的行为过程。真理不辨不明，谬误不辨不清，许多云遮雾罩的东西，只有通过思辨才能云开雾散，现其真身。

从事舆论导向工作的人是不允许"以其昏昏，使人昭昭"的。以往的新闻报道要讲求"报道的第一落点"，强调"首发效应"，这样有利于扩大本媒体品牌的影响力，如今记者的速度再快，也快不过事件当事人自己制作和传播新闻的速度。此时，记者应该转变观念，变"新闻报道者"为"新闻阐释者"，以"旁观者"的眼光把好核实和阐释的关口，而不能"人云亦云"，毕竟现在自媒体还未能走出"无序"的局面，专业的新闻记者应该将其生产的粗糙的"新闻样本"转化为一篇篇精炼的、有价值的新闻报道，在这个过程中，思辨的艺术何其重要！

慎言之、明辨之、笃行之，这些意识应该成为记者的职业意识。有这些意识与没有这些意识，在行为的指导方式上是有很大差异的，如同一位长跑运动员，当他心里装着如何运用"有氧阶段"和如何顶过"无氧阶段"的意识时，他是不会蛮拼的，在战机的运用和体力的分割上，他是会安排得明智得多的。同理，记者的意识在清醒的状态下，就得以主动追求思维方向的求异性、思维结构的灵活性、思维表达的新颖性、思维进程的飞跃性等；同时，在理智和兴奋的状态下，能够激活发散与收敛、直觉与逻辑、侧向与反向，乃至经验与超验等各种对立统一的思维形式，把它们有机地融为立体动态式思维结构，从而最大限度地扩展具有张力的思维空间。

心理小典 我思故我在

思辨即思考辨析，思考指的是分析、推理、判断等思维活动；辨析指的是对事物的情况、类别、事理等的辨别分析。也就是，利用充分的思维依据，对事物或问题进行观察、比较、分析、综合、抽象与概括。运用思辨原则就是在对待事物时，首先必须缜密思考，动用理性思维进行分辨。绝不能不经过思考分辨就轻信别人的话，所谓"尽信书不如无书"即是此理。

心智掌故 庖丁解牛

有一个名叫庖丁的厨师替梁惠王宰牛，在他手所接触的地方，肩所靠着的地方，脚所踩着的地方，膝所顶着的地方，都发出皮骨相离声，刀子刺进去时响声更大，这些声音没有不合乎音律的。它竟然同《桑林》《经首》两首乐曲伴奏的舞蹈节奏合拍。

梁惠王说："嘻！好啊！你的技术怎么会高明到这种程度呢？"

庖丁放下刀子回答说："臣下所探究的是事物的规律，这已经超过了对于宰牛技术的追求。当初我刚开始宰牛的时候，对于牛体的结构还不了解，看见的只是整头的牛。三年之后，见到的是牛的内部肌理筋骨，再也看不见整头的牛了。现在宰牛的时候，臣下只是用精神去接触牛的身体就可以了，而不必用眼睛去看，就像感觉器官停止活动了而全凭精神意愿在活动。顺着牛体的肌理结构，劈开筋骨间大的空隙，沿着骨节间的空穴使刀，都是依顺着牛体本来的结构。宰牛的刀从来没有碰到过经络相连的地方和紧附在骨头上的肌肉和肌肉聚结的地方，更何况是股部的大骨呢？技术高明的厨师每年换一把刀，是因为他们用刀子去割肉。技术一般的厨师每月换一把刀，是因为他们用刀子去砍骨头。现在臣下的这把刀已用了十九年了，宰牛数千头，而刀口却像刚从磨刀石上磨出来的一样。牛身上的骨节是有空隙的，可是刀刃却并不厚，用这样薄的刀刃刺入有空隙的骨节，那么在运转刀刃时一定宽绰而有余地了，因此用了十九年而刀刃仍像刚从磨刀石上磨出来的一样。"

庖丁高超的宰牛技艺是源于思辨的结果，倘若只是日复一日地机械重复宰牛的动作，而不有所思考、遍寻规律的话，庸常在所难免。

心灵启悟 思辨得真知

《中庸》有言："有弗学，学之弗能，弗措也；有弗问，问之弗知，弗措也；有弗思，思之弗得，弗措也；有弗辨，辨之弗明，弗措也；有弗行，行之弗笃，弗措也。"这句话的大意是：要么不为，为就要到位。庖丁由看见整头牛到看不见牛就是思辨的结果，有思有辩，才能得到真知。

第六节　克服心理疲惫

“让事实飞一会儿。”“飞”的过程，也就是记者分析判断的过程。意识支配行动。记者日复一日地采访和写作，这种职业劳动，从行为学的角度来看，是一种具有重复性的劳动。凡有重复性质的行为，心理学分析证明，操作者都具有追求标准化、简单化的心理意识趋向，例如，把“本报讯”都写成一个模式，会议报道千篇一律，经验报道“一、二、三、四”开中药铺，等等，这无法满足受众多样化的信息需求，久而久之必然会形成无人看新闻的尴尬局面。

为了避免这种尴尬局面的出现，唯一的办法是不断实施观念更新，自觉克服心理疲惫感，强化记者的创新意识，让新闻的内容和形式都姓“新”。记者的观念若能够与时俱进，那么摆在记者面前的便是一条“康庄大道”，因为传播技术已经走在时代的前列，关键是看记者能否有效驾驭。

观念更新往往首先需要思维方式的更新。当年爱因斯坦创立相对论，打破了牛顿经典力学学说一统天下的局面，开创了现代物理学的先河，推动了现代科技的发展。相对论首先是一种新的思维方式，一种新的观察问题的角度。爱因斯坦的过人之处是对别人已经观测到的、并不算新鲜的信息重新进行研究，用新的方法将信息以全新的方式进行组合，从新的角度认识世界，深化了人类对世界的认识，创立了新学说。

一个社会阶段，一个社会群体，在其自身的发展中往往会形成一定的价值观念和行为规范，这些都有其自身的合理性，人们习惯于沿着这些规范思考，形成了心理学家称之为“惯性矢量”的一种心理状态。这种思维定势迫使人们在自己习以为常的熟路上探行，结果陷入僵化的、只见河道不见波浪的“睁眼瞎”状态。许多表扬式新闻稿，其内容形式相似，百好似一好，百妍效一妍，正如晚清思想家龚自珍在《病梅馆记》中所深刻揭示的那样：以统一的审美观规范天下之梅，必将导致“斫其正，养其旁条，删其密，夭其稚枝，锄其直，遏其生气”的惊人恶果。如此僵化，天下之梅怎能不病？

记者虽然是大众的一员，但是其责任却要求他们最应避免从众的心理。曾有心理学家做过大规模的心理学实验，实验结果表明，有33%的被测试者会不自觉地服从于群体的压力，产生从众心理，随大流地跟着参与实验的助手做出错误的判断。失去清醒判断的从众行为，是一种有碍社会进步的消极行为。要避免盲目从众行为的发生，说到底，就是要在思维上不断克服“疲态”，在观念上保持自觉更新的态度，努力在社会生活中做“头羊”。

过去的记者，习惯于严守画地为牢的采访区域，辛辛苦苦却又劳而无功地制造一些没有什么新闻价值的表扬稿；现今的记者，特别是传统媒体的记者，受到新媒体技术的冲击，越发感觉到新闻生产的无意义，在心理和生理都处于“疲软”的状态下，缺乏激情和动力，而新媒体记者虽有形式多样的传播技术支撑，却也越来越固守于方寸之间的屏幕，越来越远离新闻生产的“富矿”——鲜活的群众世界，这严重违背了新闻生产的初衷。

辩证唯物主义要求我们用联系的、发展的观点看待事物。当今的经济现象、文化现象，极少在狭小地域内发生，记者的思路和眼光理应放开，高瞻远瞩，纵横捭阖。例如，对民工现象的报道，为什么就不能从“车站新闻”，即习惯于报道春节前后车站爆满、民工在车站的痛苦等这一类简单新闻中解脱出来，向民工的流向地扩展？或从民工在各地的贡献方面去剖析？思路转到这方面来，疲惫的神经就会兴奋。1995 年春，我在《湖北日报》记者部工作时，就力图在这方面有所突破，派出巴晓芳、黄明钢两名记者，与民工一道由鄂入粤，深入到一个个三资企业的车间、打工者的宿舍和管理民工的政府部门，足迹遍至珠江三角洲。许多民工说，没想到家乡的党报记者想得这么深，跑得这么远，他们倾心而谈，提供了大量有价值的第一手资料，记者以“民工潮探访录”为总题，连续发了 6 篇报道。这些既有现场感，又有分析透视的稿件，从成因、作用、影响及政策等多方面反映了民工潮现象。报道发表后，在群众中产生了良好的影响，受到了中宣部新闻局的肯定。

为了形成不断打破心理疲惫感的良好业务气氛，有很多方法可用，如以下三种方法。

选题可以实行招标。在任务面前，通过招标可以看出谁的点子新、角度巧、方案严密。不论资历，不讲部门，唯优是选，这样反过来又可以鼓励钻研，形成活力。

加强各个部门之间的密切合作。在媒介融合趋势之下，各个传媒组织内部基本打破了以往单一的新闻生产模式，各个传媒组织内部基本都设立了新媒体生产部门。这就要求新旧媒体人之间，以及内容生产部门与采编技术部门之间密切合作，实现新闻一次采集、多元化生产、多渠道发布，形成报道的合力。这种通力合作的新闻报道方式，使得传媒组织内部的每一位新闻人都是新闻信息生产的关键一环，记者的疲软心态自然不会持久。

2017 年建军节期间，人民日报中央厨房策划了一款融媒体产品“我的军装照”，就是多工位聚合，将严肃题材与娱乐方式、游戏形式整合，一举成为浏览量 10 亿+的爆款主流产品。以记者个人为单位，各自培养一支有组织、有纪律的自媒体生产队伍。这就要求新闻记者不仅自身要有过硬的新闻素养，还要担负起培养公众新闻素养的任务，引导广大公众有序参与新闻生产，提供“鲜活的”一手资料，生产“鲜活的”报道。

“苟日新，又日新”，记者属于追着朝阳去采樵的那一类劳动者，日复一日，劳作不息才能收获不止。充满创新是记者职业永恒的主题，克服疲惫、锐意创新，实质上是在心理上主动把握一种积极的、辩证的思维方式，为新闻报道提供一把释疑解难的精神钥匙。从这层意义来说，创新才是真正授人以“渔”而非授人以“鱼”。

心理小典　换个心情再出发

心理疲惫是个体不能有效面对工作中长期存在的压力或者周而复始的工作内容而逐渐形成的一种综合症，包括情绪衰竭、疏离和职业效能感降低三个方面。在现代社会激烈的竞争中，克服这种消极心理尤为必要，我们需要在日复一日的工作中找到新鲜感，找到能够调动我们积极性的因素，这样才不会对职业产生倦怠，才能克服心理疲惫。

心智掌故　为学习而重复拜访

科尔要去推广广告业务，他向经理要了一份客户名单，但这份名单比较特殊，上面都是一些实力雄厚的大企业。在这之前所有的广告业务员都碰了一鼻子灰，无功而返，所有人都认为那些客户根本不可能和他们合作，唯独科尔除外。

每成功一个他就在名单后面打个钩，一个月后，名单上只有一个名字后面没有打钩。第二个月，科尔在拜访新客户的同时，每天早晨，只要拒绝买他的广告的那个客户的商店一开门，他就进去请这个商人做广告，但是每一次这位商人都面无表情地说：“不！”可是每一次，当这位商人说“不”时，科尔都不放在心上，然后继续前去拜访，就像拜访新客户一样。

很快又一个月过去了，连续对科尔说了六十天“不”的商人突然有了兴趣与他谈上几句：“你已经在我这里浪费了两个月的时间，事实上我什么也没有给你，我现在想知道的是，是什么让你坚持这样做？”

科尔说：“我当然不会故意到这里来浪费时间，我是到这里学习的，你就是我的老师，我从你这里学习如何在逆境中坚持，事实上我们都在坚持。”那位商人点点头，对科尔的话深表赞同，他说：“其实我不得不承认，我也一直在学习，你也是我的老师。我们都学会了如何坚持，对我来说，这比金钱更加宝贵，为了表示我的感激之情，我决定买你一个广告版面，这是我付给你的学费，而不是我放弃坚持。”科尔每天重复拜访那位客户不会厌烦疲惫吗？不会，因为他是抱着学习的心态去的。

心灵启悟　保持新鲜心态

记者的职业就是日复一日、年复一年地采写，做一种重复性的工作，会疲惫是常有的事。疲惫的记者做出来的新闻，受众看着也会乏味，不妨转变心态，试着做些创新，从新闻的内容到形式，焕然一新，每天都是不一样的生活，疲惫状态就会消失，做出来的新闻自然也会充满活力。

第七节　心理也需导引

新闻工作的主体是“人”。记者是社会人，是身、心、环境相互作用的整体。因此，在重视对记者进行业务指导和物质关怀的同时，不能忽视对记者心理状态的积极引导。正如一些未来学家预测的那样，人类在经历了农业社会、工业社会、信息社会后，将进入一个以关注精神安慰等情感生活为特征的情感社会。在这个社会里，人们的消费注意力从物品的本身，相当程度地转移到其所包含的情感内涵上，就连经济活动与行为都被一定程度地融入到情感之中。

现代传媒朝着复合型方向发展，媒体的规模越来越大，功能越来越多，记者越走越远，采访地点越来越分散。到 2017 年，仅新华社就建立了“总分社—分社—支社”为架构的 200 多个在地常驻机构。个体工作在传媒巨无霸当中，渺小感是很容易产生的。从单个记者的角度观察整个报社的结构，可以看到一个“倒金字塔”的形体——上端是报社的最高决策层，中间是部门领导，下端是记者。这样观察得到的结构印象，可以使人产生两种截然不同的心理效应：第一，有上端作雄厚的依靠和来自上端不断的激发、诱导，这些能帮助记者更好地向“下”钻探，搞好报道；第二，反正大头在上端，下端的记者不过是小陪衬，无足轻重，因此也不必太努力。

心理趋向的形成，关键在于如何导引。马克思说：“人创造环境，同样环境也创造人。”在这方面，至少有三种导引办法可以在工作中予以实施。

导引办法之一是经常培育记者的全局观念和“中流砥柱”意识。记者由于常年在基层流动采访，千辛万苦，甚至遭受委屈、遭遇危险，却乏人诉说，心理上很容易产生“被遗忘感”和“孤独感”。因此，领导要主动了解记者的情绪，在谈心中让他们倾诉自己的种种想法，对积极的方面当面给予肯定，使其产生“传媒组织缺不了我们”的温暖感。平时，部门领导应将自己掌握的传媒组织有关情况，不管是报道思想、会议精神，还是生活福利方面的信息都要及时向记者通报，让他们在心理上消除与编辑部的距离感。此外，经常提醒和激发记者的使命感，使他们牢记记者的光荣职责，努力用日常行动和报道成绩在广大群众中树立起记者应有的形象。

导引办法之二是积极主动争取外部良性激励因素，避免负面心理效应的产生。记者长期处于某个局部，他们所写的有关报道，难免有不符合客观需求，不宜被编辑部采用之时。记者是脑力劳动者，最注重作为体现自己劳动价值的见报稿件，如果连续几次出现被压下不得发表的情况，就难免产生“不被重视”的心理。作为基层发稿部门的领导，此时既不能在同情心的支配下与记者一起抱怨，也不能简单地批评下属稿件写得不好，一方面应该与上级及时沟通情况，解释一些记者不易反映清楚的稿件背景情况，以争取上级的理解和支持。另一方面，也要热情地与记者一道从写作角度、文字技巧等方面去推敲，同时，通过交谈，做一些有益的心理补偿工作。此外，记者在工作和生活等方面的一些合理要求，领导要积极地代为反映，并寻求合理的解决途径。同时也要启发记者主动了解传媒组织内部的实际情况，提要求要以实际情况为依据，避免提出来又不能解决，反而会出现影响心理平衡的现象。

导引办法之三是注意锻炼“意志”，培育记者良好的心理素质。记者以单兵作战作为主要的活动方式，因此记者在组成意志的四个方面，即“自觉性”“果断性”“坚持性”“自制性”上，要求有相应的较高而稳定的素质。

自觉性要求记者根据对客观现实发展规律的认识，自觉地确定行动的目标，有步骤地组织自己的行动，以期实现预期的目标。成熟的记者，应该有“慎独”的能力。报社在制定了记者的基本活动准则以后，应放手让记者到“大海”中去“游泳”，有时进行一些阶段性的回顾，主要目的也是协助记者在主观上进行经验总结，找准规律。

果断性是以勇敢和深思熟虑为前提的，与果断性相反的品质是优柔寡断和草率决定。应鼓励记者“多思”，把情况和任务都交给记者，让他们自己去选择合适的报道题材和形式，坚定地走具有个性特色的报道之路。

一时热情容易做到，长期坚持却很难。这就需要平时注意教育记者充分认识坚守一线报道阵地的必要性和重要性，不企求报道上一时的戏剧性效果，而以“韧”性战斗和艰苦奋斗为座右铭，这样就可以避免情绪上的大起大落。

自制性不仅表现在记者不能做有悖于职业道德的事，从更高的层次来看，还要求记者能抑制消极情绪和不适当的冲动行为。“理解万岁”是一个正确的口号，但从客观上来看，事无巨细都企望别人理解，任何时候都要“吃亏吃在明处”的想法，也是记者不能有的心理，不管别人理解或是暂时不理解，记者都要能够自持。记者活动的自由度很大，今日在决策机构采访，明日在田间地头观察；一会儿出现在突发事件现场，一会儿又出入于优雅的宾馆饭店。而今，新的传播技术更是给予记者更广阔的活动空间。在任何情况下，记者都应该有处变不惊、不卑不亢的自制能力，踏实地履行自己的记者职责。

记者还应该有很强的应对挫折的心理准备。挫折是任何一名记者在工作和成长中不可避免的，记者的挫折心理表现为易发怒、暴躁，有时出现对立的行为，不论对待上级、同事，甚至采访对象都是如此，常会因小事而迁怒，发泄后难以自控。对此，周围的同志应有耐心，体恤其处境，谅解其过激，并适当劝说或解释，绝不可相互争执。领导应该了解记者的心理基调，掌握演化规律，在日常工作中和处理人际关系时都应保护记者的心理免受挫伤，要设法消除伤害记者的各种因素，如讥笑、讽刺、打击、蔑视等。及时运用多种方式与基层记者保持联系，以便了解记者的情绪反应，主动进行激励与疏导。

心理小典　心理传导改变思维

在心理学中，常常会出现“人云亦云”或“从众心理”这样的名词。实际上，人们在传播信息的时候，往往能通过心理暗示，使信息接收者的想法按照传播者的既定思路发展，这取决于传播者使用的技巧。通常，一种现象的发生和变化，通过巧妙的传播方式对人形成的心理引导，使人对一件事情判断的方式产生影响，同时也会改变其固有的思维。

心智掌故　小和尚拜访高僧

从前有一座孤山，一个小和尚还处在“学习期”，老和尚就圆寂了。但小和尚自学能力很强，慢慢地有了声望，也就成了年轻的住持。这时，小和尚开始出现骄傲情绪，但终究是资历浅、道行浅，他决定云游四方、遍访名寺。

一天，他来到一座比较有名的寺庙，想拜访一下寺庙里的高僧。由于高僧正在接待别处来访的僧人，而小和尚却以为人家在和他“耍大牌”，自尊心严重受挫，导致他情绪失控，向接待他的和尚发起火来。负责接待的和尚先是耐心地解释，然后前去禀告高僧，说来拜访的僧人等的有些不耐烦了。高僧微微一笑，没有说什么。

不一会儿，高僧结束了接待，召见了等待的小和尚。高僧没等小和尚说话，先开口了：“老衲方才接待了几位远道而来的僧人，慢待了您，还请您见谅。”说完，亲自把盏给小和尚倒茶。“这还差不多！”小和尚洋洋得意起来，傲慢的情绪通过举止言谈表现了出来。

高僧见状，还是微笑着同他交谈。小和尚心想，谈了这么半天，也没见这高僧有什么过人之处啊。谈了一会儿，高僧又给小和尚斟茶。水已经满了，高僧还在倒；水都流到桌子上了，高僧还没有停止的意思。小和尚不解地问道："水都满了，怎么还倒哇？"高僧没有直接回答他的问话，而是学着他的口气反问道："是啊，水都满了，怎么还倒哇？"

小和尚带着疑问离开了寺庙。下山的路上，他一直在反思和高僧的对话，突然间悟出了其中的道理，高僧的态度很明确：既然你这么傲慢，还到我这里学什么？修行之人难免心理上有偏差，这时就需要高人引导，记者作为普罗大众更少不了心理上的引导。自我引导的坐标不在内心，而在客观。

心灵启悟　主动的引导

记者是人，并且是要给其他人传递信息乃至三观的人，所以记者的心理非常重要，一方面要积极引导记者的心理状态，另一方面也要有意识地锻炼记者自身的意志力，避免记者出现心理偏差。发现情绪状况不稳，就要主动寻求合适的方式，冷静地进行自我引导。

第八节　带着感情思考

"感人心者，莫先乎情。"我国唐代大诗人白居易的这个写作经验，在历朝历代各种体裁的文字中无不应验，当代的新闻作品也概莫能外。

说起来有些奇怪，尽管人人都有情，但记者常常在处理新闻的时候"无情"。这种"无情"的说法，从两方面看都是成立的：从客观方面看，就是记者对题材所包含的情感成分熟视无睹，宁愿把带着情感体温的活材料处理成冷冰冰的没有情感的死材料；从主观方面看，就是记者面对材料时，参与性体验或称为主观体验激发不够，思维的干涩性、抽象性占据了主导地位。

忽视了情感，不仅会使文字失去温润，而且有时会失去到手的新闻，这是因为，在新闻价值的多个组成部分中，情感价值有着重要的地位。放弃了带着情感的思维，就是放弃了新闻探索雷达中的一个重要波束。

情感在心灵间的交流，总会撞击出有价值的火花，如果抓住这种火花，把它变成文字，有时就是一篇以“事件简单而情感丰富”为特色的新闻。

有一年，我从北京开完会返回武汉，乘坐了不知以前乘坐过多少趟的列车。在这原本十分单调但又熟悉的行程中，我知道不大可能有什么事件性新闻可捕捉，于是尝试着带着情感去观察和思维，果然有所发现和收获。这篇见报稿文字不长，兹录于下：

一饭关情（现场短新闻）

本报记者　江作苏

1月24日9时许，北京—武昌的37次特快列车正奔驰在中原大地上。

持15车厢4号硬卧票的日本游客佐藤先生，此时被2号下铺一位几分钟前还素不相识的中国老年妇女礼貌地请到身边。她的铺上摊开一张报纸，上面放着喷香的卤鸡蛋、松软的面包和嫩黄的蛋糕。

“吃吧！”她做一个请的手势，眼里透出母爱和真诚。

年轻的佐藤显然是饿了，但对这来得有些意外的邀请，不由又露出几许迟疑。

妇女又拿出了两个广柑，用小刀各剖成四瓣，递向佐藤。广柑流出浓浓的汁液，溢出诱人的清香。

佐藤显然是对这位中国长者的真诚举动感到信服，他拿起食品，大口大口地咀嚼、吞咽。

再普通不过的一顿中国铁路旅行早餐，可是对昨晚和今晨已经两次因语言不通而错过开饭时间的这位异国独身游客来说，滋味一定不错。

没有谁动员这位中国妇女这样做（后来知道，她是一冶一中的退休教师，姓张）。当她听说这个长着和中国小伙子一样面孔的日本青年饿了两顿时，轻轻叹了口气道：“二十几岁的外国孩子，出门在外，多不易啊。”说着，就打开包，像母亲一样准备食品。

饱餐后的佐藤，连声用英语和日语说着“谢谢”，妇女礼貌地颔首回报，然后很自然地、静静地望着窗外飞逝的景物。

透出几分稚气的佐藤，显然为无法用更多的语言表达谢意而着急，忽然，他拿出一副印有黄鹤楼的旅游图和一本日本岩波文库版中、日文对照《汉诗选》，手指着李白的诗句：“故人西辞黄鹤楼，烟花三月下扬州……”用日语抑扬顿挫地朗读起来。

妇女和围坐四周的旅客都明白了，佐藤先生在用这种独特的方式表达他的谢意，于是大家报以会心的微笑……

一个旅客把食品分享给另一个旅客，这本来是旅途中司空见惯的事情，原本没有多少写成新闻的价值。但是，在带着情感的思维和观察下，情况就大不一样了：事件被过滤到只剩下一个梗概性框架，而凸现出来的都是情感——那位中国老年妇女的母爱和真诚，这种爱是一种平凡而又博大的爱，它超越了亲情和国籍，这是一种无私的、不求回报的情感。而面对感谢，这位可敬的妇女只是"礼貌地颔首"作答，然后"很自然地、静静地望着窗外飞逝的景物"。这是多么令人亲近而又敬佩的一个普通人的新闻形象啊！

作为目击者的记者，情感思维的弦一旦被拨动，感应的能力似乎就会特别强。于是，那位日本青年的感情表达，周围旅客会心的微笑在记者的心头变成了这一支动人之曲的和弦部分，完全可以从其写出稿件的字里行间看出作者的欣赏、赞许和褒扬之情。

人的意识是知、情、意三者的统一。"知"是指人类对客观世界的知识性和理性追求，它与认识的内涵是一致的；"情"指情感，即人类对客观事物的感受和评价，它表现为热爱、仇恨、向往、遗憾、满意、不满，以及对自身喜、怒、哀、乐等的心理体验与心理活动；"意"指意志，即人类力图把理想或目标变成行动的决心与毅力。意识作为知、情、意三者的结晶并不等于认知或认识过程，也不同于一般的心理过程，而是高度理性化的心理，这就使它与动物心理区别开来。人们都期望自己有创造的灵感，这是记者最珍视、最不易养成的一种思维特质，有的心理学家甚至把灵感思维作为一种与抽象思维、形象思维并列的思维方式，认为它们都属于人脑这块特殊物质的高级反映形式。当潜意识孕育成熟时即涌现于显意识，成为灵感思维，这种思维实质上是一种创造性思维。值得注意的是，这种思维过程离不开情感的参与，许多潜意识都受着情感的支配，一旦符合目的的推论结果涌向潜意识，便会顿时获得柳暗花明的感觉，这表明灵感迸发了，而灵感始终离不开情感。

"动之以情，晓之以理"是一个简单而又深刻的道理。新闻的教化作用，除了在于运用准确的信息外，还在于让读者领会到其中的道理、感受到情操的陶冶。这种综合效应发挥得好与坏，很大程度上依赖于记者是否带着情感去思考，以及这种思考的实践程度如何。正如艾青诗中所说的那样："为什么我的眼里常含泪水？因为我对这土地爱得深沉。"是那些血浓于水的情感思维和判断方式，在记者躯体内起作用；是那些令我们为之魂牵梦萦的情感和价值理念，在记者的意识和潜意识里烛照征程，我们的作品才有了与读者息息相通的精神力量。

心理小典　情感互动

人类的独特特征之一就是在形成社会纽带和建构复杂社会结构时对情感的依赖，可以说人类的认知、行为，以及社会组织的任何一个方面几乎都会受到情感驱动。情感互动是心理互动的一个非常重要的方面。情感是心理状态，思维是认知过程，人在接受信息时往往会把情绪情感作为认知活动的前置性条件，情感的渗透能增强认知的效果。

心智掌故　情感不止专注于足下

在里约热内卢的一个贫民窟里，有一个男孩，他非常喜欢踢足球，可是因为家里太过贫困，所以就连买一个足球的钱也付不起。但是，小男孩并没有放弃踢足球的愿望，他利用一切可以踢的物件像对待足球一样用心去踢——踢塑料盒，踢汽水瓶，踢从垃圾箱里拣来的椰子壳。因为没有其他娱乐活动，他就这样不断地踢着，在巷子口踢，在能找到的任何一片空地上踢。

有一天，当他在一个干涸的小池塘里猛踢一个猪膀胱时，被一位路过的足球教练看见了。他发现这男孩踢得很好，又这么热爱足球，就主动提出送给他一个足球。小男孩得到足球后踢得更卖劲了，不久之后，他就能准确地把球踢进远处随意摆放的水桶里。

圣诞节到了，男孩想要送给那位足球教练一份圣诞礼物。小男孩的妈妈说："我们没有钱买圣诞礼物送给我们的恩人，就让我们为他祈祷吧。"小男孩跟妈妈祷告完毕，向妈妈要了一个铲子跑了出去，他来到一处别墅前的花圃里，开始挖坑。就在他快挖好的时候，从别墅里走出一个人，问小男孩在干什么，小男孩抬起满是汗珠的脸蛋，说："教练，圣诞节到了，我没有礼物送给您，我愿给您的圣诞树挖一个树坑。"教练把小男孩从树坑里拉了上来，说："我今天得到了世界上最好的礼物，明天你到我的训练场去吧。"

三年后，这位17岁的小男孩在1958年世界杯上率领巴西队第一次捧回金杯。一个原来不为世人所知的名字——贝利，随之传遍世界。小男孩真挚的感情打动了教练，也为自己带来了成功。

心灵启悟 情感让新闻变“活”

情感是最强的催化剂，只要注以感情，记者的文章就会变得鲜活，新闻就会“活”起来，读者就会不自觉地被吸引。记者与读者正是通过情感连通的，只有激发了读者的情感，传播效果才能达到最大化。新闻传播的不仅是信息，其中还有感情，以情出发能为记者带来新思路，也有利于媒体为人们营造积极向上、平等、关爱、温馨、真诚的公共情感空间。

第九节 防治理论软骨

关汉卿是硬骨头，他之所以成为“蒸不烂、煮不熟、捶不扁、炒不爆、响珰珰一粒铜豌豆”，那是因为他内心的修养达到了无可征服的境地。当今的记者所面对的外部环境，较之关汉卿所处的时代不知要复杂多少倍，如果没有理论修养，那就会患上“软骨症”。记者具有理论修养的重要性，无论怎么强调也不过分。社会主义新闻宣传工作者所承担的任务很多，取其要义，有三项是最突出的，即典型报道、热点引导、舆论监督。可以说，想要完成这三项任务，如若没有良好的理论素养作支撑，是不可想象的。

我们在评论某些新闻稿件时常常说：“这篇报道失之于浅。”那么，“浅”是怎样产生的？

在新媒体蓬勃发展的当下，出于扬长避短的需要，现今的报纸新闻大多是分析性、透视性的，记者往往需要去挖掘新闻背后的新闻。调查性新闻和展示新闻真实内在的涵义，成了记者着力的方向。这种“挖掘”和“展示”，是在一定理论指导下展开的，没有理论作指导，找不准挖掘部位，也不可能挖掘得深。

“深”与“浅”是相对的。新闻作品一般不担负理论演绎职责，从这个意义上来说，记者所要做的是在深刻理解和掌握正确理论的基础上观察生活、认识生活，并以深入浅出的方式和鲜活生动的文字能动地反映生活。

从宏观需求来看，随着改革开放进程的不断加快与深化，报道对象和广大读者已不满足于新闻作品简单地报喜或报忧，他们希望记者通过新闻作品，给予读者舆论方面的导引和认识上的深化，以便他们在掌握真理的基础上清醒地前进。

轻视对理论系统的理解，将导致新闻作品的“轻量化”“软骨化”。现在，有些记者整日忙碌，报道一些经济生活和社会生活中的表面现象，抓不住、拿不准引导社会发展的重大报道题材，其重要原因之一就在于缺乏理论素养。举例来说，面对错综复杂的社会经济现象，有的人抨击我国是在搞“有中国特色的资本主义”。到底是有中国特色的社会主义，还是有中国特色的资本主义？记者在思想上必须要有自己的正确判断，否则无法分析并运用新闻素材。要得到正确的判断，没有理论依据不行。就解决以上问题而言，就需要深刻地理解和运用邓小平同志的社会主义本质论，用是否解放生产力、发展生产力，消灭剥削、消灭两极分化，最终走向共同富裕的标准去观察和分析社会，才可以产生正确的结论。

新闻界素有“思想型”记者和“工匠型”记者之说。跃向“思想型”记者标准的撑杆是什么？是理论。习近平同志在2·19关于党的新闻舆论座谈会上要求：“新闻工作需创新理念，构建舆论引导新格局。”其中，理念方面的首要内容，就是理论。《人民日报》一位老记者在谈到他首次报道深圳提出的“时间就是金钱，效率就是生命”这个当时不为大多数人认同的口号时，就谈到如果他没有马克思主义的政治经济学素养，那时就没有勇气把这个正确的口号传播出去。《天津日报》记者在某农村采访时，听到一个观点：“仅靠勤劳难以致富。”记者运用“科技是第一生产力”的理论作依据分析这个观点，认为这不仅是符合实际的，而且是对在农村自然经济状态下形成的“勤劳致富”观念的富有时代特征的更新，有换脑筋之功效，于是报道和宣传了这个观点，推动了当时的农村改革。

对理论的深刻理解与记者日常要做的大量“易碎品”式的报道，两者不是绝对分割的对立面。要使新闻报道达到一定的理论深度，并不意味着要记者摆起架子来说道理，而是要求记者在挖出事物本来面目的新鲜度、准确度、鲜明度、深刻度上下功夫。许多记者的成功实践已证明，准确地把握题材，集中反映其对改革开放、经济发展、精神文明建设具有重大意义的特征，以清新、平易近人的文字加以表述，是可以达到使稿件兼具思想性和可读性这两方面效果的。笔者对此有过一些尝试。1992年湖北咸宁地区遭遇大洪灾，我在那里开展采访时，当地许多干部要求我报道抗灾中出现的困难和好人好事。当时我想，省级党报不可能事无巨细报道得那么多，而应该看得深一层、高一筹。所以，我结合掌握的素材，运用辩证法来进行理论思维，在稿件中阐述了“运用辩证法”指导抗灾的主题思想。由于论而有据、述而有力，当地干部和群众反映都很好。他们说，记者运用科学理论，帮他们从一团乱麻似的抗灾活动中分析出了门道，这比一般化的报道，其指导性强多了。

记者的自我意识很强，十分珍视自身的独立性；希望能通过自己的工作实绩来获得精神、物质及地位上的满足，期望通过一种创造性和挑战性的工作来体现其自身的价值。而理论的坚定，就决定了一种精神状态，使记者对未来充满信心，以积极的人生态度来迎接一切风险和挑战。理论的坚定使人生充实，必然竭尽心智去实现目标，不为一己私利所烦恼，不为低级趣味所诱扰，不为悲观空虚所侵袭。确立正确的理论信仰并倾其心血去实现理想，有志于新闻事业的人生便不会为暂时的暗流、眼前的挫折所迷惑，有可能达到辉煌的境界。

心理小典　坚定的信念

坚实的理论框架支撑坚定的信念，就心理学而言，信念是行动的"钙"，支撑着人们更深层次的行为。信念为人们带来对未来的信心，敢于以积极的人生态度去迎接一切风险和挑战。科学的信念会随着客观实际的改变而与时俱进，不断充实、调整和完善，在不断变化的现实考验中完善知识系统，得以更深入地理解自然界与社会现象。

心智掌故　吹口哨的猎人

楚国有个猎人，因为年轻时疏于练习，打猎的本领很差，所以每次只能打到很少的猎物。有次他听到乡邻讨论说，最近有只野狗在村里游荡，它一叫，全村的狗就都聚过去了。他想到了一个不用弓箭也能打到猎物的好办法：只要我把竹管削成口哨，模仿各种野兽的叫声，就能吸引动物来到我跟前了。由于他模仿得非常逼真，每次他学羊叫、鹿鸣，总能引来一些黄羊、梅花鹿，一年来他就用这样的办法把猎物引到跟前捕杀。因为羊和鹿特别容易被捕杀，猎人就更加疏于练习打猎的本领了。

有一次，他又带着弓箭、火药等东西上了山。他用口哨吹出鹿鸣的声音，没想到，逼真的鹿鸣声竟把想吃鹿肉的山狸引了出来。山狸太过凶猛，猎人根本不能捕杀它，他突然想到山狸怕老虎，连忙吹出老虎的吼叫声，于是把山狸吓跑了。但逼真的虎吼又招来了一只饿虎。猎人更慌了，急忙吹出马熊的吼声，又把老虎吓跑了。他刚想喘一口气，一只张牙舞爪的马熊闻声寻来。这个只会捕杀山羊的猎人再也吹不出别的野兽的叫声来吓唬马熊了。他吓得魂飞魄散，瘫成一团。这时，一支利箭穿透了马熊的身体。原来另一个猎人刚好来这里打猎，救下了他。这个猎人听完他遇袭的经过哈哈大笑，说："猎人就要好好练习射箭，狩猎是靠射箭本领说话的，练好本职技能才能捕获更多的猎物。”猎人惭愧地说：“我这个猎人变成了猎物，回去后我一定加强练习，成为一个真正的猎人。”

逃过一劫的猎人丢掉了口哨，拿起了弓箭潜心苦练，不久，他也成了一个能够捕杀马熊的猎人。

心灵启悟　心存主见，下笔有神

记者在面对一些新闻线索时可能会出现不知从何下手的尴尬，又或者只是写出一篇浮于表面的新闻作品，没有力度的新闻作品是无法发挥记者的最大价值的。只有储备了足够的知识，有了理论框架，我们才能做到“下笔如有神”。记者要不断充电，谨防知识麻痹期，多读书多思考，加强理论修养，这样面对素材才能成竹在胸，做到倚马可待。

第十节　也要有点限制

“人有智商，有情商。”在《人民日报》2017 年的一则评论中提出，干部还需有点“媒商”，也就是新闻传媒的素养。说起新闻思维，有的人认为，这种思维的特点是“大道无形”，思路越出格越好，想法越狂放越好，没有什么规范可遵守。如果有了“形”来规范，岂不限制了创造力？

这种看法有些形而上学的味道。世界上任何事物都是在对立统一的矛盾过程中存在和发展的。旧的“形”破了，新的“形”必然生成；突破了已有的限制，必然要形成一些新的规范。孔子说：“从心所欲不逾矩”，所谓“矩”，就是事物运动的一些规范。新闻思维虽然是一种十分活跃和复杂的思维活动，但还是有一些规矩是不能逾越的。首先，新闻思维的天地虽宽，但有一个“紧箍咒”却不能摆脱，那就是一切从事实出发。新闻工作者的思维可以上天入地，但在形成新闻作品的时候，他的思维必须摒弃虚构的诱惑，严格遵守真实性的原则。这个原则可以说是新闻作品区别于文艺作品的铁则，要遵守它并不是一件容易的事。我们经常碰到的诱惑是真实的新闻素材还差那么一点点就圆满了，那就加一点儿“合理想象”吧。可是，这一点儿“合理想象”一旦加上去，新闻就成了虚假的“客里空”。在新闻作品与文艺作品之间，不存在一种“杂交”的品种，一旦新闻掺杂人为虚构，它就变成了假新闻，而假新闻既不是新闻作品，又不是文艺作品，受众对假新闻持拒绝排斥的态度，哪怕这篇假新闻的立意再好，写作再精。

现在报纸刊登的非事件性新闻比较多，这种不以独立事件为中心而形成的新闻，同样要遵守真实性的原则。非事件性新闻是由一件以上的新闻事实，经过综合、归纳、概括而成的，它鲜明的主题来自对事实的准确提炼。在这个思维过程中，记者思维的凭据仍然是事实，只有在事实基础上生长起来的概念，才是科学的和有生命力的概念。事实是通往真理的桥梁，谁歪曲了事实，谁得出的结论就只会是谬论，这一点我们要记牢。

此外，新闻思维必须符合逻辑。新闻不是记者意识流的罗列，不能像现代派文艺作家那样，把一堆深涩和相互矛盾的意识塞给读者去体验。“立场鲜明”是社会主义新闻的一个特色，鲜明的观点一部分由记者用言论来表达，多数则是通过对事实加以组合而表达出来的，这种组合的思维过程必须符合逻辑。

按照形式逻辑（它反映了思维方式的规律）的观点，思维过程是从感性到理性的发展过程，思维的三个基本形式是：概念、判断和推理。概念是基础，它反映某种事物和它的属性。判断用以反映事物有无某种属性及量的范围。推理则反映事物的联系，从而得出结论。对这些思维过程来说，最基本的要求是前后一致，不能反复无常、自相矛盾，它必须符合形式逻辑的三大定律——同一律、矛盾律、排中律。这样，才能做到概念准确、判断适度、推理合情合理。一个训练有素的新闻工作者，必须从感性的角度出发，经过符合逻辑的细致分析，达到理性的整体把握。不从感性的具体出发，就成了无本之木，无源之水；不经过逻辑分析，便不会认识事物的个别性和特殊性；没有理性的整体把握，在你眼中一切事物都处于分散的孤立状态，使你感到模糊和混沌，无法达到科学的认识。努力使自己养成逻辑思维的习惯，这也可以说是一种规矩，有这种规矩限制，有什么不好呢？

思维也会受到能力的限制，主要是知识的能力。这种运用能力的动态方式，贯穿于思维的具体过程。认识客观和再现客观，必须具有正确把握政治概念的能力，要根据要素间的联系，分析起因、意义、作用、实质及后果等相关因素，准确理解和反映对象。从哪些角度、层次去认识问题，观察问题，其实也是思维能力的反映。而判断是非，则必须要有掌握是非依据的能力。

比较、分析、综合、抽象、概括和具体化，这些都是思维能力运用演化的过程。因此，思维与能力不可分，没有正确的思维，就没有卓越的能力，思维是能力形成的前提，能力是思维运用的结果。能力的培养和突破，反作用于思维；而如果超越一定的能力阶段，硬作思维结论，难免会碰钉子。

再说一种限制，那就是新闻思维的时间限制。新闻报道要讲究时效，“快”也是一种质量，在快节奏的信息社会里，新闻思维中“快”的要素显得越来越重要。快采、快写、快发，在这种快的形式和节奏的要求之下，新闻思维容不得拖泥带水，优柔寡断。如果记者无视时间的限制，遇事慢半拍，那就难逃遭淘汰的命运。

当然，以“快”为特征的时效性，只是时间限制的一个侧面，时间限制的另一个侧面是时宜性。所谓时宜性，通俗的说法就是“最佳发表时机”，掌握这个时机的标准，在于具有大局意识，也就是符合国家民族的根本利益。这种时宜性的限制，不仅我们国家的新闻工作者遵循，其他国家的新闻工作者也照样遵循。以发表原子弹爆炸目击报道而出名的美国记者比尔和他所服务的《纽约时报》，为了国家利益，发表时机选择在核爆炸之后的两个多月，这并不影响比尔成为美国科技记者中第一个获普利策新闻奖的人。当然，时宜性与以“快”为特征的时效性并不是相互对立的，而是互相联系的。时宜性要以快速采访、快速写作为基础；而在保证首发权的前提下，要把握住最佳发表时机。相对来说，这也体现了“快”的理念，因为，世界上没有什么绝对的“快”，首发也是一种“快”。

因此，限制并不总是陷人于被动，它如同体育比赛的规则，只有遵守规则和合理运用规则，才能既避免赛场混乱，又使运动员把运动才能发挥到极致。

心理小典　规则意识

规则意识，是指发自内心的对规则敬畏、以规则为自己行动准绳的意识。规则不是一件客观的事实或者一种客观的规律，而是“什么是应当做的；什么是不可以做的”，是社会现代化过程的一个重要方面。只有在规则意识的支配下，人们才能准确地解释规则在特定情况下的含义和要求，而不是将“情况特殊”作为违规的借口，或者通过有意曲解来敷衍了事。

心智掌故　猴子过河的启发

六只猴子要去参加“森林运动会”，但是要到达会场就必须先过一条河。偏偏这时摆渡的水獭不在，猴子们决定通过河边的大树荡到对岸，但是眼前这条河非常宽，而岸边的树藤蔓又不够长。六只猴子又决定趟过河，可是河水太深，还没走到河水中央，水就没过了肩头。眼看运动会就要开始了，它们还是没有想出合适的过河方法。这时候，水獭撑着一条小船从对岸过来了。渡船的水獭对猴子们说：“我这只船小，规定每次只能坐三位乘客，你们分两次过河吧！”三只猴子上了船。

第四只猴子想：运动会就快要开始了，我要早点过河呀，多加我一个应该没什么事儿。于是，它满不在乎地对水獭说：“四位和三位不是差不多吗？你这个规定太死板了！加我一个也不会有问题的！”“不行，不行，超载了船会沉的。”水獭连连摆手说。但是，第四只猴子却不听劝告，还是上了船。

第五只猴子看第四只猴子上了船，就也想第一趟就过去，于是也跳上了船。水獭看到船超载了这么多，急忙让第五只猴子下去：“船只能运三个人，加第四个已属勉强，实在不能再上了，船会沉的。”第五只猴子哈哈大笑说：“哪有这么巧的事情，我从来没见过船还会沉掉。”在岸上的第六只猴子咕哝着：“大家都违反规则，难道让我自己在岸上做傻瓜吗？我才不干呢！”说着“嗵”的一声跳上船去。

原本只能承载三位乘客的小船，竟然上了六位乘客，结果怎么样？船沉了下去，船上所有的猴子都掉进了河里。这不就是违反了限制才会造成的灾难吗？

心灵启悟　无规矩不成方圆

“没有规矩，不成方圆”，一个集体、一个社会，没有“规矩”、没有制度是不可想象的；每一个行业都有其行业规范需要遵守，新闻记者作为社会的守望者，更应该遵循并协调好自己的行业规则。要想使新闻的力量和本质作用得以最大限度的发挥，那就要求新闻记者协调好新闻事业与制约因素之间的关系，把握好新闻自由的限度，不至于触碰职业伦理道德的底线。

第二章　记者职业伦理之发现篇

第一节　见微必能知著

佛教中有所谓“慧眼”“法眼”之说，指的都是有这种能力的高僧，可以透视三界、看破玄机，从而把握真相、预知祸福。新闻记者要是有这种能力就好了，天下事尽入吾彀中，从此可以舒舒服服当个手眼通天的名记者。可惜这样的能力不可能自然具备，只能靠自己在实践中修炼而成。

都说新闻是发现的艺术，这要用辩证的观点去分析。所谓发现，并不是有个大金娃娃等在某处，如果你运气好发现了，一锹挖下去就得了丰收。“发现”是一个主客观契合的过程，为什么世界上很多事你看着是新闻，而我看着不是新闻？这就是主观与客观具有不同的契合条件。同时，“发现”也不是一个瞬间能完成的动作，它是一个连续的、渐进的思想劳动过程，往往是循着微小的征候深入到实际中去，找到有价值的东西；或者从一些似乎价值不大的东西中，看出有价值的部分。

既然是主客观的契合，那就不能不讲思维方法的问题。肉体的“法眼”不可能形成，而观念上的“法眼”完全是可以修成的，这就需要把握一些方法。

从偶然中看到必然，这是一种发现的艺术。在电视剧《康熙王朝》中，康熙轻率地依照群臣的奏折裁撤三藩，孝庄太后看到这将因轻启战端而受到威胁的年轻的清王朝时，痛斥说：“奏折奏折，古往今来多少皇帝都坏在这个奏折上！”朱镕基在给全国文联和全国作协代表大会作报告时谈到这个情节时说：“孝庄的话，是符合从偶然中看到必然的道理的。下级的报告不一定是有意造假，但它是层层上来的，掺进了各自的利益，不可能那么真实，所以不能靠奏折治国，必须要下去调查研究！”从一份奏折看到一种必然现象，孝庄没有把这种过程演示出来。如果是记者，抓住偶然碰到的这个“奏折”题材，通过一系列的调查，把“奏折”中的水分揭示出来，这不就是一篇从偶然中看到必然的好新闻吗？

发现的突发性与思维的归纳性和递进性关系密切。思维的归纳性和递进性要求记者在思维过程中破除表层思维定势的障碍，避免就事论事。归纳递进的结果，可使思路由一个类别跃入另一个类别，从一种意象指向另一种意象。这时，大脑活动处于扩散撞击之中，思维振幅来回于几度空间，为记者的写作准备了充分跃入另一个层级的条件。记者思维归纳能力越强，写作灵感产生的概率就越大；思维变通得越快，写作灵感袭来就越多，这已被许多记者的成功经验所证明。

新闻发现还必须符合现代新闻的另一个特点，那就是不能宥于对已有事实的报道，还必须预示某些事件的走向，或者揭示某些事件背后的原因，这就要在思想上掌握“见微必能知著”的敏感和能力。

“见微知著”可以说是读者对记者信赖的一根支柱。“这件事我没看出来，记者怎么看出来了？”常有读者这样怀着钦羡之情问。如果说从偶然中看到必然是一种“归纳”能力的话，那么“见微知著”则更多表现为一种“发展”能力——从此处发展到彼处、从现在发展到将来、从隐蔽发展到彰显。

2001 年，日本对产于中国的大葱、香菇、蔺草席实施了贸易制裁。同时，日本政府放任日元不断贬值，从 1 美元比 120 日元，快速跌破 1 美元比 128 日元大关。日本政府表示：日本经济 10 年来持续处于困难之中，而中国经济处于快速增长之中，日方不得不在贸易和币值方面采取措施，中国应该谅解。

在日方这些“鸡毛蒜皮”的经济措施背后，有什么更具价值的新闻吗？我方在坚持谈判的同时，新闻界“见微知著”，通过《人民日报》《经济日报》等发动了一轮新闻揭露的攻势——日本人大唱经济悲歌，到底想干什么？从发表的新闻事实来看，日本尽管 10 年来遇到了困难，但人均 GDP 仍比美国高 1，000 美元，外汇储备仍居世界第一，经济实力仍相当于整个欧洲之和！相比较而言，中国经济无论总量还是人均，都远远低于日本。在日方经济明显占有优势的情况下，他们还故意大放悲歌，这只能说明日方另有所图。日方明明是想在悲情的掩盖下，麻痹中国舆论，取得只顾自己不顾别人的利益。制裁中国大葱贸易也好，放任本国货币贬值也好，这些现象背后，包藏着一种不那么光彩的动机：以邻为壑。这样发展下去，日元还将继续走低。日方最终将在中方相应的贸易对策面前，因怕吃亏而放弃在大葱问题上再做文章。后来的事实，都印证了新闻预见的正确。

通过“鸡毛蒜皮”，发现“荦荦大端”，预见发展走向。这是新闻的任务，也是新闻媒体作为党和人民喉舌的光荣。新闻记者个人并不需要卜测未来，不需要夸下“勿谓言之不预也”的海口。一个社会行业一旦产生，这个行业的角色作用一定要发挥到让社会感到离不开他们，否则就会被淘汰。这种大角色的意识，有利于开启新闻人员的思路。方法是受思路统辖的，思路开阔了，磅礴大气的、而不是小里小气的方法，也就会随之而来。新闻发现也是如此，不是让人去钻牛角尖，而是要在关系人民祸福处下功夫。“偶然中发现必然”也好，“见微必能知著”也好，其中都贯穿着由此及彼、由表及里的辩证思维观，它在同中求异，异中求同。这样的思维是一种创造性思维，呈现出变通性和独特性的特点，往往能打破常规，选择与众不同的角度，揭示比较新鲜、深刻的主题，取得常规思维所达不到的传播效果。掌握这些新闻竞争的法宝，再加上面对纷繁世界，为探求真相和预测未来，如古代勇士那种“虽千万人，吾往矣！”的角色意识，记者是能够在发现的道路上所向披靡的。

心理小典　知觉的理性应用

“窥一斑而见全豹”是一句古老的中国成语，意思是有经验的人通过一些小的细节可以洞察全局。从心理学角度解读就是人在知觉的过程中，以过去所获得的有关知识、经验或见闻为依据，对感知对象进行加工理解，并以概念的形式表示出来，使其具有一定的意义。其实质是旧经验与新刺激建立多维度、多层次的联系，以保证理解的全面和深刻。

心智掌故　骆驼留下的线索

一个阿拉伯商人在荒漠中寻找一头走失了的骆驼，他看到一个人，就问他：“请问你是否见到一头走失的骆驼？”

那人没有回答，而是反问他：“你的骆驼是不是有一条腿瘸了，而且还瞎了一只眼睛，背上驮着的东西好像是谷子？虽然我没有见过那头骆驼，不过我应该可以推测出它是往哪个方向走的，根据我的推测，你很有可能找到那头骆驼。”

“哪里能猜得那么准，是不是这个人偷走了我的骆驼？要不然他怎么会知道得这么清楚呢？”阿拉伯商人心里这样想着，可是那个人坚持说自己没有见过骆驼。阿拉伯商人就拉着他去见法官，后来经过鉴定发现确实冤枉了他。

原来那个人带他们去了他发现骆驼足迹的地方。他之所以会对那只骆驼的情况了解得那么详细，完全是因为他善于从细微处观察。他是这样解释他的推测过程的：“那头骆驼的脚印三只一样深，而只有一只脚印明显比较浅，足以表明那头骆驼很可能有一条腿瘸了；而且那个地方的路两边都有一些细嫩的小草，而只有一边的被啃光了，而另一边却丝毫未动，可以表明这只骆驼那侧的眼睛一定看不到东西；至于骆驼背上驮的东西，从道路两边洒下的细碎谷子就可以看出来。”解释完这些之后，他接着对阿拉伯商人说：“通过对骆驼脚印的观察不难看出那头骆驼的前脚一直朝西，而且它一直是一边吃一边走，可以由此推测那头骆驼很可能还会朝西一直走下去，而且走得不会太远，你顺着这条路往下走，应该会找到你的骆驼。”

果然，沿着那个人指引的方向追了一段时间，阿拉伯商人找到了自己的骆驼。

心灵启悟 经验带来发现

“一叶可以知秋”还是“一叶而障目”，其根本区别就在于人们对细节的观察是否敏锐，是否具有从微小事物中把握大局的统御能力。这种能力除了源于天生的感知力，更重要的是来自后天的经验，实践中积累的经验可以帮助我们判断事件的发展方向，透过事件的表面看到其内在价值。一个好的记者就要不断总结经验培养新闻发现的能力，做到“见微知著”。

第二节 入世槌的启发

中国成功加入世贸组织，报道雪片般飞来。《北京晚报》在头条位置独家发了一篇消息：《多哈会议闭幕，WTO工作人员赠给标志历史性瞬间的珍贵礼物，本报记者将入世槌带回国》。

这篇稿件让所有从事新闻的人羡慕和惊奇：那把大会主席敲响的木槌，是见证中国入世的无价之宝，怎么会到了《北京晚报》记者的手里？

原来，多哈会议结束之后，会场一片空旷。但记者带着高度责任感继续巡视现场，没有因会议的结束而收回新闻发现的视线。当他们看到那把具有历史意义的木槌还静静地躺在桌上时，心头如电闪雷鸣一般，于是诚恳地向工作人员提出赠予的要求。结果，对方非常爽快地同意了！

这不仅是一件珍贵的历史文物，更是一个有着历史意义的新闻题材。在接下来的几天里，《北京晚报》围绕这个新闻题材做足了文章。报纸向读者征询意见：入世槌如何保存？结果引来大量回应，包括中国革命博物馆在内的几十个单位争相收藏，美籍华人靳羽西建议这把木槌在世界各地巡展，然后放在天安门城楼上……许多读者还对记者的敬业精神及职业敏感与智慧表示钦佩。

“入世槌”带来的新闻冲击力，不限于事情本身，它对我们的新闻发现观，有诸多启发之处。

新闻是客观事实的反映，这是常识。但是，客观与主观之间，没有不可逾越的鸿沟，如果硬要割裂开来，那就会陷入僵化的境地，缚住自己的手脚。从形式上看，入世槌新闻的主体是记者，好像是由记者造出来的新闻，不符合新闻客观性的要求。但是从具体情况具体分析的角度看，在遥远的多哈，所有在场者都是中国入世的见证人，都在那个特定情境中担负了特定的角色。记者是从事报道的主体，但对于远在祖国的读者，现场的记者又是客观事实发生现场中的一员，具有客体的身份。主客体的分野，就这样在记者身上聚合在了一起。你不能设想，为了所谓完全的客观化，记者发现了木槌和意识到木槌的价值后，还要跑出去请一名中国谈判代表来向工作人员索取，然后再写下这个过程。巴尔扎克说过："机会来时像闪电一样短促，全靠你不假思索地利用。"这种不假思索的行动，是长久追求的释放，是火山瞬间的喷发，是在发现新闻与实现新闻之间，架起了一座桥梁。

也有人会问，入世槌这样的稿件是新闻还是宣传？我们知道，所有的新闻都是宣传，而不一定所有的宣传都是新闻，关键在于能否发现一个能把二者融合在一起的载体，二者你中有我，我中有你，相互相叉结合得越紧密越好。从符号学的角度看，就是要找到一个兼具两者特征的新闻符号。入世槌就是这样一个很好的载体和符号，它来自新闻发生的现场，是新闻焦点凝聚的载体，又是代表着中国人奋斗、爱国等诸多感情的符号。围绕这样一个符号组织连续性报道，完全符合读者对新闻宣传的接受心理。波兰传播学者列伊塔西克说过："如果我们用人们不懂的语言来讲话，那么报道就不能为接受宣传者所理解。经过加工的报道易懂性如何，取决于是否采用读者所理解的符号系统。"入世槌这样一个符号，由于其隐含的意义十分丰富，它可以朝许多角度放大、放大到许多倍，而不会产生读者不愿接受或接受不了的现象。

新闻记者有时不由自主地会受到僵化思维的影响，经常是注意了硬新闻，忽视了软新闻；注意了事件，忽视了人物；注意了显性的对象，忽视了隐性的对象。其实，在这些矛盾事物中，隐藏着相互转化的许多机遇，"小事"背后可能会牵出大问题，不起眼的小物品中可能隐含着巨大的新闻价值。入世槌就是一个很好的例子，当扣人心弦的签字场面过去之后，许多记者都会把紧张的神经放松下来，脑子中回味的可能都是那些具有紧张感的事件过程，而将那柄具有历史意义的木槌弃之于不顾。木槌这个物品小则小矣，但它通过电视镜头在亿万人心中留下了深刻的印象，是一个不可多得的历史文物，更是一个可遇而不可求的新闻符号。类似这样的经验，很多记者都会有同感。例如，采访环保事件的记者，可能紧盯着的是各种污染指数、排放标准等，但对身边的吃穿用方面的事并不敏感。可是《经济日报》的记者从吃发菜、穿羊绒这类小事中，联系到这种消费习惯背后的环境破坏作用，因为挖掘发菜对生态脆弱的戈壁滩有灾难性影响，放养山羊对西北本来就缺草的地区造成难以承受的生态负荷。透过两样生活物品，把它与两大环境影响联系在了一起，小的物品折射出了重大题材，据此形成的报道《不吃发菜，少穿羊绒，行不行》当然述有内容、论有观点，能够获得读者好评和中国新闻奖也就毫不奇怪了。

英国哲学家洛震说过："机会是注意力的产物。"注意力怎么培养？当然敬业是必备条件，但并不是敬业者全都能抓住机会，很重要的另一个条件是思想要符合辩证法，随时处于灵活机动之中。我们长期受计划体制下的思维方式和工作作风影响，容易走入非此即彼、以绝对否定相对的行为怪圈。卖货者只管吆喝，好像他永远都不会成为买货者，其实卖货者下班回家路上的第一件事，其角色可能就转换成了买货者。这种转换，在记者身上也经常发生，只是自己有时并没有注意到。有的人思想跟不上实践，甚至自己的思想跟不上自己的行为。法国女记者阿莱雅在阿富汗采访时，被塔利班组织扣留，她立即意识到自己由采访者变成了当事者，于是在监舍中利用食品包装纸、牙膏盒反面写下了日记，10 天后她被释放时，她本人立即成了其他记者争相采访的对象，她的日记也成了珍贵的第一手材料。这位女记者的角色转换，很符合居里夫人的一句名言："弱者等待时机，而强者创造时机。"

真理多迈一步都将变成荒谬。入世槌新闻带来的启发中，绝没有鼓励制造新闻的意思。严格来说，新闻是制造不出来的，检验是不是新闻的试金石就是"真实"。如果在路上买一把木槌带回来炒作，或者没被抓起来硬编出几篇狱中日记，那根本不能算是新闻，只是披上新闻外衣的卑劣谎言。

心理小典　处处留心皆学问

发现是一种具有创造力的行为，即能够较快地产生新思想，发现和创造新事物，这是成功完成某种创造性活动所必需的心理品质。提高善于发现的能力，就是要重视一些细微之处，追寻事物的发展趋势和实质，看见别人看不见的东西，发现别人发现不了的问题，从纷繁复杂的现象中辨别是非，去伪存真，抓住本质，明确方向。

心智掌故　瓦特看见的沸水

瓦特是世界公认的蒸汽机发明家。他的创造精神、超人的才能和不懈的钻研为后人留下了宝贵的精神和物质财富。瓦特改进、发明的蒸汽机是对近代科学和生产的巨大贡献，具有划时代的意义，它促使第一次工业技术革命的兴起，极大推进了社会生产力的发展，而蒸汽机恰恰是在瓦特细心的观察下才得以诞生的。

在瓦特的故乡——格林诺克小镇上，家家户户都是生火烧水做饭的。对这种司空见惯的事，有谁留过心呢？瓦特就留了心。他在厨房里看祖母做饭，灶上放着一壶开水，开水在沸腾，壶盖啪啪作响，不停往上跳动。瓦特观察好半天，感到很奇怪，猜不透这是什么缘故，连续几天，每当做饭时，他就蹲在火炉旁边细心观察。起初，壶盖很安稳，隔了一会儿，水要开了，发出哗哗的响声。然后，壶里的水蒸气冒出来了，推动壶盖跳动。蒸汽不住地往上冒，壶盖也不停地跳动着，好像里边藏着个魔术师，在变戏法似的。瓦特特别高兴，他把壶盖揭开再盖上，盖上又揭开，反复验证。他还用杯子、调羹遮在水蒸气喷出的地方。最后终于弄清楚了，是水蒸气推动壶盖跳动，这水蒸气的力量还真不小呢。

水蒸气推动壶盖跳动的物理现象，成为瓦特发明蒸汽机的认识源泉，1769 年，瓦特把蒸汽机改成发动力较大的单动式发动机。后来又经过多次研究，于 1782 年，完成了新的蒸汽机的试制工作。机器上有了联动装置，把单式改为旋转运动，完善的蒸汽机问世了。

心灵启悟　一颗钉子与一个帝国

事物是相互联系的，不起眼的小事背后也许会牵出大背景。有一首民谣是这么唱的：丢失一个钉子，坏了一只蹄铁；坏了一只蹄铁，折了一匹战马；折了一匹战马，伤了一位骑士；伤了一位骑士，输了一场战斗；输了一场战斗，亡了一个帝国。对小细节的注意可能关乎成败，比如一把被人遗忘的入世槌给《北京晚报》带来的巨大成就。

第三节　拓宽发现思路

要写出新闻精品，就必须有所发现。

发现，这是一个主观对客观的认识问题。按照唯物论的反映论，新闻发现的规律至少有以下几条：

一是发现具有不可穷尽性。

二是能动的反映论,即发现不是镜子般的、静止地反映客观事物。

三是发现的对象,既有有形的物质世界,又有无形的精神世界。

四是发现的进程,有着继承与突破相结合的特点。

一个婴儿来到世界上的时候,他的发现能力极弱,他必须吸纳前人的知识才能有所发现。但是,如果他一味地继承,不去有意识地突破,哪怕他活到 100 岁也不会有多大的发现。

新闻发现虽然不排斥科学发现,但主要还是集中于社会发现。社会发现更具有自身的特点。例如,从不同的角度出发,会有不同的发现,发现的结果也允许存异;发现者与被发现对象之间存在着互动关系,而不是像科学发现那样,基本上是主动与被动的关系。新闻发现这种互动关系越紧密、越频繁,有所发现的概率就越高,如果停止了互动,发现的可能性就会减少,直至趋向于零。

新闻发现的这些特点,为每一位新闻工作者提供了平等的走向成功的机会。原因有以下两个方面:

第一,正是由于新闻发现允许、甚至鼓励求异不求同,所以,不论是大记者还是小记者,不论是当今的名家还是初出茅庐的新手,每进入一次新的采访,大家都站在同一起跑线上平等竞争,新手不必因为担心自己的发现与“标准答案”不同而畏首畏尾。

第二,正是因为主体与客体之间的互动是新闻发现的温床,那么谁互动得多,换句话说,谁与社会生活和采访对象接触得多、接触得密,谁的发现的可能性就越多。谁一旦停止了这种互动,谁就会自动地、无情地被剥夺新闻发现的机会。

新闻发现的口号,是伴随着报业竞争的发展而提出的,并越来越受重视。欧美国家早期的报纸,以意见为重,消息为轻,且消息报道的内容,政治权力斗争偏多。到了大众报纸阶段,才改变为以消息为重,意见为轻,美国学者自己也承认,“新闻是报纸的心脏”这个口号并不是自动产生的,而是市场竞争的产物。我国早期报纸既少品种,又缺作者,其独占性的地位使得新闻发现的任务并不迫切。早期《大公报》的 7 位编辑,甚至并不采访,只靠自己想出来的“头脑专电”办报,并以此出名。随着报业竞争程度的加剧,新闻发现的的需求也越来越迫切,目前,可以说迫切到这样的程度:新闻发现的多寡和深浅,直接关系到一家报纸能否生存,成为报纸生死攸关的大问题。

新闻发现是擦亮报纸品牌最有力的手段之一。凡是成功的报纸,都必然在新闻发现方面留下一些令人难以忘怀的业绩,久而久之,这些业绩就形成了报纸的品牌。品牌经营是成熟市场经济的标志,在服务中成名,以品牌获得市场,这是我们应该具有的竞争观。而新闻发现走向个性化，信息服务走向品牌化，这是发达国家成熟报业正在走的路。普利策新闻奖的第一项奖就是“公众服务奖”，另外还有 13 项奖，都是为适应读者需求而设的个性化奖，如“调查报道奖”等，从这个导向性很强的评奖中，我们可以看出，个性化的新闻发现是成熟报业特别重视的竞争手段。2002 年普利策新闻奖揭晓时，人们惊异于老牌的《纽约时报》获得了 14 项奖中的 7 项，这是普利策新闻奖设立 85 年以来历史上第一次由一家报社获得如此多的奖项。《纽约时报》得奖的原因是在“9·11”恐怖事件之后，它用空前的热情围绕该事件作了全方位的新闻发现，而且并不满足于把发现的目光停留在事件现场。为了达到这个目的，它不惜开设每天见报的栏目“一个受到挑战的国家”，从国内到国外，从事实到心理，从微观到宏观，发现的目光无所不在。为了保证充足的版面，它甚至牺牲了相当数量的广告版面。无疑，这些做法使《纽约时报》的品牌得到了一次空前的提升。

我们的时代，是一个需要新闻发现，而且能够放手去拓宽新闻发现思路的时代。

新闻发现需要在一个适宜的政治舆论环境中产生。我们的时代，思想解放的程度前所未有，它带来的直接结果，是精神文化产品“百花齐放、百家争鸣”的局面，这是最有利于新闻发现的一种环境。正如范敬宜同志所说：“这 20 年中，我国新闻界最大的变化是什么？想来想去，变化实在太多，足够写一本厚书。但是，最大的也是最重要的变化，是思想观念的变化。”

由于思想观念发生了变化，新闻工作者所面对的世界变得更加广阔，主观能动性得到空前的激励和强化。从灌输式到讨论式，从终结式到进行式，从单侧面到多侧面，发现的角度变得无限丰富。我们能够理直气壮地抓难点、抓热点，当然，我们要用更多的热情去抓亮点。中国新闻学正在形成自立于世的学派，基点是传播力、引导力、影响力和公信力的建设，观念的变化和精神的解放，给从事精神产品生产的劳动者提供了一个宽广的舞台，我们完全可以在上面演出威武雄壮的活剧。

变动出新闻，这是新闻发现的一个规律。我们正处于一个大变化、大转折的时代。世界在变，中国在变，走向世界的中国人的目标和眼光也在变。但是，宏伟的目标和我们的现状、出发点与距离之间存在着一系列的矛盾，而矛盾正是产生新闻的土壤。广大读者急切地想通过新闻了解到许多答案，如中国式的社会主义建成的难点何在？阻力来自何方？改革前景如何？人民通过改革开放能够得到哪些实惠？全球化会对中国的命运产生哪些利益和矛盾？等等。在这个求思求变的年代，作为社会耳目喉舌的新闻工作者，在新闻发现方面有着无限宽广的领域，等待着他们去大有作为。

新闻发现不具有排他性，不像体育比赛，冠军只有一个，而是允许许多人在同一个赛场上各自都有所发现、有所创造、有所前进，每个新闻工作者都可以在竞争的过程中得到价值的承认。艾丰同志曾指出："记者是能对社会起重要影响的职业，其中的出色者，就是名家。"只要拓宽思路，就一定能有所发现，全国性发现、区域性发现、阶段性发现、领域性发现、物质文明发现、精神文明发现……当今新闻界，有着非常有利于新闻发现的激励性环境，有着特别宽广的发现领域，每个立志有所作为的新闻工作者，都应该能找准自己的位置，作出应有的贡献。

心理小典　多元思维的突破

"多元思维"也称"立体思维""全方位思维"，即跳出点、线、面的限制，能从上下左右，四面八方去思考问题的思维。把这种思维方式应用于发现思维上亦是如此，我们要突破发现思维的单一性，从多元化角度去实践发现思维，发掘已经存在但尚未被认知的事物或其本质、规律，并正确地理解和解决问题。

心智掌故　博士隐瞒身份

一位留美的计算机博士，毕业后在美国找工作，结果好多家公司都不录用他，他感到十分不解，如此高的学历，如此吃香的专业，这些公司为什么要将他拒之门外呢？思前想后，他决定收起所有证明，换一种思路，以一种"最低身份"再去求职。

不久，他被一家公司录用为程序输入员，这对他说简直是"高射炮打蚊子"，但他仍干得一丝不苟。不久，老板发现他能看出程序中的错误，并非一般的程序输入员，这时他亮出了学士证，老板给他换了个与大学毕业生对口的工作岗位。

过了一段时间，老板发现他时常能提出许多独到的有价值的建议，远比一般的大学生要高明。这时，他又亮出了硕士证，于是老板又提升了他。

鉴于前两次的经验，老板特别留意观察他。经过一段时间的观察，老板发现他的水平高于一般硕士，尤其是对专业知识认识的广度与深度都非常人可及，于是再次找他谈话。此时他才拿出了博士学位证明，并叙述了自己这样做的原因，老板对他的水平有了全面认识，毫不犹豫地重用了他。很多时候，换一种思维，会发现不一样的精彩。

心灵启悟 思维变，世界变

禅宗境界有三道，曰："见山是山，见水是水；见山不是山，见水不是水；见山只是山，见水只是水。"这种返璞归真的思维轮回深刻地说明了发现思维的一般规律。我们都知道新闻发现对于记者何其重要，也都在努力寻找新闻线索，但还是有很多记者觉得新闻发现很难，或者找到的线索是老生常谈的问题，没有什么新意。这时，不妨换个角度，拓宽思路，用一种更广泛的眼光来看待世界，笔下文章定会增色不少。

第四节 带着问题采访

初出茅庐的记者，体力比资深记者的体力好，能够跑个不停，但为什么总觉得找不到有价值的新闻呢？有人抱怨说是因为可用的"关系"少。其实，关键在于头脑里的"问题"少。西塞罗说："活着就是思索。"思索什么？思索的绝大部分应该是问题。作为一名记者，不带着问题思索，就很难活得好。

问题像是一块磁石，它能够让记者顺着"磁力线"，找到有新闻矿藏的地方。读者的注意力有限、报纸版面有限、记者时间有限，而社会生活则无限。"吾生也有涯，而知也无涯"，以有涯对无涯，从这个角度讲，新闻也绝不能有闻必录，它必须满足读者的需求。读者的需求是分层次、分轻重缓急的。例如，按照马斯洛的需求层次理论，最基本也是最迫切的问题是"生存"，如果把这个问题装在脑子里，在必要的时候它能发挥指挥记者双腿的关键作用，把记者引向最能解答这个问题的地方。美国 9·11 恐怖事件发生后，中国人最关心的问题之一是"有没有中国人伤亡？"很快就有中国记者找到权威部门，详细报道说："据了解，截至 9 月 13 日上午 8 时，在此次事件中死亡的中国人有 2 人。他们是郑于光，男，65 岁；杨树荫，女，61 岁。他们均是搭乘美航 77 次航班的乘客。该航班被劫持后，撞向美国五角大楼。家属报告死亡的还有 1 人，名为陈小兵，男，32 岁。另外，还有 1 人失踪，名为王维兵，男，41 岁。在世贸中心共有 18 家中资企业，其中无人员伤亡的有 11 家；有人员受伤的有 1 家；有人员失踪的有 1 家；没联系上的有 5 家。另外，在世贸中心临近区域还有 6 家中资机构。他们全体人员平安。"如此详尽的报道，不需要任何文采，却可解国人心头之悬。在 9·11 事件发生的前后，菲律宾发生绑架中国人张忠义、张忠强事件，人质命运牵动人心，记者从菲政府、军方和我国驻菲机构发回的消息，跌宕起伏且扣人心弦。无独有偶，2001 年年末阿根廷政府因经济问题倒台，首都发生大规模暴乱和抢劫，新华社发回的报道也是抓住"生存"问题采访，明确告诉国人，动乱并非针对华人，据使馆统计，虽有多名侨商受伤，但无一人死亡。你看，头脑里带着一个"生存"问题，就能在关键时候盯准目标，满足这么多人共同关心的、最迫切的问题。

带着问题去采访，就能够依靠"磁性"，把各种素材集聚到一起，形成有新闻价值的报道。叔本华曾说："当心，不要使你的脑子作了他人的跑马场。"带着问题去思考，就能把问题当作一匹领跑的马，统率众马形成一个阵形。我们仍以"生存"问题为例，1985 年 6 月 12 日湖北秭归新滩滑坡事件中，《湖北日报》的记者带着这个问题去采访，通过党委、民政、公安、科研监测等多方得到的材料，汇成一个结论：在这场特大滑坡灾害中，由于预报准确、救助得力，居民无一人死亡。一场特大地质灾害中竟无一人死亡，国内外罕见，这是十分有价值的新闻。1998 年长江流域抗洪斗争中，百万部队上前线、千万人民齐抗洪，场面十分壮观，但是最能给人打下烙印的报道是九江决口抢险和战士李向群两组报道。九江决口之凶险，在于直接威胁到百万人民的生存，扣住"一切为了人民生命安全"这个主题，所有的繁杂的材料都能够各归其位，不管是领导也好、军人也好、工程人员也好、作出沉船堵口奉献的船主也好，在"保生存"这个主题下都被纳入报道视野，这就与人民利益有了最大的接近性，满足了信息供应最大的迫切性。而对于李向群的报道，则把一位年轻战士的事迹，从"舍弃个人生存机会、换来人民生存机会"的角度予以报道，我们的战士在生死问题上作出了这样惊心动魄的选择，世间有这样高尚感人的情操，这就与人民的心灵有了最大的接近，激发了读者道德上最强的共振点。

带着问题去采访，就能够把问题当作大大小小待开的锁，可以到生活中去寻找许许多多的钥匙。每打开一把锁，就是一篇不错的报道。为了不犯列宁特别反对的任意举例而证明某个观点的毛病，我们仍坚持以"生存"问题为讨论对象。根据我国社会学家的抽样调查，目前我国农村人口最关心的 5 项个人问题是乱收费、生病、受灾、教育、安全；最关心的 5 项社会问题是社会风气、治安、物价、户口、污染。综合分析这些最让人关心的问题，虽然可以作出多方面的解释，但是就最基本的层面考虑，仍可以从"生存"问题这个角度作出概括，也就是说人民最关心的是如何生存、如何生存得更好。离开了这个基本点，稿子写得再华丽多彩，读者也会感到腻味。我国农村正在进行许多深刻的改革，如果将这些改革称作是"钥匙"，试着开一开“生存问题”这把锁，就可以得到有价值的新闻。例如，为了解决农村乱收费问题，安徽率先实行了“费改税”改革。这项改革成果如何？如果从专业的角度去看，可以找到许多答案，但是这些答案是否事关农民的痛痒呢？不一定。而《经济日报》2001年11月27日的一整个版的“今日视点”就做得很好，分别设了几把“锁”，即“农民怎么看”“机构怎么转”“缺口怎么办”“下步怎么干”，以这些为题深入分析了“费改税后”的状况。分析的“钥匙”就是“能否让农民休养生息？”“能否从制度上解决问题？”“能否实现减负就是增收？”这种以提问带思路，以逻辑引行文、以事实作答案的办法，实实在在地作出了回答：“费改税”后农民的生存环境有了改善。拿农民的话说：“一道税，一口清；三乱难有藏身处，农民真正减了负。”

因此，扭住一个问题，不断思索、灵活运用、逐渐深化，就可以发现这么多题材。人民群众关心的问题虽然无限多，但是作为单个记者可以回答的问题不可能无限多，也不能漫无边际地乱打乱扑。诚如车尔尼雪夫斯基所说：“思想和内容不是通过没头没脑的感伤，而是通过思考而得到的。”我们夸赞某个记者“有思想”“有深度”，细分析一下，往往是在某几个领域或某几个方面的问题上有深度，这种深度是怎么体现的？就是通过不断提出问题、不断思索、不断采访、不断深化认识、不断推出符合逻辑和富有建设性意见的报道过程来体现的。我们提倡做思想型记者，从某种意义上说，就是要做一个善于提出问题、带着问题采访和写作的记者。

心理小典　扭住问题不放

采访就是发现问题，问题就是矛盾，矛盾具有普遍性。在人类社会的各个实践领域中，存在着各种各样的矛盾和问题。不断地解决这些问题，是人类社会发展的需要。社会需要转化为个人的思维任务，也就是发现和提出问题，它是解决问题的开端和前提，并能产生巨大的动力，激励和推动人们投入解决问题的活动之中。

心智掌故　刨根问底的爱迪生

早在1821年，英国的科学家戴维和法拉第就发明了一种叫电弧灯的电灯。这种电弧灯用炭棒作灯丝。它虽然能发出亮光，但是光线刺眼，耗电量大，寿命也不长，很不实用，爱迪生就疑惑：“电弧灯不实用，怎样才能做一种灯光柔和的电灯，让千家万户都用得上呢？”

他的实验始于灯丝材料的选择：用传统的炭条作灯丝，一通电，灯丝就断了。

用钌、铬等金属作灯丝，通电后，亮了片刻就会被烧断。用白金丝作灯丝，效果也不理想。就这样，爱迪生试验了 1,600 多种材料。

1879 年 10 月，在一次偶然的机会下，爱迪生的老朋友麦肯基来看望他。爱迪生望着麦肯基说话时一晃一晃的长胡须，突然眼睛一亮，说："胡子，先生，我要用您的胡子。"麦肯基剪下一绺交给爱迪生。爱迪生满怀信心地挑选了几根粗胡子，进行炭化处理，然后装在灯泡里。可遗憾的是，试验结果也不理想。爱迪生准备为这位慈祥的老人送行时，他下意示地帮老人拉平身上穿的棉线外套。突然，他又喊道："棉线，为什么不试棉线呢？"

麦肯基毫不犹豫地解开外套，撕下一片棉线织成的布，递给爱迪生。最后，费了九牛二虎之力，爱迪生才把一根炭化棉线装进了灯泡。接通电源，灯泡发出金黄色的光辉，把整个实验室照得通亮。13 个月的艰苦奋斗，试用了 6,000 多种材料，试验了 7,000 多次，终于有了突破性的进展。爱迪生正是带着他的问题——怎样才能做出实用的电灯，一步一步走向成功之路的。

心灵启悟　问的智慧

陶行知有一首小诗："发明千千万，起点是一问。禽兽不如人，过在不会问。智者问得巧，愚者问得笨。人力胜天工，只在每事问。"新闻记者带着问题去思考、去采访，顺藤摸瓜得到的材料就越来越丰富，越来越有深度，越来越贴近主题，又怎么会做不出成功的作品呢？

第五节　必须不断破题

不断破题是新闻记者基本的职业品格。高尔基说过："一个人追求的目标越高，他的才力就发展得越快，对社会就越有益。"在新闻宣传方面，有许多重大的主题，不可能通过一次宣传报道就可以达到目的，道德宣传就属于这个范围。中国古代长期形成的"以德化民，以劳定国"的治国方略，其中贯穿着辩证的思想。所谓"化"，既是指一种渐进的方式，又是指一个非突变的过程，同时也包含着一种温和的态度，其目的都是要达到"惟务以德化民，而民随以自化"的目的。但是，历朝历代都不是守着"以德化民"的方略一成不变的，而是在不断地破题，以期把握火候，驾驭局势，一些著名的思想家、政治家的主张，如王充的“文武张设”；李世民的“明刑弼教”；韩愈的“德礼为先而辅以政刑”；丘睿的“礼教刑辟交相为用”；康熙的“以德化民，以刑弼教”，等等，都是在一定程度上的“破题”，反映了他们丰富的策略思想。“破题”实际上是一种创造，只是有另起主题的创造，有在原有主题范围内的创造，不管有什么区别，如果停止了创造，新闻媒体的生命也就停息了。韬奋先生曾说过，当编辑记者“最重要的是要有创造精神”。以围绕道德宣传为例，新的道德层面、新的道德领域、新的道德启示、新的道德形式、新的道德标准，这些层出不穷的新题目，都已经在生活中不断涌现出来，新闻媒体不破题，就会被生活甩在后面，舆论如何还能发挥领头羊的作用？一个优秀的记者，应该有不断破题的热情，有克难破题的激情，有善于破题的才情，在不断地破题之中，新闻记者的价值才能得到最好的实现。

习近平同志指出：“新闻的社会作用在于：凝心聚力、成风化人。”在新的历史时期从事新闻宣传工作，既不能对旧有文化传统进行简单承袭，也不能照搬国外传播学的各种理论，而要打开思路，不断破题，开展充满创造精神的实践活动。

赋予新闻宣传以富于时代特征的新内容，这是一项十分重要的任务。以道德宣传为例，它在内容、形式、同法律的关系等方面，都是开放式的，有的已经破题，更多的还有待我们进行探索和开拓。

“德，国之基也。”在漫长的人类历史中，中外都有不少有识之士把“德治”作为安邦的良策。中国传统的“德治”思想，无疑打着封建社会的烙印，但其中也包含许多合理的成分。我们当然不是要继承那些“君君臣臣父父子子”的封建纲常道德，而是要倚重我们民族特别重视“道德教化”的接受习惯，顺势而为，在这个方略中注入全新的道德内容后予以实施。这一治国方略，对于维护良好社会秩序，促进经济稳健发展，实现民族伟大复兴，既有着法律不可替代的作用，又为法治提供了坚实的基础。

建设有中国特色的社会主义，必须要建立起与之相适应的道德之基。这个基础由哪些要件构成，如何对这些要件予以概括，并不是一件十分容易的事。历史的经验告诉我们，在一定的物质基础上，精神、道德的提炼和倡导，关乎民族的兴衰和人民的精神面貌。“天下兴亡，匹夫有责”，这句古语凝聚着为国尽责的意识，激励了很多代人！这类得到人民认同、具有民族特色的道德概括，在新的历史时期应该组织力量予以发掘、研究、整理和推广。随着以德治国进程的推进，还要总结出新的道德概括和新的表现形式。

我们时代的特征之一是，社会主义市场经济的有序运行，必须具有道德这一前提；反过来，道德建设又必须为社会主义市场经济服务。中国传统道德多集中于精神品格领域，而对于物质生产领域的道德品格概括相对较弱。这与中国历史上，历朝历代统治者对物质生产者的轻视有关。这个国情，就为我们在道德的新闻宣传方面提出了许多新的课题，一方面，我们要把一些成熟的政治道德和处世道德，纳入商品生产和交换的领域，如把在做人和交友方面的道德概括为“诚实守信”，在商品生产领域大力推而广之。但这是远远不够的，世界上有许多民族，例如犹太民族，就是在生产和交换中总结了大量的道德规范，反过来向政治领域和社会生活的其他领域浸润。我们要借鉴世界其他民族在道德建设方面的有益经验，丰富我国的道德文化。

法治强制人的外部行为，德治规范人的内心世界，只有两者相辅相成，才能从根本上维护社会的稳定。如果德治不举、人心不稳，法治就会千疮百孔；而法治松弛、惩恶不力，德治也会破堤而溃。处理好法治与德治的关系，关键是要坚持两手都要硬。晓之以法和理，动之以德和情，做新闻宣传工作的相关人员，都要会用这种绳墨之功。“依法治国”和“以德治国”，中心都离不开一个“治”字，把握“治”字开展新闻报道，就突出了动态，体现了发挥主观能动性来做工作。如果不主动去做工作，无为而治，那再好的法和再好的德，也只能是摆设，很难发挥作用。

适时地把一些基本的、关乎国之命运的道德要求，纳入法律规范，也是“以德治国”的一项题中应有之义，这项工作离不开新闻工作者。因为，道德氛围、立法氛围的形成，是在大量舆论基础上建立起来的；立法选题，往往是从大量新闻报道的具体现象中抽象出来的。虽然“礼详而法略”，但“德”和“法”之间没有天然的鸿沟，作为治国的资源，完全可以相济，使传统美德和新型规范相互渗透，相得益彰。有了这样一种具有共同基础的社会主义道德和社会主义治制环境，遵纪守法就可以作为社会主义公民最基本的道德要求，在这个较高的起点上，提升全社会的道德水平，把社会公德、职业道德、家庭美德等推向更高的层次，就有了切实的保障。

重大理论突破，需要善于发现已有理论与实际的矛盾，需要勇于挑战传统理论的自信与勇气；包括道德理论在内的重大理论创建和形成，往往会经历长时间的争论，在得到反复验证后才会被承认。要突破旧观念、旧思想和旧理论的束缚，就必须真正做到解放思想，勇于思考。解放思想，是一个民族保持其理论思维的先进性和激发其精神活力的源泉，只有解放思想，才可能冲破传统的束缚和教条的束缚，提出新的观点和见解。目前，我们要注意改变新闻宣传工作仍普遍存在的创新能力不足的问题，要看到许多宣传方式仍比较被动，许多宣传内容缺乏时代特色，如果不改变这一状态，就不能适应中国社会面临的严峻挑战。

心理小典　同一来源产生众多输出

美国心理学家吉尔弗德认为，人在解决问题时，思维常常“从同一的来源中产生各式各样为数众多的输出”，即在一段时期内不拘一格地朝着多种方向去探寻各种不同的方法、途径和答案，这种呈散射型或分叉型的思维模式就叫做“发散思维”。拥有这种开放式思维就能够从不同角度去看问题，不断探索未知领域，不断解决新的问题，从而获得长足的发展。

心智掌故　国王的问题

从前，有个国王在大臣们的陪同下，来到御花园散步。国王瞧着面前的水池，忽然心血来潮，问身边的大臣：“这水池里共有几桶水？”众臣一听面面相觑，全答不上来。国王发旨：“给你们三天时间考虑，回答上来重赏，回答不上来重罚！”眨眼间，三天过去了，大臣们仍一筹莫展。就在此时，一个小孩走向宫殿，声称自己知道池塘里有多少桶水。国王命那些战战兢兢的大臣带小孩去看池塘。小孩却笑道：“不用看了，这个问题太容易了！”国王乐了“哦，那你就说说吧。”孩子眨了眨眼说：“这要看那是怎样的桶。如果和水池一般大，那池里就有一桶水；如果桶只有水池的一半大，那池里就有两桶水；如果桶只有水池的三分之一大，那池里就有三桶水，如果……”“行了，完全正确！”国王重赏了这个小孩。

大臣们为什么解不开国王的问题呢？就在于他们全掉进了常规思维的陷阱，被思维定势所束缚。而那个小孩并没受到人们常规思维的限制，撇开了池塘里水的多少，而从桶的大小的角度来思考问题，一下子问题就迎刃而解了。这说明，跳出思维束缚进行创新，有时只需换一种思维方式或换一个思维角度。

心灵启悟　创新需要勇气

对于我们媒体人来说，或许最缺乏的不是创新的能力，而是创新的意识、勇气、欲望、冲动，以及相关的人格，总之，最缺乏的可能是种创新的心理能量。新闻记者必须要有一颗不安分的心，要主动跑位，勇于思考，顺应时代的潮流，不断刷新自我，而这些正是记者职业品格中跳动的灵魂。

第六节 本色伴随真诚

思维的脉搏如何才能不断健康有力地跳动？我们必须自我营造一种环境，这种环境就是真诚。

关于真诚，有各种各样的含义，如不说假话，不造作，不拿架子，等等。真诚是平常人的孩子，它是正常人本来的颜色。世界上总有一些人自封为“高人”，但这些“高人”和凡人的区别，仅仅在于“高人”会装模作样，而凡人则开诚布公。新闻工作者来自群众，为的是群众，必须保持本色，必须把自己放在人民群众的位置上去思考问题，除此别无他法。

西塞罗说：“没有诚实何来尊严。”在思维的王国里，尊严是至上的。自己的脑子、自己的心思，没人能褫其主权。你怎么想怎么判断，全靠你自己把握。思维依托的最可靠的伴侣，是本色与真诚。对问题的理解，想通了就是想通了，想通了则一通百通，按这个通了的道理去为人处世。没想通就是没想通，公开表明对某个问题还没想通，不必很造作地声称不通也通。世界上不可能有这种人，对他不通的事，也能够全心全意去为之奉献。老一辈革命家尽管都位居高位，为什么普遍给人以“本色”的印象？就是因为他们能够独立思维、率真表达。刘少奇在恶劣的生存条件下，并不曲意阿谀，他在被斗得最惨的时候，内心仍保持着尊严。他的高声质问：“宪法何在，公民权何在？”这句话像闪电一样，将一直在历史的长空中传递……

新闻工作面对的世界，并不全是繁花似锦的世界。事物总是有两面性的，正与负、阴与阳、好与坏，这些东西不可回避。记者当然不是超人，对事物的两面性不可能一下子就判断得明明白白。这个时候，本色与真诚就能发挥很大的作用。知道多少就是多少，不添油加醋；是粉红就不要写成是大红，不搞妙笔生花；有疑点就是有疑点，不要人为埋没可疑处。2001 年发生在广西南丹矿山的百人死亡大案，开始的时候，不也是有权威部门发布了假信息以掩盖真相吗？正是因为新闻记者从群众的举报中，得出一个很朴实的疑点：如果不死人，矿主给家属那么多钱做什么？进而，记者深入矿山踏访，终于揭开了黑社会参与做假、众官员互相包庇的惊天大案。新闻单位在揭露这个事件中的作用，真正体现了权威性。这正应了爱因斯坦的一句话：“因为我对权威的轻蔑，所以命运惩罚我，使我自己竟也成了权威。”

报刊是无生命的物质。但是，记者对报刊要像对待有生命的人一样，以最本色的态度，付出最大的真诚。这种意识，在潜移默化中发挥着巨大的作用。可以说，这是无数报刊成功的奥秘所在。中国著名期刊《读者》的负责人胡亚权这样说过：编辑部从来没有把《读者》当作 48 页的印刷纸去看待，而是把她当作一个活生生的“人”去培养。我们把《读者》人格化，努力使她有思想、有企求、有风骨、有情致、有志趣、有格调、有性格、有风韵，她简直就是一位中国公民。这段充满感情的话，使人体会到真诚的力量。富兰克林说：“诚实是最好的政策。”思想达成共识，友谊日渐增长，是以本色为基础的。对人说假话或是虚情假意地应付，最易在人与人之间的关系中造成杀伤力，它造成的破坏是长期的、深远的。所以，记者必须在思想上有小心翼翼维护个人与报刊之间关系的理念。你为它写出的每一篇稿件，都像是父母为女儿备下的一份嫁妆，女儿出嫁，如果嫁妆尽是拿不出手的赝品，则何以让嫁娘见舅姑？

凡是注入了真挚情感的新闻作品，往往都备受读者关注。围绕老百姓最关切的话题，记者的心灵可以发出无数折射。就受众心理而言，报纸的关注点应该就是读者的兴趣支点、百姓的关注热点、寻常人家渴望响应的情感点。1986 年 10 月，以甘惜分教授任所长的中国人民大学舆论研究所成立，这标志着我国的受众研究有了专门的组织，从而结束了零散无序的研究状态。以 1990 年亚运会广播电视传播效果研究为受众调研的新起点，受众理论研究与实践从显性向隐性深入。特别是 1995 年以后，各类媒介调查公司的大量涌现，受众调查进入市场，走向科学化、规范化。所有的受众调查，其题目设计可能千变万化，但是其主旨是不会变的，那就是老百姓拥护不拥护、赞成不赞成、答应不答应，这是民本思想在新闻传播方面的具体化。从情感层面来看，这是把老百姓的人心向背，作为了舆论调节的最高尺度。

人不可能永远正确，凡是人都会有失误。新闻工作者天天接触自己过去不曾接触的事，天天讲自己过去并不熟悉的话，出现一些失误是在所难免的，这一点也不奇怪，一点也不失面子。问题是出现失误后，是真诚地对待它，还是回避它或否认它。很多时候，人都出于自尊心而宁愿咬住某个借口不放，不肯承认自己的失误。这种思维方式，是一种直线的思维方式。对记者来说，某篇稿件说错了，下次就改过来，不必找一些借口坚持不改；某一次采访失败了，就干脆放弃它，另起炉灶，不要硬做文章以塞责。你的能力有多大，水平有多高，不在一时一事的得失，而在长期的实践中体现，而这种长期的体现，必须要有真诚的人生态度作基础。莎士比亚冷峻观察人生，得出了一个意味深长的结论，他说：“坦白质朴的忠诚，是用不着浮文虚饰的；可是没有真情的人，就像一匹尚未试步的驽马，表现出一副奔腾千里的姿态，等到一受鞭策，就会颠踬泥途，显出庸劣的本相。”

心理小典　至念道臻，寂感真诚

本色，即质朴自然，不加矫饰。真诚，即朴实中肯，坦率相待。真心实意、坦诚相待以从心底感动他人而最终获得他人的信任。《汉武帝内传》："至念道臻，寂感真诚。"这句话的意思是坦诚相待到人心里，让人真实地感觉到真诚。心理学家研究表明，假如你想一直保持初心，那么无论是在顺境中还是在逆境中，都要保持本色、保持真诚。

心智掌故　弗莱明真诚的收获

弗莱明是一个穷苦的苏格兰农民。有一天，他救起一个掉到深水沟里的孩子。第二天，弗莱明家门口迎来了一辆豪华的马车，从马车走下一位气质高雅的绅士。见到弗莱明，绅士说："我是昨天被你救起的孩子的父亲，我今天特地过来向你表示感谢。"弗莱明回答："我不能因救起你的孩子就接受报酬。"

正在两人说话之际，弗莱明的儿子从外面回来了。绅士问到："他是你的儿子吗?"农民不无自豪的回答："是。"绅士说："我们订立一个协议，我带走你的儿子，并让他接受最好的教育，如果这个孩子能像你一样真诚，那他将来一定会成为让你自豪的人。"弗莱明答应签下这个协议。数年后，他的儿子从圣玛利亚医学院毕业，发明了抗菌药物盘尼西林，一举成为天下闻名的弗莱明·亚历山大爵士。

有一年，绅士的儿子，也就是被弗莱明从深沟里救起的那个孩子染上了肺炎，是什么将他从死亡的边缘带了回来? 是盘尼西林。那个气质高雅的绅士是谁呢? 他是第二次世界大战前英国上议院议员老丘吉尔，绅士的儿子是谁呢? 他是二战时期英国著名首相丘吉尔。

本杰明·富兰克林曾说："一个人种下什么，就会收获什么。"我们如果真诚待人，别人也会真诚地对待我们。弗莱明因为真诚才让自己的儿子有了成才的机会。老丘吉尔也因为真诚才挽救了自己儿子的生命，才能使他的儿子成为20世纪影响人类历史进程的政治家。

心灵启悟　心诚才能动人

以诚从事则内心安详，以诚立业则宠辱不惊。真诚能够使记者广结善缘，让自身立于心理不败之地，能够缔造充实的人生。真诚能使人笑口常开，遇险不惮，以祥和温暖人间。记者以真诚之心采写新闻，自会从心底打动受众并获取信任。

第七节 目光投向身边

新闻并不是天外之音，它来自生活。这个最简单而又最管用的道理说明，只要记者身处生活中，其身边就一定有可能发生的新闻。《大英百科全书》上说："传播是作为个体之间通过共同符号系统的意念交换。"这句话把新闻传播的概念解释得很拗口，其实意思很简单：用大家都能懂的话把事说出来！

因为党报的政治性强，舆论导向的任务重，所以党报记者总是感到线索少。而记者的生活与其他百姓的生活没有什么区别，上班下班，穿衣吃饭，身边没有很多重大题材。果真如此么？其实不然。"风起于青萍之末"，任何重大的政治问题，最终总要影响到老百姓的日常生活，反映在老百姓的言谈思想上。作为职业记者，当然应该专心于自己所负责报道的领域，哪怕这个领域距离自己的现实生活很远；同时，也应该把一部分目光投向自己身边的生活，你会发现，身边的生活有时完全可以与你所负责的报道领域联系起来。例如，坐出租车是一件生活中普通的事，《人民日报》总编辑范敬宜在 1998 年 3 月 8 日下午坐了一辆夏利出租车去人民大会堂。司机转过脸问他："那里正开大会，您是代表吗？"他点头称是。司机马上兴奋起来："咱俩可真有缘，我正有几条建议，您能给反映吗？"他说可以，司机就滔滔不绝地讲起来："听说国家机关要改革。我老琢磨着，这马路经常挖了又填，填了又挖，就像侯宝林相声里说的该在肚皮上安个拉链了。好些地方都犯这毛病，浪费的钱都够修多少环行路，我看问题就出在部门太多，又互不相干。这回能不能合起来，成立一些统管的部门？"范敬宜算是中国第一大报的首席记者，人民代表大会也是该报的一个重大报道战役，但他的关于这次会议的报道内容，就是起步于看起来完全与会议无关的坐车经历。无论从题材的重大性、内容的接近性，还是新闻的时效性来看，都绝不能被其他来源的题材所代替。

舆论是"公众的意见"，这个公众并不是抽象的，它起源于个人。就某些社会问题发表意见的个人，往往成为舆论的最早传播者。分散的个人意见当然构不成舆论，但是经过沟通、交流、传播，这些分散、零星的个人意见就会被衍化为社会舆论。舆论的最早传播者没有身份的规定，并不是身份高的人说的话就一定能形成舆论。

很多时候，倒是记者身边那些基层百姓说的话，由于准确反映了某种民情民意，抓住了社会生活的脉搏，经过媒体的传播之后，形成了一定的舆论。曾经在社会上流传很广的两位普通妇女写的“两封信”，就很能说明这个问题。一封是一位苏州中学生母亲的信，她用自己孩子受毒害的经历，诉说了黄色音像制品对少年儿童成长的巨大威胁，发出了新时代“救救孩子”的呼声。这封信在报纸上发表以后，引起了广泛的共鸣，形成了强大的舆论，有力地推动了扫黄打非运动。另一封信是鞍钢一位干部妻子的信，他从丈夫下班后忙于应酬，出入灯红酒绿场所的情况出发，感到工作上卖力的干部，业余时间不一定管得住自己，因此发出了“必须要管好干部8小时以外”的呼声。同样，这封信被报道以后，把人人都意识到、但人人都难说清的一个重大社会问题点穿了，从而得到了社会热烈的回应，推动了干部管理的制度建设。类似这两位普通妇女来信中的内容，哪个记者没从自己熟人那里听到过相同的议论？只是记者经常把它放在被忽略的位置上，有时甚至连看都不看一下，不知这其中浪费了多少宝贵的新闻资源。

事件是舆论形成的击发点，这些击发点很有可能源于记者身边的普通生活，靠记者去发现；也可能记者看到了构成事件的条件已成熟，但最后形成舆论的击发，要由记者参与并共同完成，这就是体验式采访。根据近年来新闻媒体组织体验式采访的个案分析，其中80%是体验身边的生活，如体验当一日出租车司机，体验从张家口往北京贩土豆，体验当一日保姆，体验当一日警察，体验当一日殡仪馆殡葬工，甚至深入到贩毒者中去“体验”，记下或拍下吸毒者疯狂吸毒直至死亡的事件过程。为什么这些身边的事一经报道，就成了舆论的启动点或引导点呢？因为每个事件的参与者在事件中扮演什么角色具有偶然性，并且在很大程度上是自在之物，换句话说，参与者并不知道自身参与活动的新闻价值。记者则不然，他是带着火把上路的人，在新闻事件还行进在混沌之中时，记者就在努力烛照事件的社会意义，把一个事件的多向性意义，引导到一个方向予以报道，给予科学的把握与深刻的提示。这种聚合作用，经过媒体的放大，就产生了自下而上的舆论振荡作用，这是舆论产生的一个重要极。相比较而言，来自社会生活上层建筑领域的、观念形态的意见，也是舆论产生的一个极，但它的振荡方向是自上而下的。

记者是社会生活中少有的“两栖”人物，他们的职业接触领域，遍及社会各个阶层，出得庙堂，入得草房。而舆论的产生，上、下两个方向的“极”都不可少，明白了这个道理，记者对身边的事就不会轻视，轻视了就是自遮一目，少了一半发现的能力。

胡乔木同志说过：“新闻第一是言之有物，只要有了新的物就能言一番，咸使闻之，所以每一个完小五年级的学生，每一个识了千把字的战士，都可以学着写。有话即长，无话即短，党八股同它没有缘。”这段话的关键词是“新的物”和“咸使闻之”，意思是“老百姓身边的新事，让大家都知道”。这非常朴素的话，同时也打破了新闻发现的神秘感。很多新闻就发生在文化水平只有“完小”的老百姓周围，我们记者没有理由不把目光投向他们身边。

心理小典　风起于青萍之末

风起于青萍之末，原意指风从地上产生出来，开始时先在青萍草头上轻轻飞旋，最后会成为劲猛彪悍的大风，即是说大风是自微风发展而来。后来喻指大影响、大思潮从微细不易察觉之处源发。从心理学角度来说，就是人们常常期望成就大业，却往往忽略了身边的小事，结果因小失大，事与愿违，所谓“千里之堤溃于蚁穴”就是这个道理。

心智掌故　被忽略的幸福

佛经中有这样一个故事：有一天，佛陀外出云游，路上遇见一位诗人。诗人年轻、有才华、富有、英俊，而且拥有娇妻爱子，但他总觉得自己不幸福，逢人便抱怨上天对自己不公。

佛陀问他：“你不快乐吗？我可以帮你吗？”

诗人回答：“我只缺一样东西，你能给我吗？”

“可以。”佛陀说：“无论你要什么，我都可以给你。”

“是吗？”诗人盯着佛陀，一字一顿、满脸怀疑地说：“我要幸福！”

佛陀想了想，自言自语道：“我明白了。”

说完，佛陀施展佛法，把诗人原先拥有的一切全部拿走——毁去他的容貌、夺走他的财产、拿走他的才华，还夺走了他的妻子和孩子的生命。做完之后，佛陀立即离去。

一个月后，佛陀再次来到诗人身边。此时的诗人，已经饿得半死，躺在地上呻吟。佛陀再施佛法，把一切又还给了诗人，然后悄然离去。

半个月后，佛陀再次去看诗人。这一次，诗人搂着妻儿，不停地向佛陀道谢。因为，他已经体会到了什么是幸福。

生活中，我们不正像那位诗人一样吗？对自己身边的幸福视而不见，却苦苦寻觅所谓的幸福与快乐。其实生活就是这样，它在无形中就已经给了我们必须的东西，是追逐的目光和抱怨的心理使我们不懂驻足欣赏身边的风景。

心灵启悟　美在身边

艺术大师罗丹说过:“生活中并不缺少美,只是缺少发现美的眼睛。”生活中也并不缺少新闻线索,只是缺少发现它的眼睛。艺术来源于生活而高于生活,新闻更是来源于生活。把目光投向身边,任何事、任何人可能是能活化于你笔下的主角。

第八节　走向广阔神州

我在记者生涯中走得最长的一段路,是1995年在神州大地上行程两万公里的“我随东风行万里”采访活动,足迹遍及鄂、湘、黔、滇、川、黑、京、冀、浙、沪等10个省市自治区和邻国缅甸,采访了维吾尔、藏、傣、苗、彝、侗、白、土家、纳西、布依、摩梭、景颇、哈萨克等十几个民族数以百计的群众。

为什么要跑这么远的路?“东风”是我国民族汽车工业的代表性品牌,神州处处有“东风”。而“东风”的老家湖北省的记者,过去却在“不知有汉,何论魏晋”的闭塞心理支配下,从来没跑这么多路去考察运行在神州大地上的“东风”。

从生产的角度看,以东风为龙头的湖北汽车工业,其生产协作早已超越了省界,在股份制、集团化的历史条件下,已在全国范围内进行资源配置;从商品交换的角度看,汽车的流向不受地域限制,正在向国内外两个市场扩展;从人的角度看,由于汽车融入各族人民的生活,必然对使用者的生活范围和生活方式产生影响;从文化角度看,伴随汽车文化的效率观、审美观,会对农耕文化产生不可避免的冲击。

过去我们的汽车工业报道,视野窄小,经常把自己局限于狭窄的厂房内,以报道流水线的单一形式,搞流水账式的报道。

走出去!走向广阔神州!要有所突破,就要在过去不熟悉的领域里有所作为。事实证明,一旦放开思想,迈开双脚,跨入更广阔的采访领域,就会发现许多既有新意又有深度和可读性的新闻。

例如,国产汽车能否经受住“入世”的冲击?这个问题既受到读者关心,大家对此问题的看法又很不一致,我们决心通过实地采访进行回答。在新疆维吾尔自治区霍尔果斯、云南瑞丽、黑龙江中俄边贸市场,我们都看到一个现象,即外国卡车曾大量进入我国边疆地区,但是在很短的时间内就失去了吸引力。这究竟是什么原因呢？通过深入采访我们了解到，外国卡车有两个难以解决的问题：一是其设计依据的是国外良好的道路条件和严格的交规，但是中国大部分地区还不具备这种条件；二是外国卡车厂商不可能在中国建立数以千计的维修网点。以东风为代表的国产卡车，却正好在这两方面占有优势，特别是在适量超载和恶劣路况下行驶，外国卡车不是"东风"的对手。在市场上出现的这些情况，使我们对民族卡车工业充满了信心。即使马上打开国门，国产卡车也已具备竞争的实力，甚至可以走向世界。而轿车的情况就没那么乐观了，我们在边境地区看到，外国轿车正以巨大的性能价格比优势，随时准备进入中国腹地。

再如，我们在采访中观察到，在汽车问题上，有一个"形象大于具体产品和具体企业"的现象。在我国许多地方，采访对象并不知道生产"东风"汽车的工厂有多大，甚至不知道工厂在哪个城市，但采访对象都对我们说，湖北是一个工业强省，因为湖北省能大批量地生产汽车。由一个工业品推断出一地的工业发展形象，并不是任何产品都能担此重任的，它必须是技术含量高、普适性强、外观具有展示性的工业产品。我们把观察结果和反思写入了报道：对湖北这样一个内陆省份来讲，这种形象大于产品的现象，对加强外来投资者的信任、扩大经济合作有莫大的好处。但是，这种现象同时存在着潜在的威胁，因为轿车将取代卡车成为汽车工业水平的主要象征，如果只停留在造卡车的水平上，汽车生产企业将沦为行业二流，所以必须举全省之力，尽快促成东风汽车公司形成百万辆汽车生产规模，这不仅是一个经济问题，同时也是一个保持湖北省工业强省地位的问题。

像以上这些观察结果，如果局限在过去狭小的圈子里，是无法得到的。在采访途中，我们虽然比较累，但想到有价值的新闻题材将源源不断，就会感到我们的精神始终处于兴奋之中。

我们的采访范围西至新疆伊犁，东至浙江温州，南至云南瑞丽，北至黑龙江哈尔滨。这条采访路线的选择，既考虑了汽车的流向，又有意选择了一些边疆地区，以加强对自我的磨练。

在崎岖的横断山公路，我们曾险遭不测。万仞绝壁之上，我们的车子侧滑，差点儿跌入深渊；在地图上都找不到的滇北森林公路，在川南雾瘴重重的河谷，在戈壁漫漫的新疆腹地，我们时而下水涉河，时而推车过沟，在艰苦的行程中得到了意志的磨练。

采访途中的投宿点多是条件很差的小旅店，有的经常停电，有的连桌子也没有，我们就在走廊里借用服务员的工作台写稿，有时甚至伏在汽车的靠背上写作。我们在深夜费尽周折终于找到一个可以向编辑部发传真的地方，看着稿件一页页传向遥远的故乡，那种兴奋是用什么言语都难以表达的。

社会生活是第一性的，作为观念形态的新闻是第二性的，我国波澜壮阔的新形势，需要新闻媒体进一步加大开放的力度，要能够统揽全局，对与经济社会发展有关的大事了然于胸，避免割裂事物，犯片面性的毛病。这就要求记者要走向更广阔的天地，把更多有价值的信息纳入报道范围。市场经济是以商品交换信息为先导而发展起来的经济，报纸作为信息交换的重要媒体，要为公众提供大量有价值的信息，特别是与经济有关的信息。这是党报体现群众观念的一个重要方面，也是报纸在激烈的市场竞争中获得自身发展的迫切需要。

"读万卷书，行万里路"是中国人的古训。对于新闻记者来说，一生之中有一次或几次行程万里的采访是十分有益的。这种采访把记者置于一种特定的情境之中，采访主题如何确定？表现方式如何选择？途中变数如何？成败如何？都难以预料。但是，正是在这种充满着变化，甚至是危险的动态采访之中，才能使记者形成许多原先安坐于办公室之时所不能形成的思路，萌发许多贴近实际的观念。这次采访完成之后，我们出版了一本小册子，图文并茂地记录了途中所见、所闻、所思。多年以后，再翻阅这本发黄的册子，发现不尽如人意的地方很多，但它毕竟是一段通过冒险换来的真实。那原汁原味的急就之章，虽不成熟，但还是呈现出若干思想火花。孙中山先生说过："天下事不如意者十常八九，总在能坚而不烦，劳而不避，乃能期于有成。"作为记者，我们总是处于一种永无止境的自我否定与自我奋进的循环之中，这是记者职业的痛苦所在，但也正是它的魅力所在。

心理小典　打破惯性思维

思维定势，也称"惯性思维"，是由人们先前的活动引起的一种对新事物特殊的心理状态，或者说是活动的倾向性。在外部环境不变的条件下，思维定势能够使人应用已掌握的方法迅速解决问题；在外部环境发生变化时，思维定势会妨碍人们采用新的方法解决问题。记者在日常生活中不能被思维定势困住，要勇于破局。

心智掌故　挑水者的选择

19 世纪初，在意大利中部的一个山谷里，有座古老的村子，村民们喝水需要到很远的一条小河里去挑。于是，村长把这个挑水的任务交给了两个年轻人，并承诺每挑一担水就支付他们一定的报酬，他们欣然答应。

其中一个年轻人想，等自己攒够了钱，就可以修房造屋，娶妻生子，那是多么幸福的生活啊！另一个年轻人想，每天翻山越岭，负重而行，根本不是长久之事，况且挑水占去了自己大部分的时间，毫无自由和乐趣可言，要是能将山外的河水引到山谷里来，岂不是不用挑水了吗？

他把想法告诉了村长，但没有得到村长的采纳。他并没有放弃，悄悄地修建管道。几年后，与他一起挑水的那个年轻人发了一笔小财，不但盖了新房子，娶了妻子，还买了很多家具和粮食；而他仍然孤身一人，住在一间简陋的小房子里，他把所有的钱都投入到修建管道中了。

又过了几年，他修建的管道终于连通了从小河到村子的路，白花花的水汩汩而流，源源不断，大家喜出望外，纷纷出钱购买。没过多久，他的同伴就失业了，因为管道放出的水远比挑水的费用低。就这样，修建管道的那个年轻人每天不用工作，也有一份可观的收入，而他的同伴却不得不去别的地方继续挑水挣钱。

心灵启悟　走向不一样的世界

通过眼睛我们可以了解世界、观察世界，进而了解社会、了解自己、丰富心灵，这还不够，需要用心灵去体验社会，体验人心，体验自然。世界尽收眼底，心灵就会如同世界一样博大。古人云："读万卷书，不如行万里路。"走出去，我们去切身感受不一样的文化，了解不一样的风土人情，开阔眼界，创新思维，跨入更广阔的领域，我们的作品也会更深刻、更有灵魂。

第九节　视线聚焦于人

生活的主体是人，而我们常犯的毛病之一是见物不见人。在很多情况下，记者就事论事写不出新意来，而一旦把新闻发现的视线聚焦于人，以人带事，稿件就有了光彩。

在深入一线的问题上，记者走出报社大门到下面去，这一点并不难，但有的同志反映，下去走的地方虽不少，本子上记的东西也很多，但回来还是提不起写作的神来，缺乏激情。究其原因，很多情况是记者人是下去了，但没有沉到下面的人民群众中去，只是陷在毫无生气的材料堆里。打个比方，好像一只青蛙下了井，但浮在井里的水面上，却并不与水面下的鱼一同潜游。这种深入，并不算真正的深入。

人是世间一切事物的主宰。不管经济建设的规模多么宏大，社会现象多么复杂，记者的采访也不能只停留在对统计数字和情况概貌的了解上，而应该拿出相当的精力了解现象背后的人。

采访人必须先打动自己，然后才能感染别人。在大京九铁路施工期间，我们曾在位于荒山野岭中的工地上累计跑了 1,200 公里，采写了一组现场报道《京九工地行》。下到工地之前，我们一度担心，铁路施工单调乏味，没有那么多可写的材料。可是到了筑路大军中以后，这种担心随即被打消了。施工虽然是单调的，而人的行为和心灵活动却无比丰富多彩，只要把采访焦点对准人，便可发现无限广阔的报道领域。

注意人物的时代特点。社会主义市场经济条件下的重点工程建设，与过去计划体制下的重点建设有许多不同的特点。这就要求记者从观察人入手，把握新时代重点工程的特色。我们原先设想，要采写一些京九工地红旗招展、万人上阵的大场面。可到工地一看，完全找不到那种人海战术的场面，过去人拉肩扛的作业，全都被机械替代了。自然，在这样的工地上听不到劳动号子，也没有过去记者习惯渲染的传统素材，但施工效率却是成倍提高。细想一下机械化水平的提高和用人的减少，不正是时代进步的明证与科技发挥威力的体现吗？于是我们丢开就工程写工程的思维路数，以人带事，随现场人物到桥梁、隧道、涵闸、车站、沼地等几十个有代表性的工点去采访，把这些具有新时代特点的人物，以及他们以技术含量高为特点的劳动写入稿件，这样，20 世纪 90 年代重点工程的风貌自然也就得以展现。

注意人物的心理共振点。把眼睛盯在写人上，使得我们眼界大开，完全不用担心写出一批大同小异的表扬稿。当我们扎扎实实采访了一大批朴实的科技人员、筑路工、指挥人员和民工后，心里有底了。这些人物都是时代的脊梁，我们完全可以在报道中展现他们的情怀，根本不用人为拔高。我们通过分析积累的采访素材，发现许多最能吃苦、奉献最多的筑路职工，都是共产党员，于是，写作通讯《工地上的共产党员》一稿，就成了原先并未计划、届时水到渠成的一件事。我们在大别山区看到，老区人民深明大义，为筑路而拆房、砍树、让地、送物资，就像当年“铜锣一响，四十八万，男的打仗，女的送饭”一样。我们目睹此景，为之心动，这不是新时代的、如同淮海战役那样的支前么？于是我们产生了写作《打起铜锣上京九》的冲动。事后回忆，我们如果就事论事，就工程写工程，不把目光聚焦于人，是难以产生这些采写选题的。

注意情感切入点。在艰苦的工地上，筑路工人从不为遇到困难流泪。可是当工余大家围坐在一起，谈起因无法照料远方的老幼而感到难过时，许多人的眼睛不由地湿润了，有的女工当众痛哭，可哭完就算了，继续为大京九铁路拼搏。在举水大桥一个深不见底的桥洞旁，我们听一位身材瘦小的工人，用平静的语言讲述了他冒着生命危险跳到钻孔的泥浆中抢险的经历。在这许多平凡的工人面前，我们的心灵被震撼着，感到他们是新一代最可爱的人，不写他们写谁呢？我们就是在这因感情沟通而产生共振的状态下，无需多酝酿，就得以写作通讯《在桥梁工地上》，那些活生生的人争着跳入笔端，无需矫情与刻意拔高。

注意文化认同点。在观察人的活动时，我们要注意从文化的视野中去把握人物。例如，年轻人追求潇洒是开放社会普遍的社会风尚。京九工地上的年轻人如何呢？我们经过认真采访发现他们也一样如此，只是他们的表现方式有所不同。就拿衣着来说，年轻的筑路工人夏天一样爱穿文化衫，只是文化衫上印的不是“爱我”“疼我”“酷”“帅”之类的字样，而是“千里转战为京九”“青春在工地闪光”“路是我修，国是我卫”等健康向上的语句。这些生活小事，反映了人物的文化诉求；这种潇洒，折射了人物的精神面貌。这些都是可贵的新闻素材。

采访“人”是最偷不得懒的一种智力劳动，因为靠汇报材料难以掌握到活生生的人，更难以触摸到人们真实的情感和态度。只有接触人，体察被采访人的思想脉搏，才能透过现象抓住更本质的内容，努力挖掘新闻背后的新闻。我们通过在京九铁路工地的采访也再次感受到，多跑路，跑到人物中间去，融入人物内心去，是非常必要的。老一辈新闻工作者有一条经验叫“脚板底下出新闻”，其实还可以添上一句“脚板底下出感情”。有了关爱与真情，普通人物的经历和命运也可以传达一种强烈的时代信息，平淡的字里行间也能表达深刻的主题和思想，如果记者不经过仔细观察和深思熟虑，没有深入了解群众，没有准确把握普通人的情感脉搏，就不可能产生深刻的主题，也不可能产生这种化一般题材为重大题材的神奇力量。

心理小典 透过现象看本质

现象和本质本来就是有必然联系的。通俗来讲，现象是本质的载体，即为本质的表现。要想充分了解其本质，对现象的深入探讨是必不可少的。从心理学上说，透过现象看本质就是一种洞察力的培养，记者不能单单只看事物的现象，还要从这些现象中探寻事物背后的原因，把这些原因用联系的眼光加以分析，往往可以写成很有个性的报道。

心智拿故 地铁的台阶与拐弯

某市地铁1号线出入口是由A设计院设计的，看上去并没有什么特别的地方，直到B设计院设计的2号线投入运营，1号线的特别之处才被发现。

这个市地处华东，地势略微高出海平面，一到夏天，雨水就会使一些建筑物受困。A设计院的设计师在建造地铁1号线的时候注意到了这一细节，所以，他们在地铁1号线的每一个室外出口都设计了3级台阶，要进入地铁口，必须踏上3级台阶，然后再往下进入地铁站。

就是这不起眼的3级台阶，在下雨天成功阻挡了雨水的倒灌，有效地减轻了地铁的防洪压力，以致1号线内的那些防汛设施几乎从来没有被动用过。而地铁2号线就不同了，地铁2号线因为缺了这几级台阶，曾在大雨天不幸被淹，造成巨大的经济损失。

不仅如此，A设计院设计师们还根据地形地势，在1号线的每一个地铁出口处都设计了一个转弯。这个转弯，看起来好像增加了出入口的麻烦，并且好像也增加了施工的成本，这在当时引起了较多议论。直到地铁2号线投入使用后，人们才发现，这一转弯的设计恰到好处。想想看，如果你家里开着空调，同时又开着门窗，你一定会心疼你每月多付的电费。根据这个现象，如果在一条地铁的合适位置增加转弯出口，那么，无疑就会省下许多电，运营成本自然也就降低了。

另外，每一个坐过地铁的人都知道，当你距离轨道太近的时候，机车一来，你就会有一种危险感。在北京和广州的地铁站里，都发生过乘客掉下站台的危险事件。A设计院的设计师们针对此种现象，在设计上体现出“以人为本”

的思想，他们把靠近站台约 50 厘米内的地方铺上金属装饰，又用黑色大理石嵌了一条边，这样，当乘客走近站台边时，就会有了“警惕”心。而 2 号线的设计师们就没想到这一点，2 号线的站台上，地面全部用同一种颜色的瓷砖，乘客一不注意就靠近了轨道，为此，地铁公司不得不安排专人来提醒乘客注意安全。

正是设计者对其细节的深入了解，把目光放在人的需求上，才有那么贴心的设计。同理，记者要是把视线放在人身上，笔下人物不仅会活起来，而且会与社会环境契合，唤起受众的共鸣。

心灵启悟　以人为本

在精神层面上，新闻人的身心受着各种力量的驱动。人是生活的主体，也是最能打动人的能量存在。在新闻的所有要素中，人是第一要素，其他一切要素由它而展开，记者把心思放到人身上时，对人倾注的感情才会积蓄起来，把人物写活了，不知不觉地在信息流与情感流交织传播作用下，得以打动受众。

第十节　直接关联间接

实事求是地说，记者写作依据的材料，而且绝大部分是间接材料。美国作家哈代说过：“只凭经验，我们得经过长久的游荡才能找到捷径。”从传播的角度看，新闻采写是把少数人知道的事告诉多数人。而可供记者支配的时间太少，可以活动的半径太小，因此记者的新闻发现观，不能建立在单一的“直接发现”上，如果一切事都要求记者亲历亲见，那是形而上学、经验主义的，它不可能满足多数人的要求。在网络时代，机器写作已被广泛运用，其运用的是传感器与软件，并非人力采写。

辩证唯物主义要求我们用联系的、发展的观点看待事物。在新闻发现这个基础性环节上，同样要在彼此关联、相互作用的观念指导下开展实践活动。

改进记者作风，扩大发现能力，不是要求记者为了一切亲历亲见而形式主义地到处乱跑。相反，在坚持直接发现的重要地位的前提下，即坚持现场采访是记者不可缺少的采访形式的前提下，记者根据间接材料也能写出一流的作品。

穆青同志写《雁翎队》时，是在延安通过采访一位自冀中而来的同志获得的材料，当时穆青同志并没有见过遥远的白洋淀上的雁翎队员。但这这篇作品不仅写出来了，而且脍炙人口，成为新闻史上的名作。

举这个例子，丝毫没有否定深入基层直接采访的重要性，相反，分析为什么穆青同志写出了这篇佳作，而其他人即使听说了雁翎队的事迹，也没有写出稿件来这个历史事实，对我们是很有帮助的。当时，穆青同志是带着明确的采访目的和强烈的感情进入采访的，他作为延安《解放日报》的记者，在 1943 年七七事变纪念日前夕要采写一批反映敌后军民英勇抗战的事迹，主观上有强烈的指向性、时代感和责任感。同时非常重要的是，穆青同志 1939 年曾在冀中打过游击，冀中的环境鲜活地映现在他的脑子里，他熟悉而且热爱那里，可以调动素材积累，把白洋淀上的斗争写得栩栩如生。

《焦裕禄》则是另一个成功的例子。作者并没有见过焦裕禄，如果就掌握直接材料来讲，记者肯定难以超越当地干部和生前采访过焦裕禄的当地记者。但穆青等同志在兰考主要依靠被采访者追忆的材料，结合记者在采访中的直接观察材料，在最能体现党员干部本色和时代特征的若干关键问题方面，再现了焦裕禄的行为、情操和内心世界。不同于文艺作品允许用虚构来塑造形象，新闻作品必须依靠真实材料再现形象，而真实材料来自直接和间接两个方面，新闻作品的社会效果，要受作者如何认识与运用直接和间接两方面的材料所制约。

《雁翎队》《焦裕禄》等成功的采写实践并不是先有观点后找例子，而是有准备的主观思想与典型的客观事件恰当而完美的统一。统一的前提是，主观来自客观，从而形成观念；而在采写环节上，主观要尽可能地逼近客观，但这种逼近不可能穷尽，也没有机械的范式。

深入实际，直接发现是一种基础行为，没有这种长期和艰苦的直接行为打下的牢固基础，就不可能具备处理好二手材料这种间接行为的能力，任何人都不能超越，任何人也不能一劳永逸。如同天下没有不下水的潜水员，也没有永远不上岸的潜水员一样，二者不能割裂。在当今的信息时代，记者无论是要反映构成新闻的事实性信息，还是意见性信息或情绪性信息，无论记者多么善于从宏观、中观或微观利用间接材料，如果失去了直接采访之本则将一事无成；而不具备间接采访的实力，将使记者闭目塞听，行而不远。著名记者邵飘萍曾经深有体会地说："在最短促的时间里，一闻而辨其价值大小，固非有丰富的知识和经验不可。"这个知识和经验，就是知行统一与直接间接统一的集合体。

在市场经济条件下，人的作用为一些中间层次的力量所阻隔而难以被直接看到，如市场的力量、金融的力量、权力的力量、利益的力量等，总而言之，市场的法则是交换的法则，在一切交换或事关交换的中介点上，物化的力量很容易掩盖人的力量和社会进步的力量。记者作为职业的社会观察者，也比较容易陷入被物化力量障目的境地，从而抑制进一步全面认识事物本质的动机的产生。在战争年代和计划经济时代，新闻界面对的情况有所不同，人与世界的关系表现得相对单纯和明晰，物化力量不像现在这样表现得这么强烈。一次血战的胜利，一项战天斗地工程的展开，此类事件的因果关系明确，要反映它，记者在主观上有直奔结果而去的便利，客观上也没有多少在某个中介点上停下来的可能。因此，从“意识是环境的产物”这个意义上讲，记者应该警惕，新的历史条件产生了使记者认识浅层化和表象化的更大可能。

为什么这样说呢？我们知道，中介点一般都远离本质事件发生的现场，如股市是金融交易的中介点，但不是金融作用于社会后，催化各种事件发生的最终直接场所。现代社会需要记者提供中介点上发生的新闻，但绝不意味着中介可以完全取代实质。作为记者，要警惕这种思维惯性的形成。20 世纪 30 年代的大股灾，不像西方记者断定的那样，是交易失误或其他金融技术性原因造成的，而是资本主义经济危机的深刻表现，如果没有对资本主义国家生产和交换状况的直接了解，就股市谈股市是抓不住问题实质的。社会主义市场经济不同于资本主义市场经济，但许多经济现象都具有共同的规律，如果在对待复杂的经济现象上，只顾一头钻进表面很热闹的中介点的现场，而不去琢磨经济作用于社会的那些更直接的场合，思想停滞于浅层次的现象认识，就会导致行为上的浅尝辄止，久而久之形成习惯，进而固化为飘浮的作风和僵化的采写模式。因此，我们应在直接与间接、现场与中介、人与物的关系上，更多地坚持辩证法，少一些主观主义和经验论。

心理小典　感染的力量

心理学研究表明：情绪犹如一股暗流，与生俱来，随机呈现，情绪的交流常会细微到几乎无法察觉，却无时不在左右人的思想和行为。心理学家同时指出，尽管你不是刻意模仿对方的情绪，仅是看到别人表达感情，你便会有相同的情绪，这种情绪的感染、传递与协调无时无刻不在进行着，而正是这种情绪的关联与协调，在很大程度上决定了记者与采访对象的互动是否顺利。

心智掌故　唇亡齿寒

春秋时期，晋国有两个相邻的小诸侯国。一个是虞国，一个是虢国。晋献公企图侵占这两个小国。

一次，他召集朝中的大臣商议此事。群臣们都说："虞、虢国两国和睦相处，唇齿相依。如果我们同时发兵攻打两国，以一敌二，敌强我弱，非但不能取胜，反而会全军覆灭。假设先攻虞，虢国必救虞；攻虢，虞会救虢，形成虞、虢联合抗击。必须想一个两全其美的好办法方可。"

晋国大夫荀息说："大王，我有一计不知可否？我听人说虞公是个贪婪之人，我们可以用宝物贿赂他，要求他借路让我军通过，去攻打虢国。"晋献公问他："送什么宝物才可使他动心呢？"荀息看了大王一眼，说："送宝马和美玉。"晋献公忙说："不行，不行，那是我国的无价之宝。"荀息微微一笑，说："大王，这不过是暂时的忍痛割爱，只要事成，宝物是跑不了的。"

晋献公依照荀息之意，把宝马和美玉送给了虞国，虞公很快就答应了晋国的请求。

虞国大夫宫之奇，觉察到晋国一定是施展阴谋，于是劝虞公说："大王，千万不能答应借路灭虢。我们虞、虢两国，安危与共，相依相存，犹如面颊和牙床，嘴唇和牙齿，如果今日虢国灭亡，明日我们虞国必亡呀！"

贪财的虞公不听宫之奇的忠言，借路给晋国。晋军顺利通过虞国，攻破虢国。晋军在回师途中又施计谋攻打虞国，虞公在进退两难的困境中，想到再也没有虢国的救援了，他痛心地说："悔不该当初不听宫之奇的劝说啊！"

随后晋献公向虞公索回了宝马和美玉，活捉了虞公，消灭了虞国。

心灵启悟　直接间接两手抓

事物是彼此相依的，舍弃其一就会影响到另一半。整个世界是一个联系的整体，我们不可能只顾其中某一样而放弃另外一样。记者这个行业更是如此，在新媒体技术成为主流的传播环境中，想要成为一名出色的记者，不能仅仅靠自己亲自采访，也要靠间接得到的线索。只有两者都抓好，才能写出好文章，成为一名好记者。

第三章　记者职业伦理之策划篇

第一节　保持心灵自由

新闻人的职业生涯是与纪律联系在一起的，这一点不仅在内地如此，在香港亦然。香港资深新闻人士阮次山甚至这样说："在编辑台上，没有'民主'可言。总编辑对所有文章和工作人员有绝对的指挥权，这和新闻自由无关。"但是，新闻人的心灵世界，又要求是最自由的，他要比常人站得更高，要有比平常人更强的精神企求。莎士比亚说："若是一个人的思想不能比飞鸟上升得更高，那就是一种微不足道的思想。"

中国现阶段的文化中，还有不少地方渗透着实利性。实利性的文化教育我们注重"生存"，但是，"生存"是"活着"，而不是生活。敷衍地活着是难以达到脱俗的精神目标的。对于责任与义务，荣誉与高尚，完美与准确，雅致与精巧，有没有倾心追求的勇气与愿望，是心灵是否理性、是否健康的重要标志。有的新闻人总是把多写稿与多挣"工分"联系得很紧密，因为多挣"工分"可以多拿奖金。的确，钱是重要的，但是心灵的收获比钱更重要、更有价值。当你历尽艰辛完成了一件精心策划的采访写作，当你看到你的报道产生的社会效果帮助了那么多的人，这种高出一筹的人生快乐，是其他职业的人所难以体会到的。

人生不能仅靠否定什么而活着，只有积极努力而产生的积极成果，才能在当今之世真正发挥有利于社会的作用。就新闻工作者而言，心灵要常处于想做点什么的激动之中。封建时代不乏萧然出世的名士，他们扪虱而谈，内容不是讥讽，就是玄学。其实，那是一种心灵苦恼的无奈之举，如果有机会"一封朝奏九重天"，他们往往是会为振作朝纲，匡扶社稷出力的。当今时代，作为知识分子一部分的新闻人，完全不应产生出世思想。相反，处于开放中的新闻界，你比别人哪怕多迈出一小步，都会产生比付出的努力大得多的回报。许多报纸的编辑部里，都挂满了群众送来的锦旗，对于"民有所需，我有所应"的记者，读者简直是把记者簇拥着走向荣誉之境。这种在积极入世的心境下支配的生活，回报是多么高尚，多么让人羡慕。

新闻人的心灵需要自由，但不是散漫状态下的自由。面对激烈的市场竞争，有的报纸和新媒体一飞冲天，有的却艰难度日。这其中的原因，很大程度上在于有没有一批痴心、费心、尽心的新闻人。这些人对事业爱得深沉，对这份事业心有所仪，心向往之，纵横捭阖，一心拼搏。正是应了那句老话，"没有发狂的劲头，就没有天才"。这种狂劲，动力在于内心，就像高速运转的陀螺，能够呈现高度的稳态，能够经历撞击而不倒。

自由的心灵才能使灵感生生不息。我们的激情实际上像火中的凤凰一样，当老凤凰被焚化时，新凤凰又立刻在灰烬中产生。新华社记者唐师曾开着他的大吉普，走遍战火中的中东。后来，每当世界上有什么地方枪声响起，他就有一种坐不住的感觉。他的心随着战事跳动，他的责任感也随着一次又一次的战地经历而延伸。没有人逼迫他去做什么和怎么做，他的心灵是自由的。中国是一个大国，中国应该具有世界性的一流军事记者，这个理想的天空能够让一个年轻的心灵去翱翔。

心灵有时会十分寂寞，而耐得住寂寞是换取心灵自由的条件。新闻工作者在繁忙的日常工作和应酬之际，要能够主动给自己的心灵留一方纯净的空间。泰戈尔说："未被占领的空间和未被占据的时间具有最高的价值。"一个富翁的富并不表现在堆满货物的仓库和亿万金钱上，而是表现在他能够买下广阔的空间来布置庭院和花园，能够给自己留下大量的时间来休闲。与此类似的是，心灵的自由也是十分有必要的，不要让事务性的、功利性的东西塞满心灵空间，要留出足够的空间，使人能够任意遐想，收获希望。

物理学家丁肇中说："我觉得真正的格物致知精神，不但是在学术研究中不可缺少，而且在今天的世界中也是不可少的。不管研究科学，研究人文学，或者在个人行动上，我们都要保留一个怀疑求真的态度，要靠实践来发现事物的真相。探索的过程不是袖手旁观，而是需要有想象力的、有计划的探索。"国际上有许多学者研究过，美国人为什么会成为诺贝尔奖的得奖大户？研究证明，"鼓励创造性和具有挑战性的构想"是造就这一现象的重要原因。美国有关人士指出，虽然美国的小学与中学的教学水平在世界上排名分别为第28位和第30位，落后于斯堪的纳维亚半岛国家以及瑞士、法国和德国，但美国的大学教育更多提倡独立思考。因此，美国的学术研究并不局限于旧的模式，而总是处于前沿。从小学到中学，美国的学校教育非常注重培养学生的积极进取精神，注重培养学生的自主精神。如果人缺乏自信和自由创造的能力，那么在竞争激烈的社会之中就绝难获得成功，甚至根本不能立足。美国作为超级大国，其在培养人才的主动性和自由创造性方面的做法，也是可供我们新闻工作者借鉴的。

做新闻这一行的人，谁不希望才思敏捷，谁不向往成功和获奖。行为是受心灵支配的，花一点时间研究一下心灵自由运作的规律，是一种超越具体方法的成功之道。精神的浩瀚、想象的活跃、心灵的勤奋，这是新世纪的中国新闻工作者应有的心境写照，也是一种大气磅礴的自由状态。

心理小典　心灵自由

所谓心灵自由，并不是逃避，也不是为所欲为，它是真诚、直率的心，是正视自我的欲望，是敢于行动并且敢于承担任何后果的勇气，这需要极大的智慧。要想追求心灵上的自由，就必须卸掉一些杂念，腾出更多的空间，把事情理清楚了，才能给心灵一个宽松、干净、亮堂的居所，让自己的心灵走向自由，感受思维的无限空间。

心智掌故　后羿射日

我们知道后羿是一个善于射箭的人，据说远古时天上有10个太阳，后羿射下了9个。各地还有很多长蛇、怪兽、怪鸟，后羿都一个个地把它们射杀了，所以王让后羿做了大官。可是后面的故事，你却不一定知道。

有一天，王把后羿请去，说："我听说你射箭的本领很高超，现在我想请你表演一下。"说着，就让人竖起一块一尺见方的兽皮和一个直径一寸的靶子。后羿弯弓搭箭刚要射，王说："等等，我们来打个赌，如果你射中了，我就赏给你一万两黄金；如果射不中，我就削夺你一百里封地。"

后羿听了，心里忐忑不安，勉强拿起弓，搭上箭，向兽皮射去，没有射中，又射了一箭，还是没有射中。王就问其他人："后羿一向是百发百中的，今天却连一下也射不中，这是为什么呢?"有一个人回答："后羿之所以射不中，是因为他心里有了得失之心。他既要为射中得到一万两的黄金而喜，又要为射不中而被削夺一百里封地而忧。要是能免除这些外在的喜与忧的话，那么天底下的人都能成为后羿这样的射手了!"

后羿之所以射不中，是因为他把黄金和封地看得太重了，他的心中有了这些外在的羁绊，心灵就不自由了。所以平常我们不是不能把事情做好，而是在做事情的时候让太多的东西分散了精力，变得患得患失。

心灵启悟 庄子之道

庄子崇尚自由,崇尚个人心灵的无羁无绊,他笔下有扶摇直上的大鹏,也有飘忽不定的梦中蝴蝶,还有躺在荒烟蔓草里的骷髅头骨。庄子绚烂多姿的文笔无非是想说,心灵是自由的,不要让外界的干扰蒙蔽了自己,无论处境如何,要始终保持心灵的自由,新闻记者亦然,心游万仞,历阅世事,深入观察,笔无苍老。

第二节 价值判断体现

新闻策划在新闻界已成为一门“显学”。从技术层面来看,策划的学问当然深得很,皓首难以尽述。但是,从本质上看,我们可以认为,策划就是作者主观价值判断的、工艺化的客观体现。马克思说:“思想一旦离开利益,就一定会使自己出丑。”这话说得何等痛快!我们不必遮掩,一切策划都是具有一定功利性的,没有纯客观的策划。

策划有广义和狭义之分。广义的策划适用于单个的人,凡是做新闻采访的人,无时无刻不在盘算如何把素材变成题材?如何用最合适的体裁去表现题材?这其实也是一种策划。狭义的策划则是指在有组织、有分工合作的基础上,对某一个题材的新闻进行深度的挖掘和艺术的组合,使其价值在媒体上发挥到最大。应该说,后一种策划具有更大的探讨价值。

价值的判断是策划的前提。有什么样的价值观,就有可能产生什么样的策划,形式是服从于内容的。世界上不存在最佳的新闻策划范式可供人照套运用。相反,一切从实际出发,坚持把党性和社会主义的新闻观放在第一位,大胆实践,则可能产生前人没有想到的好方案。

新闻策划总是因某种社会动因而触发,有的是要把某件硬新闻报道得最好,有的是要把某种观念宣传得最佳。不管是硬还是软,映入脑际的第一件事是这件事值不值得策划,因为策划相对于单篇宣传来讲,是不可能随便运用的。“文章合为时而作,诗歌合为世而歌。”新闻作品不仅是时代的记录,更是社会功能极强的精神产品,其政治标准和社会效果始终应该被放在第一位,这在任何时候都是不能动摇的。

策划的冲动来自把握客观事物的欲念，优秀的策划首先要顺应客观事物的发展规律。所谓顺应客观事物的发展规律，是说要看清事物发展的大走向，配合新闻宣传的大形势，不能为策划而策划，在不适当的时候作出不适当的策划。改革开放初期，媒体上出现关于关广梅现象的全国大讨论，这是一个出色的策划，起到了开拓道路的作用。但是这种策划放在现在就不一定合适了，因为随着时代的发展，社会思想观念已经发生了巨大进步，不理解时代变革的人不再是社会舆论的强势力量，如果此时随意策划并运用全国大讨论的新闻报道方式，不仅会使人感到有一种堂吉诃德式的味道，还容易引起受众的误解。

“应该始终指导人类前进的理智并不总是为我们引路，而感情与脆弱却总是篡夺其位，代替它来指挥。”这是英国哲学家切斯菲尔的一句名言。理智是一种处于合理价值判断下的精神状态，而感情则可能是一种价值模糊状态下的精神状态。世界上虽然并不是做任何事都需要特别强调理智，但新闻策划这件事无论如何是不能离开理智的，因为它事关重大，策划变成现实的过程就是策划者价值理念的体现过程。价值导向的错误，将会影响整个社会的价值判断和价值应用。

新闻策划往往在接近事实发生之时才能运用，往往有兵临城下之势。这种时候，担负策划主要责任的人该怎么办？比较明智的办法是要善于“跳出三界，腾起祥云”，且从宏观角度考察一番再说为好，这是符合准确观察事物的规律的。各种人和事都有自己的观察点，有的需要抵近去看以做出正确的判断，有的则只有从远处看才能判断得准。不少事情从微观看似乎有理，但从宏观却看欠妥，这就需要策划者审时度势，有所取舍。

目前，大量新闻策划出现错位现象。本来新闻是第一性的，策划是第二性的，但有一些人却本末倒置，硬把策划放在新闻事实之前。支配这种做法的价值观，在于某些新闻人只要达到主观宣传的目的，并不计较使用什么手段。1896 年美国和西班牙争夺古巴殖民地战争爆发前两年，赫斯特主持的《纽约日报》即派速写画家芮明顿去哈瓦拉进行战争速写。芮明顿到哈瓦拉后发现那里很平静，不会有战争，于是拍电报回去，可他却接到赫斯特复电：“请留下，你供给速写图画，我将供给战争。”后来，一艘美国战舰缅因号在哈瓦拉被炸沉，《纽约日报》便断言是西班牙人所为，并悬赏 5 万元征求查明罪犯的证据，制造战争气氛。这种带有私利观念的新闻策划观，也正悄悄侵入我国新闻领域。许多先入为主的报道，被打上了“实验新闻学”的招牌，堂而皇之地登上了版面，如故意用恶劣的态度试验营业员的耐心，或者故意在路上丢一笔钱，躲在一边拍下捡钱者的照片。还有，策划一般用于进行相关重大题材的报道，但是在错位状态下，策划被用作一些十分猥琐的事件，如记者扮作买春者，到众多娱乐场所进行“暗访”，并对其中细节和场景进行描写，读之使人感到有一种“食腐肉、饮脓疡”的不洁感。

萧伯纳说：“科学是不公道的，如果不提出十个问题，也就永远不能解决一个问题。”为了获得成功的策划，我们必须要考虑到事物的方方面面，多问一些为什么，多从宏观视角提一些有利于党、国家、人民的问题。对这些问题有了确切的答案，我们再从技术层面考虑，那一切就顺理成章了。

心理小典　新闻选择与价值判断

新闻选择也是伦理选择和心理选择，传播主体通过自己的主观思维，对报道目标或传播方案进行比较和确认，把个人立场融入要素的组合当中加以传播。新闻的价值判断离不开新闻事实本身所蕴含的是非曲直、逻辑关系、价值取向。在具体工作中，新闻的价值判断不是一次性完成的，它是个渐进的过程，贯穿于选题、采访、写作、编辑以至刊发的全部过程，即使发表后还有再次修正的持续性责任。

心智掌故　老子与石头

据说，老子骑青牛西出函谷关的时候，被函谷关守将发现，并请他著书立言，正在老子写作《道德经》的时候，一位年逾百岁却鹤发童颜的老翁找到了他。

这位老翁对老子施礼后说道：“老朽听说先生您博学多才，故特来向您请教一个问题。我今年已经106岁了，与我同龄的人都纷纷作古而去了。你看他们，耗尽心血追求荣华富贵却不能享受这种富贵，努力建好屋宇却落身荒野孤坟。我从出生到现在，一直都轻松度日。虽然不懂种植庄稼，但是我依然能吃上五谷杂粮；尽管我不置只砖片瓦，可我仍然能够居于华丽的房舍中。因此，我的问题是，现在我是不是可以嘲笑他们徒劳一生，而只能落到一个不能享受生活的地步呢？”听了老翁这番话，老子微微一笑，然后对身边的童子说：“你去找一块木头和一块石头来。”童子把木头和石头拿来后，老子问老翁：“如果木头和石头只能选择一个，您是选择木头还是石头呢？”“当然是木头。”老翁得意地拿起木头说道。“为什么？”老子抚须笑问。“因为这石头还没有打磨，所以它没棱没角的，我取它何用？而木头多少还能有点用处。”老翁指着石头回答。“那么大家是取石头还是取木头呢？”老子向身边的人询问。

众人都回答道取木头而不取石头，理由和老翁一样。听明白众人的回答后，老子回过头来问老翁："是石头寿命长还是木头寿命长呢？"老翁犹豫了一下说："自然是石头。"于是老子笑道："若此，寿虽短，于人于天有益，天人皆择之，短亦不短；寿虽长，于人于天无用，天人皆摈弃，长亦是短啊。"

老子的价值观，朴实独到。

心灵启悟　把握全局谋一域

新闻记者在选材时须站在社会而不是个人的角度去考虑问题，做出相应的策划，对材料进行相应的价值判断，向受众传播他们欲知而未知的信息，从而满足受众的知情权。记者是一种职业，也是一种社会赋权，虽然没有法定契约，却应该有契约精神，必须尽责地瞭望社会，向受众呈现他们不易观察到的、具体的新闻事实。

第三节　猛刮头脑风暴

策划的目的在于创新。策划成败的关键，也在于能否创新。创新不能只依赖领导者一个人冥思苦想，而要走群众路线，依靠群众的智慧。这看起来是个方法问题，实际上也是个思想路线的问题，不能不引起我们的重视。

美国人奥斯本 1939 年为提高广告策划水平，首创了一种"头脑风暴法"，它的基本形式就是多人畅谈。奥斯本给这种多人畅谈定了 4 条规矩：

(1)不允许对他人的意见进行反驳，也不许下结论；

(2)欢迎自由奔放地思考，思路越宽越新越好；

(3)设想的方案数量越多越好；

(4)寻求对他人设想的改进或联合。

从这几条规矩中可以看出，这种类似会议的多人畅谈与一般会议不同，其基本精神是强调自由思考，不受约束，因而只会激励而不会压抑创造的动因。同时，由于在会议上可以互相启发，增加联想的机会，使创造性思维产生共振和连锁反应，从而能够诱发更多的创新设想，因此这种会议产生的方案和设想比普通会议多。虽然，其中大部分不是新东西，或是不切实际，但往往有几个设想方案既新颖又很有价值，可供进一步研究。

在计划经济时代，虽然也出了一些好的新闻策划，但很大程度上处于一种严肃有余、活泼不足、宣传性强、接近性差的状态。只有在思想解放，言路大开的新的历史时期，新闻策划才能够进入自由王国，才能充满活力。《经济日报》的《香香臭臭话广东》《风风雨雨话福建》等报道曾取得很大的努力。这组报道的产生，可以说是运用“头脑风暴”的一个很好例证。这组报道本来属于形势宣传这样一类严肃的选题，而且“计划”的味道很浓。策划在这里有没有用武之地呢？有没有办法搞出既有深度又有活力的策划呢？报社领导把这些问题拿到群众中去，邀请包括青年在内的各层次记者进行讨论。心直口快的年轻人说：“走在改革前列的广东，总是有人说香，也有一些人因看不惯而说臭。”“香”和“臭”，这是多么直观而又符合群众口语的说法，为什么不能拿来做选题的策划之“眼”呢？有了这个“眼”，策划就如有神助，推出后的反响可以预料——绝对不凡。

根据心理学研究，要创新必须先有推动创新的心理能量，才能积聚起解决问题的欲望和胜过他人的决心。一个人只有对自己经常保持一种“不满”的状态，形成一种追求完美、填平差距的势能，才会蓄积起强烈的责任心，激活创造欲。强烈的创造动因也不是突然产生的，而是有一个触发、蓄积以至强化的过程。托尔斯泰说过：“思想必定是在与人的交往中产生，而在孤独中进行加工和表达的。”这句话很有哲理，“孤独的加工”是一种负责任和有勇气的思维活动，它不见于形，却控制着人。“头脑风暴”这样的形式，想要取得效果，要依赖每个个体的充分发挥，如果个体都处于一种慵懒、麻木、不思进取的状态，那风暴从何而来呢？这就要求从事新闻工作的全体人员，包括领导者和被领导者，都要自觉促进动因的强化，而不是压抑它，在一个新闻单位内，形成一个有益于创新的“场”。每个经过个体“孤独”加工过的想法，在这个“场”的凝聚和激发下，都能产生连锁反应和聚变反映，使策划的过程呈现并保持创造的活力。

新闻创新是新闻事业发展自身的要求。在网络时代，向受众提供资讯的充足度，已不是报纸能够独揽的责任。受众有各种渠道可以获取各种信息，电视和网站上的新闻可以多到任何正常人都不可能、也不必要读完的程度。从某种意义上来说，新闻的竞争更多地转向了信息质量的竞争，这要求我们做到人有我快、人有我优、人有我深、人有我趣、人有我活。在别人都有的情况下，我怎么能胜人一筹，这就必然要策划。在许多新闻题材面前，适当地以计谋作载体，或者作包装体，都能使信息的传播效率大为提高。关键是要能找准新闻的脉搏，大胆实施有效的方法。生活的领域有多宽，新闻策划的用武之地就有多大，在这个问题上，任何神秘感和无所作为的观点，都是没有必要存在的。

新闻策划在很大程度上是一种“术业”，是一种战术性的东西。但是，战术应用要在正确的战略思想指导下才能把握正确的走向。创新是策划的灵魂，是战略的制高点，站在高处方能俯瞰众山，择出正途，走向成功。我们思维的弱点之一，就在于思维的起点过低，思维缺乏自信，总是自觉不自觉地套用别人成功的经验。正如英国作家查尔斯·兰姆在《伊利亚随笔》中指出的那样："过多地吸取别人的独创思想，就限制了自己本来拥有的那一份思辨能力的发展。陷入到别人的思路之中，就如同在别人的庭园里迷路一样，这又像一个身材高大的仆人搀着你走路，他步子大，你步子小，非常吃力。"在思维的王国里，本来是最不应该有障碍、最自由之处，然而事情却就是这么矛盾，偏偏思维之足最容易走上别人踏出的路。当然，新闻策划是没有专利的，模仿了也难有被指责为抄袭的风险，但正是这种无风险的思维导致了平庸。我们必须警惕这种倾向，办法之一就是让"头脑风暴"来得更猛烈一些。

心理小典　创新性思维与反常规

创新性思维是指以新颖独创的方法解决问题的思维过程，通过这种思维能突破常规思维的界限，以超常规甚至反常规的方法和视角去思考问题，提出与众不同的解决方案，从而产生突破性的、独到的、有社会意义的思维成果。

心智掌故　鲁班发明锯齿

相传有一年，鲁班接受了一项建造一座巨大宫殿的任务。这座宫殿需要很多木料，他和徒弟们只好上山用斧头砍木，当时还没有锯子，效率非常低。

一次上山的时候，他无意中抓了一把山上长的一种野草，却一下子将手划破了。鲁班很奇怪，一把野草为什么这样锋利？于是他摘下了一片叶子，细心观察之后发现，叶子两边长着许多小细齿，用手轻轻一摸，这些小细齿非常锋利。他明白了，他的手就是被这些小细齿划破的。

后来，鲁班又看到一条大蝗虫在一株草上啃吃叶子，两颗大板牙非常锋利，一开一合，很快就吃下一大片。这同样引起了鲁班的好奇心，他捉住一只蝗虫，仔细观察蝗虫牙齿的结构，发现蝗虫的两颗大板牙上也排列着许多小细齿，蝗虫正是靠这些小细齿来咬断草叶的。这两件事给了鲁班很大的启发。于是他就用大毛竹做成一条带有许多小锯齿的竹片，然后到小树上去试验，结果果然不错，几下子就把树干划出一道深沟，鲁班非常高兴。但是，由于竹片比较软、强度比较差，不能长久使用，拉了一会儿，小锯齿就断了或者变钝了，需要更换竹片。鲁班想到了金属，便请工匠帮助制作带有小锯齿的金属片。鲁班和徒弟各拉一端，在一棵树上拉了起来，只见他俩一来一往，不一会儿就把树锯断了，又快又省力，锯子就这样发明了。

被野草划破手后，鲁班头脑里出现了各种疑问，从而有了各种想法，经过一番“头脑风暴”的洗礼，最终发明了锯子。

心灵启悟　学会有思有辨

鲁班被野草划破手指，却因此发明了锯子；牛顿被落下的苹果砸到，却因此发现了万有引力定律。正是因为他们能够抓住异常，反思平常，才能够从身边小事中洞察规律，发现真知。新闻策划是思想的产物，好的新闻策划常常是从看似没有新闻点的地方入手，于寻常之中找到稀缺，经过头脑风暴之后，呈现的信息组合。

第四节　策划不能异化

1999 年全美国“最惊人的新闻策划”，是美国广播公司于当年 3 月 3 日独家推出，由著名主持人芭芭拉·沃特什对莱温斯基的两小时的特别专访节目。这次专访吸引了 4,900 万名观众，使之成为全美国收视率最高的新闻节目，由此带来的广告收入高达 2,000 万美元，令其他媒体垂涎三尺。

事隔不到一年，美国最具影响力的报纸之一《华盛顿邮报》揭露说，这个策划并不光彩，因为它采取了许多违反新闻道德的“非正统手段”。《华盛顿邮报》列举了许多事实，证明了这起交易的核心，围绕着一个“钱”字。所有的新闻掮客，包括与独立检察官斯塔尔私交不错的奥尔森律师，都通过复杂的渠道得到了巨额酬金。而莱温斯基本人虽表面没有收到一分钱，却间接获得了一大笔律师费，更不同寻常的是，美国广播公司还特意放弃了这次专访的国际版权，允许莱温斯基向海外出售这次专访的版权，仅此一项莱温斯基的口袋就进账 100 万美元。

应该说，《华盛顿邮报》揭露的事情，还只是这个所谓“最惊人策划”不光彩的一个侧面。从另一个侧面看，这个策划的不光彩之处还在于，它建立在一个“色”字为核心的“卖点”上，把总统的桃色事件渲染到耸人听闻的最大值。钱与色结盟、正经的揭秘与肉欲的撩人相伴，在美国这个商业社会里，演绎得多么出色！

中国古代的报纸是没有什么策划的，随着现代报纸从西方传入中国，新闻策划之术也随之而来。承认这一点并不是妄自菲薄，而是要清醒地看到，植根于资本主义土壤的西方报纸，其社会作用和办报手段，都存在着明显的异化现象：它提倡公正，又贩卖邪恶；它宣扬文明，又传播卑俗；它有严肃的一面，又离不开煽情的一面；它应用高明的采写手段，又进行最赤裸的交易。我们打开借鉴西方新闻这扇窗户十分必要，同时也要注意不要让苍蝇和蚊子飞进来。

“异化”是马克思多次使用的概念，不仅在早期的《1844 年经济学哲学手稿》中，而且在后来的《资本论》等其他的著作中也多次出现。马克思的目的是要从历史现象中揭示一种非人道的现实关系，这种关系使得人与人、人与物，以及人与自我的关系都被颠倒过来，人被困在一个自己建立的樊笼里，被自己的创造物所支配和奴役。例如，人开发了核能，而核能反过来又成为人类安全最大的威胁；父辈娇宠自己的孩子，孩子长大以后却为财产弑父；人为了健康大量服食营养品，而营养的过剩又危害人类的生命；人追求自由，而无序的自由又给人类带来极大的不自由。同样，新闻策划的目的是为了让新闻报道更公正、更深入、更全面、更可读，但走向异化的策划，却恰恰把新闻导向这些目标的反面。

异化了的策划，是对新闻策划积极意义的自我否定。它在新闻价值判断方面，植根于一种非正常的、扭曲的价值观。这种策划所选择的报道对象，往往是一些散发着庸俗气、低格调、很琐碎的东西。而正常的新闻策划，一般是着眼于具有较大积极意义的题材，精心组织新闻报道活动，力求充分显现其新闻价值和道德伦理价值。选材的差异，直接导致了两者在组织报道上的不同。无论是报道社会生活方面的“软新闻”，还是针对一些题材重大的“硬新闻”，新闻策划都力求客观、准确、深刻。而新闻炒作在组织报道上，往往惯用“黄色新闻”式的煽情手法，强调新闻的故事性、煽情性和表面性。新闻炒作经常不惜人力、物力和版面，连篇累牍地讲述一些鸡毛蒜皮的琐碎小事，渲染大量无关宏旨的细节。这类经过炒作的题材，像迅速膨起的大气球，虽令人瞩目，获得了轰动效应，却没多少实质的内容，更缺乏积极的社会意义。

新闻本来是以报道客观事物为己任的，但是异化的策划，却总是处于一种“越位”的冲动之中，在主客观的关系上，总想本末倒置，造出点什么事来，以便把报道的先机独占于股掌之中。辩证唯物主义认为，存在决定意识。新闻事实本身是一种客观存在，是第一性的，因而是不能随意通过策划而加以歪曲的，否则就属于媒体自造事件，它属于一种另外意义的新闻题材范畴。虽然现代新闻中有不少自创题材，如某报自己开设“电脑红娘”，围绕“电脑红娘”的作为，报道一系列有积极意义的社会新闻。但是，这毕竟属于一种有限的创意范围，不能滥用。如果故意搞错主客观关系，强行策划属于客观方面的新闻事实，甚至不惜制造耸人听闻的“新闻”，例如”纸馅肉包子“事件，媒体再连篇累牍地加以“追踪报道”。这种做法显然是有悖于新闻职业道德的。

正当的新闻策划，能有效地将编辑记者的创造性与读者的需求结合起来，把新闻资源所蕴含的价值，发挥到最大，取得最佳社会效益。而异化的策划则不然，其出发点是为了满足读者的猎奇心理，人为地制造“卖点”，追求轰动效应。它虽然在竞争过程中能够吸引部分受众，但从长远利益来看，由于它滥用了新闻资源，使之背离了新闻价值规律，将极大地损害媒介的长期利益。而且由于它在选材上过于琐碎、无聊，形式上过于铺张，极易导致“黄色新闻”泛滥，最终也将影响媒介公信力，甚至失去读者。世界上不少事物都有着异化的现象，新闻策划的异化，是新闻事业发展过程是可以被处置于可控状态的，关键在于我们要重视其危害的严重性。

在新闻策划方面，还要从思想方法上提醒自己，要尊重事物的本性和客观法则，强调根据事物和环境的变化而确定自己的行动原则。在激烈的竞争态势之下，在社会上强烈弥漫的功利欲和物欲面前，新闻策划者要吸取中国古代一些十分有意义的哲学思想，如“见素抱朴，少私寡欲”，以保持人的清静自然本性，为新闻策划注入现代人极需要的正确生活态度和冷静修养，寻求一条“返璞归真”的策划道路。

心理小典　猎奇心理

猎奇心理，泛指人们对于自己尚不知晓、不熟悉或比较奇异的事物或观念等所表现出的一种好奇感和急于探求其奥秘或答案的心理活动。在人的一生中，青少年时期的猎奇心理最为强烈、最为活跃。强烈的猎奇心理有其积极的意义，它可以是青少年开始有意识地走向人生，探求人生价值与真谛的激励力量；可以是求知和成才的内在动力。但单纯的追求猎奇的感官刺激，则会使人的心理产生异化现象，从而丧失人的主体性地位。

心智掌故　拔苗助长

古时候宋国有个农夫，种了稻苗后，便希望能早早地获得收成。有一天他来到稻田时，发觉那些稻苗长得都非常慢，他等得不耐烦了，心想：“怎么样才能使稻苗长得高，长很快呢?”想了又想，他终了想到一个“最佳方法”，就是将稻苗拔高几分。经过一番辛劳后，他满意地扛着锄头回家休息了，然后回去对家里的人说："今天可把我累坏了，我帮助庄稼苗长高了一大截！"他儿子赶快跑到地里去一看，禾苗全都枯死了。

这则寓言故事说明了什么呢？自然界和人类社会都有它们自己发展、变化的客观规律，这些规律不以人们的意志为转移。人们只能认识它、利用它，不能违背它、改变它，违反了客观规律，只凭自己的主观意愿去办事情，很有可能就将其异化了，反而办不好事情。

心灵启悟　提防变质

异化的新闻策划会变质，沦落为新闻炒作或制作新闻。策划不能超越事物本来面目的底线，哪怕出于善意的策划痕迹，也会使新闻报道的真实性、客观性受到不同程度的损害，降低受众对新闻媒体的信任。新闻策划不是策划新闻，作为一种新闻报道的技术类型，它必须遵循传播规律，注重舆论导向，尊重受众心理，严守道德底线。

第五节　赋予文化眼光

歌德说："你若要喜爱你自己的价值，你就得给世界创造价值。"这位诗人行吟一生，其内心所抱定的就是这么一个简单但充满哲理的宗旨。

这个简单的宗旨也是一种有气魄的"策划"。如果没有这个"策划"作指导，就很难有一种清醒的行为走向。

新闻工作者像辛勤的"工蚁"，平凡则平凡矣，但内心得装着策划。这种策划要有个性，价值要尽可能大一些，把"跬步"与"千里"结合起来。

新闻是一种广义的文化产品，它不是简单的"文字"。新闻文化的理念有着与其他意识形态载体不同的特点。我们对于新闻报道的策划，不能停留在孤立的、静止的层次面上，而首先应该与时代合拍，并从有自己特色的角度考虑问题。在这个不断变化发展的世界上，把新闻报道视为一个竞争主体，进行全方位的设计运筹。这种策划的层面，是体现主体个性的策划，它需要在普通的竞争理念之中，融入独特的文化含义。

新闻报道策划，一定要有文化理念统摄。也就是说要在正确政治观点的指导下进行新闻报道策划，报纸、新闻网站、新闻客户端的版面布局、版式形象、色调运用、栏目构成、文字风格、管理模式、广告经营、竞争策略等方面，都要着眼于体现社会主义的先进文化。我们经常说的所谓“品位”，很大程度上就决定于有无“文化”二字。社会主义市场经济条件下的竞争，如果赤裸裸地围绕一个“利”字展开，那就谈不上品位，而一旦注入了文化的因素，则顿生春色。报纸主体注入了这种春的活力，就光彩照人，否则就形容枯槁，呈现病态。

由于有了着眼于先进的、大文化的宏观统摄，我们的思路往往会变得更加清晰开阔，能够产生优秀的策划方案。在这样的高度上去俯视具体的新闻操作，从中产生的策划方案往往也更具感染力和亲和力。

在深圳特区创办20周年的时候，各家媒体都想大大策划一番，不仅要达到宣传上的效果，而且要集中获取一批广告收入。各家媒体都有得意之作，但令人印象最深的策划是《深圳商报》的。在“创业者说春天的故事”的主题策划下，该报联系了诸多做出过突出贡献的人士，暗合着众口传唱的《春天的故事》歌词，以一个又一个连续版面，奏响了歌颂改革开放的动人旋律。这个策划的政治含义突出，而它的文化个性又是那么鲜明；它是高雅的，又是大众的；它是新闻策划，但又隐含了艺术策划；它是历史的，贴合现实又是那么紧密。在人们乐于接受的状态下，达到了最理想的宣传效果。当然，与之相随的是大量企业家作为“春天的故事”的主角，对于这样的策划有着高度的认同感，当然乐意推出广告。

策划有高下之分、文野之分。以“文化”含量来衡量策划，对于提高策划水准有着方法论上的重要意义。试看，采写策划是大呼隆还是有章法？版面风格是媚俗还是庄重？文字风格是浮华还是朴实？广告策划是粗放还是精巧？哪一样都离不开文化的支撑。我们知道，充满匠气的画师也可以在画布上涂出惟妙惟肖的画面。但是，人们瞥一眼就可以判断出它是没文化的劣作。文化的境界并不是“大道无形”，而是要靠胸中汇聚的各种文化品类的要素，精心把握其个性和分寸。当前，报界少数人中流行这样一种说法：“先下海，后从良。”意思是在一张报纸发展初期需要打市场时，要挖空心思甚至不择手段地策划新闻，追求“轰动效应”，等在市场上站稳脚跟后，再来重塑它的形象。这实际上是把报纸的文字变成一种物欲诉求的工具，而丢掉了文化诉求的本来功能。这种文化人先丢掉文化的、不顾一切的态度，是自断其路的行为。它失掉的是最宝贵的社会角色定位，损害的是报纸的长期利益。

观乎人文，以化天下。人类的精神家园需要用文化艺术上的精品构建。勇于探索的创造精神，社会和谐所表现出来的合作精神，振奋斗志的开拓精神，这些正是新闻策划所致力追寻的文化内涵。新闻策划必须坚持高尚的思想文化品位，这是坚持先进文化方向的重要体现。一份高质量的报纸，其策划应该是符合社会道德规范和文化审美心理习惯的。不能把污言秽语搬上报纸，更不能把粗俗的文化作为策划的起点。媒体的导向作用不仅表现在政治方面，更多表现在文化方面。倡导某种社会形象，引领某种阅读口味，褒扬某种生活方式，其内核都体现了文明水准的高下。如何让先进的文化、优雅的文化、向上的文化形成稳定的主流文化，这是新闻媒体的一个义不容辞的责任。这里有一个如何从开始很弱小的文化现象中发现文化认同感和优越性，进而影响尽可能多的社会群体的问题。宋代张载曾以“为天地立心，为生民立命，为往圣继绝学，为万世开太平”为信念，我们也要以传播先进文化作为新闻报道策划的信念。从策划的技术层面来看，就是要形成相对稳定的文化品位观和用稿标准，媒体是一个多流程作业的场所，从选题创意到形成稿件，直至登载稿件的版面风格，无一不受文化品位的制约。必须要有意识地建立高度的文化意识，把文化标准也作为新闻生产流水线上的重要标准来考核，这样才能保证报纸的质量和风格，增加新闻报道的文化附加值，使读者从中得到精神和文化的享受。

新闻报道从某种程度上来说是社会文化的汇聚点，因而一切策划都应该体现文化的力量。拿破仑说过：“我怕三家报纸有甚于一万把刺刀。”作为军事家的拿破仑看出了报纸中文化的巨大能量：文化是最柔的，然而又是最刚的。随着社会文明的进步，文化的发展已经逐渐从无序的自生自灭，逐渐走向有序的整合，走向被设计、被策划的期望状态。正因为如此，文化的策划行为几乎无所不在，当代社会最流行的语词之一是“策划”。经过策划整合以后，报纸文化发出的倍增能量大得更令拿破仑无法想象。我们不可不精心地配置这种巨大的社会资源，让它为社会进步服务。

心理小典　媒体导向

导向性是新闻媒体的基本功能，在“四力”，即传播力、引导力、影响力、公信力中处于中枢地位。新闻媒体通过将新闻事件加工处理，通过一定的宣传手段和表现形式进行宣传，突出新闻反映的价值观，来引导人们建设性地思考社会现象，从而达到其引导社会思想的作用。

心智掌故　钱钟书与清华

钱钟书出生于江苏无锡市的一个书香之家，他的父亲钱基博是民国时期著名的文史专家和教育家。在这个男孩满周岁抓周时，他抓到了一本书，于是家人便给他取名叫钱钟书。

由于大伯钱基成没有儿子，钱钟书的父亲便把他过继给了钱基成。这样，大伯便成了钱钟书人生中的第一个老师，对他的教育倾注了很多心血。秀才出身的钱基成信奉“教之有方，顺天致性”的自然主义教育方法，每天下午授课，上午则带着钱钟书上茶馆、听书、品民间小吃。在家学的熏陶下，钱钟书人如其名，钟情于文学，喜好博览群书，打下了坚实的国学基础。中学时代，钱钟书先后就读于苏州桃坞中学和无锡辅仁中学。这两所学校都是教会学校，注重英文教育，这段求学经历，为他打下了坚实的英文基础。1929 年，钱钟书已经 20 岁了，此时的他风华正茂，已经颇具才气。满腔热情与才华的钱钟书报考了清华大学外文系，准备大展宏图，然而考试成绩却是很不乐观。酷爱文学的他，由于严重偏科，中英文成绩极佳，英文甚至考了满分，但数学只考了 15 分。按照清华的规矩，这样的学生是不能被录取的。就在钱钟书的清华梦将要破灭时，时任清华大学校长的罗家伦看到他的成绩，惊呼“此乃奇才”，决定破格录取。

可以说，罗家伦独具文化眼光的选才决定，不仅为社会发现了一株鸿儒之苗，更重要的是这个举动，体现了“不拘一格降人才”的思想用勇气。

心灵启悟　不失文化底蕴

新闻属于文化，文化是新闻最终的魅力所在。作为文化产业的一个部类，新闻媒介积极融入市场，参与市场竞争，其形态、内容、传播手法及方式可以呈现多元化，而新闻报道作为一种特殊的文化商品，不能失去文化底蕴和风骨。新闻记者可以有个性魅力，这种魅力来自：在尊重事实的基础上，个人性格反映在作品中的文化特色。

第六节　推动兼有助动

事实是第一性的，报道是第二性的，这个道理非常正确。但是，按照唯物论的反映论，人应该能动地去反映客观世界。第一性和第二性之间，没有绝对的界线。记者是报道社会的主体，但作为社会成员，他又具有社会客体性。不过，记者作为客体中的组成部分，比重太小了，当然不能把这种小比重部分发生的新闻，作为大众媒体报道的主角。

但是，当这种小比重的部分与大比重的群体一旦产生紧密联系时，情况就发生了变化。在很多情况下，设法让第一性的东西与第二性的东西携起手来的工作，就是所谓“策划”。因此，作为新闻工作者。既不要把策划看得太神秘，又不要失掉策划的责任和契机。列宁说：“世界不会满足人，人决心以自己的行动来改变世界。”这种改变，不是英雄史观支配下的那种任意的个人行为，而是参与群众的符合客观规律的改造世界的行动。

“推”与“助”，是让第一性与第二性携手的基本策划之术。所谓“推”，是通过策划行为，把新闻由“隐”推向“显”；所谓“助”，是指把新闻价值较小的新闻，变成新闻价值较大的新闻。这一“推”一“助”，易记好懂，便于操作，能够普及。

笔者参与《湖北日报》“推”和“助”的两个例子，可以说明这种策划方式的道理。

1998年，湖北抗洪斗争中，记者在监利县了解到，一名考生因家庭被水淹没，无钱读书，准备放弃已到手的高考录取资格。掌握这个情况后，我们定下了“推”的策划方针，即推动事情朝着有利于解决问题的方向前进，推动这个埋在一般救灾情况中的线索成为一条有意义的新闻。记者一方面在报纸上发出消息，引起读者关注，另一方面主动把那名学生的情况向远在千里之外的那所高校团委和学生会传递，然后带着那所高校的师生电汇到报社的助学捐款，乘冲锋舟送到被水围困的那名学生的住处。县里得知情况后，也制定了补助措施，解除了那名学生的忧愁。这个过程在记者策划的推动下，由隐到显，见人、见物、见思想、见情感，自然地表达出了我们希望得到的宣传效果，并带动了对其他有类似困难学生的广泛关注和及时救助。如果记者不主动去推，这件事很可能就湮没在了抗洪斗争对灾情的关注之中，而难以注意到这样的发生在灾民身上的新闻。在信息时代，媒体对公众注意力的推动作用是十分有效的。而从信息传播的角度来看，公众对某些事务由隐性的注意转化为显性的注意，其关键点在于要有一个启动力，这个启动力通常掌握在最具传播效率的媒体手中。例如，“弱势群体”这个概念，已经写入了总理的《政府工作报告》，但是促使公众对弱势群体形成同情、资助，最后促成制度保障形成的，是媒体所起到的巨大推动作用。许多媒体的老总都有这样的体会，每当自己的媒体抓对了一个群众关心的报道选题，推动了这些问题朝着解决的方向发展，自己的媒体在读者中的威望就上升了一截。反之，如果把媒体对解决现实问题的推动作用放在一边，只是清谈一番，那么从威望到发行量，都会直线下降。

关于“助”的策划，令人难忘的是我们帮助被拐卖女生阿桂重返大学的事件。1990年，阿桂在从湖北赴沈阳某大学报到的路上被拐卖。5年后当她重获自由时，阿桂重返大学校园之心仍然未泯。但是，5年的时间太长了，按照规定她早已失去了入学资格。当记者掌握了阿桂的状况后，记者认为作为弱者的阿桂不可能独力实现这个愿望。于是，我们定下了以“助”为核心的策划，记者奔走于教育部、辽宁省、沈阳市和湖北省有关单位之间，帮助阿桂解决了她难以解决的许多困难，终于把希望变成了现实。问题的每一步解决，都体现着社会的爱心，体现着国家对一个普通公民权利的尽力保障。当经过几个月的努力，策划一步一步深入、一步一步实现，直到记者不远数千公里送阿桂走入校园时，这个新闻的价值已完全不同于事件的起初阶段，改变了仅集中在对被拐妇女的同情、揭露拐卖犯罪社会危害性等一般的报道层面上，它一步一步升华，成为一部体现了社会主义人间之爱的宏大合奏。

新闻策划的“推”和“助”，是属于“见苗浇水”的合理行为，而不是“拔苗助长”的违背规律行为。新闻的基本事实是存在的，发展趋向是符合事物健康发展方向的，离开了这个前提，就不能随意用策划去加以改变。

新闻策划不是关在屋子里的科学研究，它是一种社会实践行为。策划不仅是领导者的责任，也是基层记者的分内工作。大量的策划实践表明，往往是基层记者的主动“推”和“助”，使本来振动频率很小的新闻事件的振幅开始扩大，引起了社会的关注，为领导者实施进一步策划提供了契机。而大规模的策划介入之后，由于合力的作用，事件发展曲线的振幅得以进一步扩大，直到达到这个新闻事件的最大值。如果没有基层记者最初的主动行为，领导者如何“见苗浇水”？从这个意义上说，基层记者是第一策划者。

2006 年一位女记者打动了众多网友，她就是河南电视台 23 岁的曹爱文。有一次在现场采访落水少女时，她没有先去采访，而是挺身而出，趴在女孩身上做人工呼吸。经过多次努力，女孩最终没能醒来。看着女孩的遗体，曹爱文哭了，泪水顺着脸颊滑落。这张照片一经上网，立刻引来众多网友跟帖，很多网友称她是当今中国最美丽的记者。但也有人认为，采访是记者的第一要务，因救人而放弃采访的做法并不可取。还有人提出，她这样做是不是在作秀。但多数人认为，从普利策新闻奖“饥饿的小女孩”到摄影记者“守坑冒雨抓拍市民陷入水坑摔倒全过程”，从某电视台有奖竞猜俄罗斯人质死亡数字，到摄影爱好者拍下“目击打工仔游长江溺水全过程”，社会的评判已经超出事件本身的意义，也折射出公众的良知以及新闻价值取向。曹爱文的做法给出了一个答案：生命比一条报道更重要。

辩证法讲“过犹不及”。事物都具有特定性质和数量界限，策划同样如此。在策划行为之中，必须要有“度”的意识。策划实践中有种种“过度”的行为，凡是把策划强调到决定性的地位，似乎策划是一种“万能工具”，不论什么情况，运用这种“万能工具”都可点石成金。世界上没有什么是万能的，一旦宣称为“万能”，就可能什么“能”都没有了。积极实施、主动出击是策划的重要原则，但主动出击并不等于可以离开事实去搞记者的个人“独白”，更不意味着可以“造”新闻。《中国新闻工作者职业道德准则》规定：“真实是新闻的生命。新闻工作者要坚持发扬实事求是的作风，深入基层、深入实际、深入群众，加强调查研究、报实情，讲真话，不得弄虚作假，不得为追求轰动效应而捏造、歪曲事实。”如果无中生有，任意拔高，妙笔生花，“合理想象”，明知是违背新闻真实性原则和职业道德的，却打着“策划”的幌子贩卖于世，那是对新闻策划的极大亵渎。

心理小典　主观能动性与客观规律性

规律是指事物运动过程中本身所固有的本质的联系和必然的趋势，意识主观能动性是指人们能动地认识世界和改造世界。尊重客观规律是发挥主观能动性的前提和基础，只有尊重客观规律，才能更好地发挥人的主观能动性。人们对客观规律的认识愈深刻、愈全面，主观能动性就发挥得愈充分。如果违背客观规律，就会受到惩罚。

心智掌故　李小龙背后的故事

很多人都知道“功夫之王”李小龙的功夫十分了得，但很少有人知道，李小龙本来是有先天缺陷的。中国功夫历来讲究“眼观六路，耳听八方”，眼睛不好为练武之大忌，可李小龙从小就是近视眼。李小龙曾十分坦诚地说：“因为我从小就近视，所以我从咏春拳学起，因为它最适合贴身战斗。”还有，他的两脚不一样长，右脚比左脚短 5 厘米。但也正因为如此，他左脚专事远踢、高踢，如狂风扫叶；右脚专事短促的阻蔽性踢法，近身发脚如发炮。同时，两脚的不一致使他摆出的格斗姿势优美别致、独具特点，成为一种武术流派的典型。

虽然客观条件制约着人的主观能动性的发挥，李小龙正是在分析了自身客观条件的基础上，发挥有利条件的作用，限制或排除了不利条件，创造了独具一格的武术风格，成为国内外都掀起的“中国功夫热”的“功夫之王”。

心灵启悟　发挥主动精神

“推”和“助”对记者来说，实则就是在尊重新闻客观性的前提下发挥记者的主观能动性。新闻反映客观真实的方法多样，这就需要记者去做恰当的策划。记者作为公民，也是一种社会角色，某些情景下就是一种新闻的有机成分，这不是越位。发挥自己的主观能动性，一"推"一"助"，体现的是记者的责任感，但离不开对事物的规律与尺度的把握。

第七节 在劳力上劳心

陶行知先生说过："在劳力上劳心，是一切发明之母。事事在劳力上劳心，便可得事物之真理。"这话体现了陶先生一贯主张的知行统一观。要想在事业上有所前进，劳力和劳心缺一不可。

《礼记》中说："凡事预则立，不预则废。"所谓"预"，就是一种带有前瞻性的策划行为，有了"预"就有了前进的方向，不会临阵磨枪，匆忙应战。但是光有"预"还是不够的，必须很好地把握机遇，刻苦拼搏，努力实践，才能逐步实现预案，并在实践过程中修正预案。范长江当年写出名篇《中国的西北角》的实践，就是这样一个成功的实践过程。他在出发之前有着充分的准备，选定了两个目的，进行了广泛的研究：一是研究红军北上以后的中国动向，二是力图比较深入地了解即将成为抗战大后方的中国西北地区的历史和现状。他的路线规划与资料应用，发稿方式与连续性的特色，都是围绕目的精心策划的结果，并在日后的发稿中得到了体现。他在艰苦和危险的采访环境中，得以自如地运用目击材料与历史资料，达到了谈古论今，大气磅礴，意趣横生，催人奋起的效果，不能不说他的预见、预案起了不可低估的作用。

当代新闻界的策划行为，属于更高层次的劳力与劳心相结合的劳动。没有跑断腿的勤奋，哪来用以策划的材料？但有了材料而不劳心，材料终归还是材料，不会成为报道硕果。

劳心不是瞎忙活，必要有一定章法。韩非子说："善张网者引其纲。"策划的真谛，就在于要制定一套富有创意的行动方案，这套方案要能十分清醒地把人引向获得创新成果的境地。

从新闻资源和人力的优化配置角度看，搞好新闻策划，必须要有正确的战术。所谓"配置"，是大范围内的调动，牵涉面广，影响深远，应该成为"劳心"的重点。

如果把策划看作一个战役行为，服务于战役行为最常用的三大战术是："梯次战术""集成战术""协同战术"。

“梯次战术”就是新闻手段的运用，要有渐进、有连续、有纵深。对较大题材的把握，不能只有“毕其功于一役”的简单打算。有了梯次的思想，就既不会因坐等条件齐全而耽误了时机，又不会形成虎头蛇尾草草收场的结局。从接受心理学的角度看，梯次推进，符合“间断更强烈地暗示连续”原理。从唤起受众注意，到形成受众注意的重点，安排成一个渐进的过程，有利于受众更透彻地了解、理解新闻事实及其社会意义。而且，梯次运用新闻手段，也更符合新闻生产的规律，报纸是连续出版物，但相对容量又十分有限，所以报纸十分适合于运用短而连续的梯次战术。

“集成战术”就是形成相对的强势。人员的集成和版面的集成都不可能是自然形成的，必须要有意识策划调度。《湖北日报》在这方面有很多运用。例如人员的集成，1995 年前后，公路长途运输秩序引人关注，报社就同时调动十几名记者，从武汉购票出发，各乘一辆跨省长途汽车，随车探访运营、安全等情况，从十几个方向，把采写下来的稿件，同一天在报纸上推出，给人气魄宏大、耳目一新之感。再如版面的集成，针对读者普遍关心的社会热点问题——阅读心理，报社就专门开辟了“特别关注”专版，以每天一整个版的规模，强势推出。这种集成战术，是规模经济思想移植于新闻宣传的一种实践，它对于发挥媒体的综合能力，吸引读者的关注度，都有很好的作用。

“协同战术”就是综合策划运用报社内外的各种要素。文字、摄影、网络、母报、子报、子刊，这些要素都各有所长，可以根据不同的需求，组织起新闻宣传的大合唱，形成舆论的合力，增强信息的权威度。在突发事件的报道上，协同战术也可以大显身手，要注意，策划时不能因为情况急迫，就忘记了协同战术的运用。相反，突发事件备受外界关注，此时注意协同，可以及时满足受众瞬间高涨的信息需求，从而提高媒体的权威性和美誉度。2000 年武汉 4.26 空难发生后，《湖北日报》在策划报道时，及时协同运用包括网络在内的各种要素，不仅及时获得了信息发布的主动权，杜绝了谣言的流传，而且对于稳定人心、做好善后也起到了独特的作用。当然，在现代传媒十分发达的条件下，协同的思想还可以扩大到与广播、电视等单位共同策划方面，形成更大的合力。

新闻策划的目的，在于尽可能地把新闻的社会价值发掘到最大，把表现新闻的手段发挥到最佳状态，把传播到受众的效果调整到最满意程度。围绕着这些目的去“劳心”，是最实在的劳动。而上述这些战术，说来简单，但运用之妙，存乎一心，而且常用常新，不会有什么过时之虞。《孙子兵法》所阐述的战略战术思想尽人皆知，但在现代战争的实战运用中还是具有强大的生命力。陈云同志说过：“创造性必和实事求是相结合，否则就会华而不实，不能真正前进。”我认为，这些看来简单的战术值得反复揣摩与反复运用。劳心要有章法，章法就是规律，循规律而动，就能够在接近真理的路上不断迈开新步。

心理小典　劳思维之力

创造，指人们应用突破性的方式解决问题，并能产生新的、有社会价值的产品的实践过程。创造过程需要辐合思维与发散思维，以及远距离联想能力，还需要非智力因素，如人的坚持性、自信心、意志力、责任感、勤奋、热情和独立性等。在社会分工高度专业化的时代，成功的创造往往需要以职业伦理为支撑。

心智掌故　小沙弥敲钟

清晨，住持方丈奕尚禅师刚刚从禅定中起身，寺里刚好传来阵阵悠扬深沉的钟声，整个山谷似乎都动了起来。禅师凝神侧耳聆听良久，待钟声一停，忍不住召唤侍者，询问道："今天早晨敲钟的人是谁?"侍者回答："报告方丈，是一个新来参学的小沙弥。"奕尚禅师点了点头，吩咐侍者将这位小沙弥叫来。

奕尚禅师问这个敲钟的小沙弥："你今天早晨是以什么样的心情在敲钟呢?"

小沙弥不知奕尚禅师为什么特意要见他，更不知道为什么要这么问他，忐忑不安地回答道："没什么特别的心情，只是为打钟而打钟而已。"

奕尚禅师道："这不是你的心里话吧？你在打钟时，心里一定念着些什么？因为今天我听到的钟声是非常高贵响亮的声音，只有虔诚的人，才能敲出这种深沉博大的声音。"

小沙弥想了又想，认真地回答奕尚禅师，道："其实也没有刻意念着，只是我平常听您教导说，敲钟的时候应该想到钟即是佛，必须要虔诚，敬钟如佛，用犹如入定的禅心和礼拜之心来敲钟，就是这样而已。"

奕尚禅师听了很是高兴，他进一步提醒这个小沙弥，道："往后处理事务时，都要保持今天早上敲钟的禅心，将来你的成就会不可限量!"

后来，这位小沙弥一直记着奕尚禅师的开示，保持司钟的禅心，终于成为一名得道高僧，他就是后来继承奕尚禅师衣钵真传的森田悟由禅师。

小沙弥敲钟是劳力，在敲钟的同时用禅心和礼拜之心来敲就是劳心，劳力结合劳心，小沙弥最后成为一代禅师。

心灵启悟　凡事要用心

做同样的事，因每个人态度不同，结果也就会大相径庭。用心，不仅是一种方法、一种技巧，更是一种态度、一种境界，是一个人不断完善自己的标尺，也是走向成功的第一步。新闻策划不只是新闻素材的简单组合，也是用心思量下的最优结果。

第八节　围绕话题施展

人们用“海量”一词来形容每日发生的新闻之多。报纸版面的增加，总是赶不上信息量的增长。不管怎么增加版面，报纸想要如同互联网那样无限量地容纳新闻信息是不可能的。这样说起来，报纸似乎只能走向末路了，其实不然，报纸之所以能以有限对无限，很重要的一条在于报纸含有编排策划，这是信息有序的结晶。

编排策划在办报实践中的重要性，在现代报业中无论怎么强调也不为过。巴尔扎克说过：“智力贫乏的最大特征，就是堆砌事实。”在现在高度发达的通信手段条件下，信息的数量多得让人发愁，问题是面对信息如何处理。当你拿到一张优秀的报纸时，略一阅读，就会作出一个判断：这张报纸是成熟的，因为它编排有序，不仅新闻快，而且专栏的话题也正对路。而拿到一张差劲的报纸时，一读你就知道，乱七八糟的，没有章法，像一堆稻草！

新闻是现代人精神生活的营养品，如何为读者调配营养是一门大学问。过去办报者不太重视这种策划，因为报纸是居高临下的“黑头文件”，我怎么登你就怎么看。现在不行了，在激烈竞争的条件下，读者是以货币作选票选出市场优胜者的。哪怕是严肃报纸，也有严肃报纸应有的策划，以吸引住读者，世上没有什么人只对轻松的新闻感兴趣，而从来就不过问严肃新闻。因为，生活本身就有严肃的一面，不由你不关心。这是读者内在的阅读要求，不管编者和读者承认与否，它都在发挥作用。

“新鲜为主，腌腊为辅，小炒与大菜相搭配。”借这个餐饮业的行话用于编排策划的原则，大致是不错的。在短缺经济的条件下，人们只要吃点小炒就满足了，而现在可不同，缺了营养不行，菜式单调了也不行。读报何尝不是这样，在有电视、网络的条件下，读者读报的期求，不仅在于想知道有什么事发生，更在于想知道事件的内幕、背景和前瞻，更在于想了解别人对此事的观点，以对比和修正自己的观点。这是信息时代读者新的阅读口味，它符合“在动态中把握信息，使信息变成个人见识，增长个人判断力”的现代阅读心理需求。

道理好懂，操作不易。如同厨师一天也不能停下手中切菜和剖鱼的刀一样，办报的人也一天不能停下手中的“刀笔”。你不能把整条的鱼，哪怕是最新鲜的“新闻活鱼”，不经剖理就丢进锅里。不经解读的新闻，越来越难以成为报纸上的好新闻。除此以外，有了活鱼，也不等于只能做“烧全鱼”这一道菜，完全可以做成“鱼头豆腐”“红烧鱼块”“烩鱼杂”，外加“凉拌鱼皮”。

如同人们对绿色食品感兴趣一样，编排策划对此也应该有所借鉴，用以把报纸“烹制”成“绿色食品”的盛宴的方法。绿色是新鲜、营养、无害的含义，报纸当然也应如此。报纸的“绿色盛宴”，自有本身排宴的逻辑，这个逻辑的起点是捕捉新闻，而一条新闻就是一个话题，沿着话题排开，大的话题做大菜，小的话题做小菜，无关自己报纸特色的话题不做菜。沿着这个逻辑，报纸编辑有做不完的事。政治话题、经济话题、国际话题、人生话题……而把握话题，展开话题，解释话题，在这个过程中又能发现新的新闻和新的话题，你说是不是其责无尽，其乐无穷？编辑记者不可能什么都懂，这不要紧，不怕做不到，就怕想不到，想到了而不懂，就去找懂的人和知情的人，这样就产生了鲜活的解释性新闻和背景新闻；自己发的议论不权威，就去找权威的人发议论，这样就产生了权威的评论；为了话题醒目和便于读者阅读，就把版面花一番心思打理，如此等等，报纸焉能不好看？

在海量信息进入生活的时代，接受效果会朝着事情的反面发展，“因为太多，只好不顾”，这是接受心理上的一个常见的悖论。有鉴于此，为了提高受众的接受兴趣和接受效率，就连传统上最不讲时效性的图书馆，也都在多年一成不变的图书编目和分类法上，添加了以“话题”分类的办法。我国最负盛名的图书馆之一北京大学图书馆在推出“热门话题”服务的公告中说：“‘热门话题’这项新的服务，以馆藏报纸为基础，从中提炼出时下国内外最引人注目的话题，将挑选出的相关文章提供给读者，从而方便读者抓住热点，掌握社会动态，并更加充分地利用馆藏。”馆方开出的话题有几十个，如经济、教育、西部、反恐、环境、医改、房改、两性、青年……采用这种办法，并不是图书馆追逐新潮，而是有针对性地应对海量信息。在信息潮涌来之时，多树起一些信号灯和航标，为茫然不知如何下海的读者导航。图书馆的这种办法，可以说是一种二次策划，因为它是依据已有的信息所做的归纳分类，尚不属原创性质。而报纸依照话题策划后采写出的新闻、数据、论点，则有着原创意义。

“找话题，这是多么简单的办法，能称得上是策划之道？”世界上许多貌似复杂的事，说穿了往往就这么简单。如同你扣住“绿色”就能设计出一桌以此为特色的宴会一样，扣住“新闻话题”，也能有助于办出一份抓得住读者阅读心理的报纸。问题是我们常常在这个方面“知易行难”，不愿意一直不断地寻找话题、破解话题、展开话题，以及围绕话题设计出好看的版块和版面。其实，这种策划的价值是巨大的，如同美国普利策新闻奖获得者杰克·富勒一语道破的那样：“人们需要的是信息，而不是事实或数据。我们所要做的就是，帮助人们运用知识把握他们的世界。”

心理小典 思维有序

思维有序，其实质是思维与客观规律的一致性，即客观事物的本质及其运动变化规律在人的头脑中得到正确反应的程度，以实现人类机体与外界环境之间物质、能量及信息的有序交流。思维有序是在确定的生理有序及行为有序的基础之上，通过改变机体大脑神经系统的某些指挥控制机制，来改善机体与外界事物的协调作用，并提高机体生理有序与行为有序的实际效果。

心智掌故 枯燥背后的繁华

微博上流传着一个故事，叫作《我的助理辞职了》，它说的是有个助理帮总经理贴票据的事儿。在很多人看来，这个工作既繁琐、重复，又没有意义。

但这个助理建了一个表格，把所有报销的数据按照时间、数额、消费场所等记录下来。时间一长，她就发现这些商务活动背后的规律，总经理没交代到的工作也能处理得很好。实际上，她对于重复事物的归纳分析和在此基础上发展出来的方法，让她的工作不再局限于贴票据的助理工作，实际上提升了她的职业能力。所以她就可以辞职、跳槽、高就。

由于善于从平时的工作中总结规律，并高效的开展工作，很快，这个助理成长为一名经理。

这是一个讲究速度与便捷的时代，喧嚣与繁华常常容易让人沉溺其中，以至大部分人忍受不了哪怕半点儿的枯燥与寂寞。为什么你的工作总是越做越不开心呢？有多少人问过自己这个问题。

很多事情就是这样，看似简单无味，当你坚持做下去，往深处去看时，就会发现别有洞天。如果我们仔细观察，就会发现，很多在某一领域取得成功的人，其背后总有对寂寞与枯燥的遵从、敬畏。

心灵启悟　关注主题

记者每天的主要精力都是在找话题、找线索，可是经常做出来的新闻却总不尽如人意，为什么？缺乏深度，缺乏连贯性。这里一榔头，那里一棒子，做出来的都是零碎杂乱的小新闻，不仅缺乏深度而且枯燥无味。不妨从零散现象中归纳一些主题，围绕主题展开采访和编辑活动，很多难题就能迎刃而解了。

第九节　把握胜局起点

为了读者，为了所服务的媒体，只有通过不断形成见解和实现见解，媒体的水平才会与时俱进，报纸的道路才会越走越宽。让我们记住歌德的一句话："大胆的见解就好比下棋时移动的一个棋子，它可能被吃掉，但它却是胜局的起点。"

策划是以见解为支撑的，没有见解的策划是苍白的策划。我们有不少的新闻同仁，在这方面还缺乏自信心。见解一定是要经过实践的磨砺才会提高的。美国前总统尼克松在其所著的《领导者》中有一句话："随意地提出主张是一回事，在适当的时候提出主张是另一回事，能够把这种主张成功地付诸实施又是另一回事。"我们处于一个变革的社会，一个发展的年代，新闻事业从萧条走向勃发，而发行市场的竞争和广告的竞争，成为每一家报刊所面临的无可回避的挑战。当你能平心静气地倾听读者各种阅读需求时；当你能瞻前顾后，站在社会的角度思考并选择策划之道时；当你把握了大局，深入了解了媒体在当今应扮演的角色地位时；当你从自己媒体的特点出发，量力而行、有所为有所不为之时，你便成为一个成熟的策划者。

大见解决定大格局。在激烈的市场竞争条件下，为什么有的媒体异军突起，而有的报纸处境艰难？很大程度上在于，媒体格局背后的办报见解是否真正合乎社会客观需求。

体现媒体大见解的东西，主要是三个方面：必须抓住读者内在的、稳定的阅读需求并转化为媒体结构；必须找准与地区经济和地区消费水平一致的生长板块；必须培育出媒体与广告市场对接的生长区。

以上可以说是第一层次的大见解，在此见解基础上，再产生出第二层次的见解。《北京晚报》总编辑肖培从本地情况出发，认为北京读者的内在阅读需求为“把握新知、以利生存”。因为，技术文化正主导着当代城市的社会生活，而《北京晚报》的结构，必须改变知识结构过低的旧貌，转而突出新观念、新科技、新经济的特色，由此，形成了“新知周刊”“知本导刊”“E时代周刊”“前景特刊”等一批新风扑面的版面。同时，为满足高技术必须与高情感配合的规律，推出了“私密独白”“前景周刊”等新潮的人文专刊。结果，贯彻了新的办报见解的《北京晚报》，在原发行量很高的基数上又增长了一二十万。

见解可以借用，但借来的见解是否符合本地的实际那就不一定了。因此，借来的见解，不如自己形成的见解；逼出来的见解，不如有预见的见解；被动得出的见解，不如主动作出的见解。就像《圣经》中的黄金律则，即“人们都是以他人对待自己的方式对待他人”那样，编辑记者拿不出对路的见解，那报纸也不会对编辑记者表现出所期望的结果。全国曾经形成过一股壮观的“都市报现象”，细究一下，都市报的普遍成功，关键是办“市民报”这种读者定位见解的对路，加上以省级报纸这种发行区域大小相宜、读者相互认同的人文环境作为依托，所以一纸风行。如果说一家都市报的成功还只能算偶然，但全国这么多都市报的成功，就说明了这种办报见解具有规律性的特点，而规律是不可抗拒的。但是，这并不意味着一种正确的见解可以一直适用，随着时代的变化，必须要产生新的办报见解。

办报各有各的招数，各有各的对策。这些招数和对策没有绝对的评判高下的理论标准，一切都以实践的检验为准。如果说难，也就难于此；而要说天地宽阔，也莫过于此。上海的《解放日报》和浙江的《杭州日报》的性质同是市委机关报，笔者于2001年分别访问了两报，两报领导对办报各有独到的见解。《解放日报》老总认为，机关报不是“十全大补膏”，必须抓住“主打”读者——机关干部、各类企业经营者，以及一切有文化的、关心政治和经济大事的人；然后才是抓其他一些社会阶层的“带动型”读者。确定这个思路后，办报首先要考虑主打读者看不看，能得到他们的认同吗？不必“拘泥于飞入寻常百姓家”的办报一家之见，应该紧紧抓住主导社会的那一层人。《杭州日报》老总的看法则相反，他认为机关报要进家庭，只有进了家庭才能实现党报的权威性。机关报也要进入市场与市民报竞争，如果办报目标主要是给干部看，那是会萎缩的。所以机关报要在担负起教育功能的同时，还要有消遣、娱乐功能，更要讲“亲和力”，靠近弱势群体。

《解放日报》与《杭州日报》的见解，谁更有道理呢？用市场的实际来检验，结果是各擅胜场。前者从2000年10月开始按此思路改版，结果靠邮发次年的订数增了近3万份，汽车、地产广告更集中于这个主流媒体。后者在省会城市的报业大战中稳住了阵脚，靠自办发行，自费订阅达到了30%，并朝着50%自费订阅努力，商品广告增长很快。上海有上海的特点，杭州有杭州的市情，拿上海的办法来套杭州，结果可能大相径庭。上海是国际性大都市，杭州是人文荟萃之所；上海有得风气之先之利，杭州有诗书教化之风；上海是深港行巨轮，杭州是清溪走乌篷。条件各异，办法自然也就各不相同。

一部报业发展史，也是一部办报见解的演变史。在信息时代，办报见解有着加速演变的趋势，这是激烈的媒体竞争必然导致的结果。例如，21世纪之初，中国报业开始进入“厚报时期”，并且以规模化竞争为特点的质量调整期已经到来。在这种情况下应如何应对？这就需要见解，《人民日报》的选择是：报纸要能动地适应受众市场，赢得读者。从信息的收集和稿件的处理上讲，要尽量加大信息量，尤其是要大量提供与市场紧密联系、与读者利益息息相通的信息。在新闻的取向上，从读者容易认知、容易接受的角度考虑，有选择地、有序地优化新闻信息结构，多按新闻规律办事，解难释疑，搞好服务。再如，21世纪初期，为什么我国不少报纸的版面风格大变，用板块组合代替交叉咬合、厚题薄文代替薄题厚文、图文并茂代替重文轻图，其中的原因何在？这个变化隐含着强烈的竞争见解，为的是追求“三步五秒”效应，就是要让读者在三步之遥、五秒之内，在琳琅满目的报摊上发现自己并唤起其购买欲。新潮版面中，厚题、粗线、大照片，甚至打破常规做通版、跨版缝，无非是要达到这个效果，并且与电脑的屏幕风格接近。这些力图把握胜局起点的策划，对于抢占市场先机，具有至关重要的作用。

心理小典　达维多定律

经济学家达维多认为，企业要在市场中总是占据主导地位，那么它就要抢先开发出新一代产品，抢先淘汰自己的旧产品。这一定律的基点是着眼于市场开发和利益分割的成效。因为只有先入市场，才能更容易获得较大的份额和利润。达维多定律还揭示了以下取得成功的真谛：断腕有时与进取一样重要。

心智掌故　一个小男孩的取胜之道

美国伊利诺伊州一个叫哈佛的小镇上，有这么一群孩子，他们经常利用课余时间到火车上卖爆米花，以赚取自己的零花钱。这其中有个十岁的孩子最惹人注意。经常坐这趟车的人几乎都认识他，他卖出的东西总是被乘客们抢购一空。在车上，除了和其他的孩子一样吆喝，他还把奶油和盐拌匀后一起加到爆米花里面，这一简单的举动使他的爆米花更加美味可口。结果，总是上车没多久，他的爆米花就卖完了。

他懂得如何比别人做得更好，更吸引乘客，创优使他成功。当突如其来的暴雪封住了几列满载乘客的火车时，他又有了新的想法，赶制了许多很普通的三明治带到火车上。结果，即便他的三明治味道不是很好，也很快就卖完了。

他懂得抢占先机，抓住机遇使他成功。夏天来临时，他又很有创意地自己设计了一个箱子，在边上刻出一个小洞，刚好可以放蛋卷，并在中间放上冰淇淋。结果，这种新鲜的蛋卷冰淇淋备受乘客欢迎，小生意又火爆了一时。他懂得审时度势，创新使他成功。其他的孩子，从一开始就跟在他的后面，这个商品火爆转卖这个，那个好卖又急着卖那个。一下子卖蛋卷冰淇淋的孩子又大增，此时的他意识到生意很不好做了，就很干脆地退出了竞争，转而做其它买卖。后来，小男孩成为大企业家哈得逊，他的身世成为励志传奇。

心灵启悟　抢占先机

新闻媒体要想取得好的社会效益，就必须抢占先机。快是新闻的特色，也是新闻的质量要素。心理学上有“先入为主”的规律，互联网时代更是快一秒就可能产生“刷屏”的优势，取得传播竞争中的主动。当然，在新闻“快发”的过程中，要始终坚守新闻真实这一“生命线”，不能让所谓的“后真相”意识支配自己。

第十节　转化第二落点

“9·11”事件在电视直播中被世人同步目睹，信息的第一落点直接进入了观众的眼球。发展至当今的移动传播时代，突发新闻几乎总是公民记者抓拍上传的，作为传统媒体报纸的记者，由此不能不对新闻落点的问题再作出思考。互联网时代，第一落点也历史性地不专属于记者，而是让位于受众。

抓第一落点、抓那些既“快速”又“独家”的新闻当然非常好，凡是当记者的，谁都想发独家新闻，我们应大力提倡。但是，非常现实的问题是，在信息高度发达和共享的时代，信息的首发机遇不可能经常集中于少数记者或少数媒体。面对现实，记者不能不在第一落点已被传递出去的情况下，把新闻发现的目光投向第二落点，而且要在第二落点上有新的发现，做出具有特色的新闻来。

新闻的新与旧是相对而言的，首发的新闻是新闻，继发的也是新闻，因为事物是发展的而不是停顿的，性质是变化的而不是一成不变的。抓第二落点并不是炒冷饭，而是在新的时间、新的层次、新的角度上作出新的新闻发现。

第一与第二也是相对的，报纸记者不能被形而上学的思想束缚了手脚，在电视和网络媒体占有越来越多第一落点的情况下感到无所作为。从新闻的形式上来看，电视和网络最大的长处是速度与形象，短处则是深度与抽象，其他的方面都处于同一竞争起跑线上。看透这个问题，可以促使报纸记者扬长避短，在第二落点上多作转化文章，取得电视和网络难以取代的第一。我们可以用下面的例子来作一些说明。

你报道第一，我认识第一。2001 年我国国内生产总值突破 9 万亿元的消息头天晚上就在电视节目中播出了，这个“第一”报纸没法抢。但是在第二天的报纸上登出这个消息的同时，还配有新华社消息《15 年跨越 9 个“万亿元”台阶》。这是第一次从 15 年这么长的历史跨度看增长节奏的新闻。如同一个人，每天走了几步是新闻；但是第一次回头看，发现自己的步幅如何和走向如何，也是新闻。从普通读者的角度来看，这个新闻对于认识国家发展走向和增强发展信心，较之单纯报道一个“今年达 9 万亿”的新闻，意义要深得多。

你视觉第一，我感觉第一。引滦入津是一项浩大工程，各家媒体记者云集，通水剪彩仪式在当地电视上是直播的，这个视觉第一的位置没法取代。是不是没有作为了呢？不是。新华社记者发出如下一则只有百多字的短消息：“天津市自来水公司化验后宣布，滦河的水质优于国家规定的饮水卫生标准，比北京、上海等城市的原水质要好；天津市民正纷纷购买高档名茶，准备在 9 月 11 日滦河水流到天津时，品尝甜水的味道，欢庆喝苦水历史的结束。”这条短而新、短而巧、短而抓住人心的稿件，就是“你找视觉我找感觉”的一个结果，所以，首发的通水剪彩的电视新闻，由于司空见惯而并没有给人打下烙印，反倒是这条第二落点的文字小消息为人所记取。

你概貌第一，我具体第一。上海的高楼建得多，有的媒体不断抢先报道建了多少高楼的概貌性和数字性消息。对于非建筑专业的报纸，在这些问题上很难抢到第一落点。没关系，房子建了不是给人住、给人看的吗？有一年，新华社记者到高楼林立的现场去看一看，一看之下，产生了一个印象：“国际饭店变矮了。”大家都知道，国际饭店曾是远东第一高楼，是上海标志性建筑。可是随着时代的发展，国际饭店已经被“淹没”在崭新的高楼“森林”之中。这个以国际饭店为参照物的观察结果，具体而直观，新颖而独特，既有历史感，又有说服力，比起仅报道新建了多少高楼的数字，要高明得多。所以，第二落点的《国际饭店变矮了》，比那些第一落点的概貌性报道更为人所称道，也就毫不奇怪了。

你事件第一，我人物第一。不少新闻事件的信息源出自官方，或出自并非记者能主动发布的地方，这种第一落点只能让予被授权单位和记者，但是一旦这个事件发布以后，其他新闻单位和记者仍然可以有所作为。例如，你先公布事件，我则先发布与事件有关人物的新闻。“文化大革命”之后，当年被诬为“三家村”黑帮并迫害致死的吴晗同志得到平反，这则消息当然是由那些专门跑这个口的记者从正式渠道得到并首发，但《人民日报》老记者陈柏生同志并不放弃这个平反事件题材，她迅速访问吴晗遗属，第一个从人物的角度揭示了事件的深层内涵，她是这样写的：

“吴晗同志的沉冤终于昭雪了！然而吴晗同志和他一家人的悲惨遭遇，却给人们留下了难忘的历史教训。在北京永定门外一座偏僻的普通居民楼里，我见到了吴晗的儿子吴彰。经过一场浩劫之后，他是这一家四口唯一幸存下来的人了……”

看了这个开头，读者一下就被带进了事件氛围，特定人物所具有的接近性，使得事件更为人所理解。陈柏生同志的做法非常值得我们借鉴。有的记者可能会认为，既然吴晗同志多年前就已去世，平反昭雪事件的“第一落点”消息已发布后，就很难再有所作为了，实则不然，遗属吴彰作为“唯一幸存者”，本身就具有很大价值，抓住这个人物，就在“第二落点”上抓住了许多具有“第一”特点的新闻。

上面所列举的转化第二落点的做法，只是竹林之一笋。我们稍加归纳，还可以在以下方面大有作为：你宽度第一，我深度第一；你静态第一，我动态第一；你首发第一，我滚动第一；你前景第一，我背景第一；你会议第一，我现场第一；你局部第一，我总体第一。总而言之，转化的条件无处不在，重要的在于解放思想，开动脑筋，把握住转化的条件和机遇。著名记者华山有个观点：“抓新闻比如抓小鸡，老鹰总是先飞得高高的，在空中转上几圈，瞅准目标，然后一头猛扎下来，小鸡一下子就被它抓走了。‘飞得高，抓得准’，就是说突破一点必须和了解全局结合起来。”转化也是如此，记者不能被第一落点所覆盖的新闻元素所障目，要能够“飞得高”，看到空白点、薄弱处，甚至能找出第一落点所疏忽掉的战略盲点，一举抓住并予以突破。后发制人者，完全有可能在转化中夺得竞争大格局中的先机。

心理小典　反木桶原理

反木桶原理，指特色突显的创新策略。木桶最长的一根木板决定了其特色与优势，在一个小范围内成为制高点；对组织而言，凭借其鲜明的特色，独树一帜建立自己的识别性。在这个注意力的时代，特色就可能获得先机，突显才能吸引先注水的注意力。

心智掌故　秀才的梦

一位秀才进京赶考，住在一家旅店里。考试前两天的晚上他做了三个梦：第一个梦是梦见自己在墙上种白菜；第二个梦是下雨天他戴了斗笠还打着伞；第三个梦是梦见和心上人脱光了衣服躺在一起背靠背。

这三个梦意味着什么，秀才摸不着头脑，第二天他便去找算命先生解梦。算命先生听完他述说的三个梦后一拍大腿："我看你还是打道回府吧，没有什么希望了。你想，高墙上种白菜不就是白种吗？戴了斗笠还打着伞不是多此一举吗？和心上人脱光了衣服却背靠背不是没戏吗？"秀才一听，心一下子掉进了冰窟窿，回旅店后便收拾包袱准备回家。店老板感到有点奇怪，问他还没考怎么就要回去。秀才如此这般地把算命先生的解梦说了一遍。店老板听了乐着说："依我看，这次你一定要留下来，希望大大地有。你想，高墙上种白菜不是'高种'吗？戴斗笠还打伞不是有备无患吗？你和心上人背靠背躺在一起不是说明你翻身的机会就要来了吗？"秀才一听，觉得挺有道理，于是一改心灰意冷的神态，精神饱满地参加了考试，结果中了个探花。

试想，如果这位秀才相信解梦先生的话，他还能够改写自己的人生吗？而店主的一席话，使他换个角度看问题，因而也就获得了意想不到的成功。

心灵启悟　条条大道通罗马

谁都想做独家新闻，但是独家只有一家，所以很多记者就会有失落感。失落是一种心理不着边际的悬置状态，这本属于正常的心理范围。但问题在失落之后怎么办？正确的记者行为伦理是：失落不怕，落地再来。有时，触底反弹之效会更加出人意料。

第四章　记者职业伦理之导向篇

第一节　权威来自何方

权威性是一个不可量化概念。权威与不权威，很难规定用多少充要条件来衡量。但是，我们可以运用“排它率”来确定：如果舆论导向不正确，哪怕这家报纸的内容再丰富、再吸引人，那它也会自动丧失权威性。

导向有多种导向，这是因为我国社会生活已发生了重大变化，社会有着多种导向需求。当代社会生活呈现了“四个多样化”：经济成分和经济利益多样化，社会生活方式多样化，社会组织形式多样化，就业岗位和就业方式多样化。针对多样化的对象，就要有多样的导向，如产业导向、生活导向、消费导向、娱乐导向、就业导向等。但是，最重要的导向是政治导向。报纸的版面哪怕再多，贯穿各个版面的一根红线应该是政治导向。如果舍本求末，花了很多精力在其他各种各样的导向上，而忽视了政治导向，那就丧失了根本。

正确的政治导向内涵十分丰富。但是，越是内涵丰富，越是要抓住关键，以保持在复杂问题面前条理清楚、心中有数。其中关键的有两条：一是激励人民，用正确的舆论引导人，最根本的是动员全党同志和全国各族人民为实现中国梦而奋斗，为实现人民群众的根本利益而奋斗，坚定不移地推进建设有中国特色的社会主义事业，我们的一切新闻宣传，都要有利于新时代人民有更大的获得感，有利于人们奋发向上；二是服务大局，正确处理改革、发展、稳定三者的关系，更好地为国家发展和人类命运共同体，这是新闻舆论工作需要十分重视的问题。在宣传党的基本理论、基本路线和方针政策上要全面、要准确。在事关人民利益、国家安全、民族团结、对外关系等重大问题上，宣传报道一定要符合中央的精神。报纸要把促进改革、推动发展、维护稳定作为自己工作的准则和目标。

报纸的导向具有政治严肃性，它不允许像工厂做实验那样，把不够成熟、不够正确的导向，随意搬到报纸上。导向错误带来的严重后果，报纸并不能自我消化，因为它造成的损失是发生在社会上的，是由社会付出代价的。因此，从这个意义上说，把握导向的艺术，首先是一个防止失误的艺术。这在逻辑上有道理，实践中有依据。

我们常说要“正确把握舆论导向”，这里所说的需要“正确把握”，并不是办报人自己的导向主张，而是党的主张。办报人的许多经验教训都说明，凡是报纸导向出现偏差的时候，并不是党的主张出了错，而是在“把握”的环节上出了错。因此，在思想高度重视的前提下，把“准确”“稳妥”作为导向艺术的基本功，是有着很强的实际指导意义的。

一切事物都有规律可循。在防止导向失误方面，党报工作者探索了许多经验。作为舆论“领头羊”的《人民日报》，总结了“什么情况下最容易发生导向错误”的8条规律：第一，对基本理论、基本路线、基本方针似懂非懂的时候；第二，对全局情况了解若明若暗的时候；第三，在形势出现错综复杂局面的时候；第四，对有些新闻背景不清楚的时候；第五，在感情冲动的时候；第六，在众说纷纭，特别是在小道消息盛行的时候；第七，不遵守宣传纪律的时候；第八，对中央的态度不了解的时候。这些深刻的分析，提醒从事党报工作的同志，任何时候都不能掉以轻心，要把导向艺术的运用，建立在强烈的政治意识、大局意识和责任意识上。

权威性决定于其背后的隐含因素，即这种力量所体现的公平正义以及某个领域实际存在力量的优势对比。在信息时代，政治导向的权威不仅体现在内容上，还体现在首先能够成功获得公众注意力、最终得到公众赞成和认同上。在信息接收领域，人们越来越广泛地关注“注意力经济”的概念，其核心为“时间是最终稀缺资源”的思想。在信息时代，信息不再是稀缺资源，而是人的注意力稀缺。人的注意力是不可以生产的，它是一种不可再生和复制的准天然资源。人在注意这类信息的同时，就不能注意另一类信息。所谓注意力经济，就是在信息量剧增的环境下，围绕争夺注意力这种稀缺资源而进行的经济。快速的流动性和快餐式的信息消费，使得保持公众注意力的“耐力、持续”变成了一种困难的工作。如何吸引更多的眼球，占有更多的注意力，将是比占有物质资源和金钱更重要的东西。这种占有的方式，也不能靠炒作，也不能靠作秀，更不能靠金钱。马克思主义新闻理论认为，服务于全体人民利益，还是受制于金钱驱使，会直接影响新闻报道的客观公正。希望通过奉送各种“好处”换取公众注意力，其动机少不了想通过传播谋取更大的局部利益，因而报道中夸大其词、掺杂使假在所难免，舆论导向的权威性更无从谈起。这类有偿新闻、虚假广告的出现和泛滥现象，正如著名经济学家吴敬琏所称的那样：“说明我国的信用体系不足以支撑正在建立的社会主义市场经济的发展。”此话令我们警醒，因为信息的权威、导向的正确，其最基本的伦理基础是信用，此处一溃，将导致传媒业形象的整体垮塌。所以，传播力、引导力、影响力、公信力是一个整体，缺一环即散。

导向艺术同样也需要创新。创新是一个民族的灵魂，更是一张报纸的灵魂。新闻导向要提高到新水平，必须坚持群众观点，改进方法，提高质量，把创新的着眼点放在增强新闻宣传的吸引力、感召力和说服力上。报纸工作要紧跟时代步伐，倾听群众呼声，反映群众心愿，真实反映社会生活，把人民高兴不高兴、满意不满意、答应不答应作为检验工作的标准。要增强新闻报道的准确性、鲜明性、生动性，努力了解新情况，研究新问题。要扩大信息量，提倡短新闻，多报道有实在内容、有新闻价值的事情，多报道来自基层的新闻。要不断开拓新的报道领域，探索新的报道形式，采用新的报道手法。要进一步加强热点问题引导和舆论监督，针砭时弊，扶正祛邪。从事报纸相关工作的同志，还要和广播、电视及其他媒体密切协作，发挥各自特点，形成导向的合力。在这种不断的导向实践中，人民群众会对某个媒体是否具有权威性作出公正的判断。

心理小典　积极的心理导向

日常生活中，心理暗示悄悄地却又强有力地影响着我们对外界的知觉和评价。记者在认识客观事物时，并不是对认识对象的个别属性孤立地进行感知，而是倾向于把具有不同属性的对象合为一个统一的整体。积极的心理导向会给思维以积极的作用。

心智掌故　唐太宗的导向

唐太宗有一次下令把洛阳破败了的乾元殿修饰一番，以备作为到外地巡视的行宫。对于皇帝来说，想要修理一下行宫，本来是小事一桩。

可是，有一个小官张玄素，却上了一道奏折，痛陈此举不妥。他说，修了阿房宫，秦朝倒了；修了章华台，楚国散了；修了乾元殿，隋朝垮了。这都是历史的教训。现在，我唐百废待兴，役使饱受战乱之苦的百姓，耗费亿万钱财大兴土木。陛下没有继承前代帝王的长处，继承的却是百代帝王的弊端。如果从这一点看，陛下的过失远远超过了隋炀帝。

这是一道笔锋犀利、击中要害的奏折。但是，小小的张玄素，竟敢冒犯天威，这不是拿鸡蛋往石头上撞么？满朝文武都为他捏一把汗。人们都在观察唐太宗的反应。假如不是唐太宗，而是别的皇帝，看到这一大不敬的奏折，当即会雷霆震怒，不仅张玄素人头落地，而且会株连九族。但是，唐太宗就是唐太宗。他不仅没有怪罪张玄素，反而下令召见他。此时的唐太宗想进一步地试一试张玄素的胆量，就直问道，卿说我不如隋炀帝，那么，我和夏桀、商纣相比，怎么样呢？要知道，夏朝的桀王和商朝的纣王，都是历史上臭名昭著的暴君。唐太宗这样问，自有深意。不承想，这个张玄素却直截了当地答道，如果陛下真的修了乾元殿，那就和夏桀、商纣一样昏乱。听到这句答语，唐太宗不仅没有发怒，反而被深深地震动，修宫就此罢议，也再度实践了他鼓励直言上谏的做法。

心灵启悟　打造核心竞争力

媒体的权威性是媒体持续稳定的新闻质量在受众中的公信力，是媒体核心的竞争力。新媒体时代，传统媒体仍大有可为，关键在于能否发挥自身优势，依靠质量打造真正权威的信息和意见平台。权威来自实事求是，来自直面现实，来自专业能力，来自服务水平。《近思录》中讲“违上顺道为忠”。这个“道”就是客观规律和人民意愿。

第二节　培育真理之花

法国作家雨果说：“道德是真理之花。”以德治国，在某种意义上说，也是符合伦理的文化治国。报纸作为先进文化的传播媒介，理应为治国之策服务。

在十年浩劫中，法无尊严，德无依归，报纸陷入路线斗争的泥潭，以斗争代说理，失去了大众传媒应有的正面道德教化功能。如今，报纸是实施社会主义民主政治的重要工具。在法制走向健全、道德走向完备的背景下，“法”与“德”两个内容是报纸急待加强培育的两朵真理之花。

法是以国家强制力为后盾的行为准则。不管是严刑峻法，还是宽法缓典，它们的面目上都写着“威严”二字。高悬的“达摩克利斯之剑”随时都准备落下，惩罚胆敢以身试法者。法治代表了国家的品格和利益，它不可能有什么人格化的变通。而德治则不然，德的载体不是像国家这样的人的集合体，而是具体的人。封建时代处决人叫“天诛”，所谓“天”是莫测的抽象物，而一旦法外施恩赦免了人，则恩德立即记在了具象的人的身上。“法”和“德”就是这样以不同的功能，千百年来发挥着治国的作用。不管人们是否已经意识到了，事实上这两者都不可偏废。

德治的特点是不具有强制性。但它的广泛性和渗透性是法治难与比肩的。“广洒甘霖，普收善雨”，这是德治的一种基本方式。人人都把道德的“甘霖”互相施洒，社会就能够被美德的“善雨”洗涤净尽。人是施德的主体，也是受惠的主体，这种以人为本的治国方略，当然能够得到人民的拥护。这种美德的“善雨”，也应当洒遍报纸的各个版面。

社会生活的领域有多宽，道德的领域就有多宽。这种广覆盖的特点，是法律覆盖的有限性所不能比拟的。正因为道德具有的这种广覆盖的特点，所以我们不能祈望国家颁布一部无所不包的道德法典，更不可能开设所谓道德法庭。道德调整社会生活的基本手段不是裁判，而是教化。我们平常说的所谓在报纸上开展的“道德的审判”，只是一种道义上的判断，而不是强制性的裁判。

与法律具有的刚性和同一性不同，道德边缘不仅不那么清晰，而且道德的运用，还应具有分层次、分领域的特点。倡导社会主义道德规范，既要把握主旋律，又要允许多样性。既要弘扬传统道德中的优秀部分，又要吸纳外来文化中的有益成分，使道德建设可行、可亲、可信。道德建设还必须在内容、形式、方法等方面努力创新，找到行之有效的方法予以推行，特别要注重针对性。有了针对性，道德推行才具有广泛基础，否则便软弱无力。

正是因为道德所具有的分层次等特点，所以我们在以道德为内容的新闻宣传中，就有着由抓执政者这个“关键的少数”入手，从而以道德示范带动全面道德建设的任务。何处作“抓手”？首先应该以德治党、以德治政，它是“以德治国”的关键，是正民风、达民意的前提。

要使我们的党和政府永受人民爱戴，社会风气根本好转，就必须用现阶段最高的道德水准来治党治政。执政党通过道德建设改善和巩固执政地位，这是一个十分紧迫的任务，因为一个道德失范的执政党，是注定会失去执政基础和执政资格的。

报纸的道德宣传，不能搞“你好我好大家好”的无原则的一团和气，它的重要作用，还在于道德监督和道德警示。环顾世界政坛，人民群众对执政党的人心向背，很大程度上可用是否“廉洁高效”四个字来概括。因此，对执政者的道德建设要求，重点应围绕这两个方面来进行，而不是把“说话和气办事礼貌”这些形式上的道德礼仪放在第一位。“政者正也”，执政的“正”，其内涵是“为政有德”，其表现载体就是作风，作风建设就是执政道德建设的“抓手”。当前，我们一定要抓好思想作风、工作作风、领导作风、学风和干部生活作风建设这五种作风建设：在思想作风上，必须坚持解放思想、实事求是，反对因循守旧、不思进取；在工作作风上，必须坚持密切联系群众，反对形式主义、官僚主义；在领导作风上，必须坚持民主集中，反对独断专行、软弱涣散；在学风上，必须坚持理论联系实际，反对照抄照搬、本本主义；在干部生活作风上，必须坚持清正廉洁，反对消极腐败。大力宣传报道“打虎拍蝇”，实际是对公平正义的普适性舆论覆盖。

在报纸这块园地上，道德的真理之花要想绽放得鲜艳，还必须要讲究“育花之道”，即道德宣传的艺术性。“大学之道，在明明德，在亲民，在止于至善。”“明明德”与“修身”是一回事。前者是后者的内容，“亲民”是“明明德”的方法。“止于至善”是“明明德”的最后完成。一个人并不一定要当了国家的元首，然后才能做治国平天下的事。他仅仅需要作为国家的一分子，为国尽力而为；作为天下的一分子，为天下尽力而为。只要这样，他才是尽到了治国平天下的全部责任，做到了止于至善。这段话对于我们把握道德宣传的艺术性具有借鉴作用。道德建设具有不同的层次，对不同人群道德水准的具体要求应有所区别。关键是要做到有针对性，春风化雨，入脑入心。德治是一个以道德感召力和示范作用提高社会成员道德觉悟的过程，在长期规范引导和正面鼓励之下，受众中会逐渐形成一种心理、意识、信念、情感、意志的活动统一体，这种统一体，就是通常所说的良知。良知是人们自定的“做人标准”，在社会不同的层次，良知有着不同的内容规定性。我们通常说某个人的“良知未泯”，总是与他的社会身份联系在一起的。例如，对一个会计来说，他的良知底线是“不做假账”；而对于一个手握重权的官员，他的良知底线则应该提高到“鞠躬尽瘁，远离腐败”。共同的良知意识，作用于不同的社会成员，这就是道德宣传要把握的“一而多、多而一”的辩证观。

心理小典　道德也是价值选择

个体道德既源自个体，又源自社会。基于道德判断的价值观常常不是个体唯一的价值观，非道德的价值观念常颇具诱惑力而使个体不能遵循道德判断去作出相应的道德抉择。教化能提高社会的道德觉悟，进而形成一种良知，从而引导个人进行合适的道德抉择，媒体的责任在于传递和放大其影响。

心智掌故　不能丢掉良心

亚伯拉罕·林肯出生在一个农民的家庭。小时候，他家里很穷，没有机会上学，每天跟着父亲在西部荒原上开垦、劳动。他自己说：“我一生中进学校的时间，加在一起总共不到一年。”但林肯勤奋好学，一有机会就向别人请教。没钱买纸和笔，他放牛、砍柴、挖地时怀里也总揣着一本书，休息的时候，一边啃着粗硬冰凉的面包，一边津津有味地看书。晚上，他在小油灯下常读书读到深夜。

长大后，林肯离开家乡独自一人外出谋生，打过短工，当过水手、店员、乡村邮递员、土地测量员，还干过伐木的重力气活儿。不管干什么，他都非常认真负责，诚实而且守信用。

1834 年，25 岁的林肯当选为州议员，从此开始了他的政治生涯。1836 年，他又通过考试当上了律师。当律师以后，由于他精通法律，口才很好，他在当地很有声望。很多人都来找他帮着打官司。但是，他为当事人辩护有一个条件，就是当事人必须是正义的一方。

一次，一个很有钱的人请林肯为他辩护。林肯听了那个客户的陈述，发现那个人是在诬陷好人，于是就说："很抱歉，我不能替您辩护，因为您的行为是非正义的。"

那个人说："林肯先生，我就是想请您帮我打这场不正义的官司，只要我胜诉，您要多少酬劳都可以。"

林肯严肃地说："只要使用一点点法庭辩护的技巧，您的案子很容易就能胜诉，但是案子本身是不公平的。假如我接了您的案子，当我站在法官面前讲话的时候，我会对自己说：'林肯，你在撒谎。'谎话只有在丢掉良心的时候，才能大声地说出口。我不能丢掉良心，也不可能讲出谎话。所以，请您另请高明，我没有能力为您效劳。"

有钱人听了，什么也没说，没趣地离开了林肯的办公室。

心灵启悟　政者正也

自古以来，"法"与"德"都是治国之本，两者不可偏废。媒体必须接受道德与法治的监督和警示，规范其行为。记者不能天天饮用"心灵鸡汤"，而要依靠自己的伦理认同，稳定地在职业行为中做出选择。记者必须像林肯那样坚持自己的道德良知，果断拒绝为非正义传播。

第三节　投射人文关怀

新时代的中国人，比以往任何时候都更需要人文精神。国家在编制规划时的一个重要出发点，就是明确提出"以人为本"。处于深刻变化中的我国社会，面对社会发展和环境保护问题在内的一系列问题，需要从人文关怀的角度，将人文评价与理性判断结合起来，加以解决。按照马克思的观点，人的自由和全面发展是人类解放的最高目标。而“每个人的自由发展是一切人自由发展的条件。”不论是单个人还是一切人，都要争取得到社会对生命生存意义和生存价值的关怀，才有可能发展，进而自由发展。

2001 年高考中出现了一条引人注目的新闻：随着教育部关于“高考不限年龄和婚否”这一新规定的出台，南京一位 72 岁的退休老人汪侠冒着高温，与该市两万多名“孙子辈”的考生们一道参加了高考。由于高龄，老人成为新闻人物，受到特别的关照。出租车公司为老人赴考提供免费车辆服务；考场工作人员在征得周围考生同意的前提下，为他专门备了一台电扇；此外，还有一辆应急车……但是汪老笑言，同样是考生，他在体检、收费、评分和录取等环节上，不应该也不奢望受到特殊照顾。他说：“自己这么大年纪，能作为一个考生参加高考，这本身就很有意义。”这条新闻之所以引人注目，并不在于年逾古稀的人赴考会有什么戏剧性的表现，而在于“爷爷级”“父亲级”考生出现背后的社会意义。《人民日报》在报道中直截了当地指出：“这是时代的进步。相比过去人才培养的工具化特征，这体现着对每个人的日益尊重和人文关怀，折射出每位公民基本权利的获得正在真正成为现实。”

新闻作为体现人文关怀的一个渠道，应该把传播道德意识、环境保护意识等社会良知作为己任。社会良知是靠人文教化长期培育出来的，不是靠简单地宣传利他主义就能达到目标的。例如，生态环境问题古已有之，西亚的美索不达米亚、中国的黄河流域，都是人类文明的发祥地。大规模毁林开荒会造成严重的水土流失，以致良田沦为瘠地。这种环境的纵向历史感，并不是每个公民都具有的。同时，生态环境问题，在各种不同社会制度的国家都发生过危机，不存在西方优于东方的悲观结论。20 世纪 30 年代，美国西部由于滥垦滥牧，导致三次“黑色风暴”的发生。1934 年 5 月 9 日至 5 月 11 日的“黑色风暴”，以每小时 100 多公里的速度，从西海岸一直刮到东海岸，带走 3 亿多吨表土，毁坏数千万亩农田。20 世纪 50 年代苏联盲目开荒，先后出现的几次“黑色风暴”，使 3 亿亩土地受灾。在 1968 至 1974 年间，非洲撒哈拉大沙漠每年向南延伸 50 公里，使萨赫勒地区生态平衡遭到严重破坏，直接威胁当地人民的生活和发展。这种横向的比较能力，也不是受众自动能够具备的。新闻工作者要通过纵向、横向的报道和宣传，把爱护环境作为人类共同需要培育的良知、共同需要承担的责任，加以大力普及，这是一种根本的关怀、普遍的关怀、长期的关怀。美国的一份问世于 1888 年的《国家地理》杂志，它坚持以关注人文历史、地理景观，以及民众生活为内容。一百多年来大体都采用相同的风格，力求细致入微地记录大千世界的景观和风貌，内容翔实而丰富。《国家地理》杂志的摄影记者往往在蛮荒世界一住就是几个月，拍摄数以万计的照片，最后刊出的可能只是一两张，众多第一流的记者甘心在与世隔绝的世界各个角落里，从事采用率极低的工作。这种对以新闻的方式对人与环境投射关注的态度和毅力，使《国家地理》杂志在世界上获得了广泛声誉，它的做法值得我们借鉴。

宣传用理性对待我们人类共同赖以生存的自然环境，是人文关怀的又一必要内容。理性是人类独有的能力，而掩盖在“善意”下的非理性行为，是人类在处理与环境关系时最易陷入的误区。现代科技具有改天换地的强大能力，许多针对环境的工程措施具有不可逆转性，因此在实施之前，不得不在舆论引导方面，促使社会理性思考，再三权衡，做到万无一失。我国在实施南水北调工程时，新闻界宣传这项工程具有解华北之渴的巨大效益，也注意报道了专家对汉江下游由此将产生的生态环境问题的研究，这就是一种理性的态度。还有，在一定的海区和湖区实行休渔、在林区实行禁伐、在划定的保护区实行禁猎、在水体中禁止倾倒固体或液体污染物……以“禁止”为突出特点的环保措施，无一不是与人的眼前利益相冲突的。对此，在利益的引导方面，新闻界的归依只能是理性，引导人们放弃眼前的、暂时的、局部的利益，放眼长期的、整体的利益，这才是一种体现了博大胸怀的终极关怀。

人文的关怀，并不一定全都是温良恭俭让的方式，它也应该具有“刚”的一面、具有以全人类利益为重的战斗精神，这种精神集中体现在宣传生态正义感上。民生的苦乐，战争的成败，国家的兴亡，人生的聚散，伦理的向背，等等，一直是中国文化关心的主旋律。儒家的入世哲学和教化观念，给中国文化带来了进取精神和社会使命感，但同时也限制了自我情欲的释放、自由个性的迸发和自我意识的开掘，尤其是存天理灭人欲的理学观念，使其蒙上了一层理性主义的烟雾。在新的时代，中国新闻工作者以开放的胸怀，在继承中国优秀文化传统的基础上，以务实的态度在世界范围内全面吸收各民族文化的精华，我们应该善于承担我们应该承担的信息传播责任，也应该敢于实施人民赋予我们的监督权利。在国内，新闻要勇于批评不听劝告，一意破坏生态环境的人和事。在国际上，我国的新闻要敢于抨击某些西方国家倚仗经济优势输出污染的自私行为；敢于揭露个别搞霸权主义的国家——为了一己的经济利益，居然拒不履行已作出了承诺的《京都议定书》和退出《巴黎气候协议》；为达到政治目的，不惜在波黑大规模使用贫铀弹，制造生态灾难等劣行。为了捍卫人类的共同的生态利益，中国的新闻工作者应该永远保持正义感和无畏精神。

心理小典　以人为本

人文关怀，一般认为发端于西方的人文主义传统，也根植于东方的"仁者爱人"理念。其核心在于肯定人性和人的价值，要求人的个性解放和自由平等，尊重人的理性思考，关怀人的精神生活。党的十七大报告第一次提出："加强和改进思想政治工作，注重人文关怀和心理疏导。"表达了党在执政理念上对人的关怀、社会对人的关爱，在伦理上体现出最大的善，一切都为的是增添人的福祉。

心智掌故　戴帽子的班级

小女孩苏珊俊俏可爱，她读一年级的时候，小小的身体里竟然长了肿瘤。经过化疗，她的头发全部掉光了。一个光秃秃的脑袋对于一个爱漂亮的小女孩来说是多么的残酷。她不知道以后应该怎样面对她身边的老师和同学，怕他们笑话她，对她指手画脚。然而在苏珊返校之前，她的班主任，一位年轻的女教师热情而郑重地向班里的同学宣布："从下星期开始，所有的学生都要戴着自己的帽子来学校上课，越新奇越好！"一个星期后，苏珊站在校门口却迟迟没进去，她担心，她犹豫，因为她戴了一顶帽子。可是让她感到意外的是，她的每一个同学都戴着帽子，与他们五花八门的帽子比起来，她的那顶帽子显得是那样的普通。

这是一个极普通的故事，然而，其间有着深厚的人文内涵。这位女教师用自己的爱心读出了弱小生命内心的微妙情感，并费尽心力保护一个孩子稚嫩的双翅，为一个病中的孩子保持一种自尊、自信，从而为她扬起远行的风帆，这是一种崇高的教育情怀。我们记者更应该注重人文关怀，传递真善美的价值观。

心灵启悟　人文精神靠潜移默化

人文关怀就是关注人的生存与发展，就是关心人、爱护人、尊重人。它是社会文明进步的标志，是人类自觉意识提高的反映。媒体应该把传播社会良知、传播真善美等正能量作为己任，润物细无声地助力和谐社会，这是一种伦理责任。今天的新闻就是明天的历史，新闻中积淀的点点滴滴的人文关怀，积累起来就是民族的人文财富。

第四节 体现哲学气度

新闻观是哲学观的一种反映。新闻作品必须推动时代朝着有利于人民的方向发展，这是新闻工作者的历史责任。写什么、如何写，在新闻工作者每天遇到的这些现实的、具体的问题中，贯穿着立场、观点和动机。不管你意识到还是没有意识到，它都无时无刻地在发挥作用。

新闻导向不是形而上的东西，它是具体的。但是，导向作用又确实是对新闻功能一种抽象的概括。导向与新闻业务的关系，如影随形，处处折射出行为主体的哲学观。作为唯物主义者，我们应该从哲学的高度来认识导向问题。我们党把"坚持解放思想、实事求是，反对因循守旧、不思进取；坚持理论联系实际，反对照抄照搬、本本主义"，置于作风建设"八个坚持和八个反对"最突出的位置。这体现了中国共产党人肩负历史使命，顺应历史规律，主动进取的哲学气度，也应该成为贯穿于新闻导向的灵魂。

解放思想，对于我们这样一个在饱受封建传统和教条主义之苦的国度里成长起来的党来说，具有特别重要的意义。邓小平同志把解放思想作为改革开放的理论支点，提出了解放思想永无止境的思想。习近平同志继承和发展了邓小平勇于解放思想的理论品格，他多次强调："解放思想、实事求是，是引导社会前进的强大力量。"

思想必须联系实际，一旦停止了联系，思想也就停止了。在改革开放中，中国社会发生了巨大的变化。在这诸多变化之中，有一个显著的特征，就是社会的许多方面都从单一化走向了多样化，主要是社会经济成分多样化，人们的经济利益多样化，社会生活方式多样化，社会组织形式多样化，就业岗位和就业形式多样化，等等。从单一化到多样化是市场经济体制条件下必然出现的现象，是一种历史性的进步。对这种改革开放中出现的健康的、发展中的多样化，我们应该积极主动地去迎接它，在多样化的社会条件下建设有中国特色的社会主义。在这个问题上，如果我们没有发展的观点、缺乏创新的气度，那就会走向僵化和停滞，人民群众创造的生机勃勃的局面将毁于一旦。

李大钊先生说过："新闻是现在新的、活的社会状况的写真。"这些新的、活的社会状况，必须要由带着新的世界观和新的时代感的记者才能发现和正确反映。今天,我们面对极大丰富了的人民群众新的实践活动,难免会感到以往的经验很难套用,以往的理论解释有些苍白和无力,以往的路数不能完全应用。这就需要我们运用辩证唯物论和唯物辩证法作为思想武器,不断探索和创新。掌握了这个辩证法思想武器的记者,就有了艾丰同志所认为的必须具有的那种"心理势能"。采访写作是一种艰苦复杂的脑力劳动,观照世界和反映世界都需要有足够的能量,也需要从容驾驭客体的气概,这是一种大气磅礴的气度,如水走下,四方无择,却能覆盖万物。新的矛盾和新的实践带来了永无止境的新的认识,我们站在社会的前列,职业需要献身于这项社会赋予的困难的工作,每有一点前进,都极大地有益于社会,这正是新闻工作的魅力所在。

共产党人的哲学气度之一,在于它的战斗性。党的十五届六中全会所作的《决定》,勇敢地把党内存在严重的作风问题公诸于世,就是要对其宣战。习近平多次强调:作风建设永远在路上。朱镕基曾要求舆论监督要做"政府镜鉴",这是赋予新闻媒体的极大的责任。对权力的监督,虽然我们有党内监督、行政监督、司法监督等以"权力制约权力"的监督手段,但由于地方保护主义、部门保护主义,以及各种腐败现象的存在,总有一些非规范化运作的权力游离于"官方"的监督之外。因此,舆论监督以权力的失控和滥用作为监督对象,这有着极大的社会意义,受到广大读者的拥护和欢迎,对各种腐败现象是一个有力且有效的制约。通过对广西南丹恶性矿难等案件的揭露,全国上下都明白了一个严酷的事实,那就是几乎在每一起恶性安全事故的背后,都有一帮腐败分子,有一批渎职干部,如果不是新闻监督发生作用,想靠他们自揭丑恶面目,主动承担罪责,那无异于缘木求鱼。人民是历史的主人,新闻工作者有义务站在人民的立场上,揭露一切有碍于历史前进的人和事,并且由对具体事件的批评监督,推向制度建设这一更高阶段,因为制度更带有根本性、全局性、稳定性和长期性。优秀制度的内核,必然具有民主的灵魂,任何不为多数人认同的制度,都难以具有普遍接受性和低成本实施性的特点。而加强舆论监督,十分有助于我们找到有效地解决当前群众反映强烈的突出问题的办法,杜绝官僚主义、形式主义和消极腐败现象,赢得广大人民群众的理解和拥护。在这种哲学气度之下,新闻监督势如高屋建瓴,鞭笞腐恶形同摧枯拉朽,为了人民的利益,有的时候就完全应该冲破为腐败分子所利用的某些"游戏规则",例如,在一般情况下,记者采访,应在有关部门的陪同或介绍下前往,这固然是不错的。然而,要想采访"南丹矿难""黑心潲水油工厂",还按此常规进行,能了解到真实的情况吗?显然是不能的。那么,新闻记者的"卧底""暗访",都不是"越位",而是非常可贵的"到位"和"补位"。舆论监督执行者本身没有权力，而最终解决问题，还必须依靠权力来完成。新闻记者自身没有特权，有的只是说明真相、唤起正义的责任，这是在“替天行道”，即人民的利益大于天！

心理小典 突破桎梏

进行积极的心理导向，解放思想是关键。解放思想是指打破习惯思维和主观偏见的束缚，直面新情况，解决新问题，使思想和实际相符合，也就是实事求是。世界是可以被多元化认知的，而固步自封则是哲学上的一元观，记者采访实际上是在不断打破大大小小的一元观，结合实际，主观和客观相统一，站在科学方法论的立场上把握客观实际。

心智掌故 “杂交水稻之父”的执着

1953 年，从西南农学院农学系毕业的袁隆平，为了追求心中的梦，毅然从重庆来到了偏僻的湘西雪峰山下任教，在安江农校一呆就是 19 年。

回顾在安江农校的教学生涯，袁隆平感触良深：“我在教学过程中，积累了较多的生物学知识和农业生产实践经验。因此，在以后的作物育种科研中，才具有一定的发现问题、分析问题和解决问题的能力。”在这里，袁隆平不仅以非凡的努力完成了知识与经验的积累，为将来的科研打下了基础；同时，他的伦理责任感也形成，目睹三年自然灾害造成的饥荒，促使他全力以赴编织杂交水稻梦。

袁隆平为饥荒沉痛的现实感到深深地不安，在这种情况下，青年袁隆平和学生们一起来到黔阳县的硖州公社秀建大队支农。

袁隆平以义无反顾的精神一头扎进了杂交水稻这个世界性的难题中。不为别的，就为了让忍饥挨饿、贫困的农村能变得富饶而美丽。为此，他所经历的困苦与磨难超出了常人的想象。但他数十年如一日的坚持着，努力着：“真的，我从没后悔，我这个人有点痴，认准的一定要走到底。”

他一直这样说，也一直这样做。杂交水稻已成为他生命中不可或缺的一部分，增产的水稻养活了数以亿计的人口。他先后获得了国内国际多项顶尖大奖，身兼数十个学术和社会职务。浩瀚宇宙中，以他的名字命名的小行星闪烁翱翔；风云市场上，以他的名字命名的股票隆重上市。袁隆平，由安江农校的一名普通教师，最终以他的气概和成就赢得了世界的尊重。

心灵启悟　用思想带新闻

在变化的社会中，记者应该站在社会前列，带着新的世界观和时代感发掘新闻。思想能走多远，发现的眼光才有多远。记者可以不是哲学家，但不能没有正确的哲学观。哲学观不对，就进退失据，跟不上历史前进的轨迹。记者当然有义务进行舆论监督，将国家的制度建设推向更高的阶段，媒介更有责任向受众说明真相、唤起正义，这样的新闻作品才可以存世资政。

第五节　显示人生态度

新闻工作者的人生态度，很大程度上是通过作品体现出来的。“文者，天下之公器也，非慷慨磊落之士不可为之。”记者的“小我”，只有置身于人民群众的“大我”之中，才能得到价值的实现。如果处处受金钱与利益的驱使，那是不可能成就事业的。当年范长江为反映抗战，化装成小职员，骑骆驼自东蒙向西蒙跋涉，栉风沐雨，皮肤溃烂，熟人遇之不识；夏衍为写《包身工》，深入纺织厂喧闹的车间三个月，耳鸣目肿，痴心为之不改；许杏虎、邵云环献身新闻，在远离祖国的欧洲历炮火而不惧。这种严肃认真的采访写作态度，如果没有端正严谨的人生态度作支撑，那是不可想象的。

记者的作风直接体现其人格。从某种意义上说，人格的力量远远胜过权力的力量。记者虽然没有什么权力，但他们却能通过自己的人格力量获得正义支持，并且凭借媒体在社会上放大正义。但是，一旦记者人格沦丧，他们就失去了这种魔术师般的力量。我们在新闻实践中不乏遇到这样的例子：某一件事，有的记者要褒扬，而有的记者却要贬低。是不是事情真的就没有了客观标准呢？不是，而是记者在不同作风的支配下观察的角度不同，有的时候更取决于记者的人格区分。在长城公司非法集资案中，就有个别记者扮演助纣为虐的角色，严重败坏了记者队伍的声誉。

作风出形象，形象出战斗力。作风、形象、战斗力关系到党的新闻工作者的生命。有鉴于此，我们必须加强紧迫感和责任感，使我们这支队伍的作风建设出现一个新的局面，不断增强战斗力和凝聚力，为实现新世纪的伟大目标提供强大保证。

江泽民同志在山西考察工作时强调，领导干部必须坚持讲学习、讲政治、讲正气，还必须讲修养、讲道德、讲廉耻，要把人做好。人做不好，有再大的本事也没有用。这些语重心长的话，反映了党在新的形势下，越来越重视道德建设；在考察党员干部时越来越注意，不仅看其容易显现出来的政治态度，还要观察其不易显现的人生态度。这是纯洁干部队伍的深层举措，也完全应该作为新闻队伍建设的重要内容。习近平在他的著作《之江新语》中，用300多篇短评，集中阐释了执政为民的理念，也体现了他运用媒体对干部进行教化，对社会进行价值引导的鲜明特点。

做人既然是根本的，那么做人也有做人的基本方法。在思想作风、学风、工作作风、领导作风、生活作风五个方面下功夫，就可以掌握要领，便于自律。许多中国古已有之的优秀人生操守，也可以帮助我们在复杂情况下，保持一种气节，一种境界。中华民族历来强调个人的品德修养，孟子曾经提出，人要有“羞恶之心”“是非之心”，要“富贵不能淫，贫贱不能移，威武不能屈”。江泽民同志经常以文天祥的著名诗句“人生自古谁无死，留取丹心照汗青”来勉励干部，又以老子的话“祸莫大于不知足，咎莫大于欲得”来警示人生。做符合社会主义道德标准的人，既是起码的要求，又是高标准的要求，我们新闻工作者都应自觉加强人格修养，树立高尚的精神追求。“任何时候与人民群众同呼吸共命运的立场不能变；全心全意为人民服务的宗旨不能忘；坚信群众是真正的英雄的历史唯物主义观点不能丢。”这“三个不能”，应该成为新闻工作者的座右铭。

“人生自古谁无死，留取丹心照汗青。”文天祥的诗句，显示的是一种为正义献身的人生态度。“献身”这个词现在似乎不那么时髦了，相反“游戏人生”态度更加符合一些人的职业观。新闻界这些年自跌其份的事出现了不少，除了可以原谅的失误以外，也有一些是由于记者抱着无所谓的态度，在美丑、正误、好坏、真假之间，其态度似乎是无可无不可，没有什么定见造成的。特别是事涉地方利益、局部利益之时，新闻判断标准似乎并不在于事实，而在于利益。我们已经对这家媒体说那个企业好，而另一家媒体说那个企业不好的“媒体打架”现象感到司空见惯，其“打架”的焦点往往并不是事实，而是如何看待这些事实，换句话来说，就是从哪一方的利益出发，站在哪一方的立场上。某些上市公司大量在市场上和银行里圈钱，置广大股民的利益于不顾，制造假报表，虚称盈利，手段恶劣到无以复加的程度，可是非常奇怪的是，这类公司的劣行极少是被所在地媒体揭露出来的。是看不懂、看不透这些公司的劣行吗？不是，一位经济学教授气愤地说：“哪家媒体都会有一批懂经济的记者，可是他们偏偏只看得懂报表上的盈利部分，而对亏损部分却视而不见，因为他们中的很多人都是在酒桌上和广告交易场上看这些报表的！”

德国作家马克斯·维尔说过:“生活的陷阱中,最可怕的就是自己不尊重自己,这种毛病又是最难克服的。”新闻工作者的劳动多以个别劳动的形式出现,作为新闻工作者,人生态度不可不慎,即慎独、慎微、慎权、慎欲。这若干个慎重从事的过程,别人很难体察,只有抱着自己尊重自己的严谨人生态度,才能做到,并且要坚持下去。相反,凡是偏离这种人生态度的人,就会不自觉地掉进“不尊重自己”的陷阱,今天该采访的懒于去采访,明天就可能发展到以杜撰填充稿件;此处占一点儿个人小便宜,彼处就可能为更大的私利出卖新闻真实性。

新闻工作并不是在鲜花铺成的大道上的轻松旅行,它需要的是艰苦卓绝的努力与默默无闻的开掘,以及体力和脑力的双重付出。新闻工作者尽管没有什么权力,但维护人民利益、巩固人民政权离不开新闻工作者,这种角色意识,就是我们应有的政治家风度和人生态度,按这种风度和态度行事,才能做到“举大体而不图小事,务实效而不为虚名”。

心理小典 态度影响功能

态度是个体对特定对象,包括人、观念、情感或者事件等所持的稳定的心理倾向。这种心理倾向蕴含着个体的主观评价以及由此产生的行为倾向性。态度给个体待人接物的行为方式提供必要的信念,以利于保持清醒的意识状态和正确的定向行为,记者积极的态度有利于感知客观的功能释放。

心智掌故 岳飞精忠报国

宋朝时期,在中国的北方有一个叫女真族的部落,他们不断闯到大宋境内抢掠。而当时的皇帝昏庸,国势颓危。

岳飞目睹国难,心里非常着急,于是准备离家参军卫国。临走的前一天晚上,岳母给儿子讲了很多为国尽忠的事。最后岳母又取来针,让岳飞跪在地上并托着小墨盒,在岳飞的脊背上刺了“精忠报国”四个字,她这样做是为了让儿子永远记住男儿之责。

就这样,岳飞含着眼泪告别了家乡。因为打仗勇敢,很快被提升为小队长,虽说官小了点,但岳飞却没有一丝怨言,他以更大的努力来实现为国效力的诺言。很多年过去了,岳飞因为打仗勇敢,肯动脑筋,被提升为大将军。

岳飞后遭奸臣秦桧陷害,秦桧以莫须有的罪名将岳飞处死,临死前岳飞写下了

“天日昭昭，天日昭昭”几个大字。这几个字袒露出岳飞旷达的人生态度，也显示着民族英雄独立担当的人格。

心灵启悟　处世之道

生活在这个世界上，人人都有自己的处世态度。因为人生观念不同，生活经历不同，处世态度也往往大相径庭，态度又影响着人们的一言一行。新闻工作者被誉为无冕之王，维护人民利益就是王者境界。站在广大人民角度履行职责，是此境界中每位记者应有的人生态度。在互联网时代，还有一种倒逼机制：职业记者不努力，王者地位就会让位于自媒体。

第六节　借鉴防止过界

随着时代变革步伐的加快，我们借鉴世界新闻界的经验也越来越多，同时西方新闻观对我新闻界的影响也逐渐加大。如果说媒体是一座大厦，新闻规则是这座大厦的骨架。如果骨架支撑不力，大厦不日将倾。

在众多的西方新闻观中，对中国新闻工作者影响较大的是“非官方主义”。“非官方主义”是基于自由资本主义土壤之上，几乎一切西方媒体都自我标榜的立场观点。这种非官方的新闻观表面上似乎排斥官方政治支配，因为按照社会契约论的原理，新闻媒体在“官与民”的契约双方角力中，属于超然的第三势力。但是，事实并非如此，正如马克思指出的那样：“统治阶级的思想在每一时代都是占统治地位的思想，占统治地位的思想不过是占统治地位的物质关系在观念上的表现。”可以说，成熟的西方新闻媒体在运用占统治地位的政治观念上，已达到了“从心所欲不逾矩”的地步。而我国的一些新闻工作者，在西化新闻观的影响下，似乎感到代表政府说话不硬气，宣传社会主义缺胆气，按党性原则写稿没骨气，只有标新立异才能聚人气。我国新闻界曾经出现的各种造成恶果的事件，归结起来，从其现象中找规律，几乎都与潜意识中期望突破“官方”界线有关，因而，在舆论宣传上打“擦边球”有之，“霸王硬上弓”亦有之。这些“突破”的直接或间接取向，就是西方价值观。

美国学者爱德华·赫尔曼等在其新作《全球媒体：全球资本主义新传教士》一书中，对西方媒体的“非官方主义”作了最新和最赤裸的注解：“与媒体全球化有关的正面影响是，个人主义、对权威的怀疑主义、女权和少数民族权力等西方基本价值观都得以跨国传播。部分价值观常隐藏于诗歌和戏剧之中，但从字里行间能感悟到它们的含义。这有助于为人道主义事业服务，也扰乱了集权政府和压抑的传统统治。"这种最直接的表露，难道还不能说明西方标榜的"非官方主义"新闻观的虚伪和功利吗？而我们中国共产党对自己的党报工作人员，从不讳言要求按党性原则行事，因为我们党除了代表人民的利益，没有其他的自己的利益。在党性原则下行事，比西方新闻界遮遮掩掩地贩私货，要正大光明得多。

值得注意的是，对只管按自己意志行事的所谓"美国第一"支配下的美国，我国媒体并没有按照对等原则行事。如果分别在美国和中国呆上一段时间，任何一个读者都会发现，中国媒体中的美国形象，要远优于美国媒体中的中国形象。除了美国科技、经济发达这些客观事实在我国媒体中占有很大正面形象以外，美国的意识形态在中国的报纸上常常是以作"借鉴"的名义，占据着很大的正面宣传地位，甚至美国出现的一些荒唐事，也被以欣赏的口吻予以报道。《今日中国》前总编辑爱泼斯坦指出："我们的一些媒体有很多时候是站在美国的立场上讲话，而不是中国的立场。"中国的新闻媒体，并不把美国定位为"对手"。但美国到底是什么呢？没有具体定位。这种"模糊战略"带来的直接后果，就是易于产生价值导向的模糊。因为在美国采取的舆论攻势面前，防守和反击不力，就是一种事实上的自我矮化，容易使读者对我方的价值观念产生怀疑和动摇。

在社会主义市场经济条件下，媒体的运作与媒体经济的运作关系，是一个全新的课题。正是因为缺乏经验，所以西方新闻媒体按市场法则运作的许多理念，都不加区别地被借鉴。其中最令人不安的是把市场法则与社会主义制度下新闻运作的法则混为一体。

美国《芝加哥论坛报》发行人麦考密克曾在美国大学讲演时说过："自由报业的首要任务是获取利润。"麦考密克的直截了当，令从教科书上满纸看到的只是"天赋人权、新闻自由"的大学生们大感意外。但是，他说的的确是真话。资本来到媒体，如同资本来到人间一样，都是以利润最大化作为出发点和归宿的，一切都要服从于这个市场法则。

对西方商业性媒体而言，为了能将受众卖给广告商，媒体必须首先将他们的故事卖给读者和观众。虽然记者和编辑们具有一定程度的自主性，但他们在商业利益的驱使下必须考虑并迎合受众既定的价值体系，并在这一体系内寻找一些耸人听闻的故事和负面报道以保持并扩大受众范围。有卖点的故事通常要有暴力、冲突、饥荒、灾难或有人情味，人情味则强调新颖、煽情、离奇。这就决定了新闻报道中强调戏剧性的反面效果胜于深度报道，人情化超过社会意义的挖掘，正面故事很少成为新闻。

这些在资本主义制度下并不算新颖的法则和手法，不知不觉正在渗入中国媒体。为了争夺有限的发行和广告市场，实质是争夺有限的利润，已经有相当一批媒体卷入了这个没有尽头的恶性竞争漩涡。翻开我国某些报纸的版面，充斥着凶杀、暴力、色情的描写，竞相以暴露内幕为卖点。这种在市场法则支配下的恶性新闻竞争带来的社会负面影响，毒化了社会气氛。某些内容还授人以柄，使敌视中国的势力得到许多口实，反过来又加重了我国承受的反华舆论压力。这种过了界的借鉴，实在是令亲者痛、仇者快。

心理小典　模仿有利有弊

模仿是指在没有外界控制的条件下，个体效仿他人行为举止的行为活动，其目的是使自己的行为与模仿对象的相同或者相似，这里的个体也可以指集体。模仿借鉴是人的共性心理特征，有利也有弊，其产生的结果会根据环境的不同而不同。

心智掌故　画蛇添足

有个楚国贵族，在祭祀过祖宗后，把一壶祭酒赏给门客们喝。门客们拿着这壶酒，不知如何处理。他们觉得，这么多人喝一壶酒，肯定不够，还不如干脆给一个人喝，这样可以喝得痛痛快快。可是到底给谁好呢？于是，门客们商量了一个好主意，就是每个人各自在地上画一条蛇，谁先画好了这壶酒就归谁。大家都同意这个办法。

门客们一人拿一根小棍儿，开始在地上画蛇。有一个人画得很快，不一会儿，他就把蛇画好了，于是他把酒壶拿了过来。正待他要喝酒时，他一眼瞅见其他人还没把蛇画完，他便十分得意地又拿起小棍，边自言自语地说："看来我再给蛇添上几只脚，他们也未必能画完。"

不料，这个人给蛇画脚还没画完，手上的酒壶便被旁边的一个人一把抢了过去，原来，那个人的蛇画完了。这个给蛇画脚的人不依，说："我最先画完蛇，酒应归我喝！"那个人笑着说："你到现在还在画，而我已完工，酒当然是我的！"画蛇脚的人争辩说："我早就画完了，现在是趁时间还早，不过是给蛇添几只脚而已。"那人说："蛇本来就没有脚，你要给它添几只脚那你就添吧，酒反正你是喝不成了！"

那人毫不客气地喝起酒来，那个给蛇画脚的人只能眼巴巴看着本属自己而现在已被别人拿走的酒，后悔不已。画蛇添足，很多错误都是这样产生的。

心灵启悟 借鉴也要有度

现代媒介理论是从西方传过来的舶来品，我们一直在向传播大国学习，从新闻理论到实际业务，无一不是借鉴学习的对象。在借鉴的过程中，一不小心某些正确的价值观就会发生扭曲，或者由于社会文化的背景不同，盲目模仿，也会使借鉴过界，这都是记者要提防的问题。须知，过犹不及。

第七节 不能放弃主动

导向的主动性，就是围绕媒体的战略目标，大胆实施适时、适宜、适度的行为。中国在21世纪的战略目标，仍然是邓小平同志制订并得到十五大确认的三大任务：经济建设、祖国统一、世界和平。实现这些目标的战略保证是国内稳定。应该说，我国的这些战略目标都不具有进攻性，中国新闻工作者完全应该理直气壮地在媒体上加以主动传播。

主动和被动不仅是一种策略选择，在更大程度上是在生存与被淘汰之间作出有利于我国的战略选择。对此，作为新闻工作者应该有着清醒的认识。国际有识之士也对此作出了客观的判断，世界著名研究咨询机构——英国“经济学家情报社”(EIU)，在其发布的《中国趋势报告：走向2010年的中国》中指出：“中国政府的理想是要实现改革、发展与国内外政治稳定的完美结合。”这个报告随后尖锐地指出：“中国一旦由于社会混乱或有争议的继承导致党内不团结，那么改革就会成为第二位的策略甚至可能中途夭折。”值得自豪的是，中国已跨越时空，成为了世界第二大经济体。

同时，把握导向的主动权，对于我国政府关于国际政治多极化的主张，也有着实质的意义。建立公平、合理的世界新闻新秩序，是政治多极化的应有内容和形式之一。一个国家如果连说话的权利都不能得到保证，那么它是不可能成为政治一极的。

我国媒体要想把握好导向的主动权，仅凭良好的愿望还不行，必须要在理论上有所突破，特别是要建立与高技术社会匹配的、高情感社会条件下的传播理论。我国相关学者研究指出，我国目前无论在传播活动，还是在理论研究方面，都存在着“忽视受众和效果”的严重缺陷。这种状况必然导致导向效率的损耗和受众心理的逆反，进而失去导向的主动权，我们必须尽快改变这种状况。

马克思说：“报刊按其使命来说，是公众的捍卫者，是统治者的孜孜不倦的揭露者，是无处不在的眼睛。”在社会主义市场经济条件下，“无处不在的眼睛”的作用不是要弱化，而是要强化、再强化。当然，马恩时代所说的“对统治者孜孜不倦的揭露”，是一种阶级斗争式的揭露，显然不能简单地放到当代条件下予以套用。但是，就其精神实质来说，对腐败、邪恶的斗争，在任何时候都不会过时。这种战斗的导向作用，是严肃媒体不能放弃的社会责任。并且，在世界各国加深相互交往、各种利益和文化相互碰撞的新的历史条件下，不仅在国际经济领域有着竞争和反不正当竞争的问题，而且在意识形态领域，媒体也有着维护民族利益、捍卫国家权益的责任。这种责任不是空喊几句口号，而是要发挥“无处不在的眼睛”的长处，从平常的生活中发现问题、揭露矛盾、警醒世人。例如，我国的一名知名演员，居然身着日本军旗装登上模特摄影台。这不是简单的生活现象，其中有着忘记历史、忽视民族感情的大问题。媒体在这个问题上予以披露、批评，并不是与这名演员过不去，而是“无处不在的眼睛”站在公众的立场上、站在正义的立场上，从小事看出了大问题，从根本上捍卫了公众的利益。

“无处不在的眼睛”不仅是丑的揭露者，也是美的发现者、善的传播者。主动地赞美、真心地讴歌，不仅是热情的外露，更是信心十足的表现。东方文明较之西方文明，有着更多的“劝善”的文化传统。中国人的文化中，没有什么“原罪”的说法。在民族心理中，劝人向善、中和为美的旋律，占有绝对的优势。在“典型”这个词汇出现之前，历史上中国民间就自造了许许多多口口相传的“典型”，从孔融让梨到老莱娱亲，从精忠报国到不忘糟糠，几乎在生活的所有领域，中国人都选择了一两个或更多的历史人物或神话人物作载体，以传承道德观念和民族文化意识。从这个意义上来说，把典型宣传作为党报的主要任务之一，并不是外加的任务，而是符合我们的民族习惯、民族心理企求的一个内在的需求。世界上任何一个民族，对于其优秀的文化心理、文化传统，无不顽强地予以捍卫，这不仅是利益之争，更是一种信心之争。如果一个国家、一个民族对自己的文化都失去了信心，那么这个民族绝对是一个没有希望的民族。

“无处不在的眼睛”必须保持自身的纯洁。如同一双混浊的眼睛是什么也看不见一样，媒体的眼睛如果混浊了，不仅什么也看不准，甚至还可能颠倒黑白、混淆是非。中国的媒体在进入市场条件以后,有一个如何把握住自己的问题。目前普遍遇到的问题就是浮躁,它不仅表现于版面形式的夸张、变形层出不穷、失去常态,还表现在观察问题时,急于发言、不负责任、大起大落、报道失准。就每篇有过失误或产生过被动新闻官司的报道而言,可能都能列举出一堆理由来为之辩解,但是从社会统计学的角度来看,一定的概率背后,多数都会有一定的社会原因起作用。在当前作用最大的是什么呢?是无序竞争。无序竞争背后的原因是什么呢?是利益,特别是发行市场的利益,当然与之相关的是广告方面的经济利益。根据西方新闻界多年的统计,在无序竞争的状态下,一个突发事件出现后,在群起而上的恶性竞争条件下,大约有 40%以上的新闻是不准确的,或者说根本就是子虚乌有的。我国公众对媒体的信任程度,在世界上是少有的,这是一笔宝贵的财富,当然也是一个金色的紧箍,它要求记者务必准确、务必公正,不允许拿着公众的信任当儿戏,不允许说错了也无所谓,这是由我国制度环境决定的大格局,谁也不能无视这个格局的合理性。

睁大“无处不在的眼睛”,擦亮“无处不在的眼睛”,这是一种职业规定下的主动行为。世上风云变幻,我自历历在目,这样就能诸事了然于胸,说话说到点子上。中国的战略目标是一定要实现的,在实现这个目标的过程中,媒体的责任不是起哄,而是负责任地担起导向的功能。

心理小典　不依外力

主动性指个体按照自己规定或设置的目标行动,而不依赖外力推动的行为品质。主动性由个人的需要、动机、理想、抱负和价值观等推动。积极主动的心理导向会反应给肢体或思维积极的作用,新闻工作者不是静止的镜子和简单的传声筒,需要把握好导向的主动权,积极引导舆论。

心智掌故　少年毛泽东的执着

毛泽东 14 岁那年不得不听从父亲的安排退学。他想:“上学不上学,不是我能决定的事情,但学习不学习,却是由自己掌握的。”他常常趁父母下地干农活儿的机会,跑到山坡上人们不易发现的地方看书,一看就是一整天。时间一长,父亲有所察觉,便在后面跟踪他。正在专心读书的他,被父亲逮了个正着。之后他被父亲狠狠地骂了一顿不说,还责令他在半天内挑 15 趟粪肥。完成了父亲交给的劳动任务后,他再次“失踪”了。父亲找到他时,见他又在聚精会神地读书。

毛泽东的成功，取决于他的主动精神。他有远大抱负、勤奋学习的精神和执着的心态，少年时学习条件虽不好，可是私下自己主动学习，积极奋斗。主动作为，成为毛泽东一生的人格特征。

心灵启悟　主动更有利

主动，能够造成有利局面，使事情按照自己的意图进行。新闻从业者要想把握主动导向，首先要在精神上有所突破，另外还要发挥记者社会活动空间大的长处，善于从普通的生活中主动发现问题，由素材转化为题材，由题材形成选题和作品题目，在报道中一一破题，解决信息不对称问题。

第八节　止住“无形之脚”

谁都知道“市场”是“无形之手”，它可以在调配资源方面发挥作用。而“无形之脚”是什么呢？对经济学家来说，“无形之脚”指的是寻租。在经济学中，“租”的原意是指一种生产要素所获得的报酬超过了社会平均水平的那部分剩余。所谓寻租，是指那些借助于权力的力量，来追求自身经济利益的非生产性活动。寻租会使市场机制失去作用，经济学家们称之为“看不见的脚”或“无形之脚”。由于寻租行为是公平竞争的大敌，把人导向腐败，人们就形象地把它看作是用“看不见的脚”踩住了“看不见的手”。

寻租行为不管在什么社会制度下都会产生。它的行为特征是以权牟利，尽管这种行为有一部分在合法的范围内的。寻租会造成社会经济资源的巨大浪费，引发追求行政权力的浪费性竞争。有人曾对印度和土耳其两国的寻租浪费做过估计，寻租费用分别占当年 GDP 的 7.3％和 15％！如此惊人的资源浪费，甚至远远超过了寻租者得到的好处。

搞有偿新闻，从经济学的角度看是一种不折不扣的寻租行为。中国的报纸不论是党委机关报还是行业报、专业报，都具有官方性质。某些人运用这种官方背景的权力去搞寻租，为出钱者采写和发表鼓吹性质的新闻，这就排斥了那些本来应该通过公平竞争而登上报纸版面的单位或个人的正当权利。这样，寻租者在自身获取了利益的同时，损害了公家的利益，报纸的版面资源就白白耗费了。试想，仅从经济的角度看，如果花点小钱就能搞定寻租者而登上版面，甚至显要的版面位置，那何必再花大钱去登广告呢？这样不仅报纸的广告版面要贬值，而且报纸的声誉也会受到影响。如果从政治和社会的角度看，一旦负面的新闻通过寻租者之手，变成正面新闻登上报纸，就等于整个报纸的公信价值都被廉价出卖了，这种报纸资源因被荒谬配置而造成的损失更是难以计算。

根据诺贝尔经济学奖获得者布坎南的研究，寻租活动具有连锁性。假如被赋予某种权力的人有寻租的便利，那么就会有人贿赂和讨好他们，从而产生第一层次的寻租活动。由于享有额外利益，所以会吸引人为争夺这些位置而产生第二个层次的寻租活动。要抑制这些活动，可以通过征收一定费用的形式把寻租者得到的利益转化为上一层次权力机构的收益，于是有可能展开第三个层次的寻租活动。寻租行为产生以后，那些受到损害威胁的单位也不得不采取行动“避租”，以获取相同的利益。这样环环相套，对健康的社会威胁甚凶！

我国的报纸和其他媒介进入了产业化的发展阶段，在经济上对国民经济有着越来越重要的作用。在报纸这样的经济体中，过去我们对有偿新闻的治理多为道德层面的谴责，较少从经济学角度考察其危害。按照经济学最一般的原理，经济学研究的中心是稀缺资源的有效配置问题，公平和效率是解决资源配置的两个关键环节。报纸作为一种公众的信息资源，处于相对稀缺的状态，需要充分考虑到公众利益而加以配置。但寻租行为既不公平也无效率，它的行为等式两边，一边是巨大的社会公众利益，另一边是寻租者个人或小团体的利益，两者本来无论如何都不能平衡，但是寻租者运用手中的权力，在等式的自己这一边加上一个无限大的可变函数，那么，在等式的另一边，公众的利益再大，也会被这个万能的可变函数压成相等。这就会产生一个十分可怕的现象，寻租者的利益增长可能趋向无限大，而公众的利益受生产力水平的制约只能保持一个有限的常数。在这种貌似相等，实则完全不等的公式指导下，再优良的经营业绩也不能带来公平的效益分享，而且这个有着向无穷大发展特性的函数一旦失控，等式的均衡就会被打破，整个经济体的运行就会中止，甚至崩溃。

关系网是寻租活动的神经中枢。寻租行为遏制竞争，进而浪费资源，降低效率，阻碍创新发展，而遏制它的难点，在于寻租行为很多是以各种各样的利益捆绑方式出现的，扯起葫芦拉起瓢，使制止寻租行为时不得不投鼠忌器。对新闻单位内部来讲，其表现形式主要是以部门利益取代整体利益。例如，某个新闻业务部门对社会上某些有实力的单位有报道权，这些单位因为被批评或是有其他事有求于这个新闻业务部门，结果就用“好处”来摆平，当然只摆平一个人是不易操作的，干脆把这个部门的全体人员都用“好处”摆平，例如，给一大笔钱为这个部门充实小金库。于是，单个人的寻租变成了一个小团体的寻租，这个小团体自然就织成了一张相互保护的关系网。这个网一旦形成，就会自动朝着“事前寻租”和“事后寻租”两个方向发展。“事前的寻租活动”是指努力影响报社的各种政策来为小部门谋利，如要求出台在所在部门负责的版面上可以创收的政策等；“事后的寻租活动”是指利用各种政策空隙寻找租金。从实际情况来看，由于体制和管理的漏洞并不少，所以寻租活动仍有空间。

既然寻租行为有这么大的危害性，那么治理寻租行为，就必须两手抓：一手是道德层面；另一手是经济层面。寻租者无疑是“经济人”，即具有自利和理智两个特点。既然寻租的目的，重点在于经济利益，那么，要从以下方面进行掌控。一是要在经济方面有一套制度设计，使人能进行重大利益比较。如果一旦寻租行为被拿住，其损失的风险要大到足以抵消和超过寻租获利的程度，否则不足以使寻租者理智。二是使权力的可变函数处于较小的状态并经常加以变换，这样寻租者不容易、也缺乏时间把本来做不平的等式做平。很显然，设立必要的若干审稿关口和不定期调换工作岗位，是限制权力函数的有效办法。三是公开交易，从经济学角度看，一切优秀的制度都有助于降低社会交易成本，而寻租是一种本质上加大了社会交易成本的不正当的行为。如果把采访、写作、组稿、发稿、广告、印务等报社经济体运行的各个环节都放在公开的环境下进行，那么可以断定：不公平的交易契约肯定不敢拿出来成交。在阳光之下，一切都将显示出其本来的面目。所以，必须保持随时都有“阳光”能够普照报社的各个角落。

心理小典　权谋心理

“权谋”本是随机应变的处事谋略、手段、方法，但用之不当或用之无度则可能失诚失信。心理学研究证实，人有三种最基本的动机：成就动机、交往或归属动机、权力动机。权力动机与权谋人格有着内在的联系，我们不能仅从思想道德品质这个层面来认识权谋。实际上，凡是智力正常的人都有这种可能性，都有可能在社会生活中通过习得、模仿和强化达到高权谋水平，形成稳定的高权谋人格。

心智掌故　寻租与寻祸

陈永洲因触犯法律被长沙警方拘捕，该消息不久见之于世。当晚，《新快报》在微博上支持该记者，并在此后连续两天以罕见的头版特大字号刊文，发出“请放人”和“再请放人”的呼吁。这显然是以一家日报的信誉背书，也必然能获得海内外广泛的同情与支持。《新快报》的官方背景，以及北京一些官方机构的表态，更使人以为陈永洲被拘很可能是一起即将纠偏的重大错误。

然而，三天之后，舆情骤变。陈永洲在中央电视台新闻中现身，承认自己受人指使、拿人钱财、行事不端。虽然，央视在报道公安机关审讯结果时，缺乏辩护人的意见相平衡，处理有失粗糙，但陈永洲承认收受逾 50 万元“费用”的供词仍使人震惊。此后，舆论场上对法律程序环节的检讨批评仍在继续，不过，随着《新快报》的道歉，羊城晚报报业集团派出整顿小组，广东省新闻出版广电局做出初步处理，陈永洲事件已无可争议地成为新闻界的丑闻。

陈永洲事件暴露出的基于新闻报道权、记者监督权的权钱交易，已足以使人痛心疾首，不啻于新闻界一次令亲者痛仇者快的自我戕害，受伤最深的是矢志公义、推动社会转型进步的新闻事业。新闻界同仁只有自律自省、直道而行，才有可能挽回这一信誉损失。

心灵启悟　回归正轨

近年来，世界范围内新闻行业名声不断恶化，很大部分原因在于寻租，新闻报道必须回到恪守职业伦理的轨道上来。新闻机构及其从业人员必须考虑清楚“无冕之王”的真实含义，用好这个特权，绝不能为了私人利益，甚至是非法利益，而牺牲整个行业的信誉。

第九节　监督实为天责

舆论监督不是新闻单位故意揽来的活儿，而是作为大众媒体应尽的职责。媒体进行舆论监督的权力是谁给的？是人民赋予的，是法律规定的，有什么力量能大过人民和法律呢？从这个角度讲，新闻媒体开展舆论监督，是恪尽职守的表现。

“说真话”是开展舆论监督的一个基本方法，也是新闻媒介自我保护的一个基本手段。但很不幸的是，在进行舆论监督时，说真话给新闻单位带来过无尽的纠纷，甚至是牢狱之灾。这种现象在西方屡见不鲜，早期欧美的司法机关在维护王室、政府高官名誉方面，奉行的是“愈真实愈损害名誉”的审判原则，这个原则其实就是“要面子不要正义”。记者可以说真话，但不能应用于特权阶层。中国封建时代奉行过“刑不上大夫”，到了自由资本主义的早期阶段，他们发展到了“话不伤权贵”的地步，真是匪夷所思。到了近现代，资本主义在人权的大旗下不得不对新闻单位说真话的尺度有所放宽，但也不是无所限制。惩治不顺耳真话的办法多得很，不一定用哪一条具体的法。1976 年日本最高法院判《每日新闻》记者西山太吉有罪，认为他虽然说的是真话，但援引了公务员法中“唆使泄露罪”条款，同样判罪。

说真话是必须的，但是仅靠说真话还是不够的，因为真话使人难受，使人既得利益受损，也会使人下不来台。因此，真话在被滥用的权力面前就不一定会被看作是真理的孩子，有人就敢用棍棒把真理的孩子，像卑贱的奴仆一样狠揍一气。安徽涡阳县农村青年孙某，先后在当地媒体上发表过 700 多篇稿件，都是“表扬”文章。可是，当他的第一篇“舆论监督”稿见报后，他竟遭到毒打而几近双眼失明！《法制日报》消息称，孙题为《花沟镇农民盼望广播响》的小豆腐块批评稿篇幅不足 300 字，客观地报道了花沟镇广播线路因工作管理水平低被拆散，以致各村无法接转镇广播站信号。这是一篇为农民说真话的稿件，1999 年 7 月在当地小报上公开发表后，不料竟惹怒了所在镇的党委书记陈某，他认为孙的文章给他及整个花沟镇的形象抹了黑，是成心跟他过不去！陈对孙一顿臭骂，拳打脚踢，直至把高度近视的孙某打得双眼开花，几近失明。孙作为一个业余通讯员受到这样的毒打令人扼腕，至于专业记者由于说真话而受到殴打等暴力侵犯，更是令人气愤。这些年各级记协不得不为记者专门设立了维权机构，维什么权？说到底是维护说真话的权利。真话要用法律来保护，这就是我们必须面对的事实。

在开展新闻监督的时候必须掌握法律武器，这也是时代的要求。改革开放以前，新闻寻求法律的保护从来没有这么迫切，也几乎从未听说过限制新闻批评的事件，新闻官司更是闻所未闻。现在新闻单位开展舆论监督难，不能说完全没有客观合理的因素，随着市场主体的多样化，利益也日趋多元化，社会上“法律面前人人平等”的思想深入人心，维护自身合法权利的意识便加强了。市场经济和民主政治互为表里，而舆论监督又是建设民主政治不可或缺的手段。权力过分集中和权力滥用必然导致腐败。监督教育不力，监督机构乏力，又会导致腐败现象的扩大化和严重化，因此，通过新闻传媒，开展公开批评，加强舆论监督，就是扩大党和国家的民主生活的最有效的途径。在这种情况下，新闻媒体对自身权利和义务的了解就更为迫切，只有掌握法律武器，才能进可攻、退可守，居于主动地位。

从宪法层面看，新闻媒体揭露危害国家和人民利益的违法犯罪行为、批评不良社会现象，是行使宪法规定的权利，即"中华人民共和国公民对于任何国家机关和国家工作人员，有提出批评和建议的权利；对于任何国家机关和国家工作人员的违法失职行为，有向有关国家机关提出申诉、控告或者检举的权利"，这使得舆论监督有了最高层次的合法性。中国共产党作为执政党，既被宪法规定为领导我们事业的核心力量，又负有必须在宪法和法律范围内开展活动，维护宪法尊严的职责。正如江泽民同志在党的十五大报告中深刻指出的那样："我们的权力是人民赋予的，一切干部都是人民的公仆，必须受到人民和法律的监督。把党内监督、法律监督、群众监督结合起来，发挥舆论监督的作用。"

舆论监督不是短期的政治行为，不是政治运动，不是政治口号，它是依法治国的一种机制，在保证我国经济、政治、社会各个领域依法行事的过程中，具有重要意义。新闻媒介要监督其他领域的依法行事，首先要具有一个法律的保障机制。全国政协委员张虎生、艾丰曾上交提案，建议在目前出台《新闻法》尚有困难的情况下，可否先制订《舆论监督法》。制订《舆论监督法》并不是一件很复杂的事情，立法主要是划清"真实和不真实、故意和非故意、有没有后果、被监督的对象是公众人物和非公众人物"这样几条界线，在这些方面做出相应的法律界定并不困难。

随着依法治国国策的深入执行，相信立法会逐步跟上实践的需要。在目前有关舆论监督的专门法尚未出台的情况下，我们应该掌握好具有法律效力的最高人民法院的有关司法解释。1998 年 8 月 31 日，最高人民法院发布了《最高人民法院关于审理名誉权案件若干问题的解释》，这份《解释》连同 1993 年 6 月 15 日公布的《最高人民法院关于审理名誉权案件若干问题的解答》一起为法院审理越来越多的新闻案件提供了法律依据。

对"失实"有了法律认定范围。《解释》中说："新闻单位对生产者、经营者、销售者的产品质量或者服务质量进行批评、评论，内容基本属实，没有侮辱内容的，不应当认定为侵害名誉权；主要内容失实，损害其名誉的，应当认定为侵害名誉权。"因此，判定新闻媒体是否侵害名誉权的一个主要标准就是看报道是否真实，媒体只有在报道"严重失实"或"主要内容失实"的情况下才会构成侵权。"真实"并不意味着报道的每一个细节都与事实相符，只需要"主要内容真实"即可。不过，有些"真实"也是不允许报道的，诸如"隐私""国家机密"等。

"源自官方"可使新闻单位免责。《解释》中规定："新闻单位根据国家机关依职权制作的公开的文书和实施的公开的职权行为所作的报道，其报道客观准确的，不应当认定为侵害他人名誉权"。这是法律赋予新闻媒体的一项"特许权"，媒体有权利报道国家机关的重要活动，比如，法院的判决书、执行书，行政机关的处罚决定书、拆迁通知书等。这里的“报道客观准确”是指只要与官方公布的文书一致即可。不过，如果新闻单位的报道不够客观或者“前述文书和职权行为已公开纠正而拒绝更正报道”以致于侵害了他人的名誉权，媒体就应该承担相应的责任。

“批评与评论”更有运用余地。《解答》和《解释》都承认媒体享有批评和评论的权利，“新闻单位对生产者、经营者、销售者的产品质量或者服务质量进行批评、评论，内容基本属实的，没有侮辱内容的，不应当认定为侵害其名誉权。”批评和评论不是一种“事实”，而是一种“意见”。“事实”有真假之分，而“意见”却没有这种区别。言论自由的真谛即在于允许人们就同一事实发表不同的意见。当然，批评和评论也不是毫无限制的，要建立在真实的事实基础之上。

对主观过错的范围有严格限定。《解答》中说：“是否构成侵害名誉权的责任，应当根据受害人确有名誉被损害的事实、行为人行为违法，违法行为与损害后果之间有因果关系、行为人主观上有过错来认定。”这里给出了构成侵权的若干要件，如果这些要件皆备，那就是记者有主观恶意，当然应该承担法律责任，但是在实践中，这样的情况非常罕见。总之，在认定新闻媒体是否具有“主观过错”时，法院持更为严格的标准，只要不是故意地进行错误报道，媒体就不会构成侵权，这种检验方法必将被越来越多的法院和法官接受。

最高人民法院的有关司法解释，一方面对新闻舆论监督给予了适当的法律保护，应该很好地掌握和运用。但是，它的覆盖范围毕竟很有限，难以覆盖日益复杂的由舆论监督产生的法律问题。法律界还需要从加强舆论监督的角度加强研究，保证新闻媒介应该享有的采访权、报道权、批评权、评论权。法律必须具有可诉性，这样才能便于掌握和执行。当新闻媒介的正当舆论权受到侵犯的时候，新闻媒介也能像其他公民和法人那样平等地行使诉权，或者提起反诉。

心理小典　克服厌诉心理

新闻舆论监督是针对社会上某些组织或个人的违法、违纪、违背民意的不良现象及行为的，通过报道进行曝光和揭露，抨击时弊、抑恶扬善，以达到对其进行制约的目的。但有些人总认为“对簿公堂”或“诉诸媒体”是不光彩的事；有的人在受到违法行为的侵犯或者与之订立契约的当事人违约时，在心理上总是认为还是“大事化小，小事化了”的好，委曲求全，忍气吞声，或者实行“私了”，而不肯诉诸媒介和法律，这种心理状态和行为方式是对非正义行为的纵容。

心智掌故　分粥的难题

在一个由 7 个人组成的小团体中，他们每个人都是平等的，但同时又是自私自利的。他们想通过制度创新来解决每天的吃饭问题——要在没有计量工具或有刻度的容器的状况下分食一锅粥。大家发挥聪明才智，试验了很多种办法，多次博弈后形成了以下诸种规则。

规则一：指定一个人负责分粥事宜，成为专业分粥人士。很快大家发现，这个人为自己分的粥最多，于是又换一个人，结果总是主持分粥的人碗里的粥最多最好，权力导致腐败，绝对的权力导致绝对的腐败，在这碗稀粥中体现得一览无余。

规则二：指定一个分粥人士和一名监督人士，起初比较公平，但到后来分粥人士与监督人士从权力制约走向"权力合作"，于是分粥人士与监督人士分的粥最多。这种制度失败。

规则三：谁也信不过，干脆大家轮流主持分粥，每人一天。这样等于承认了个人有为自己多分粥的权力，同时又给予每个人为自己多分粥的机会。虽然看起来平等了，但是每人在一周中只有一天吃得饱而且有剩余，其余 6 天都饥饿难挨。大家认为这一制度造成了资源浪费。

规则四：大家民主选举一个信得过的人主持分粥。这位品德尚属上乘的人开始还能公平分粥，但不久以后他就有意识地为自己多分。大家一致认为，不能放任其腐化以及风气败坏，还得寻找新制度。

规则五：民主选举一个分粥委员会和一个监督委员会，形成民主监督与制约机制。公平基本上做到了，可是由于监督委员会经常提出各种议案，分粥委员会又据理力争，等讨论结束时，粥早就凉了。此制度效率太低。

规则六：对于分粥，每人均有一票否决权。这虽有了公平，但恐怕最后谁也喝不上粥。

规则七：每个人轮流值日分粥，但分粥的那个人要最后一个领粥。令人惊奇的是，在这一制度下，7 只碗里的粥每次都是一样多，就像用科学仪器量过一样。每个主持分粥的人都认识到，如果 7 只碗里的粥不相同，他确定无疑将享用那份最少的。

人民赋予了每个公民监督的权利，就应该不负所托，还人民一个民主的社会。

心灵启悟　受法律保护的媒体

近年来，新闻记者在履行工作的职能报道新闻真相时，常常遇到舆论监督对象的恶意阻挠、骚扰，甚至殴打。舆论监督是社会监督的一种形式，受到法律的保护，任何人都要接受这种监督。在进一步完善媒体舆论监督的机制，处理好舆论监督与正面报道关系的同时，记者要注意运用法律权利，学会用法律武器保护自己。从某种意义上讲，保护记者就是保护社会的眼睛，保护社会的良心。

第十节　促成信息对称

经济学者向其他学科领域大举进军是诺贝尔奖获奖者队伍中的一大奇观：布坎南因进军政治学领域，创立“公共选择理论”而获 1986 年诺贝尔奖；贝克尔把经济理论用于分析结婚生育、子女抚养而获 1992 年诺贝尔奖；诺斯则因用经济学原理来重新解释历史而荣膺 1993 年诺贝尔奖。而 2017 年诺奖则颁给了研究消费行为学的塞勒。

信息是被称为第四大劳动要素的大热门学科，经济学怎么会放弃染指信息领域呢？2001 年 10 月，瑞典皇家科学院宣布，将本年度诺贝尔经济学奖授予创立了“信息不对称理论”的三位美国经济学家，他们分别是乔治・阿克尔洛夫、迈克尔・斯彭斯和约瑟夫・斯蒂格利茨。颁奖者指出，授奖给他们的原因是他们“揭示了当代信息经济的核心”。

“信息不对称理论”是怎么回事呢？原来，从信息的角度研究市场，可发现许多市场表现出不对称信息的特征：市场的一方比另一方拥有更充足的信息；借方对自己的还款预期比贷方知道得更多；经营者和董事会对企业的盈利能力比股东了解得更多；预期投保的人对自己的意外事故风险比保险公司更了解；卖假货的人比想买真货的人更清楚底细。这种信息不对称的市场，阿克尔洛夫称为“柠檬市场”，柠檬一词在美国俚语中的意思为“次品”或不中用的东西，现在“柠檬”已成为每位经济学家最为熟知的一个隐喻。在这个信息不对称的市场中，产品的卖方对产品的质量拥有比买方更多的信息。由此，在极端情况下，市场会止步萎缩和不存在。结果，好的东西卖不掉，差的东西不能被淘汰，这就是信息经济学中的“逆向选择”。

例如，一个有各种式样旧汽车的市场，假定卖主知道每辆旧车质量的信息，而买主只知道平均质量的信息；而因为这种信息不对称，买车的人难以完全信任卖车人提供的信息，因而试图通过出低价来弥补其信息上的损失。由于买者出价过低，卖者又不愿提供好的产品，从而导致次货的泛滥，其最终的结果是旧车市场的萎缩，社会承受损失。阿克尔洛夫就此得出结论：市场放开并不能解决所有问题，信息是有价值的。

“信息不对称理论”对于新闻界来讲，有着更为直接的意义。从这个理论可以更加清楚地知道，交易的成本不仅是价格、质量的对比结果，也是信息占有是否对称的状态反映。要平衡信息不对称，传播和接受是唯一的手段。那么，不仅要有产品的市场，信息本身也要有市场。在这个市场上，作为媒介的报纸、电视等，对真实信息应该起更透明的作用，对虚假信息应该起更大的过滤作用。

由于市场的交易双方经常通过媒体这个中介来取得信息的对称，所以，读者对于媒体有着一种隐含的“道德委托”，这种道德委托是有着实际的市场价值的：当一些交易者因信息的缺乏而在是否成交问题上迟疑时，往往被对方拿出的报刊、表扬稿、剪报所打动，因而产生信任感并成交。这个过程实际上就是一个道德委托、道德审视，并从中获得信息对称感的过程。此时，交易双方都把信息的真实度、充实度寄托于新闻媒体。非常值得注意的是，在市场经济条件下，深谙信息在交易中作用的一些心术不正者，隐瞒身份，利用多重委托代理关系，与媒体共谋制造信息不对称现象。例如，某些上市公司与媒介联手，在相当长的一段时间内蒙骗了投资者以及监管机构，使他们在不对称的信息条件下，作出不利于自己的投资决策。

一般来说，处于零散状态的读者往往处于信息劣势的地位，他们同时也是道德风险行为的受害者。一些前几天还被媒体吹得火爆的企业，突然被发现实际上陷在财务危机之中，当不知情的交易者最终发现这种情形时，股价就会下跌。在我国股市中，从“郑百文”“ST 猴王”到“银广夏”，无一不是踩着信息不对称的钢丝在跳舞，一旦最终被不知情的股民看破，市场就开始逆向选择，股民丧失信心，股价大跌。反过来逼得管理层加大监管力度，清除股市中的“柠檬”（次品），重塑股民信心。这就加大了社会的交易总成本，社会付出了本不该付出的代价。无疑，中小投资者的合法利益在受到损害的同时，媒介机构在市场上的形象也大打折扣。

在信息社会中，媒体一旦涉足市场，诚信就成了一种被赋予经济责任的工具，同时也就自动承担了道德风险。但是，由于委托的间接性和复杂性，导致败坏道德、破坏诚信的行为难以追究。这就给我们提出了一个问题，必须加大媒体赔付道德违规行为的“准备金”，使信息提供者作出更充足的成本预期，直至付出承担法律责任和被查封的风险成本。否则，那些有意制造信息不对称的行为，就会直接威胁到我国媒体的信用基础。众所周知，制度是维持一个经济体有效运行的决定性因素，它包括正式契约与非正式契约。一个社会中的制度大多是非正式契约，即在人们中间约定俗成的、交易过程中自动发挥作用的非正式制度。非正式契约积淀在人们的潜意识中，表现为诚实守信与按规则办事，即道德行为。非正式契约可以大大降低交易费用，提高经济运行的效率。反之，如果整个社会在经济交易中不讲信用，不按规则办事，实际上就是一种制度不足，必须采取措施增加其供给和控制力度。

市场不是万能的，报纸在市场中处于两栖状态。从利益角度看，它必须参与竞争；从道德角度看，它必须因能消除信息不对称而具公信力。这就需要从制度设计方面，使得报纸把利益建立在道德的基础上，一旦道德的标志公信力没有了，它的经济利益也必然因受道德惩罚而丧失殆尽。只有这样，报纸才能有一个健康发展的环境。诺贝尔经济学奖都是经过实践检验的理论成果，而经济学理论成果经过实践检验被认为是正确的，通常需要二三十年。此次获奖 3 人的理论成果主要集中在 20 世纪 70 年代，其理论对中国目前的改革与实践有着相当的借鉴作用。中国媒体在市场条件下还缺乏运作的经验和教训，信息不对称理论为我们的运作提供了一个经济学意义上的参照系，这是很宝贵的，使我们不必要走二三十年弯路之后，再来总结和归纳少走弯路的秘密。

心理小典　内化责任意识

责任意识是一种自觉心理，是使命的召唤、是能力的体现。有责任意识的人清楚明了地知道什么是必做的事情，自觉、认真地履行，把责任转化到行动中去。个人需要将自己承担的责任付诸实施，才能带动周围的人，产生传导效应，形成一种人人负责的氛围。

心智掌故　我与西瓜

有一个人讲了他自己与西瓜的故事：西瓜也是一种具有信息不对称特征的物品。卖西瓜的摊主一般都有丰富的选瓜经验，而一般的消费者则是挑瓜的门外汉。尽管摊主有时会在称完西瓜重量后，在瓜上切一个三角口给顾客看，但一般只有回家切开以后，才真正知道这个西瓜怎么样。这样一来，岂不是消费者总要冒吃坏瓜的风险吗？其实不然，我就总能吃上好瓜。

每到夏天，我家附近总有若干个瓜摊。开始时，我并不会特意到哪个瓜摊去买瓜。但我逐渐发现，有一个瓜摊的摊主与众不同。每次买完瓜，他总是说："如果回去切开后不沙不甜，尽管拿回来换；别因为瓜不好，以后就不到我这来了。"我还真是换过瓜，甚至有一次换瓜时间与买瓜时间相隔了一个礼拜，他也认了账。我于是就总到他那里买瓜。这样，整整一夏天，我吃的都是最好的西瓜。而他也并不会吃亏，因为拥有了包括我在内的一群忠实的顾客，他的生意做得很好。

在某些农贸市场中，卖鸡蛋的人手中都拿着一个手电筒。每当顾客买鸡蛋时，就主动用手电筒检查鸡蛋的好坏。我想，这大概是由某一个聪明人发明的，由于这种主动消除因信息不对称而给消费者带来疑虑的方法，为他吸引了大量的顾客，很快就被别人仿效并普及。

心灵启悟 常怀受众

新闻的信息不对称是一种常见的社会现象。受众在信息数量上处于劣势，在信息质量上难与职业媒体人匹敌。以往的新闻学基于传播者构建，目的在于传播效能最大化。在技术进步导致信息市场和意见市场充分发育之后，传播本位已经转变为受众本位，因为在不再度垄断的市场中，受众可以用脚投票来解决信息源的问题。

第五章　记者职业伦理之实践篇

第一节　以见解作支撑

写一篇新闻稿件并不难，写一篇优秀的新闻稿件却非常难。难在什么地方呢？仔细琢磨一下，有一点是可以肯定的：凡是有见解作支撑的稿件，总是要优于那些像白水一样，什么见解也看不出来的稿件。

法国思想家加缪说过："一切伟大的行动和一切伟大的思想都拥有一个微不足道的开始。"对于新闻工作者来说，并不要求天天去保持追求"伟大"的意识。但是，新闻这个职业的特点就是要在平凡的、"微不足道"的采访工作中，找到与众不同之点，并在这一点上孕育出自己的见解。

见解具有统摄的效应。说到这个问题，不由得想起当年明成祖派郑和下西洋，其舰队拥有大船 60 多艘、人员 2 万多人，力量不可谓不强大。但其下西洋的见解何在呢，仅宥于"耀兵异域，示中国富强"。而半个世纪后，葡萄牙人达·伽玛仅以 4 艘帆船、100 多人的队伍，也开始了探险航行，但这批冒险家的见解是什么呢？打破意大利的贸易垄断，开拓新领地，夺取新财富。同样是远洋航行，郑和下西洋只是在封建社会中起到了"示天威、勤远略"的有限作用，而达·伽玛、哥伦布，以及麦哲伦等却掀起了惊天狂澜，整个西方经济和东西方关系为之巨变。见解的截然不同，导致了完全不同的收获。尽管前者的付出比后者要大得多，声威也壮大得多，但这又于事何补呢？

见解的产生，依赖于良好的洞察力。古人说，成事在理不在势。我们就是要在新闻采访的组织过程中，不断把握住"理"，这是非常重要的。2000 年 4 月，武汉发生民航飞机失事事件，40 多人罹难。这么重大的事件，可直到当天夜里 10 点，有关部门仍只准发一条 127 字的简讯。这样轻描淡写的稿件，向读者和死难者家属交待合理吗？在开放的大环境下，对一起普通空难事故有如此保密的必要吗？《湖北日报》的相关人员经过深思，得出了否定的结论。报社决定，把自己的见解向更高一级的领导同志陈述。终于，在截稿时间之前，上下级之间取得了共识。同时，报社也向全体参加报道的文字和摄影记者传达了这样一个见解:稿件的写作和编排,要传递爱心,表达同情,但决不炒作,决不渲染。在这两项于情于理都站得住脚的见解的支配下,报纸的稿件及版面的处理都恰到好处,担负起了媒体应担负的责任,也消除了谣言。

见解的作用,还在于它具有很强的放射功能。一篇稿件看了半天,总要让人看出点儿新的名堂来。正如马克思所说:“通常使事物伟大或渺小、崇高或可笑的,是质而不是量。”在新闻稿件中,这个“质”,往往就表现为见解。抓住见解,放射开来,就能使全篇都充盈着一股无形的力量。

爱因斯坦曾说过:“提出一个问题比解决一个问题重要。”提问就意味着见解的种子在萌芽,因为任何新的创见总是从提出问题开始的。创新是一个从尊重权威、质疑权威到超越权威的不断发展的过程,也是一个继承、坚持和发展真理的过程。因此,要鼓励记者勇于质疑、善于质疑。由于记者缺乏经验或视野有限,常会提出一些不成熟的甚至是有偏颇的看法和见解,这时总编辑千万不能“一棍子打死”,更不能训斥、嘲笑或不屑一顾。总编辑要注意保护和满足记者的好奇心与求知欲,妥善解决他们心中的疑问,并以记者的质疑为突破口,鼓励记者生发“智慧的火花”与“新闻灵感”。否则,这不但剥夺了记者探索的勇气和敬业的热情,也会使他们变得谨小慎微、墨守成规。随着生产力的日益发展与科学技术的日益先进,新的社会问题的出现越来越频繁,人们面临的选择越来越多,失误的机率也越来越高,由此导致的社会心理失衡、精神焦虑、思想混乱状态正日趋增多,现代迷信、伪科学、邪教盛行与此不无关系,新闻界面对这些在发展中遇到的问题,必须及时拿出见解,引导社会注重在高技术条件下给予公民更多的人文关照,唤起更多的忧患意识和责任思考。因此,新闻不能将大胆的见解从新闻的内容中剥离出去,新闻写作不能与社会责任感分离。

无论是事件性消息还是非事件性消息,无论是特写还是通讯,都能够体现出记者的见解。2001 年在上海召开的 APEC 年会,是我国首次承办大规模的国际会议。它对中国有什么意义呢?美联社的消息是这样表达其见解的:“北京如愿以偿地赢得了国际社会的瞩目和尊重。美国人对上海刮目相看。对于一个在国际舞台上崭露头角的政府来说,这样的机会是再好不过了。”日本《读卖新闻》特写中的见解为:“通过会议中国坚信,能够与实施自己富强战略有关的国际社会建立协调关系,但要发展这种关系,中国自身也有必要进行变革。”香港《经济日报》的通讯中则表达了这样的见解:“通过这次会议,中国成功地向世界展示了地区领袖的风范,在未来 WTO 多边贸易谈判中将占据有利地位,议价能力亦势将加强。”这些见解都具有个性，具有一语道破的特点。读者看了报道，可以将其作为自己作出判断的重要参考依据。如果新闻报道不传递见解，只是报道上海 APEC 会议如何热闹，市容如何美观，领导人着装如何别致，那又有多少分量，能给人提供多少帮助呢？

陈云同志说过："我们应该站得高一点，看得远一点，要上屋顶，不要老站在地下室。"只有站得高，善于比较、联系和分析判断，才能产生能够统揽全局的见解。这种见解，对于新闻报道的成败具有决定性的作用。从新闻实践来看，在作出见解这个问题上，有两种类型，一种是能够发挥主观能动性，根据客观环境的变化，与时俱进提出见解；另一种是反应迟钝，思想僵化，作出落后于实践的见解。一张报纸，如果经常能够让前一类见解出现在版面上，那它在舆论引导方面，又何愁不能占据主动地位呢？

心理小典 独到见解

见解是人通过对事物的观察而得出的理性结论。所谓认知是个体在实践活动中对认知信息接受、编码、储存、提取和试用的心理过程。独到的见解要求主体视角新颖，在认知上则需要基于客观事物用自己的世界观，去发现、去洞悉事物的不同，从而形成对事物的新的认知模式。

心智掌故 牛顿与苹果

1666 年，23 岁的牛顿还是剑桥大学圣三一学院三年级的一名学生。牛顿一直被这样的问题困惑着：是什么力量驱使月球围绕地球转？为什么月球不会掉落到地球上？为什么地球不会掉落到太阳上？坐在姐姐的果园里，牛顿听到熟悉的声音——"咚"的一声，一个苹果落到了草地上。他急忙转头观察第二个苹果落地。第二个苹果从外伸的树枝上落下，在地上反弹了一下，静静地躺在草地上。这个苹果肯定不是牛顿见到的第一个落地的苹果，当然第二个和第一个没有什么差别。

苹果会落地，而月球却不会掉落到地球上，苹果和月亮之间存在着什么不同呢？第二天早晨，天气晴朗，牛顿看见小外甥正在玩小球。他手上拴着一条皮筋，皮筋的另一端系着小球。他先慢慢地摇摆小球，然后越来越快，最后就径直抛出小球。牛顿猛地意识到月球和小球的运动极为相像。两种力量作用于小球，这两种力量是向外的推动力和皮筋的拉力。同样，也有两种力量作用于月球，即月球运行的推动力和重力的拉力。正是在重力作用下，苹果才会落地。牛顿首次认为，苹果落地、雨滴降落和行星沿着轨道围绕太阳运行都是重力作用的结果。

人们普遍认为，适用于地球的自然定律与太空中的定律大相径庭。牛顿的万有引力定律沉重地打击了这一观点，万有引力定律告诉人们，支配自然和宇宙的法则是很简单的。正应了那句话："一切伟大的行动和一切伟大的思想都拥有一个微不足道的开始。"

心灵启悟 思想是灵魂

个人思想与心理特征的产生是通过社会的阅历、他人的影响和自己的性格所决定的。同时，它也能影响别人，甚至影响社会。小到一个人，大到一个社会，一个国家都需要一种思想来支撑。新闻中正是因为有了思想，才能影响到受众。

第二节 踏实使人受益

"充实之谓美"本来是美学上的一个命题，但它用在记者的职业修养方面也是非常贴切的。当你踏踏实实地贴近生活，以诚实的态度采集到新闻素材、写成稿件时，那种内心的欢乐和对社会有所交待的轻松心情是难以言表的，哪怕这些稿件在别人看起来并不是那么华美与显眼。

我曾在边远的鄂西北山区当过驻站记者。实事求是地讲，贫困山区缺乏惊人的突发新闻，但山区的确蕴藏着丰富的新闻富矿，它需要记者用踏实和坚韧，在沉默的大山里去发现火热的生活场面，去寻找散发着时代气息的新闻。

跑几百公里才能从记者站到下面的县城，如果再到县以下的乡镇，动不动又是上百公里。"跑"新闻对我所在的记者站来说，是真正意义上的跑，而且是长跑。跑那么远的路，别说是从功利出发，就是从辛苦角度出发，记者也往往想多发几篇稿件。但是，在这儿，踏实和慎独显得格外重要。新闻事实见与没见，数字是大是小，没人能来核对。宁可白跑，也不写虚稿，这全靠记者用诚信的职业道德去处理。

有一年春天，我到竹溪县的泉溪镇采访一位干部，据介绍他采用"三扶"的办法（扶钱、扶物、扶技术），帮助最贫困的一户农民掌握了地膜玉米栽培技术，这个做法比起过去只单纯地搞粮食救济更有利于稳定脱贫，我听了很感兴趣，详细采访了他，记下了素材。最后，我想起"踏实"二字，于是提议要去看一看。那个干部说：

“很远的。”我说不怕。结果他陪我走了十几里山路，来到那个贫困户所在的村。可是到地里一看，天哪，一棵苞谷苗也没有！那位干部气呼呼地找来户主，大声喝问：“我亲自给你们送来了50斤苞谷种、80斤尿素，还有地膜，哪去了！”主人不好意思地说：“拿去换酒赶人情了。”原来这个贫困户家缺少明白人，根本不相信新法种苞谷，加上农村人情大似虎，所以干部前脚走，他后脚就拿物资去换了酒，使干部的好愿望落了空。

这篇稿件没写成，但我庆幸没写成比写成了好。生活的本来面目就是这样复杂多变，凭良好的愿望想当然地下笔，那迟早是要出岔子的。当记者的人没有什么太深奥的学问要掌握，但有一条要守住：最大可能地接近事物的本来面目，这样才能充当社会清醒的耳目。

不要认为踏实只能用来防止差错，实际上依靠踏实，可以更好地扩大发现的视野，找到许多含美的璞玉。生活中不缺乏新闻，普通人当中不断孕育着英雄。但是，直露在地表的块金总是少的，不勤勤恳恳、认认真真拂去矿脉上的浮土，不老老实实地沿着矿苗朝下开掘，要想挖到真金那是不可能的。

我永远忘不了一双眼睛。在1992年抗洪斗争中，我和一位同行偶然听说有一位农场职工在长江江滩趟水时，失足滑进深坑淹死了，单位已给他办了后事。党报记者的责任感驱使我们要问个究竟——在洪水滔天的情况下，这位职工为什么要到江边去趟水？于是我们跑了几百公里赶到死者家中采访。结果令我们十分震惊：死者袁汉春实际上是一位为人民利益而死的英雄。他冒险趟水，是为了去江滩上的泵房抢护水泵，使国家财产免受损失。我们怀着一颗沉痛和震颤的心，通过倾听邻居和死者妻子的讲述，了解到了袁汉春在抗灾中和平时许多平凡而又崇高的往事。听着听着，一个高大的形象在我们眼前蓦然矗立，稿件的主题和词句自胸臆间奔涌而来。临走前，我们向袁汉春的妻子索取一张遗照，可她翻遍了桌柜也没找到，只好拿出了丈夫的退伍证，我们小心翼翼地从退伍证上揭下了牺牲者这唯一的遗照，带回编辑部，照片与我们的稿件一同登在《湖北日报》上。稿件发表以后，袁汉春被批准为革命烈士。后来有的同志告诉我们，如果《湖北日报》记者没有把袁汉春的事迹发掘出来，他恐怕很快就被人淡忘了，哪能获得烈士的称号。听了这话，我们并没有自得之感。我永远忘不了袁汉春遗照上那双朴实的眼睛，我们是在他这双眼睛的鞭策之下，把事情的本来面目，告诉给了本来就享有知情权的大众。比起牺牲者献出了生命的崇高之举，这是多么微不足道的一点点应尽之责啊！

高尔基说：“笔下写的，斧头也砍不掉！”这是说文字的责任性和庄重性无与伦比。新闻记者笔下的文字，更是具有非凡的分量，记者唯有踏实做事，方能对得起这份社会责任。记者的工作，严格说起来是具有社会公益性的事业，这种公益性质与所服务的媒体、与记者个人的利益在多数情况下是一致的。当然，也有相互冲突的时候。在市场经济条件下，利益更加趋向多元化，记者在从事这种社会公益事业的时候，或者尽社会责任的时候，可能随意性比较大，缺少一种制约的机制，想怎么办就怎么办，想怎么写就怎么写，并不考虑这是一种精神层面的不踏实。有时候，报道出了问题，一问原因，很多都是由于必不可少的采访、核对环节"缺位"。这些细小环节上的缺位，往往造成社会问题认识上的错位，其损失之大不是可以用金钱来计算的。

常言道："人生如梦，梦筑踏实。"这其中的道理，亘古不移。生活中许多人都十分明白，人生之路要一步一步走，谁都知道踏实走好每一步的重要性，可惜很多人只在容易的时刻才去做踏实的事，而缺乏持之以恒与踏踏实实的决心和毅力，结果只能与成功擦肩而过。从这个角度上看，踏实是一种衡量品质的标准，一种检验人生的试金石。

心理小典　踏实感知

踏实是一种态度，是一种心理外在表现，是一种可以让人放心，舒心的言行举止特点，踏实是让人收获成功的必备品质。踏实分为精神和行为两种形式，交互产生作用，可以传导到他者的感知。

心智掌故　炼金之术

在很久以前，泰国有个叫奈哈松的人，一心想成为富翁。他觉得成为富翁的捷径便是学会炼金之术。

此后，他把全部的时间、金钱和精力，都用在了学习炼金术中。不久以后，他花光了自己的全部积蓄，家中一贫如洗，连饭都吃不上了。妻子无奈，跑到父亲那里诉苦。她父亲决定帮女婿改掉恶习，他让奈哈松前来相见，并对他说："我已经掌握了炼金之术，只是现在还缺少一样炼金的东西……"

"快告诉我还缺少什么？"奈哈松急切地问道。

"那好吧，我可以让你知道这个秘密。我需要 3 公斤香蕉叶下的白色绒毛。这些绒毛必须是你自己种的香蕉树上的。等到收齐绒毛后，我便告诉你炼金的方法。"

奈哈松回家后立刻在已荒废多年的田地上种了香蕉。为了尽快凑齐绒毛，他除了种以前自家就有的田地外，还开垦了大量的荒地。当香蕉长熟后，他便小心地从每张香蕉叶下收刮白绒毛。而他的妻子和儿女则抬着一串串香蕉到市场上去卖。就这样，十年过去了，奈哈松终于收集了3公斤绒毛。这天，他一脸兴奋地拿着绒毛来到岳父的家里，向岳父讨要炼金之术。

岳父指着院中的一间房子说："现在，你把那边的房门打开看看。"

奈哈松打开了那扇门，立即看到满屋金光，竟全是黄金，而且他的妻子、儿女都站在屋中。妻子告诉他，这些金子都是他这十年里所种的香蕉换来的。面对着满屋实实在在的黄金，奈哈松恍然大悟，踏踏实实才能有所收获。

心灵启悟　积少成多

事情往往就是这样，那些心存侥幸、渴望点石成金的人往往会一无所获、双手空空；而那些看似没有多少过人禀赋的人，始终不停下勤奋的脚步，积累一段时间以后，总会有所进步。因此，踏实跨出你的每一步，在生活中夯基筑台，垒积成势。记者播发新闻亦是如此，想要写出好稿，就必须笔耕不辍，脚步不歇。

第三节　把心贴着受众

记者写稿是给谁看的呢?

这个问题说来简单，但在实践中却并不是每个记者都有清醒的定位。一般来说，谁都知道写稿要有读者观念，但"有读者观念"这种素养，不是自动就能贯穿于记者行动中的，这个简单的问题常常使一些记者在认识上游移、操作上失准。

梁衡同志曾提出，记者要时刻想到"为公益传讯"，这是对记者社会责任的一个很好的概括。牢记为公益传讯，才能忘掉小我，放眼大社会，准确地报道人民欲知而未知之事；同样，只有牢记"为公益传讯"，才能心甘情愿地深入到任何可能产生新闻的现场去，不管记者可能会吃多少苦、冒多少险，甚至献出鲜血和生命。

在报纸的多种属性中，信息载体属性是最基本、最本质的属性之一。报纸的功能主要是传播信息，这一点已为社会所接受和定位。新闻出版署曾经公布的《报纸质量管理标准》中，已明确把报纸的信息量定为标准中的一条。

信息和信息量对报纸具有如此重要的地位，作为记者不能不重视。信息有第一手与第二手、有效与无效之分。一张好的报纸，当然应该多提供第一手的有效信息。常有记者有意无意地评判某张报纸好看、某张报纸不好看。这个评判的标准，实际上是看有效信息是否充足。

“好看”是一种阅读的愉快感，而看新闻的愉快感与看文艺期刊的愉快感是有区别的，新闻不需要太多的文字巧饰和情节包装，主要是信息传递的满足会给读者带来快感。从这个特点出发，就需要记者把自己的思维与行为的出发点与归宿定位在“一切为了受众”的基点上。受众不需要那种只愿坐在办公室搞自我心灵剖白式报道的记者。

按照新闻学的观点，新闻的本源是事实。事实是第一性的，新闻是第二性的，没有事实就没有新闻。无论从理论上说还是从受众需求方面看，新闻传播主要不是传播某些愿望，也不是传播某些情感，而是传播客观事实。当然，客观事实中包含着愿望和情感。为了强调事实对于新闻的重要性，有的新闻学者甚至提出：新闻就是“事学”。

现代社会生活的关联度较之过去大大提高，记者在采写新闻时可以切入的面有很多。这就需要记者去琢磨：采写哪一个面或哪几个面？写出来是给哪一个或哪几个读者群看的？例如，关于某项工程的报道，是写领导者决策的胆略，还是写科技人员运用新技术的作用，或是写群众的苦干精神，抑或是写这项工程在方便群众方面起到的作用？笼统地说“全都写”是不现实的，这需要记者审时度势，从事实出发，向最大的受众群体、最好的社会宣传效益方面去选“面”。

如此看来，新闻要让人感到接近和亲切，很重要的是要从“面”的选择做起。有人讲“功夫在诗外”，新闻要受读者欢迎的功夫也是在写作之外的，这个“外”就是外勤采访。外采的面如果选择不当，那么任你如何冥思苦想也是写不出受人欢迎的稿件的。在很多情况下，想不出来，不如索性去体验，一旦跳入社会生活的“水”中，水之深浅与水之凉热自然就成了题材。在游戏机盛行的年代，《福州晚报》记者顾伟原先只是听说青少年迷恋游戏机危害很大，但并没有感性认识。为了弄清福州市游戏机厅的情况，他先后两次到“双福楼”去探虚实，用秒表计时，自己花 100 元在游戏机上试了一把。他为报社写了《夜探“虎穴”》《“老虎机”害人不浅》等文章，详细记述了自己在游戏厅的所见所闻，一针见血地指出游戏机就是吃人的老虎机。为了堵住他的口，有人打算给他送钱，未能如愿。结果，他的住室竟然遭到歹徒枪击，人身安全受到严重威胁。面对诱惑和威胁，顾伟是好样的，在金钱与子弹面前，他真实地写出了自己的所见所闻。他选择的这种采访方式和采访的切入面，是站在人民大众立场上的。民有欲知，我有所应，这是一种崇高的职业道德。

目前报界普遍感到难处理的是那些工作性报道。这些报道的内容往往是一些程序和数字的组合，角度总是自上而下的俯视，使人不由得产生距离感和敬畏感。

记者不可能完全避开这样的题材，相反，记者应该认真研究这样的题材，因为这类题材往往包容面比较大，在枯燥的数字和程序背后，隐藏着多个生动活泼的素材“面”，记者在选择上完全可以有所作为。

不少人在新闻实践中也曾为稿件官气袭人、面目可憎苦恼过，也曾埋怨：采访到手的就只有那么点儿东西，你怎么能绣出读者爱看的“花”来呢？其实，主动权就在自己手里——为什么不在改变“如何到手”和“到手之物”方面下功夫呢？

其实，在方法上也没什么神秘的，在采访和题材处理方面，我认为，如果比较自觉地运用“四化”，往往可以奏效，即化远为近、化静为动、化虚为实、化硬为软。

我想就大部分受众而言，按照“四化”处理的新闻稿件，是比较能让他们感到亲切和易于接近的。中国读者，有中国式的阅读习惯和阅读口味。他们对内容客观、形式新颖、文笔优美、行文简练的新闻认同度较高。许多政治工作、经济工作本身也许比较枯燥，但这些活动不是孤立的，如选择与政治或经济活动有关联的、贴近生活的角度加以“化”用，文章就能写活。不论在现实生活中，还是在新闻报道中，人们总是喜欢看生动有趣、富有人情味的东西。以“四化”的方法写出的新闻，正迎合了这些心理特点，当然就能使人感到平易亲切，活泼轻松，乐意阅读，也就会在潜移默化中乐意接受了。

心理小典　受众动机

动机是直接推动个体活动以达到一定目的的内在动力。新闻受众的接受动机是受众为了自己的某种需要，引起和维持个体接受新闻的活动。从心理学讲就是受众有着持续的信息需求心理，受众对新闻信息的选择、认知或认同的心理活动，有着选择性偏好的特点，媒介要尊重受众的选择权利。

心智掌故　电视剧与后传播

电视剧《北京爱情故事》的主要内容是一群在北京打拼的年轻人的生活故事，反映了大都市里不同阶层青年人的爱情观、价值观。剧中没有说教，一系列真实的情节围绕着几个主角各自的爱情历程而展开的。

《北京爱情故事》里的每一个主角的爱情都铭心刻骨，小猛的迷失、吴狄的拥有、林夏的大爱无私都是剧中主要也最令观众着迷的内容。在一段时期内，媒介连续以剧中的故事作为传播重点来引导受众的视线，在播出的同时和播出后，影响了社会公众的精神领域，比如价值观念、伦理道德、心理结构等，使受众产生了使用媒介的获得感，也为人们提供了社交话题。

《北京爱情故事》播出引发了观众对这部剧的讨论。在豆瓣电影上面，有关《北京爱情故事》的评论就达到一千多条，足足有50页之多。有效的影视传播就是被传播者提供的相关信息所触动，进入了戈夫曼所说的情景论场景，其思想、态度和行为不同程度上受到了某种影响，这样，电视剧的传播活动才产生一定的作用和效果。《北京爱情故事》的每一个人物都现实的存在的，观众在剧中能看到自己的影子，有着自己亲自面对过的情景，不仅仅是过去的、昨天的，还是正在发生的。电视剧中塑造的人物，消除了空间和时间上的障碍，可以让受众群会在电视剧中寻找到自己的精神家园。

心灵启悟　行有意义

葛兰西批判后工业时代的文化霸权，资本以大量可复制的快餐文化占领市场，是一种漠视人权的反文化行为。新闻文化本质上应该是个性化的，因为新闻基于每天变动的事实，进行个性化的报道变动。记者要对新闻的质和量进行精心调控，把传者意图和受众心理做对接，做出有个性、有意义的文章，这才是行有意义。

第四节　不必临场发怵

地方新闻单位记者采访国家高层领导，有时不免发怵。改革开放以前，我国省级及省级以下新闻单位对国家高层领导的活动基本上是没有报道权的，而现在则不然，由地方新闻单位对高层人士活动首先发稿，进而在全国产生影响的事例已屡见不鲜，如《深圳特区报》记者在1992年的通讯《东方风来满眼春》，极大地推动了全国第二次改革大潮的形成。再如1994年《温州日报》记者采访邓先群将军后发表的《邓小平同志身体很好，国庆之夜喜观礼花》的消息，适时廓清了此前海外敌对势力关于小平同志健康状况的谣传，一时海内外媒体纷纷转载。

全国人大、政协、党的代表大会，甚至国家领导人出访等场合，现在都有地方记者活跃的身影，因此，面对新的变化，地方记者应有充足的准备，提高采写和应变能力，彻底改变临场发怵的局面。

自20世纪80年代以来，由于工作需要，我采写过包括江泽民、李鹏、李先念、乔石、朱镕基、刘华清等国家领导人的新闻，另外还采访过一批部长级人士，并采访过全国“两会”和党的十五大等重要会议，因此，对于作为一个地方报记者如何进行高层领导的采访报道这一问题，我有一些由浅入深的认识。

首先，高层人士的活动无小事。这就要求记者要有很强的党性原则和良好的职业道德，摒弃哗众取宠和猎奇炫耀的观念，在采访活动中严守纪律和领导人活动日程机密，使采访这种第二性的活动，不干扰属于第一性的领导人活动的正常进行。

同时，要树立强烈的竞争感，克服畏难情绪。事实上，一旦获得了采访权，不管是中央新闻单位还是地方新闻单位，都站在同一起跑线上，能否有所作为全看记者的努力。只有敢于竞争，才能有所收获。1992年我赴京采访第八届全国人大一次会议，发回了15篇包括党和国家领导人在湖北代表团活动的报道，其中有关铁道部部长听取人民代表意见的特写《部长同志，请听我说》还在与各大新闻单位的竞争中获得了大会报道奖。

就采访的基本方式而言，地方新闻单位记者在采访国家领导人时较少有机会采用由记者成套提问，领导人系列作答的形式。当然也有一些例外，如国家领导人在人民大会堂举行的中外记者招待会，地方记者也有权提问，但这并不是获得信息的主要方式。地方记者采访高层人士的途径，主要是运用直接观察法。为了准确观察，必须要有很强的跑位意识，否则会遗漏珍贵的素材，过后难以补救。1994年10月16日，江泽民总书记冒雨视察三峡坛子岭工地时，半道临时换乘越野吉普车登山，由于工作用车少，记者被动员不要上去了。当时我意识到，越是在这种非常时刻越可能产生有价值的新闻，于是不顾一切以冲刺速度猛跑，踏着泥泞奋力登上坛子岭，终于赶上并目击了总书记在山顶上与工人亲切交谈的场景，得以将此情此景写入现场报道。

采写原国家主席李先念身前身后事时，在跑位方面的经验也令我终生难忘。1984年，我第一次在北京天桥剧场采访李先念观看武汉歌舞剧院演出的大型歌舞《九歌》时，我不满足于只发一条消息了事，而是在熙熙攘攘的前厅、休息室、后台等处随时注意细致观察李先念与演职员的接触，终于在消息之外又形成了内容丰富的通讯。李先念同志逝世后，我成为唯一获准登上空军专机撒放骨灰的地方记者，在机舱颠簸的条件下密切观察，最终获得了李先念家属含泪在大别山上空撒骨灰的细节，以及夫人林佳楣空中赋诗悼念的珍贵场景，写成了独家通讯《大别低首故人回》。

"成如容易却艰辛",这是我在采访国家领导人活动中深刻的感受。每次采访,都要跑很多路、记很多笔记,精神高度紧张,有时就是在走动中,也要匆匆记下几个字,回到驻地后以此为提示,整理成笔记。当然,在以跑位观察为主要方式进行采访的同时,也可以适时抓住机遇,采用对谈的方式进行采访。1984 年我随一个剧团在京采访演出,那出戏是反映法制建设的,我当时想,要是能得到司法界高层领导的评价,无疑会增加报道分量。于是,我大胆地向当时的司法部长邹瑜提出了采访请求,结果他很爽快地约我到司法部去交谈,让我得到了一个很有价值的采访机会。

处理好分量与分寸的关系,始终是报道国家领导人活动所必须认真对待的问题。领导人的重要观点如要见报,需要得到适当的授权,这是一条基本的"门槛"。但是,在"门槛"内活动,也还是有很多如何处置题材的问题需要思考。

江泽民同志 1994 年 10 月在三峡的活动不少,如果以掌握的素材写一篇几千字的记叙性通讯也未尝不可。但是,我不想用这种写大块文章的办法来增加稿件的分量,程序性报道的任务由新华社通稿去完成就足够了,而我则选择了最能反映江泽民同志此行目的且最富有新闻动感的一段,用读者欢迎的现场新闻方式加以报道。最后,《总书记冒雨到工地》这篇稿件得以产生并受到了好评。在采写时任总理李鹏于 1993 年 12 月视察宜昌的活动时,我也采取了类似的方式处理题材,通讯《总理来到三峡坝区》并未因为篇幅短小而分量减轻。

反过来,有时从新闻价值出发,又需要适当对篇幅、标题予以强化。如 1994 年第八届全国人大二次会议期间,乔石委员长因为日程紧张,来湖北代表团活动的时间很短,讲话不多,没有充裕的新闻题材可用,新华社只打算在当日综合新闻稿中写一句话。但是,作为地方新闻记者,我还是把这件事单独写成了消息发回,因为家乡的读者都很关心在会议期间自己省的代表的在京情况,而乔石委员长来团的消息正可以给广大湖北的读者一个带有重要意义的正面答复,作为地方记者,应该有从这个角度判断新闻价值的意识。

在采访朱镕基 1994 年来武汉召开皖、赣、湘、鄂四省负责人会议并视察湖北的活动时,我在会议期间听到了许多极有分量的信息,特别是关于将要出台的粮食提价政策等,但这些消息在当时都属于不能透露的机密。会议期间,我为如何写出有分量的稿件而焦急。机会终于来了,会议的最后一天,朱镕基亲自下到湖北汉川农村,在田头地边与农民广泛交谈,并详细调查了粮价、肥价等市场动向,体现了领导人对农业、农村问题的重视,我据此写成了现场感很强的通讯《时刻把农情挂在心头》。稿件发表后,有的读者打电话或写信来,认为这篇稿件既有分量,又见人见物，可亲可信。

要采访国家领导人，记者还应该注重体现良好的知识修养。我国现任的高层领导人普遍具有很高的文化水平，谈吐涉及的知识面很宽，如江泽民同志在视察武汉神龙汽车公司时，就是用英语与外方人士交谈的，提到他不久前访问法国的观感以及希望中外专家加强合作等。听懂这些，对于丰富报道内容很有帮助。另外，记者谈吐和仪表应大方庄重，行为要符合礼仪和注意纪律，一般不应过于贴近采访对象或挡住行进路线，领导人合影时不要挤入镜头。在采访多个停留点时要严守时间表，我曾不止一次看到有的记者由于超时而被车队甩下的尴尬情况发生。

采访高层领导是一件严肃而又充满挑战的任务，随着改革开放的发展，地方记者担当采访任务的机会日益增多，在与国内外同行竞争的过程中，地方记者的作用将得到更大的显现。

心理小典 胆识与负压

胆识是人格力量的表现。从心理学看胆识是人的一种正面的心理素质。相反，很多人在遇到事情时常常会表现出习惯性无助，即个体经历了某种负面经历后，在情感、认识和行为上受消极的负压心理控制，呈现出自我无能的状态，对于哪怕自己有能力完成的任务，也在尝试之前自我放弃。

心智掌故 诗变词

清朝大才子纪晓岚临危不乱，处变不惊。有一年夏天，宫廷里新进了不少扇子。按照当时的习俗，儒雅的人会在自己的扇面上题一些字画。于是，乾隆皇帝把自己最喜欢的一把扇子交给纪晓岚，让他把唐代诗人王之涣的一首诗《凉州词》题写上去。

不知道什么原因，纪晓岚在题字的时候不小心把“黄河远上白云间”的“间”字给漏掉了。乾隆皇帝看了大为不快，把扇子丢给纪晓岚，说他有欺君之罪。纪晓岚拾起他丢回的扇子一看，才知漏写了一个字。但他并没有像其他人那样惊慌失措，跪地求饶，而是脑筋一转，不动声色地对皇帝说：“启禀皇上，这不是诗，而是一首词。”

“明明是一首诗，怎么是一首词？”乾隆皇帝稍带怒气，不解地问道。纪晓岚不慌不忙地说：“皇上息怒，且让微臣念给皇上听。”接着纪晓岚念出来的句子是：“黄河远上，白云一片，孤城万仞山。羌笛何须怨，杨柳春风不度玉门关。”经过纪晓岚这么一断句，一首《凉州词》果然由诗变成了词，而且意思完全未变。乾隆皇帝听后哈哈大笑，连连夸赞纪晓岚机敏过人，临危不乱，也没有治他欺君之罪。纪晓岚临危不乱，从容面对，最终化尴尬为诙谐，变窘迫为笑话。

莎士比亚曾说："人的才华智慧如果无法运用在最需要的时候，便和庸碌平凡没有差别。造物者是一个精于计算的女神，它给予世人的每一分才智，都要受赐的人善加利用。"当记者遇到突发事件时，是以情绪反应简单应对，还是先冷静下来，按最优原则作出传播选择呢？

心灵启悟 跌地抓土

新闻采访经常会有一些突发情况，使人始料不及。当你遇到意外处境时，是否也能像纪晓岚一样临危不乱，随机应变呢？不少人都做不到这一点，即使是芝麻大点的不利局面，也慌慌张张、冒冒失失，就像天要塌下来似的，其实完全没有必要这样。俗话说：跌到地上也可顺势抓一把土。这种不空手而归的态度，是自黄远生以降中国记者良好的职业习惯。

第五节 使出浑身解数

一个人的潜能有多大，实在是连他自己都难以预测。德国哲谚曰："人生非常短暂，如只叹其短暂，那就一点价值也没有了。"所以，作为一名记者，需要搏一下的时候，即使自己怀疑个人的能力不够，但最好还是不要犹豫，抓住短暂出现的机会，先跳下水再说，连扑带爬也可能会胜利到达彼岸。即使呛了几口水，也不枉是人生的一种价值实现。

1997 年，党的第十五次代表大会在京召开，我作为湖北代表团唯一的记者随行。对我来讲，这个任务是一次双重挑战。

一是此之前的历次中国共产党全国代表大会，报道任务都是由中央新闻单位承担的，他们具有丰富的党内高层政治活动报道经验，拥有强大的队伍和畅通的信息渠道。随着我国政治体制改革的发展，5 年一次的全国党代会，这个集中体现全党意志的最高场合，也改变了由中央新闻单位包揽一切报道的做法，这是改革的春风吹拂到新闻界的嘉讯。然而，我一个人的力量实在是太薄弱了，能否担得这副重任呢？

二是虽然我的本行是文字记者，代表团却要求我同时承担起文字、摄影、摄像和对外新闻联络员四项任务。这在技术上是一个自己从来都没有设想过的难题，我周围从来没有拍过电视专题片的文字记者，连报社的小型摄像机都是在我启程前临时为此购买的。我能把这几副担子挑起来吗？

不管它，任何的怯懦和退场都来不及了，上阵吧！

中国共产党全国代表大会的报道是极为严肃的政治性报道，每一句话都要经过反复的推敲。党的十五大正式提出了“邓小平理论”，江泽民同志作了关于所有制改革的论述，进一步丰富和发展了“邓小平理论”。党的十五大是继党的七大之后，党在理论上又一次飞跃的大会。我在人民大会堂聆听了江泽民同志的报告之后，充分意识到这次报道任务的分量之重。正如恩格斯说过的那样：“一个新的纲领必定是一面公开树立起来的旗帜，而外界就根据它来判断这个党。”尽管我只是一名以湖北代表团为主要报道对象的地方新闻记者，但传递这些重大信息的担子是同样重的。

在赴京之前，从不打无准备之仗的指导思想出发，我准备了相当多的资料，主要是认真研究了江泽民同志在中央党校的 5·29 重要讲话；借阅了党的十三大、十四大报道资料，做到对中国共产党全国代表大会的程序、会期长短、运用的报道体裁、报道用语的规范等了然于胸。通过研究资料，制定了一批报道选题。这些都是非常重要的准备工作，可以让自己临场不乱，把握工作节奏，沉着应对繁重的任务。

经过分析湖北代表团对大会精神的领会情况，归纳代表们的认识程度，经过代表团领导的认可，确定扣住“两个强调”为指导思想，报道湖北代表团在党的十五大的活动：一是强调高举邓小平理论伟大旗帜，坚持党的基本路线不动摇；二是强调掌握《报告》精神实质，迎接又一次的思想解放。在会议期间，我先后向报社发回了 10 多条稿件，基本贯穿了这两个指导思想。这样做，既避免了地方新闻单位不便对大会进程作全面报道的弱点，又突出了湖北代表团对大会精神的深刻领会。

党的十五大期间，我除了白天参加大会和分组讨论，晚上还找到许多代表进行交谈。从丰富报道思想和准确掌握代表信息的需要出发，还利用深夜时间阅读了大会全部的简报，这些简报共有 370 多期，数十万字，摞起来有近一尺厚。在担当联络员的工作中，尽管增添了许多联系采访的事务性工作，但又因此得到了信息量多的便利，例如，我在应约为《人民日报》和中央电视台安排采访和向代表约稿期间，就同时与代表穿插交谈，掌握了代表们对江泽民同志报告的许多有价值的意见和建议,扩大了报道视野。为了生动活泼地反映代表团的情况,我还根据党代会的特点,写了《聚集在镰刀铁锤的旗帜下》《站在新的辉煌起点》《在进京的特快列车上》等可读性较强的稿件,反映了代表们为党的千秋大业尽责献智的精神,以及党内生活洋溢着的民主团结气氛。

额外的摄影和摄像任务,使得自己在会场内外像陀螺一样旋个不停。我过去从来没有用过摄像机,进京前临阵磨枪学了一点推拉摇移的技能,头回出马就要派上大用场,还要自写脚本,心理上的压力之大是可想而知的。我想,技术上的生疏不可怕,怕的是放不下面子,尽管我是报纸的高级记者,但在电视方面我是小学生,我认为小学生只要认真和肯干,同样也能顶大事。我抱着"为历史留资料,为观众争镜头"的朴素想法,抓住一切适于拍摄的场合进行拍摄。在代表团前往人民大会堂时,我抢先跳下车,快步跑上台阶,先拍下代表们进场的镜头,再跑入前厅,分头找代表进行现场同期声摄录。在江泽民同志作报告的过程中,我在记者席上端着摄像机,用长焦镜头摄录了大量本省代表的镜头,由于时间长,两只手都酸痛得发抖。在整个党的十五大期间,我比代表们多走了不知多少倍的路,所有能到的场合,都是爬高上梯、跑前跑后拍下资料,其中有江泽民同志会见全体代表并合影、代表们夜登天安门、湖北团多次分组讨论情况、代表们参观"辉煌的五年成就展"、代表们接受中外记者采访、列车上代表们的活动等。我在党的十五大期间拍摄的录像带素材长达 8 个小时,可以想见这付出了多少艰苦的劳动。

大会结束回到武汉,第二天我就写出了长达万字的专题片脚本,把录像素材剪辑成了一部时间为近半小时的专题片《湖北代表团在党的十五大》,先在内部放映,得到报社和省委办公厅的肯定,认为具有珍贵的史料价值,随后这部片子又在湖北卫视的黄金时间播出,收到了良好的社会效果,使我这个初次涉足电视制作的小学生,尝到了胜利的欢乐。

在摄影方面,我也做了充分的努力。报社嘱咐我应充分利用照相机,一方面用于新闻报道,另一方面为党的十五大代表提供优质摄影服务。我在十五大期间充分执行了这两条方针。整个会期,我先后拍摄了几十个胶卷,在《湖北日报》刊登了题为《聚集在鲜红的党旗下》整版摄影画刊,并几乎为湖北代表团的每一个代表拍摄了珍贵留影,得到了代表团成员的一致赞誉。

党的十五大过去许多年了,回想当年,有时也诧异怎么会有那么多使不完的劲。我曾收到省委领导写的一封信,信上说:"十五大期间,你最忙,感谢你的服务!"的确,人生中作一次全力拼搏是不容易的,最能得到安慰的是,拼搏的结果能够长留在那么多读者的记忆中。

心理小典　强压现潜能

潜能是指人具有的但又未表现出来的能力。潜能分为生理潜能和心理潜能，潜能的发掘和发挥都存在着极大的心理因素。人通过提高认识、学习技巧、培养感受力和领悟力、坚强意志等方法都能够发挥人的生理潜能和心理潜能。爱迪生曾说："如果我们做出所有我们能做的事情，我们毫无疑问地会使自己大吃一惊。"人在绝境或遇险时，往往能发出不寻常的能力，产生一股"爆发力"，这种爆发力即潜能。

心智掌故　潜能救命

从前有个老猎人，枪法很准，百发百中。

猎人有一只跟了他多年的很忠实的猎狗，每次打猎都跟着他，但是由于猎人的枪法很准，所以猎狗基本上每次只要把猎物衔到主人面前就行了。

有一天，猎人像往常一样带着猎狗去森林里打猎。在灌木丛生的森林中猎狗嗅到了野兔的气息，猎人发现了猎狗的兴奋，往前望去果然有一只野兔在草丛中憩息，这时猎人举起了枪，瞄准了小兔，机灵的小兔似乎意识到了危险的来临，"呼"地往前窜去，还是被猎人打中了耳朵。受伤的小兔强忍疼痛，本能的"嗖"一声往树丛中奔去。这时的猎狗本来以为主人打中了野兔，还慢腾腾的打算去衔过来，等到猎人"喝"一声叫猎狗去追时，野兔已经溜了好远，猎狗慌忙追向前去却怏怏的回来了，它对主人说："主人，那兔子实在跑的太快啦，最后不知道钻到哪个灌木里不知所踪了！"而野兔回去之后，她所有的好朋友都为她捏把汗，都以为她这次是难逃厄运的。于是都凑过来问她这么会跑的过猎狗呢？兔子就说了："我当时就知道拼尽全身力气往前跑，别的什么也没想，不知不觉跑得比平时快的多，没想到最后竟然让我给逃脱了，现在想起来真是后怕啊！"野兔使出浑身解数，拼尽全力，潜能尽释，而猎人和猎狗的潜能，可叹！

心灵启悟　全能人才

新闻界里流传着这么一句话："女人当男人用，男人当牛马用。"在新传播技术突飞猛进的当下，记者必须具备采、写、编、评、摄、播等多方面的能力，在这方面没人是天才。记者工作好像是在写别人，其实也是在写自传，外在力量似乎决定成败，实际很大程度上靠的是心理上的自我选择，包括是否选择压力。不使出浑身解数，不释放全部才智，就难做一名合格的新闻工作者。

第六节 贴近现场为本

读者阅读率调查表明，我国读者对不同新闻的关注度与他的职业大致呈正相关的关系。例如，关于党政干部改进工作方法的报道，干部读者比较多；农民如何致富的新闻，农民读者更为关心。从微观新闻学的角度看，“写谁谁看”并不是一件坏事，只是第二个“谁”不是个人，而应该是放大了的读者群体。这符合实事求是的原则，也符合报纸有针对性地加强服务的功能趋势。当然，这绝不意味着新闻要陷入狭隘的部门代言人的境地，而是工作报道之中要连带有广阔的社会天地，专业性中要有人所共通的情感和境界。

我在新闻实践中也曾为题材狭窄、文笔干涩所苦恼，后来慢慢悟出来一些道理，知道主动权其实在自己手里。如果把工作性报道来一个逆向操作：顺着现成材料的线索，从办公室到现场，从文字还原到实景，如此完成一个采写过程，其视角肯定有其独到之处，收获肯定能够进入一个新的层次。许多人的亲身实践都证明这是一个行之有效的办法。

1995年初，我接到一个反映工作成就的材料，即湖北省向香港输出生猪30年，取得了经济效益和政治影响的双丰收。这个题材如果按常规办法来处理很容易，只要到外贸主管部门了解一些数字，再向有关的官员采访一下，写一篇居高临下的宏观报道是很容易的，写得好，还可以上一版头条。但是我想，这样报道普通读者不一定会关心，事情虽然是群众做的，但这种俯视的报道会让他们产生一种距离感，觉得无关自己的利益和痛痒。

于是，我就想到了逆向操作。运送了多少生猪到香港的数字是静态的并且会让人感到很遥远，那么记者到现场去看一看，不就可以写出活的场面和动态感了吗？这个方向的调整至关重要，很多题材是不能重复报道的，第一次的切入面选择一旦有误，见报后不可能在短期内再作补救，结果只能是浪费了题材。有经验的记者往往在题材面前会有这种临场嗅觉，能够及时把握采访机遇。

养猪、运猪、卖猪都是普通老百姓做的事，反映这件事的报道理应从他们的角度出发，这是一个质朴的想法，也是一个最实事求是的选择。报道的线索虽然来自上层机关，但并不等于采访只能在上层机关进行。周恩来同志在20世纪40年代就要求《解放日报》的记者："我建议你们除了必要地采访一些上层活动外，可以着眼于群众。譬如说应该访问几个从战区流浪到重庆的擦皮鞋难童，或者访问嘉陵江几个渡口的船夫，或者访问重庆市内的公共汽车售票员，谈谈他们的生活和愿望。这种别开生面的新闻报道，会得到读者的欢迎，不妨试一试。"周恩来同志这种上下结合的新闻报道指导方针，在今天仍然有着巨大的指导意义。按照这个方针，我们制定了化静为动的现场报道计划。

我们在有关部门了解到，湖北生猪输送到香港主要通过两条渠道，一是由武汉铁路口岸启运，行程1,300公里，50余小时；二是由江西九江铁路口岸启运，1,700公里，80小时。为了反映最艰苦和运距最长的生猪运输路线，我们决定从九江登上运猪货车，直到深圳交货点。为了让读者看到他们关心的鲜活新闻，我们决定沿线随时发稿，形成一个现场短新闻系列，系列的题目就叫"鄂猪南运记"。

我们两个负责采访的记者当了临时猪倌，这在当地成了一个不大不小的新闻。当地干部劝我们说，运猪非常辛苦，又脏又臭，何必吃这个苦头，要是想看深圳口岸交货现场，买飞机票送你们去就是了，费用我们全包！我们谢绝了他们的好意，因为我们想，稿件要想写得贴近群众，行动先要贴近群众，如果这个采访的切入面丢了，稿件就成了无源之水，无本之木。

登车采访之后，按照我们原定的设想，要在矛盾中反映事物的艰难曲折，所以我们作好了遭遇乱设卡、乱收费及铁路沿线车匪路霸的准备。后来，在几天几夜的漫漫旅途中，除了在湖南境内一个名叫羊石的小站遇到有不明身份的人野蛮敲打车厢门以外，一路上平安无事。于是，我们从实际出发，调整了报道思路，把采访方针改为"再现艰苦环境，写真人状实物"。系列报道中的《猪车纪事》《子夜，我们向南驶去》和《车到广州》就是向读者再现了我们在押运猪车中的情景。

在艰苦的押猪途中，押运员们从不为困难和艰辛流泪，可是当记者与他们在荒郊野外利用停车间隙围坐谈心时，他们为有人倾听自己艰辛的命运而湿润了眼睛。车到湖南株洲，列车再次重新编组，那时我们没有手机，只能找地方用电话发稿回编辑部，然后拖着疲惫的脚步回到猪车旁。这时我们发现，重新编组的列车实际上已成了一个动物王国专列，发往香港的鄂、沪、浙、赣4省市的生猪、活牛、鸡鸭、活鱼等都在此汇合。押运员们用不同的方言，诉说各自的见闻和甘苦。三百六十行，押运恐怕算是最苦的行当之一，我们随车采访，不写他们又写谁呢？于是，通讯《押运心曲》酝酿成熟。

我们此行的目的地是深圳，运猪列车经过80个小时的漫长旅行，于1月23日下午到达深圳站，因当日猪交不出去，我们只得在运猪列车里再过一夜。深圳人也很少知道北站这个地方，这是一个有着二十多条道岔的货车站，专门停放内地输港各类鲜活产品的列车。车到站后，押运员们的第一件事就是为牲畜进行最后的清扫，因此，粪便污水淌得满地都是，夜风一吹，臭气熏天，守在猪车里的我们根本无法入睡。毕竟我们是第一次，与长年累月干此活的押运员相比，又算得了什么呢？远处摩天大楼的彩灯在夜空中闪烁，身旁响起的是生猪互相厮打的噪声，这反差极大的一夜，给我们留下的印象让我们永生难忘。次日一大早，我们守在车边采访动物检疫和边检过程，然后目送猪车过罗湖桥向香港开去，伴随着隆隆的车轮声，我们在铁路边小杂货店抓起直拨电话，向编辑部口传稿件。

我们随后又到主管生猪出口的机关和口岸进行采访，掌握了大量生猪出口的市场信息。有了押猪沿途的感性认识，又了解了面上的情况，我们对湖北生猪出口香港的事业就有了更深的认识，提炼出了"一条生猪出口路，多少心血浇筑成"的主题，写成了《接力向香港辐射》，作为这组系列报道的结束篇。

这组"鄂猪南运记"系列报道共发稿7篇，算不上什么大主题，然而现场感之强、时效之快，是独具特色的。广大读者因此也给予了好评，一位读者来信写道："读着这样的报道，仿佛能闻到押猪车上的气味，看见记者伏在稻草上写稿的情景。"有关单位还赠送给我们一面锦旗，上面写着："深入一线采访的人民好记者"。回顾这组报道，最大的收获就在于真正贴近了现场，所以内心充实，笔下见人见事、有情有神，因此，读之感到颇为有韵有味。

心理小典　观察与求真

心理学家梭罗说过："一棵树长到它想长的高度后，它才知道怎样的空气适合它。"亲临新闻活动现场，通过观察新闻活动的传受双方在新闻活动中的行为表现进而了解其心理的方法在心理学上被称作"现场观察法"。记者的底线是传递事实，这在心理学上称作求真心理，它反映了人类的理性——把事实作为行动的依据。文化学者詹姆斯·格雷克认为"信息是人对世界认知的碎片化呈现"，即从事实中了解自己未知的世界。

心智掌故　悉达多太子出宫

释迦世尊是三千年前印度净饭王的太子，名叫悉达多。佛陀降生在皇宫，他是怎样发愿出家的呢？

相传净饭王为了不让悉达多太子出家，自小就不让他出宫，他生活在宫院里锦衣玉食，侍女随从都是年轻漂亮的，悉达多太子从来没有见过生老病死，不知人间疾苦，直到一个偶然的机会他出了宫。在街上，他看到一位年老的人，这位老人弯腰驼背，拖着两条腿，一步一步走得非常之艰难，手还拿着拐杖，拐杖也拄不稳，走起路来东倒西歪；老人面容较瘦，头发枯白，衣服也是破旧褴褛，看起来非常可怜。

这情形在王宫里是看不到的，太子便问侍臣："那是什么人，怎么弯腰驼背的，行走那么艰难?"侍臣说："那是年老的人。"太子又问："年老的人怎么看起来这么苦，那我将来是不是也会像他那样?"侍臣说："谁也免不了老。"接着，悉达多太子在侍从的带领下又看见了生病的人与死亡的人。抵近体察，使太子感受强烈，心有所悟，所以后来才有了今天的释迦牟尼佛。

心灵启悟　还原真实

信息维系着人类文明的完整性，缺少了任何一种信息都是不完整的，包括图像、声音、动作和文字等。不贴近实际生活，很有可能被蒙蔽双眼。贴近现场不仅能得到最全面真实的素材，也能感受到不一样的感情，可以知道受众最想知道什么信息，做出让受众满意的作品。真理和谬误只有一步之遥，记者没办法创造真理，只能通过还原真实，去靠近真理。

第七节　撑起渡河之舟

信息之河，载舟覆舟。新闻记者不能被信息淹死，而要带着有价值的新闻作品渡河，从而服务社会。

提问，乃记者的渡河之舟。

有人问，把提问的位置摆得这么高，是不是太过了？不！细想一下，无论记者用什么方式采访，贯穿其中的思维轨迹，都会带有提问的特征。变不知为知，变浅知为深知，变难知为易知，哪一步都离不开提问。古人说："博学切问，所以广知。"这是有着深刻道理的，所谓"切问"，就是善于多方面并深刻地提出问题。

"知识就是力量"这个道理已经深入人心，但人们往往忽略的是，提出这个道理的英国人培根，还提出过另一个口号，那就是"好奇是知识的种子"。所谓好奇，就是心存疑问，急欲求解。"孔子进太庙，每事问。"毛泽东同志曾号召国人"学习孔夫子的'每事问'"。孔子的学问够大的了，但他参加太庙祭典，凡事不懂就问。正是因为孔子逢事必问一个所以然，所以为他后来成为我国古代著名的思想家和教育家打下了学习态度上的基础。我国现代著名教育家陶行知先生，把培养学生"提问"的能力放在特别重要的位置上，为此他还专门写过一首诗，论述发挥"提问"的道理："发明千千万万，起点是一问。禽兽不如人，过在不会问。智者问得巧，愚者问得笨。人力胜天工，只在每事问。"中国的一般习惯是不许孩子多说话，而小孩子只有得到言论自由，特别是提问的自由，才能充分发挥他的创造力。记者何尝不是如此，初出茅庐的记者，总是从字面上理解记者职业，好像记者就是"记录者"，下去采访往往无声而过，隔玻璃看人，翻材料查事，满足于"记下大概"，匆忙间做起"差不多"如何如何的文章。其实，与单纯的"记"恰恰相反，记者实质上是"询问者"，不仅要问，而且还要"能言善问"，凡事问个水落石出，弄得个清楚明白。

新闻记者的采访，经常采用"随便聊聊"的方式。这种方式，犹如一张疏而不漏的滤网，一旦网上反射出有价值的信息，脑子里顿时便会出现许多问号，循着这些问号发掘下去，往往就会发现新闻。当然，问题人人都能提，而新闻记者提问的注意力，应该集中在抓住具有事物本质特征的东西。中华人民共和国成立初期实行粮食统购统销政策之后，陈云同志找了几个省管的负责农业的书记谈情况，大家都反映粮食紧张。陈云同志听了两天后，只提出了一个问题："现在农村小猪的价格涨落如何？"回答都说："涨。"陈云同志说："我看粮食并不紧张，小猪价格涨了，说明养猪农户多了，而猪是要吃粮食的。"陈云同志的提问，一下就抓住了问题的实质，记者如果这样提问，就能抓到真新闻、大新闻。

新闻记者可以说是职业的提问者。至于提问的方式，大致可分为"明问"和"默问"两类。明问就是当面提问，在与被采访者一问一答的语言交流中，获得有价值的信息。默问，则是记者面对文字材料发问。有经验的记者，都是带有满脑子问题的记者，每看到一份材料，脑子里马上就飞快地提出问题：新在何处？难在何处？意义在何处？进一步大致能挖到何物？可是，现在有的记者，却在拿到材料后问都不问（很多时候是被采访者提供的"通稿"），直接署名就发，这种"问都不问"的行为是对记者职业的一种亵渎。

当记者的人，要有不耻下问的精神。记者特别要破除官本位的心理和高人一等的意识，有的人总感到“我是县处级记者”“我是机关大报的资深记者”“我的学历比对方高”。由此，总爱端着架子，居高临下地说话，被采访者在这种位置差的睥睨之下，谁还愿主动地、尽心尽力地回答你的问题呢？

其实，记者对别人提问，也是对自己的一场考试。人们常说“问题要提到点子上”，做到这一点是不容易的。如何提到点子上去呢？关键在于平时勤学多思，心中储备了足够的背景材料和有待解决的前沿性疑难问题，这样你一开口，别人就觉得你这个记者是有思想的，提的问题是有价值的。现代意义上的记者，不能像一张白纸，任别人在上面涂什么就端出去什么，现代记者往往是在与对象进行一种交互式的启发，甚至是在碰撞中产生新闻主题思想的火花。“白纸”型的记者，是不合格的记者，甚至是要遭人愚弄的记者，这不是危言耸听。曾有一名记者去采访农民负担问题，开始人家很紧张，可后来对方弄清了这位记者连“三提五统”的含义是什么都搞不清时，便放心大胆地搪塞，这位记者的采访结果可想而知是糟糕透顶的。

“智者是何等的善问多虑呵！”荷马两千多年前在他的史诗中如此慨叹，今天仍给我们以启示。记者要把善问作为一门学问，加以揣摩，不断改进，以利应用。提问的技巧可以理出许多条，但综观中外记者的提问，基本上可以归入两类，一类是启发引导式，另一类叫压力反弹式。所谓引导式，是采访者与被采访者在一种和谐的气氛中，以问题作路标，逐步把采访引向深入。在这种情形下，需要记者对哪怕初次见面的被采访者也要体现出友善和热情。意大利著名记者法拉奇采访邓小平时，开头就说：“前天是不是您的生日？我的父亲和您岁数一样大。”一句话拉近了两人之间的距离，这种发自内心的问话，铺平了采访之路。当然，记者不可能全都是采访挚友式的对象，当你行使舆论监督权的时候，当你了解处于激烈矛盾中各方的情况的时候，朋友式发问不一定能起作用，这时就必须施加一定的压力，而对方的反弹往往就是你所期望的新闻素材。同样是法拉奇，她采访伊朗宗教领袖霍梅尼时，开头一句却是：“人们都说你是一个独裁者，你怎样看这个问题?”霍梅尼果然极力辩解，这种反弹出来的材料，正是宝贵的第一手新闻。不管是引导式还是反弹式，都要讲究逻辑的力量，一步比一步深。这样，采访成果才能像滚雪球一样越滚越大，而乱提问题，“雪球”就会化。

一个勇于探索的记者，脑子里应该充满了问号。从某种意义上说，记者的任务，就是把一个个问号拉直。假以时日，这些被拉直的问号就能排列成一片令人惊叹的成绩之林。

心理小典　诱导与反弹

提问是心理学最主要的技巧之一。大量信息的获得都是通过提问方式而来的，心理学提问技巧遵循的原则是在合适的时间，在合适的内容上提出合适的问题。问题是询问信息的载体，发问是询问得以实现的行为方式。诱导性发问的心理学基础在于语言的双结构层次、错觉定式、暗示等，在于提出问题引导对方去回答，达到掌握事实的目的。压力反弹式发问是指提问时有意地刺激一下对方，使谈话转向某一话题。

心智掌故　爱提问的爱因斯坦

爱因斯坦对各种事情都十分好奇，有一天，爱因斯坦终于忍不住就他不懂的问题去问雅可布叔叔，因为雅可布叔叔不仅读过大学，而且还是一名工程师。

"雅可布叔叔，您能给我详细说说有关磁场的事吗?"他扬起小脸，眼睛里充满对知识的渴望。

"阿尔伯特，你才这么小，怎么就问起这个问题来了?"雅可布叔叔感到有点奇怪。

爱因斯坦小心翼翼地从怀里取出他的罗盘，然后问道:"我看不到磁场，也摸不着它。那么它是怎样让罗盘的指针指向北方的呢?"

雅可布叔叔对爱因斯坦的问题也感到有点为难，因为他对地球的磁场问题了解得也不是很透彻，只好说:"这个问题我一时也不知道该怎样回答你，或者不知道怎么说你才能明白。你现在还小，等你上了中学、大学，就能够明白了。说实话，很多问题大人也在研究。"

"那磁场看不到也摸不着，我们人类又怎么知道并确定它存在的呢?"爱因斯坦没有办法，只好退一步问。

"它是存在的。罗盘里的指针不就是很好的证明吗? 其实，世界上很多东西都是我们用眼睛看不见、摸不着的，不过它们的确存在。如引力场，在地球上我们叫它重力场，它也和磁场一样是存在的。我们把一件东西扔到空中，它又落回到地面上，这就是重力场的作用。"

爱因斯坦还是听不太懂，但他潜意识中觉得叔叔说得对，所以认真地点了点头。

爱因斯坦经常会陷入苦思冥想之中。雅可布叔叔非常高兴，他认为这种平凡而又神圣的好奇心，正是爱因斯坦成长的动力！

心灵启悟　以问为业

只有敏而好学，不耻下问，记者才能发掘更多的新闻素材，要能言善问，凡事问到底，问个水落石出，问得清清楚楚，才能保证新闻的真实客观。同时，互联网时代出现了受众感觉“信息过载”的现象。人所接收到的信息远远大于能够处理的信息，获取有价值信息的成本越来越高，也给人的身心健康带来负面影响。记者问的过程，也是一个梳理信息和服务受众的过程，从这个意义上来讲，记者可以说是一个以问为业的社会角色。

第八节　也谈赵括将兵

做新闻工作，凡有出手，必以调查研究结果作后盾。在高新技术发达的当今时代，调研的手段是越来越先进了，但调研的难度却并未随着手段的先进而降低。不过，总有一些或鲁莽从事、或不知轻重的人，轻视调查这一环节，认为这是一件容易办到的事。

战国时期的赵国，有个一年轻得志的名士赵括，谈起兵法滔滔不绝。然而其父赵奢生前并不认为赵括善于带兵，他说：“兵，死地也，而括易言之。”结果，就是这个以轻敌态度带兵作战的赵括，在赵、秦长平之战中惨败，赵军45万之众被秦军悉数坑杀，成为中国古代战史上一战而死亡人数最多的战例。

回顾这些年来的新闻纠纷，凡新闻单位败诉的，多数原因在于调查研究不到位。细问调研失败的缘由，多数又是因轻视或疏忽了调研的重要性，想当然而致。所谓“想当然”，人们只会在自认为不重要的事情上才会“想当然”，如果认为是“性命交关”的事，你会“想当然”吗？有一位记者在采访一位副教授时，听到别人口头上喊此人“教授”，于是想当然地就在稿子里把这位采访对象的职称写成了教授。谁知稿子发出后，给那位采访对象造成极大的尴尬，上门来理论，因为他正在评职称的火候上，报纸提前给他这个副教授“提了职”，造成周围人的反感，谁还会投他的票？这才真是“一字之差，谬之千里”。

轻视调查研究的思想根源，其原因在于官僚主义。新闻工作者虽然并不是官，但有官气的新闻工作者并不少。官僚主义的害处之一就在于它有传染性，结果闹得上下左右都害病，敷衍成为社会风气。官僚主义的孪生兄弟是疏忽大意，一些新闻官司的发生本来是可以避免的，根据记者相应职称和岗位责任制的要求，应当预见到，并且可以预见到自己的言行可能会对报纸和社会造成危害，而疏忽大意却不能预见得到。这样的具体表现有很多，例如：不执行或不正确地执行采访纪律和审稿制度；对敏感问题主观臆断、片面采信；对数字和资料处理漫不经心，马虎草率；或越权行事，遇到不懂的问题，既不请示，也不请人帮助，一味蛮干，从而造成对媒体和社会的危害。列宁曾经十分气恼地痛斥过："我们所有的人都陷在官僚主义'官厅'的臭泥潭里。"要克服新闻单位的官僚主义，从实习记者到总编辑，概莫能外，而且必须干到老、坚持到老，不能松懈。

邓小平同志说："说大话、说空话、说假话的恶习必须杜绝。"新闻记者的职业就是用笔"说话"。凡调查研究不到位，就没有实实在在的"干货"可放进稿件，必然导致说大话、说空话和说假话。"大兴调查研究之风"是我们党的优良传统。1961 年 1 月，在党的八届九中全会以及此前召开的中央工作会议上，毛泽东多次发表讲话，要求全党恢复实事求是、调查研究的作风。他希望与会者回去大兴调查研究之风，一切从实际出发。随后，中共中央向各中央局、省、市、区党委致信，并附上了 1930 年毛泽东写的《关于调查工作》（即《反对本本主义》）一文，要求县以上各级领导机关联系实际认真学习。信中指出：深入基层调查研究，是领导工作的首要任务。全会之后，毛泽东亲自组织和指导三个调查组，分赴浙、湘、粤农村进行调研；中央其他领导人也分别到农村进行调查；各省、市、自治区党委书记也纷纷深入基层，形成了一股调查研究之风，解决了实际工作中存在的许多问题。"大兴调查研究之风"后来成了党坚持实事求是思想路线的一句著名口号。对于新闻工作者来说，每一次采访都是一次新的调查研究的实践，它绝不是那种"等因奉此"的官样应付行为。采访者要真正做到了解实情、真情，关键是要真正扎下去、沉下去，不能只搞蜻蜓点水、走马观花，特别是不能只凭浏览一两页材料就认定一个事实，只看一两个"景点"，就评判一个单位的优劣。到一个单位采访，不仅只听会上的，也要听会下的；不仅要听领导的，也要听群众的；不仅要看"门面"和"窗口"，也要看"后院"与"角落"；不仅只了解正面的意见，也要了解和倾听个别的，甚至反面的看法。

恩格斯说："原则不是调查的出发点，而是它的最终结果。"我们每天出门从事新闻采访写作的时候，在不经意之间就会带着各种框框上路，这样的新闻采访，走的是一条印证之路，而不是不断突破之路。这样得来的材料，虚多于实，概念多于情况，好像十分勤奋，得来的材料中却不乏虚假的内容。在这个信息芜杂的时代，虚假的学问比无知更糟糕。无知好比一块空地，可以耕耘和播种；虚假的学问就像一块长满杂草的荒地，几乎无法把草拔尽。

人应当首先在思考领域里成为劳动者。到处跑来跑去的记者，两条腿是受脑子支配的。而记者比较容易走入的一个认识误区是，只要到现场调查了，就有发言权。毛泽东同志早就指出过："不正确的调查同样没有发言权。"不正确的调查，有方法的不正确，也有观念的不正确。方法的问题并不可小视，例如，数字游戏许多人都会玩，但是对于掌握了统计知识的记者来说，这种游戏就不易玩得过去。许多带泡沫的数字，只要稍加计算，就会算出破绽。一些鱼塘里放"卫星"以贪功、亏损公司报利润骗股民的荒唐事，就不会被宣传得天花乱坠。而观念的不正确则更危险，调查的时候就会把表面文章当作真情，甚至把本来违规的事情当作创新。多年前出现的长城公司非法集资案中，就有记者听信歪理，帮着骗子瞎鼓吹，使骗子的"事业"越闹越"真"。这些经验教训都告诉我们，要做到真实，就要全面；而全面又离不开深刻，不深刻就不会全面。因此，不能只说明现象，而且要说明事物的内部联系。这些具有辩证法的思想，在记者的思考领域里须臾不能丢弃。丢弃了或轻视了，就会产生赵括在长平之战中最终惨败那样的危险。

心理小典 微服私访

古人知道真实总被利益蒙蔽，所以以上知下不是一件容易事。微服私访是指帝王或高官为深入民间了解情况而换装平民便服出行。微，动词作"隐匿、隐蔽"意，心理上是一种角色易位。微服出访这种行为早在战国时代便有记载，《韩非子·外储说右下》："齐桓公微服以巡民家。"说明古人对微服私访的重要性早有所悟。

心智掌故 吉列的刮胡刀

男人长胡子，因而要刮胡子；女人不长胡子，自然也就不必刮胡子。然而，美国的吉列公司却把"刮胡刀"推销给了女人，居然大获成功。

吉列公司创建于 1901 年，其产品因使男人刮胡子变得方便、舒适、安全而大受欢迎。进入 20 世纪 70 年代，吉列公司的销售额已达 20 亿美元，成为世界著名的跨国公司。然而，吉列公司的领导者并不满足于此，而是想方设法继续拓展市场，争取更多的用户。就在1974年,公司提出了面向妇女的专用“刮毛刀”。这一决策看似荒谬,却是建立在坚实可靠的基础之上的。吉列公司先用一年的时间进行了周密的市场调查,发现在美国30岁以上的妇女中,有65%的人为了保持美好形象,要定期刮除腿毛和腋毛。这些妇女之中,除使用电动刮胡刀和脱毛剂之外,主要靠购买各种男用刮胡刀来满足此项需要,一年内在这方面的花费高达7,500万美元。

根据调查结果,吉列公司精心设计了新产品,它的刀头部分和男用刮胡刀并无两样,采用一次性使用的双层刀片,但是刀架则选用了色彩鲜艳的塑料,并将握柄改为弧形以利于妇女使用,握柄上还印压了一朵雏菊图案。这样一来,新产品立即显示了女性的特点。为了使雏菊刮毛刀迅速占领市场,公司还拟定了几种不同的“定位观念”到消费者之中征求意见。这些定位观念包括:突出刮毛刀的“双刀刮毛”,突出其创造性的“完全适合女性需求”,强调价格的“不到50美分”,以及表明产品使用安全的“不伤玉腿”,等等。

最后,公司根据多数妇女的意见,选择了“不伤玉腿”作为推销时突出的重点,刊登广告进行了刻意宣传。结果,雏菊刮毛刀一炮打响,迅速畅销全球。这个案例说明,市场调查研究是经营决策的前提,只有充分认识市场潜在特征,决策才具有针对性。

心灵启悟　遵循规律办事

传播学中的经验学派之所以能跨越国界产生很大影响,在于它重数字、重理性、重定量分析,这些要素都来自社会,需要做全面、深刻的调查,不是只说明现象,而是需要说明事物的内部联系,了解事物表象之下的因果,继而作出严谨真实的判断。新闻报道的落脚点在传播效果和受众体验,这二者的规律是动态发展着的,不可穷尽,所以记者的认知也应该是动态的、发展的。

第九节　流行而不流俗

海涅说过:“语言可以把死人从墓中叫出来,也能把活人埋入地下;语言可以使侏儒变为巨人,也能将巨人彻底打倒。”语言的魅力本来就有这么大,通过报刊放大之后,其威力更是难以估量。

写新闻当然不反对运用流行的语言。语言是社交的工具，当代人进行社交，理所当然要用当代的活的语言，特别是在一个变动很快的社会中，新闻语言一定要跟得上时代的脚步，不能总用上辈子的语言，以致给人一种老态龙钟的感觉。

但是，任何事情都过犹不及。现在很值得注意的一个倾向是，新闻语言吸收流行语言有点儿过了头，有一种流俗的苗头在滋生。

词汇，这是语言诸要素中最活跃的一个因素。大量涌现的新词汇鱼龙混杂，现在有的报刊不加过滤，一律照搬进新闻稿中。例如，把“麻木”作为三轮车的代名词，这无论如何不能算是一种合理的称呼。据说起因是踏三轮的人大多爱喝酒，常处于麻木的状态。名词的称谓，一般都有“褒扬”“贬抑”“平常”三种语气，很显然，“麻木”属于“贬抑”的一类。大众媒体是规范社会语言的一种教科书，如果在教科书上就教人不尊重别人，那这个社会怎么能谈得上是一个真正文明和公正的社会呢?

旧社会有一些从江湖上传入社会的“切口”，带有帮会隐秘语言的性质，中华人民共和国成立后，随着黑社会的覆灭，“切口”不再有市场。但是近些年来，一些带有半“切口”性质的语言，又开始渗入新闻语言，似乎还成了一种时髦。一些明显是带有猥亵和肉欲的隐语，却不分场合，大量地被用于新闻稿中。还有，把暗娼称作“鸡”，把情人称作“情况”，这些上了报刊版面的词汇，反过来又在社会更大范围内流传，对社会语言环境造成不良影响。

语言使思维有了可能，思维反过来又应该使语言得到升华。无法设想，一个口头语言十分粗俗的人，能够有崇高的思想，能够拥有十分健康和文明的行为。同样，也无法设想，一个书面语言十分粗俗的人，能够写出传世的华章。

立意有高下之分，语言有文野之别。这种高下与文野的区别，往往取决于记者是否付出了艰苦的思维劳动。目前，在不少新闻稿中有一个普遍的现象，那就是把口语中那些模糊化的动词搬上纸面，通篇缺少鲜明而准确的动词。大家知道，动词是最具有个性和细微区别的词，也是使稿件充满活力和现场感的语言要素。例如，白居易写的弹琵琶的句子“轻拢慢捻抹复挑”，短短七字句竟用了四个动词，怎能不使句子充满跳动的活力？而现在的一些新闻稿，往往用的是流行的领导作报告的口气，写的是流行的文件用语的翻版，动词用得最多的、但最没有特色的是“搞”字——搞好下岗分流、搞好劳动保险、把效益搞上去、搞饭吃、搞酒喝、搞房改、搞保险、搞房子、搞票子、搞改革、搞稳定……一个“搞”字代替了多少丰富多彩的行为动词，这真是中国语言的悲哀。

语言还有一个立场问题。记者是社会的眼睛，写什么、怎么写，当然要讲角度，这个角度不管怎么调整，大的视角是不能变的，那就是要从维护国家利益和人民的利益出发。现在的情况却不是完全如此，记者常常直接选取某个部门、某些团体的行业语，成了他们的“代言人”。这种倾向最直接的表现，是报刊语言中经常出现的“称王称霸”现象。“某某产品称雄”“某某工厂成为同行业霸主”“某某产品傲视同行”“某某在竞争中占尽风光”“某某成为巨无霸”“某某是无可争议的大哥大”……不一而足。企业在自我宣传中，使用一些带有自夸和挑战性质的语言，这是商战的需要。这种自说自话式的语言运用，社会可以接受，哪怕企业运用广告的形式在报刊上以这类语言进行自我推介，社会也可以容忍，因为读者只要一看第一人称的用语方式，就已经有了心理准备。但是，媒体记者作为第三方，不能轻易把自己纳入某个企业的阵营。且不谈“无可争议”向来都是有争议的，就是从明智与否的角度看，媒体也不应该因语言立场、语气运用的问题而陷入褒贬的纠葛。试想，今天你站在“傲视一方”的立场上，明天你还去不去被傲视的一方采访？如果不去，你是自断新闻资源；如果去了，岂不是自找没趣？

语言的风格当然应该多样化，可以雅、可以俗；可以庄、可以谐。但是作为大众传媒的报纸，其语言风格因为具有社会示范作用，所以应该以明快、庄重为主。如同教师的着装，生活中穿什么风格的衣服那是个人自由，但是一旦走上讲台，在学生面前的着装风格就应该庄重得体。莎士比亚说过：“善于在字面上播弄花样的，很容易流于轻薄。”报纸的行文同样如此，特别是在报道一些重大题材时，如果运用绕口令式的、油腔滑调的语言，就会把严肃的主题弄得非常俗气。中国是一个民间盛产四言八句式“段子”的国度，这些“段子”中的相当一部分都渗透着讽刺、挖苦或者玩世不恭的色彩。可是有些“段子”居然被搬上了报纸，这不仅对语言的纯洁不利，而且对社会心理来说也是一个负面影响。还有那种夹枪带棒式的调侃、满不在乎的信口胡说、网络语言式的前卫隐涩、篡改成语式的虚假幽默，都在慢慢浸润着报纸，使得我们看报纸时，经常还要提醒自己，不要受那些油腔滑调的文字风格的影响，小心在给你亲人写信时都变得那么做作！

也许有的记者同志会争辩：这些流行的语言并不是我创造的，社会上既然有，我为什么不能用呢？

这倒是一个可以用来辩论三天三夜的问题。但是，既然报刊是“公器”，记者是依靠“公信力”作支撑的一种职业，我们就应该记取一个基本的职业准则——“争辩无禁区，行文有规范”，如果都不按规范行事，“公器”就会变成“私器”，我们就失去了立身之本。可以这样说，报刊语言是规范社会用语的一张“网”，这张网是按照“既要生动活泼，又要准确、健康、规范”的原则织成的，持网者是我们这些记者，我们的责任，就在于不能让无论什么样的语言都能顺利通过这张网。

心理小典　符号传导

语言就广义而言，是一套共同采用的沟通符号、表达方式与处理规则。严格来说语言是指同类之间由于沟通需要而制定的具有统一编码解码标准的声音讯号。世界上有很多语种，每个语种又分为数量不等的语系，人类就是通过这些神秘的符号进行交流，从而传播着丰富多彩的文化。自从索绪尔把语言性质区分为“能指”和“所指”之后，人们普遍把符号看作是能指与所指的结合，而禅宗却认为能指非所指，这有着花非花、鱼非鱼的玄妙意味。

心智拿故　语言的魅力

生活中，有时雄辩滔滔是能够情动四海，力挽狂澜的。像孔明的舌战群儒，苏秦的纵横捭阖，都是用语言的力量，晓之以理，动之以情，使被动转为主动的。语言的“巧”，首先在于用得“恰到好处”，也就是说，一定要摸准对方的心理，一言击中对方神经线最敏感的地方，使对方迅速做出有利于你的反应。

在繁华的巴黎大街的路旁，站着一个衣衫褴褛、头发斑白、双目失明的老人。她不像其他乞丐那样伸手向过路行人乞讨，而是在身旁立了一块木牌，上面写着：“我什么也看不见！”街上过往的行人很多，那些穿着华丽的绅士、贵妇人，那些打扮漂亮的少男少女们，看了木牌上的字都无动于衷，有的还淡淡一笑。

这天中午，法国著名诗人让·彼浩勒也经过这里。他看看木牌上的字，问盲老人：“老人家，今天上午有人给你钱吗？”“唉！”老人叹息着回答，“我，我什么也没有得到。”让·彼浩勒听了，沉吟了一下，把木牌悄悄翻过来，拿起笔写上“春天到了，可是我什么也看不见！”几个字，之后把自己的钱给了她，说：“够您吃一顿饭了。”然后就匆匆离去了。

晚上，让·彼浩勒又经过这里，询问老人下午的收入情况，老人笑着对诗人说：“先生，不知为什么，下午给我钱的人多极了！”让·彼浩勒听了，摸着胡子满意地笑了。

“春天到了，可是我什么也看不见！”这富有诗意的语言产生作用的原因，就在于它有非常浓厚的感情色彩。是的，春天是多么美好，那蓝天白云，那绿树红花，那教堂尖顶上的莺歌燕舞，那塞纳河畔嬉戏的孩子，怎能不叫人陶醉呢？但这良辰美景对于一个双目失明的人来说，只是一片漆黑。这多么令人心酸啊！当人们想到这个盲老人连万紫千红的春天都看不到时，怎能不对他产生同情之心呢？

心灵启悟　记者的立身之本

“我觉得报纸上的语言有些干巴巴的”，这是作家老舍几十年前的感觉。今天看来，这话又像是朝着当下说的，现在的某些媒体也有这样的毛病。我们的新闻语言似乎是太单调了，应该在语言使用上提倡“百花齐放”，每一个人都应该有自己独特的风格。语言有文野之别，雅俗之分。大众媒体是规范社会语言的教科书，新闻用语的要求就是流行而不流俗。可以说，语言修养是记者的立身之本。

第十节　宁撞金钟一下

《红楼梦》七十二回中贾琏有一句话：“宁撞金钟一下，不打铙钹三千。”这话的意思是说，说话要突出重点，要显出特色。高亢优美的旋律一出，可以跳出混沌之音一片，起着摄人心魄的作用。

新闻工作者经常向社会发言，这个“金钟”如何去撞响呢？

不要遇钟就撞。尽管钟声千篇一律，但还是习惯于当一天和尚撞一天钟，这是小和尚的职业特点。新闻工作者不要这样，应把“比较和选择”的观念，在思想上树得牢牢的，遇事多比较、多选择、多挖掘。客观事物的发展，具有多样性和不确定性的特点，这就为记者进行选择提供了可比性。没有比较就没有选择，在进入采访和构思写作之时，思想上要主动列出若干方案，从中进行纵横比较、上下比较、左右比较、正反比较，并权衡利弊、取优舍劣、优中选优。自己要善于留有选择性思维的余地，不能自捆手脚，把思维弄得很逼仄；匆忙出手，结果不仅浪费了原料，还形成了粗制滥造的职业习惯。

记者是世界上最幸运的劳动者，因为记者没有什么时间是真正被浪费掉的。上班下班、外出旅行、走亲访友，休闲娱乐之中，都可以从自己直接或间接与社会的接触中，找到采访的线索或题材。记者的这些活动是很普通的，关键是要从普通中找到不普通。关于这一点，《中国青年报》知名专栏“冰点”的编辑说得很到位：“冰点”开创伊始，就把反映普通民众“不普通”的命运作为办刊的重要方针。首篇文章即以《北京最后的粪桶》为题，详尽报道了几位当年落户北大荒的老知青，回城后无怨无悔地背起大都市仅剩的几只粪桶，默默无闻地为社会做奉献的故事。“冰点”要使普通百姓走进新闻的“精品店”，使他们从中看到自己，表达百姓的心声。

好一个“新闻精品店”。分析一下这些作品，可以发现一些共同的特点：一是以“普遍关注”为突破口，以普通人的不普通的命运为显著特色；二是揭示为社会上喧嚣与冷漠所遮蔽的善良情怀，以及普通人的自尊与爱心；三是形式上以不同文体相互印证和补充。正是这些精心撰写的作品，撞响了老百姓心灵上的“金钟”。

习近平同志在新闻舆论工作座谈会上强调：服务大局，团结人民，澄清谬误，明辨是非。这是提高稿件质量，多出新闻精品的根本途径。而对于新闻记者来说，必须要在选择事实、分析事实、叙述事实的过程中，在矛盾和纷繁的素材当中，善于抓住主要矛盾，善于选择最为读者接受的切入点，这样才能采写出深刻而有影响的新闻精品。为了能够与群众心目中的“金钟”和谐共鸣，新闻工作者必须要有强烈的责任感、使命感和事业心；要深入实际、深入基层、深入群众，注重调查研究；要有积极探索、勇于创新的精神；要了解群众意愿、倾听群众呼声、增进同群众的感情、讲真话、报实情。在文风方面，要做到简洁明快、生动活泼、为群众喜闻乐见，这样才算得上是经得起时间考验的新闻精品。

英国作家奥立弗说过：“瞬间的洞察力，其价值有时相当于人一生的经验。”新闻工作者的本领之一，就在于能够具有这种瞬间洞察的能力。如同开凿隧道时，必须先选准一个点，其余的工作虽然工作量大，但它是属于后继性的，而不是像选点那样具有开创性和决定性的。新闻这个职业的特点还在于，它是快速转移的工作，需要快速选点、快速开采，不像矿工，选准一个点，就能开很长时间。这样的工作性质在客观上要求记者必须掌握一些要领，这些要领实际上是舆论规律的总结。

著名记者艾丰在论经济热点写作时，就提出了需要把握的几个要领，具体内容如下。

争论的热点：如一个时期对股份制的争论，有的说是资本主义的，有的说是没有阶级印记的经济组织方式，关键看被什么人所采用。

议论的热点：议论之中也有争论，但一般的议论都是以“纷纷”为特点，只是众说纷纭而已，不一定有很明确的观点，如人与人、地区与地区之间收入差距拉大的问题。

关注的热点：某些事情的某些方面，由于其特殊性，会引起全社会的某种关注。如假冒伪劣问题，严重妨碍了社会主义经济秩序，最终会形成群众公愤。

行为的热点：大家都集中在某一段时间来干某一件事情，如一个时期出现的开发区热、房地产热，大家都去干，都去炒，出现了某些不正常的现象。

对待冰点，记者态度必须热情，这算是一条经验。而对待热点，记者态度则必须冷静，这也应算是一条经验。冷静是头脑中有原则的表现，也是有要领在手，成竹于胸的反映。对于人生的选择来说，经验是十分重要的。一个饱经采访风雨、见过各种新闻场面的人，与一个涉世未深、书生气很重的人，在同一问题的选择上，往往显现出两种不同的结果。前者的选择往往是成熟的、自觉的，后者则是直观的、轻率的，前者的选择，其准确程度和成功率较高，后者则挫折和教训较多。巴尔扎克说过："对心灵来说，没有微不足道的小事，心灵能将一切放大。"所有的客观新闻事实，都必须经过记者心灵的放大，才能传播于世，这个心灵的透镜，凝结着记者的见识、学识和胆识。只要记者善于运用这把透镜，做到视野开阔、心胸宏大、思维灵活、反应机敏，就能多谋善断，把握住新闻题材中的"亮点"，敲响悠扬的"金钟"。

心理小典　思维与选择

思维是以人已有的知识为中介，对客观事物进行概括的、间接的反应。逻辑是人的一种抽象思维，是人通过概念、判断、推理、论证来区分和理解客观世界的思维过程。逻辑思维作为整体思维的一部分，与形象思维、抽象思维、灵感思维和模糊思维等相互渗透，成为一个有机的整体。"选择"是逻辑思维中的一种，即人通过对事物的比较，获得自己需要的事物。

心智掌故　赛马的心战

齐国的大将田忌，很喜欢赛马，有一回他和齐威王约定，要进行一场比赛。他们商量好，把各自的马分成上、中、下三等。比赛的时候，要上马对上马，中马对中马，下马对下马。由于齐威王每个等级的马都比田忌的马强一些，所以比赛了几次，田忌都失败了。

有一次，田忌又失败了，他觉得很扫兴，比赛还没有结束，就垂头丧气地离开了赛马场，这时田忌抬头一看，人群中有个人，原来是自己的好朋友孙膑。孙膑招呼田忌过去，拍着他的肩膀说："我刚才看了赛马，齐威王的马比你的马快不了多少啊！"孙膑还没有说完，田忌瞪了他一眼："想不到你也来挖苦我！"孙膑说："我不是挖苦你，我是说你再同他赛一次，我有办法准能让你赢了他。"田忌疑惑地看着孙膑："你是说另换一匹马来？"孙膑摇摇头说："连一匹马也不需要更换。"田忌毫无信心地说："那还不是照样得输！"孙膑胸有成竹地说："你就按照我的安排办吧。"齐威王屡战屡胜，正在得意洋洋地夸耀自己马匹的时候，看见田忌陪着孙膑迎面走来，便站起来讥讽地说："怎么，莫非你还不服气？"田忌说："当然不服气，咱们再赛一次！"说着，"哗啦"一声，把一大堆银钱倒在桌子上，作为他下的赌钱。齐威王一看，心里暗暗好笑，于是吩咐手下，把前几次赢得的银钱全部抬来，另外又加了一千两黄金，也放在桌子上。齐威王轻蔑地说："那就开始吧！"一声锣响，比赛开始了。孙膑先以下等马对齐威王的上等马，第一局田忌输了。齐威王站起来说："想不到赫赫有名的孙膑先生，竟然想出这样拙劣的对策。"孙膑不去理他。接着进行第二场比赛。孙膑拿上等马对齐威王的中等马，赢了一局。齐威王有点儿慌乱了。第三局比赛，孙膑拿中等马对齐威王的下等马，又赢了一局。这下，齐威王目瞪口呆了。比赛的结果是三局两胜，田忌赢了齐威王。

还是同样的马匹，由于调换了一下比赛的出场顺序，就得到转败为胜的结果，这是心智较量的结果。

心灵启悟　选择性暴露

受众的选择性注意又称为选择性暴露，即受传者有限的注意力并不是平均分配，而是具有很强的偏好性，他们往往从自己原有的意见、观点和兴趣出发，将自己"暴露"在经过选择的传媒及其内容的面前，而尽量回避那些与己见不合的信息。这样，对记者来说，要使自己所传递的信息对受众具有吸引力，就必须透彻研究受众、尊重受众。

第六章　记者职业伦理之写作篇

第一节　胸有文化积淀

无论有无写作经验，大家都知道写文章确实是一件耗智熬神的事，往一张白纸上写东西，那简直就是拎起你的脚往外倒知识和见识，要不为什么中小学生都最怕写作文？新闻写作是一种职业行为，世界上真正完全以“写”为职业的人并不太多，例如，教授虽然也写，但主要是口口相传，兼有写作。记者写着写着，就会感到没劲了，因为知识和见识都被倒得差不多了。杜甫讲“男儿须读五车书”，古时的五车竹简，放到现在，知识量并不算太多，眼下装在电脑里的知识，是以兆和G计的，鼠标一点，哗哗一大片，五车的数量不在话下。不过杜甫说的五车书，按今天的观点来看，那是经典图书，虽然少，但是这些书像酵母一样作用大，它积淀在人的胸臆里，能够催情发意，联通古今，使人下笔如有神。

中新社记者蔺安稳为什么能从一堆残破的人形瓦片上，判断出兵马俑震惊世界的文物价值？这并不是凭空而来的。“文化大革命”期间，蔺安稳受到不公正待遇，被打入牛棚一年多。他在厄运当头的时候，仍不忘加强自身文化积淀，读了《史记》《资治通鉴》等历史名著，他对“项羽本纪”“秦始皇本纪”中的历史记载了然于胸，对历史典籍中关于秦始皇陵的葬制、殉葬品和陪葬品十分熟悉。1974年春，正在临潼老家探亲的蔺安稳得知乡亲们打井打出“泥娃娃”时，引起了他的知识联想，他立即赶去，仔细端详这些泥人，随即断言，这很可能是稀世珍宝！由此大胆作出了具有独到价值的推测，他在内参中写道：“陕西省临潼县骊山脚下的秦始皇陵附近，出土了一批武士陶俑。陶俑体高1.68米，身穿军服，手持武器，是按照秦代士兵的真实形象塑造的。像这种同真人一样的立俑，还是第一次发现。”内参受到毛泽东、周恩来等的高度重视，李先念作了批示，专题考古队立即开赴现场，“世界第八大奇迹”由此揭开了面纱。嗣后，秦始皇兵马俑博物馆第一任馆长杨正卿说：“如果没有蔺安稳的那篇报道，就不会有今天的秦始皇兵马俑博物馆。”

文化积淀主要是靠阅读形成的。至今还没有什么别的办法能够使人不读书或少读书而成为修养深厚的文化人。西藏喇嘛有一种讲经的办法，类似互相出题把人难倒、互相论辩取胜的游戏，据说能在“手之舞之，足之蹈之”之间长知识，但是，其基本方法还是要在熟读相当数量的经书之后，才能论得起来、辩得下去。现在记者都很忙，没有多少时间读书，这是一件让人忧虑的事。虽然，记者职业从总体上来讲是“传声筒”，但无论如何，记者还是应该有相当的见解，不至于逢事就仰人鼻息，自己全无识见，以致陷入被动。

1986年，我在湖北包山大冢亲历过一回考古发掘。当沉重的椁板被打开一道缝后，我与考古队员一道，管它有没有二氧化碳的威胁，不顾一切地探头向内查看：“啊！满满一棺的陪葬品！”从何处开始报道呢？静下心来观察，我注意到棺内半泡在水中的“九鼎”都是青灰色，不似往常看到的青铜器色泽。为什么？当专家说这很可能是因为含铅量大而铜的成色不足，我的头脑里掠过了史书中读到过的“礼崩乐坏”四个字。“九鼎”原来为天子专有，而“礼崩乐坏”之后，“九鼎”被泛用，由泛而滥，青铜成色不足者也拿来充数。因此，对这个大冢的文物价值，不能因为数量多、体量大就说得太满，其最有价值的文物很可能并不是这些成色不足的祭祀器物。这些在墓坑里产生的想法，对于一个在前线独立采访的记者来讲是至关重要的。这一点见识在报道方向的取舍上起的作用很大，因此，我把初期的报道方向，放在了文物数量多但价值难判明上，并细致地记载了出土的篾席在十几秒内由青变灰、遇见空气的雉尾由五彩色变成酱黑色等现场目击新闻。当我步行十几里到十里铺镇上用电话发稿时，自己心里很踏实，“礼崩乐坏”四个字带来的见识，绝不会让自己的报道闹出笑话。果然，几年以后，包山大冢的正式考古报告证明，这个古墓最有价值的文物，是那些当时并未引人注意、深陷于淤泥中的残乱竹简，那上面记载了古代楚国的司法文书。

一个记者说敢于对历史负责，口气是大了些，但敢于说对自己负责却是必须的。拿什么负责呢？许多时候是要靠自己的知识和见识，这些知识和见识绝不是凭空而来的，它植根于文化积淀，有文化积淀作支撑，我们说出的话和写出的文章，多少年以后也不致因犯轻率的毛病而汗颜。

“少年读书，如隙中窥月；中年读书，如庭中望月；老年读书，如台上玩月。皆以阅历之浅深，为所得之浅深耳。”饱学之士张潮的这句话，实在是知识积累的经验之谈。许多文化典籍，刚做记者时读之所获甚少，而到有了一定的记者阅历时，再读就感觉不同了，因为历史的演进有着许多惊人的相似之处。这种历史与现实一次又一次相互影映的感觉，有助于在胸中形成文化的积淀，它能推动记者从文化的角度观照社会人生，得出与旁人不相同的认识结论。“旧书不厌百回读，熟读深思子自知。”在新知不断涌现的当代，提倡读旧书并不是故作发思古之幽情的需要，而是做一个有中国特色的记者的需要。一篇报道出来，读之感到很有中国气派，这气派并不由笔头的雕虫小技敷衍而来，而往往是中国文化积淀的喷涌。

法国大文豪雨果说过：“人的智慧掌握着三把钥匙：一把开启数学，一把开启文字，一把开启音符。”说老实话，在我们新闻工作者中，能够掌握这三把钥匙的人真是少而又少。在知识经济时代，社会充满着知识交融的热潮，几乎没有什么学问能够孤立地存在。研究《红楼梦》的红学家们自从有了电脑的帮助，其研究深度大为发展。《红楼梦》中人物关系、人物数量、人物语言的频率特征等，用电脑定量、定性分析十分方便。作为新闻工作者，当然不能只满足于报道这些研究结果，如果我们以一定的自然科学知识作底蕴，在这些交叉的学科中找新闻，那么一定会发现许多边缘杂交的新闻，从而大大扩充新闻发现的领域。从这个角度来讲，多种文化知识的积淀是新的时代对新闻记者提出的与时俱进的必然要求。

心理小典　文化底蕴的力量

所谓文化底蕴，就是人类精神成就的广度和深度，即人或群体所秉持的可上溯较久的道德观念、人生理念和文化特征，它反映了人或群体学识的修养和精神的修养程度。文化即人类活动的模式，以及给予这些模式重要性的符号化结构。大文化是一系列共有的概念、价值观和行为准则的符号化，它给人以精神教化与愉悦。

心智掌故　江郎为何才尽

南朝的江淹，字文通，他年轻的时候就已经是一个鼎鼎有名的文学家，他的诗和文章在当时获得了极高的评价。可是，当他年纪渐渐大了以后，他的文章不但没有以前写得好了，而且退步还不少。他的诗写出来平淡无奇，而且提笔吟握好久，依旧写不出一个字来；偶尔灵感来了，诗写出来了，但文句枯涩，内容平淡得一无可取。于是就有人说，有一次江淹乘船停在禅灵寺的河边，梦见一个自称叫张景阳的人，向他讨还一匹绸缎，他就从怀中掏出几尺绸缎还给他。因此，他的文章以后便不精彩了。又有人说，有一次江淹在亭中睡午觉，梦见一个自称郭璞的人，走到他的身边，向他索笔，对他说：“文通兄，我有一支笔在你那儿已经很久了，现在应该可以还给我了吧！”江淹听了，就顺手从怀里取出一支五色笔还给他。据说从此以后，江淹就文思枯竭，再也写不出什么好的文章了。

其实并不是江淹的才华已经用完了，而是他当官以后，一方面由于政务繁忙，另一方面由于仕途得意，无需自己劳心费力，就不再动笔了。没有了文化的积淀，久而久之，文章自然会逐渐逊色，才气尽失。

心灵启悟　腹有存墨

“铁肩担道义，妙手著文章。”记者就是靠笔杆子吃饭的，写文章又是何其难的事情，要写出三分的文章，肚子里没有十分的存货，又怎能写的出来。没有文化积淀，写久了，肚子里的存货就用完了，写出的东西就千篇一律、再无新意，只能出现江郎才尽的结果。更重要的是记者的职业特点是“七分采，三分写”，哪怕肚里有的是文化存货，但如果闭门造车，不触地气，那结果会是本末倒置，花拳绣腿。

第二节　新闻不离解释

交结天下不识之人，采写世间不懂之事。新闻记者日常做这些转化工作似乎很自然，但是作为认识的主体记者并不能满足于此，因为记者还要向他所服务的更大的社会主体传递信息。记者这个主体，相对于社会这一大主体来说就成了客体。按照哲学的反映论，在认识的过程中客体也有能动性，这种能动性发挥得越好，被主体认识的程度就越彻底，接受的效率也就越高。

注重解释就是媒体发挥能动性的一个表现，新闻事业发展的特征是越来越重视受众。就影响受众的方式而言，电视可依靠直观、电台可诉诸直觉，而报纸则更多地倚重深层理智。可以说，报纸扬己之长的利器之一就是解释。在与电子媒体的激烈竞争中，西方报业早已注意到这个特点，美国传播学者约斯特说过：“报纸除了单纯的描写外，要把消息与意见联系起来，把言论和事实结合起来，解说每件事情的真相时，更添上社论的注释。”美国一些学者称，解释性新闻的发展是20世纪美国报业最伟大的成就。发展这类报道，是信息爆炸时代广大受众，特别是中高层次读者的需求。有人说，动态新闻犹如饭前一杯酒，而解释性报道则如正餐，可细品慢咽。李普曼是写解释性新闻的专家，《基督教科学箴言报》是因刊登解释性报道而闻名的报纸，据统计，美国几家严肃大报的解释性新闻已经占到新闻总量的70%左右。

从我国的国情出发，具有中国特色的解释性新闻，其写作视野大致在四个方面：

（1）围绕国家法律、国际条约、党的政策的出台及实施，尽可能通过报道，解释明白它们产生的依据，阐明它们在增强社会主义祖国综合国力、提高人民生活水平方面能够产生什么样的作用，如围绕加入 WTO 问题就必须组织大量解释性的报道。

（2）对新发生的国内外政治、军事、外交事件，及时通过具有历史观的、科学的解释性报道，帮助读者理解事件发生的因果关系，形成有利于凝聚人心的舆论环境。

（3）对科学技术的深远影响、现实作用和潜在能量，作出深入浅出的解释性报道，促进科技尽快转化为现实生产力。

（4）对影响人民物质、精神生活的经济现象和社会现象，通过丝丝入扣的分析，平易近人的解说，起到正确导向作用，促进事物朝着健康的方向发展。

有了合适的视野，不等于就能写出好文章。有的新闻工作者认为，只要多搜集一些资料，方方面面的观点多摆一点，解释性稿件的深度自然就出来了。其实事情并没有这么简单，国内外严肃的新闻学者都已注意到，新闻庸俗化的一个表现，就是媒体轻率地搞信息罗列，使媒体成为信息垃圾的堆放场。一个缺乏学识素养的记者，看问题的深度必然受到制约，好比一台钻机没有好的钻头，即使开足马力，也无法深入地层。现代传媒已不是传统意义上一帮文笔老练者的集合体，当年王韬认为"主笔之事，位至卿相"，那是一种居高临下、指陈时事、无所顾忌的表现，那时的观点是要"制造"舆论，而现在的要求是平等待人、以理服人。报纸实施的是"引导"舆论的职责。引导的途径，在于及时对各种复杂事件作出合理、透彻和深刻的发言，其必须做到的一条是："不管对象有多么复杂，你都要能够说出内行话。"

刘少奇同志 1956 年在和新华社领导的谈话中说："新闻记者第一要有老实的态度，第二要深入观察问题。光有老实态度还不行，必须能够深入观察问题，不是皮毛地而是系统地了解事物的发展规律，看出事物的本质。"刘少奇同志当年对记者的要求，实际上是期望记者能够成为具有分析能力的行家。时间已经过去了几十年，社会生活比过去高度复杂了，经济比过去高度发展了，自然科学比过去大步前进了，一般意义上的行家已不能作为优秀记者的标准，时代要求记者应尽可能地学者化。有了学者素养的记者，写作解释性新闻才能言之有物、言之成理、言之有力。

新闻记者的学者化，并不是意味着记者必须像专家一样，在各个学术领域都有精深的造诣，而是说，记者审视和研究运用素材，要有学者一样的研究态度与合适的研究方法。我们常说某人"有学者风度"，是指某人研究、处置问题的方式方法具有按科学规律办事的特点。当然，研究任何一门学问，都必须有相当的专门知识作基础。据说《纽约时报》食品专栏负责罐头食品报道的编辑，基本上可以就每一种新上市的罐头，写出一篇有见地的评论和解释，为此他的办公桌上堆满了他读过的各种关于罐头的情报资料，当然想必他也品尝过数量可观的罐头实物。

我国的解释性新闻正在朝着广阔的领域发展，擅长写作解释性新闻的学者型记者，随着改革开放和社会主义市场经济的前进，也正在形成队伍并逐渐拥有名声。例如，在汽车工业报道方面，新华社的李安定、《人民日报》的林钢、《经济日报》的程远，已为国内外读者所瞩目，他们是公认的具有行家眼光、战略家见识的学者型记者。他们的新闻成就，并不主要体现在动态性报道上，而是体现在具有深度的解释性报道方面。林钢关于发展民族汽车工业不排斥引进外资的观点，李安定关于中国必然走轿车适度进入家庭之路的预见，程远关于汽车工业需治散治乱的见解，都在实践中得到了验证，并发挥了一定的指导作用。

正像任何事情都不能绝对化一样，强调解释性报道的重要，并不是意味着要贬低动态性报道的地位。相反，迅速而灵敏的动态报道与深刻而贴切的解释性报道相结合，将成为新闻有力的双翼，托举中国新闻事业高翔。

心理小典　客体的能动性

主体的受动性就是客体能动性的表现。实践具有能动性，也具有受动性，正是因为实践的受动性，主体才带有受动性。客体的能动性有别于主体能动性，有其自己的质。它不是主体能动性的泛化，即不是有意识的能动性，而是基于内部矛盾而有规律的自己运动。费尔巴哈说过："自我的受动状态是客体的能动方面，正因为客体是能动的，我们的自我才是受动的。"但凡人的实践活动，都是能动性与受动性博弈的过程。

心智掌故　重释宇宙观

1495年，哥白尼来到文艺复兴的发源地意大利，到波伦亚大学学习教会法。然而，哥白尼的兴趣却在天文学上，他利用一切闲暇时间刻苦攻读天文学与数学著作，并坚持观测天象。后来，哥白尼又先后进入帕多瓦大学和法拉腊大学学习医学、教会法，但他仍不改初衷，坚持对天文学的研究。在意大利，哥白尼结交了一批天文学家，他们经常交换对天体结构的认识。加上哥白尼自己的观测研究，他对盛行于欧洲已有一千年之久的“地球中心说”产生了怀疑。“地球中心说”是古希腊哲学家亚里士多德提出来的，公元 2 世纪罗马天文学家托勒密又对此加以推演论证，使其进一步系统化。

地心说认为地球静止不动地居于有限的宇宙中心，日月星辰都围绕地球运转。教会借助这种理论，说上帝创造了地球，并让它居于宇宙中心，日月星辰都是上帝创造出来用于点缀宇宙的装饰品。这个理论被教会奉为金科玉律，用来统治、愚弄人民。

1506 年哥白尼回到祖国，在弗罗恩堡大教堂担任教士。从此，他获得了一定的物质保障与充裕的时间，来从事他所热爱的科学研究工作。

为了方便研究，哥白尼特意选择了教堂围墙上的箭楼作宿舍兼工作室，并在里面设置了一个小小的天文台，用自制的简陋仪器开始了长达 30 年的天体观测。正是在这里，他写下了震惊世界的巨著《天体运行论》，其中选用的 27 个观测事例，有 25 个是他在这个箭楼上观测记录的。

《天体运行论》共 6 卷，书中哥白尼大胆地提出：

“太阳是宇宙的中心，所有行星都围绕太阳运转；地球不是宇宙的中心，而是绕太阳运转的一颗普通行星。”

“人们每天看到的太阳由东向西运行，是因为地球每昼夜自转一周的缘故，而不是太阳在移动。”

“天上星体的不断移动，是因为地球本身在转动，而不是星体围绕着静止的地球转动。”

“火星、木星等行星在天空中有时顺行，有时逆行，是因为它们各依自己的轨道绕太阳转动，而不是因为它们行踪诡秘。”

“月亮是地球的卫星，一个月绕地球转一周。”

哥白尼还在这本书中批判了托勒密地球是静止的理论，指出地球在运动时，人们之所以觉得是整个宇宙在转动，就犹如人在行船上，不觉船动而觉得陆地和城市在后退一样。地球不动是假象，地球绕太阳转动才是真实。

心灵启悟　做学者型记者

随着新媒体的兴盛，传统媒体的地位遭受挑战。如何在这紧张的市场存活下来，传统媒介的优势之一就是依靠深度取胜。解释性报道的特点就是挖掘事实真相与本质，深入分析问题，这就要求记者更新知识储备，跨越知识鸿沟，做一名学者型记者。新闻界都知道“关切多则知沟小”，因此专注和关切社会热点，也是一种记者职业伦理要求。

第三节 水烧到一百度

《人民日报》副总编辑李仁臣谈起他率队指挥采访悉尼第27届奥运会，同时自己写出系列通讯“悉尼走笔”的经历时，很有感触地说：“面对像奥运会这样重大的题材，记者能写出一般报道不是难事，难的是一些报道还缺点‘精’‘气’‘神’，就像烧到了七八十度的水，还差那么一二十度才能到一百度。而往往这一二十度是最难的，不有意识地努几把力，还真烧不上去。”

这确是剀切的经验之谈。古人论画时就慨叹过“丹心难写是精神”。对于形似而神不似的画作，指出其弱点在于“论画以形似，见与儿童邻”，即外形虽描摹得很像，但停留在小孩子看事物的水平上，无风无骨。

以我们中国气派的新闻而言，其中很重视能动反映世界这一原则。所谓“能动”，是与“静止”相对的。记者不能满足于照着样子把某件事搬到纸上，而要在这个搬的过程中，掺入“动”的成分——不是要让人感动，就是要让人激动，要么使人受到触动，或是使思想受到震动，总而言之，一篇报道如果读之让人无动于衷，那是不能算作成功之作的。这种使人“动”起来的功力，往往就集中在那提神的、最后难以烧开的一二十度上。但是，并不是每个记者都有努力烧这一二十度的意识，常常是在不经意之间，匆匆忙忙把还差火候的温水端到读者面前。

新闻创作是一件实实在在的事，容不得乱来，必须谋定而后动。在这一二十度难烧开的温度区间内，有些什么东西？如何应对？尽管谁都不可能开出一剂万应灵丹，用时急服，包管对症，但通过分析归纳，还是有规律可循的。

“思想感情”“理论深度”“时代精神”这三个方面，占据了这一“温度”区间的荦荦大端。根据不同的题材，激活不同的侧面，这难烧的一二十度往往就可以烧上去了。

原新华社社长郭超人同志，是一位既注重实践，又注重理论的新闻家。认真分析他的作品，就可以发现他在以上三个方面一以贯之的运用轨迹。

在《英雄登上地球之巅》这篇优秀的作品中，是什么令人产生了荡气回肠的感觉？不是对高原的猎奇描写，不是对艰苦的刻意渲染，而是集中在思想感情和时代精神两方面匠心独运的开掘上。郭超人同志坦诚地说，这篇报道很难谈得上有什么成熟的写作技巧，但让读者感动的原因何在呢？在于“对人民的登山事业有着满腔的激情，对英雄的登山队员有着真诚的热爱。”同时，他特别注重对时代精神的开掘，特别提出在外方撕毁联合登珠峰协议之后，中国人并没有被吓倒，我们非独立完成登顶不可。这种“无高不可攀，无坚不可摧”的大无畏精神，反映了当时社会生活的脉搏和时代发展的必然趋势。这样，郭超人在采写中，尽力不把笔墨局限在登山活动本身的小圈子里，而是通过对在登山过程中团结一致勇往直前，从而一举登顶成功事迹的刻画，在一定程度上反映了人民群众共同的心声。当时一位中央领导同志对郭超人同志说：“你这次报道的立足点选对了，你不仅仅是站在登山队员攀登自然界的高峰上，更是站在了我们所处的时代的高峰上！”

再看理论深度之威力。反映审判“四人帮”的长篇通讯《历史的审判》，是郭超人与穆青、陆拂为联手写作的力作。他们下笔前就敏锐地意识到，如果停留在揭露罪行、报道审判的经过上，即使写作技巧再高明，结构再巧妙，词句再优美，也是很难打动读者的。怎么办？在思想深度上下功夫。这个深度找在全国人民最关心的地方——如何对“四人帮”的兴衰和“文化大革命”进行正确的分析？选择这个深度，就要求记者自己必须能够正确认识并解答问题。既要有胆识，又要有水平。《历史的审判》里那些深刻的思想，以及令人感悟的语句：“国家是一种极其严肃的东西，要它表演某种滑稽剧是办不到的。一只满载傻瓜的船只也许能在风里行驶一段时间，但它终究要向不可幸免的命运驶去……如果全民族都真正感受到了羞耻，那它就会像一头准备向前扑去而往后退缩的狮子。”这些都使这篇通讯体现出高人一筹的水平，在人们心中打下了深深的烙印，作品的成功绝不是偶然的，它是作者艰苦思想劳动的成果。当许多记者面对同一事实进行报道时，这种艰苦的思想劳动就是烧开那至关重要的一二十度水的关键，也是显出高下的秘诀所在。

新闻写成之后急于脱手，这是人之常情。但是，出手之前再仔细推敲一遍，或许一个立意、一个细节就会在这最后坚持一下中涌上笔端，成功与失败其实往往就在一线之间，如果越过了那条线，最后就可以获得成功。人的思维有着“动则不衰”的道理，这在一定程度上强调了经常、不间断、坚持思维的重要性。流水不腐，户枢不蠹。只有持之以恒、坚持不懈，才能收到思维深化的效果。有些人虽然有着创作精品的欲求，同时也学了很多采写方法，但无论哪种方法都未能坚持下来，结果收效甚微。优秀记者有各自不同的采写方法，其共同点就在于“深入思考，持之以恒”。写文章贵在有恒，贵在踏实，必须老老实实地思考，服服帖帖地遣词，认认真真地立意。如果急于求成、急功近利、一蹴而就，那样就会断无成就，“欲速则不达”。

智慧意味着以最佳手段寻求最佳结果。新闻记者毕生都要靠运用智慧生存。从这个意义上说，记者的笔如同一束火焰，要不断把待开的水烧到一百度，这是一件不能穷尽的光荣任务。有了这种意识，方法自可探索，绝对不止上面提到的几项。理想越执着、越高远，你要付出的就越多，做的牺牲就越大，但要无怨无悔。在新闻这个崎岖的山路上，胜利属于那些在困难中再坚持一下的勇敢者。

心理小典　精、气、神

精、气、神都是物质的产物，是物质不同的存在形态。易学理论指出：“气生精，精生气，精生神。聚津成精，炼精化气，炼气化神，炼神还虚。”文章要承载思想，白居易说过：“文章合为时而著，歌诗合为事而作。”文章是应该有现实意义的，文字给以恰当的表现是“灵性”，是内在品质的外在体现。

心智掌故　功亏一篑

古时，有一个人要筑一座九仞高的山。他堆了一年又一年，不论严寒酷暑，他废寝忘食地从远处挖土，再挑土，再堆到山包上，终于有一天，他就要完工了。这一天也如往常一样，鸡刚叫他就起床开工，一筐又一筐，眼看着山就要九仞高了，只差一筐土了。但他肚子咕咕叫，天又下起雪来，他认为只剩一筐土，一会儿就能干完，就回家去了。此后，他总认为只有一筐土而偷懒，所以这一筐土至死他也没有堆上高山，终究这座只差一筐土的九仞高山还是没有堆成，这就是“为山九仞，功亏一篑”的故事。

有这样一个故事，和上面的故事有着异曲同工之妙。从前，有一户人家喂了一头奶牛，每天都能挤一盆牛奶。有一天，女主人对她丈夫说：“再有半个月咱家就要娶媳妇了，到那天，家里要来好多客人，这一盆牛奶够喝吗？”她的丈夫说：“那好办，从明天起你就不要挤牛奶了，到咱们儿子办喜事那天，一定能挤好多牛奶，让客人们喝个够。”女主人听了丈夫的话，果然不挤牛奶了。时光如流水，转眼到了儿子的婚期。女主人拿了两个桶挤牛奶，可怎么也挤不出一滴牛奶来。

这两个故事告诫我们，凡事要么不做，要做就一定要做到位，做得恰如其分。

心灵启悟　突破瓶颈

写作是最容易遇到瓶颈的，写出来很容易，写活写出精神却非常难，很多记者就一直卡在这个关口。在这个时期，就要加把劲儿，做出突破。人皆有自恋心理，自恋有两种取向，一是保守，二是变强、变卓越。在关键的时候，如果能放下头脑中的自恋，专注于实践，进入身心会一的境界，人就能突破自我，甚至能有妙品产生。

第四节　还原千姿百态

生活千姿百态，新闻理应还原生活的本来面貌。

中国成语讲"有声有色""绘影绘声"，这是用文字还原生活本来面貌的方式。但是，仅仅有声有色和绘影绘声还不够，因为生活本身是多维的、多元的，我们不可能用有限的手段去穷尽无限的生活。在这方面，新闻记者应树立永远创新、永无止境的追求意识，还原生活的千姿百态。

还原生活的千姿百态，并不是单纯为了好看。一种写作方式最根本的追求，还在于更有效地让读者接受这种方式所传递的理念。香港回归是历史大事件，尽管有电视直播，但文字报道仍无可替代，新华社记者在《别了，不列颠尼亚》中写道："面色凝重的彭定康注视着港督旗帜在'日落余音'的号角声中降下旗杆。根据传统，每一位港督离任时，都举行降旗仪式。但这一次不同：永远不会有另一面港督旗帜从这里升起。停泊在港湾中的皇家游轮'不列颠列亚号'和邻近大厦上悬挂的巨幅紫荆花图案，恰好构成这个日落仪式的背景……大英帝国从海上来，又从海上去。"读这段文字，顿然会生出多少爱国情怀和沧桑之感！"号角、余音、凝重、游轮、紫荆"，这些令人联想到"古道、西风、瘦马"的再现性文字，给人一种强大的视觉冲击力，直接紧紧攫住人的情感。如果仅仅用公文式的语言来写这段历史事件，那么恐怕庄重的成分是有，而感人心的力量则无。

望远与显微、历史与现实、行为与思维、概貌与细节，这些往往交织在一起的写作手法与写作对象，记者熟悉它们而又不大容易将其捏合在一起。仔细思考一下，关键还是思路放不开。新闻作品应该成为个性十足的作品，这一点过去我们并没有理直气壮地提出来。个性的前提是独立思考，独立思考的结果要付诸具有个性特点的表现方式。而过去我们比较强调共性，一个写作模式统辖了许多人。记者一般都知道要用充满好奇的目光去看世界，但是，看并不是目的，目的是要付诸写作。许多记者日常生活中的语言非常机智且富有个性，充满源于生活的情趣，反映的思想也很有深度，但是一写到新闻里，就全无踪迹了。这说明什么问题呢？老百姓有句话叫“不怕做不到，就怕想不到”。这里要想到的问题是，不要一动笔就把思路回到大路货的老路上去，要自信，每个人都有一双眼，所处位置各不同，你看到的就是独一份，你想到的就是独到，不必照着别人看到、想到的东西写下来。

《光明日报》女记者樊云芳说过：“没有再现现场感的新闻，就像没有香气的花朵、没有奏响的乐曲、没有动感的电影一样，难以很快赢得读者的信任及征服读者。”天下的文章没有隔墙，手段是为内容服务的，除了虚构，就没有什么手段不能被用于新闻写作。为大众传讯是记者的职责，所传之讯应是千姿百态之讯，让读者看到画面、听到声音、嗅到气味、感受到气氛，从而产生如见其人、如闻其声、如临其境的效果。

如同麦田守望者那样，一千个人眼里有一千种麦浪翻滚的模样。新闻与文学都可以联想，把麦浪想象成海浪，把割麦人想象成浪里的鱼。但是，新闻到此为止，不能再朝下演绎了，一切只能依真实所录，靠的是忠实观察的功夫，来不得半点构撰。这就叫把力量放在真实力量的基点上，而不能放在虚构力量的基点上。聂卫平首次大战曹熏铉后，《新民晚报》有篇很传神的报道：“对局室里，聂卫平掏出一支烟，再拿出根精制的烟嘴，反复了多次才把烟插入烟嘴。他的手，在轻轻地抖动。曹熏铉的手也不听使唤了。他指间香烟上的烟灰，弹了五六次才弹掉。两位身经百战的棋手，在这场人称一子值万金的决赛中，也不免有点紧张了。”记者把笔触聚焦于两位棋圣拿烟的手，这是很好的细节。手抖反映着心颤，现场气氛可见一斑。但是，这个细节如果没有发生，是万万不可杜撰的，哪怕你想到了它会有多么好的表现作用。据这篇报道的作者事后讲：“写一则围棋比赛的短新闻可以很省力，比赛完了裁判长会讲棋，凑个消息的材料是足够的。有的记者上午开赛不来，下午棋赛结束后再来，消息也就出来了。有的记者干脆打个电话，知道个结果发挥一下也能完成任务。但是，要写好一则现场短新闻，则要从早到晚细心观察，而后抓住特点进行构思，用简洁、生动的语言把它表现出来。”这位记者的话，其实就是一道新闻写作的底线：没看到的东西，不能直接写到纸上；看到的东西，不一定全写到纸上；写到纸上的东西，要能够被核实到。

生活中不缺乏喜剧，人生中少不了幽默。用戏谑的方式去表现貌似庄严的主题，于是就会产生忍不住的笑声，这是人民对待生活的一种方式，还原生活千姿百态的方法中有它的一席之地。旧时官场上是容不得笑的,笑谈只是私下的事,所以连带着把文章也弄得板起面孔,全无笑谈自若的生气。在注重释放人的力量的当今,把生活中本来就有的幽默还原于新闻,是再正当不过的事。1987 年全国好新闻《钱向金动用"拉达"轧场火烧连营》中,把小轿车比作"磨道里的小叫驴",其"轧场就是快当,气死老牛拉碌碡",结果引发大火,公家的小轿车烧成了"糊家雀",这些叙述中充满着的戏谑和幽默,这是对貌似正派威严的建行副行长进行的无情鞭笞,也是对损公肥私者最辛辣的讽刺。这样还原生活,比用一般性陈述手法写出的新闻要深刻得多,社会效果也大得多。

同理,社会生活中除了喜剧,也不乏悲剧和正剧,以及算不上戏剧的小品,它们各有各的存在方式,各有各的认识价值,用新闻去表现它们,思路应该不拘一格。按照这个大思路,各种手段才能为我所用,驾驭众水归流。

心理小典 共性与个性的辩证

共性指不同事物的普遍性质;个性指一事物区别于他事物的特殊性质。共性和个性是一切事物固有的本性,每一事物既有共性又有个性。在这个世界上,千姿百态的客体构成丰富的信息源,而为人所分享的信息,不仅被动记录世界,而且主动创造世界,这是因为信息可以进入人脑,导致思维的产生,让知识深耕化,并形成新知识的基础。因此,鼓励记者具有个性,有利于媒介人性化的发挥社会功能。

心智掌故 郑人买履

郑国有一个人,发现自己脚上的鞋子从鞋帮到鞋底都已破旧不堪,于是准备到集市上去买一双新的。

这个人在去集市之前,在家先用一根小绳量好了自己脚的长短尺寸,随手将小绳放在座位上,起身就出门了。

一路上,他紧走慢走,走了一二十里地才来到集市。集市上热闹极了,熙熙攘攘的人群,各种各样的小商品摆满了柜台。这个郑国人径直走到鞋铺前,里面有各式各样的鞋子。郑国人让掌柜拿了几双鞋,他左挑右选,最后选中了一双自己觉得还满意的鞋子。他正准备掏出小绳,用事先量好的尺码来比一比新鞋的大小,忽然想起小绳被搁在家里,忘记带来了。于是他放下鞋子赶紧回家去。他急急忙忙地返回家中,拿了小绳又急急忙忙赶往集市。尽管他快跑慢跑,还是花了差不多两个时辰。等他到了集市，太阳快下山了。集市上的小贩都收了摊，大多数店铺也已经关门。他来到鞋铺，鞋铺也打烊了。他鞋没买成，低头瞧瞧自己的脚，原先那个鞋窟窿现在更大了，他十分沮丧。

有几个人围过来，知道情况后问他："买鞋时为什么不用你的脚去穿一下，试试鞋的大小呢?"他回答说："那可不成，量的尺码才可靠，我的脚是不可靠的。我宁可相信尺码，也不相信自己的脚。"

这个人的脑袋真像榆木疙瘩一样死板。那些不尊重客观实际，自以为是的人不也正像这个揣着鞋的尺码去替自己买鞋的人一样愚蠢可笑吗?

心灵启悟　办完美报章

梁启超在办《清议报》时，提出了办"完美报章"的愿景，他认为达到四项准则才可称完美：宗旨定而高、思想新而正、材料富而当、报事确而速。这些愿景与原则实施的对象是社会生活。生活中每一件事都有其隐藏的精彩，而由于各种框架的限制、束缚，记者所报道的主题很容易一成不变，使稿件失去个性。新闻人要像孤松独立，而不是墙头野草，唯有拥有自己的个性，媒介品位才站得住脚。

第五节　宏观微观互动

宏观指导是党报应当担负的责任之一。在新形势下，这个任务不但不能削弱，反而应该加强。

但是，宏观指导并不等于概念的简单重复传播。正如列宁指出过的那样："用抽象的概念来代替具体的东西，这是革命中一个最主要的危险。"新闻作为舆论导向的工具，除了要运用一部分议论直接作用于社会外，所依靠的是运用事实的传播来实现导向功能。

在记者的具体报道实践中，注重宏观指导性与搞好微观报道的关系不是相互对立、相互排斥，而是相互依存的。而且，从新闻的特点出发进行观察，宏观指导性更多的是寓于那些微观报道之中的。

在改革逐渐深入的新形势下，记者应防止两种偏向：一种是企图用口号式的报道实现宏观指导，例如，在某些经济报道中滥用"改革"的标签。其实，有些经济活动的成功和效益的取得，是属于常规做法的结果，报道中滥用“改革”辞藻不仅不能产生指导性，反而容易模糊人们对改革概念的正确认识。好像鲁迅笔下讽刺的“咸与维新”一样，什么人都拿维新作幌子，殊为可笑。另一种偏向，是记者面对多彩的生活，忘记了自己应负的宏观指导责任，热衷于轰轰烈烈、辛辛苦苦地赶制平庸之作，甚至降格到做某些部门、某些地区利益的义务宣传员和传声筒。

处于新时代中的我国社会，充满着蓬勃向上的朝气。从历史学和社会学的角度来看，我们这个处于上升阶段的社会，人民群众在美好目标的召唤和集体、个人合理利益的内在驱动作用下，对于正面的、向上的、富有引导特点的社会信号很敏感，容易产生认同感；而在一个向下的或处于非常时期的社会中，公众则对命令式的、负面的信号敏感。动员和凝聚一切可以团结的力量，为实现中华民族的伟大复兴而奋斗，这是新闻媒体光荣的任务。其实，资产阶级在夺取政权的过程中也充分利用了新闻传媒的正面组织和动员功能。法国大革命时期马拉主办的《人民之友报》，美国独立战争时期的《波士顿公报》，中国旧民主主义革命时期的《民报》，等等，都是这类媒介的代表。然而，当他们掌握了政权以后，先是对报纸的阶级性和党性采取暧昧态度，继而对社会主义国家报纸的正面宣传功能加以攻击，这是十分虚伪的。

我国社会公众健康的信息接受心理，为我们搞好寓宏观指导作用于微观导引的报道，提供了合适的社会心理土壤。人总是通过相互关系进行活动的，人的活动不但受到社会关系的制约，而且还会受到社会心理因素对个人心理的强烈影响。作为记者，应该关注到具体社会行为背后的心理原因，把握群体认知、说服、顺从、逆反等规律。某特大城市的统计部门曾就群众的社会心理作过连续的随机测验，问题为：一、“人民拥护改革开放，你认为主要原因是什么？”该问题提供了 7 个答案，按排列次序选答；二、“改革是否符合你的利益？”要求在“基本符合”“不太符合”“不符合”“恰恰相反”“不知道”五个答案中选择一个。第一道题占第一位的原因在于：第一，改革使他们“收入增加，生活改善了”；第二，“宽松的环境更容易谋生，市场繁荣买东西更方便”。在回答第二道题时，绝大多数人写道：“符合。”许多人附言：“因现在我们不再为吃穿发愁了”。在回答测验的第三道题“如何看待改革前途？”时，81%以上的人选择了“改革使我看到了希望。”应该说，这三道题的测验结果，代表着中国社会主流的心理状态。

正面的榜样是人们效仿的典范，它能给人以激励和推动，所以典型宣传仍然是新时期有效实现宏观指导的形式。

选择恰当的热点，抓好正在进行的报道，是值得记者重视的工作领域。热点往往是新旧体制、新旧观念和各方利益的冲突点和胶着点。在热点上哪怕取得一点儿小小的突破，由此产生的微观报道往往也能起到巨大的宏观指导作用。1992 年 4 月，武汉第二印染厂决定与港商合资经营，港资所占股份达 51%，这是境外资本在与武汉国有企业的合资经营中首次占据了控股地位。这一则热点上的报道，对于武汉一批企业起到了很大的引导作用，使得引进外资工作出现了一花引来万花开的突破性势头。

在具体操作过程中，处理好以下两个问题，有助于搞好寓宏观指导于微观引导的报道。

第一，注意扣住受众的文化认同感。在对一人一事或一厂一店的微观题材的选择上，不管题材多么特别，要注意到其与文化千丝万缕的联系。文化虽是精神财富，但它植根于物质和精神产品的总和，不同分工领域有着相同的文化特性，容易为其他领域受众所认同，并在这个层次上起到宏观指导作用。

第二，细心捉摸“心理共振点”。指导性要通过被指导者进行心理消化后才能实现。如果不能引起人们的心理共振，这种指导性只是一种外在的自在之物，而不能化为能动地推动人们进取的内在力量。我们时常感到某些报道会让人产生逆反心理，就是因为心理共振点选得不准，使人对接收到的思想信息产生相反的感觉效应。在报道国家重奖袁隆平、吴文俊、王选、黄昆等科学家的新闻中，许多善于把握心理共振点的记者就做到了不只单纯报道颁奖事件本身，而是注意抓住打动读者心弦的事件外话题。例如，他们着重宣传科学家的工作甘苦和贡献，报道科学成果所产生的巨大社会效益，使人们理解科学家完全应该拿这份合理的社会回报。同时，针对少数人的红眼病和觉得平分奖金更合理的心理，在后续报道中鲜明地指出，既然许多个体户和股票投资者赚了大钱都是合理的，没人眼红，更没人觉得该平分，那对科学家拿了该拿的钱就该理直气壮地宣传，以大力倡导崇尚知识、尊重人才的社会风尚。另外，许多报道都反映了科学家们的高尚人格，他们并不是为了钱而工作，拿了奖以后也没有铺张，有了钱之后仍然俭朴。这样一些扣准了社会心理活动特征、具有心理共振效应的报道和言论，不仅有利于其他社会群体对此的理解，而且放大了颁奖活动的社会效果。

伴随新时代的改革大潮，新的矛盾和新的社会现象层出不穷，记者工作不可避免会遇到许多新的问题。但是，只要坚持用唯物辩证法分析和观察这些难点与问题，我们就会拥有一片无限宽广、可以大有作为的天地。而要在宏观和微观两方面都能游刃有余，我们就要不断擦亮“思考”和“写作”这柄“双铧犁”。

心理小典　从哲学看宏观微观

从哲学的角度看，所谓宏观是指处于普遍联系中的整体及其发展的总过程；所谓微观是指构成整体及其发展总过程的既相互联系又相互区别的各个部分和阶段。宏观是相对于微观而言的，微观是相对于宏观而言的，没有脱离微观的宏观，也没有脱离宏观的微观，二者相互依存、互为存在条件，在一定条件下还可以相互转化。

心智掌故　一叶知秋

《淮南子·说山训》中写道："尝一脔肉，知一镬之味，悬羽与炭，而知燥湿之气；以小明大。见一叶落，而知岁之将暮；睹瓶中之冰，而知天下之寒；以近论远。"

这段话告诉人们，尝一小片肉，即可知道整锅肉的味道；悬挂羽毛和木炭，就可知道空气的湿度，这说明通过局部可以知道整体。看见一片落叶，就知道秋天就要来临；看见瓶中的水结冰，就可知道天气已经很冷了，这说明通过眼前的现象，可了解到将来的状况。

其中的一句"见一叶落，而知岁之将暮"，后来便演变为成语"一叶知秋"或"叶落知秋"，用来比喻通过个别的细微的迹象，就能预测到整个形势的发展趋向与结果。明朝末年，后金政权大肆向关内进攻，明崇祯皇帝听信谗言，一连错杀了两员大将熊廷弼、袁崇焕，致使边关告急，明朝的生死存亡危在旦夕。关键时刻，崇祯皇帝决定让在围剿李自成和农民起义军时屡立战功的封疆大吏洪承畴担任边关守将。尽管洪承畴谋划周详，但无奈明王朝已是风雨飘摇，气数已尽，洪承畴最后还是打了败仗，还被满清皇太极俘虏。皇太极深知洪承畴人才难得，因此施尽了种种威逼利诱的手段，希望能够劝降洪承畴。而洪承畴宁死不屈，拒不投降。无计可施的满清大臣们都主张杀掉洪承畴以绝后患，但一心想得到人才的皇太极，就是不死心。

皇太极派人日夜在洪承畴身边服侍，并让他们汇报洪承畴的日常表现。有一天，看守的人向皇太极汇报，说有一次屋顶上一片灰尘落到了洪承畴衣服上，洪承畴细心地把它掸掉了。心细如发的皇太极，对这件微不足道的小事深感兴趣，他认为对一件衣服尚且如此爱惜的洪承畴，对自己宝贵的生命，不可能不爱惜。于是，皇太极一边继续对洪承畴好言劝降，一边让自己宠爱的妃子去诱惑洪承畴。最后，洪承畴难过美人关，终于屈服了。满清也倚靠这一举足轻重的人才，打开了进入中原的大门。

皇太极通过洪承畴掸掉衣服上灰尘这一细微的动作，推断出洪承畴对生命还有眷念，这就是一种“一叶知秋”以小见大的能力。

心灵启悟　从微观透视宏观

理论与实际相结合，在新闻报道中是一个非常重要的命题。新闻每天都在发生，对这些微观新闻题材，记者需要把它们放到整个经济和社会的进程中去考察，从微观现象中体现宏观问题，在宏观把握和微观分析的结合上作文章。作者可以运用的方法绝不止于平面描述法一种，还可以根据题材尝试使用例证法、比较法、类比法、对比法、喻证法、反证法、归谬法等。

第六节　不妨就实论虚

“如无所见，则无所状。”汉代思想家王充《论衡》中的这句话，对于新闻工作者来说是个朴素又不可违背的真理。对从事新闻工作的人来说，一切都要从实际出发，“所见”是第一位的，“所状”是第二位的。有了新闻事实发生，新闻工作者才可能见得到；没有新闻事实，新闻工作者也不能凭空状写。

但是，“状”有“实状”与“虚状”之分。所谓“实状”，是指实打实地描摹事实；所谓“虚状”，则是指采用分析综合的手段，以侧写、联想、综述、推论等笔法，更好地表述新闻事实或新闻事实中所蕴含的道理。我国古代的画家在以丹青状写山水时，是十分精通这种虚实之道的，正所谓“山欲高，尽出之则不高，烟霞锁其腰则高矣。水欲远，尽出之则不远，掩映断其脉则远矣”。

从思想方法的角度来看，能否用好“实状”与“虚状”这两手，也反映了新闻工作者是否具备了灵活和全面的思辨能力。“所见之物”当然是指已发生了的新闻事实，但肉眼所见之物，绝不应该只是像镜子一样，呆板地映射到脑子里，而应该灵活地把“见”与“思”结合起来。记者应该像孔子入太庙一样，每件事都询问一下，问到的原因和道理，与见到的事实一起投入大脑中进行综合，在这种硬事实与软道理反复交融、相互撞击的过程中，萌生出最佳的报道着眼点，寻找到最恰当的事实与事理的混合比。

中国新闻界这种以实带虚、就实论虚的优秀作品出现过不少，满足了读者“欲知其然，更欲知其所以然”的阅读心理，其杰出者，许多已荣获中国新闻奖。如《经济日报》的《“小机”斗“大机”》，不仅报道了“大机”“小机”相生相斗这么一件具有戏剧性的事实,更以大量的篇幅提示了国有大企业技术人员向乡镇办的小厂流动的深刻原因,折射出经济改革中令人深思的矛盾。《江西日报》的《九江米市能否再度辉煌》,不仅报道了九江米市应运而生的事实,更站在历史和现实的高度,指出了三种情况:历史上那种垄断性米市不会复归;随着京九路通车,米源和销售量都会增加;市场的形成有其自身的规律,能否再度辉煌,要由实践来检验。这些有分析和判断、有思辨色彩的新闻作品,不仅给人以多方面的启迪,而且给社会舆论以正确的导向,它具有强大的生命力和广泛的发展空间。

虚从实发、理从事生,这个顺序是绝对不能颠倒的。但是,有的同志却在关键时刻浪费了新闻资源。这种状况,通常不是能力问题,而是思维意识问题。因为新闻作品"虚状"部分涉及的道理,往往并不是什么深奥难懂的学术见解,而是普通读者都能懂的道理,"虚状"并不要求记者挖空心思去硬做文章,而是要求记者在下笔之前、运筹之时,把思维的兵力分作两支,一支投入表述事实之战,一支投入以事论理之役。两支兵力完成合围之后,再发起总攻,就能合理排兵布阵,尽可能获得最大的战果。如果只用一支思维之兵,那么单兵独进,也可能获得一些战果,但终不如形成合围之势那样,能够牢牢把握全胜之道。

《战国策》中记载了这样一则"新闻":邹忌是齐国的大臣,身材魁梧,长相英俊。一天,他问自己的妻子:"我和城北的美男子徐公比,谁更英俊呢?"妻子娇媚作态,脱口而出:"徐公怎么能跟你比呢?"他又问自己的妾,妾也羞怯地说:"城北徐公不如你美。"第二天,邹忌的一位朋友来访,他又问这位朋友,朋友的回答与妻、妾一样。一次,邹忌见到徐公,将他与自己作了比较,发现自己不如徐公美,但妻、妾和朋友为何都说自己美呢?邹忌思之再三,终于大悟:妻子是因为爱他,妾是因为怕他,朋友则有求于他,所以他们都说了与事实相悖的话。这一则故事就是一个"实写"与"虚状"合围的事例。前半部分是实的,说的是邹忌身边发生的情况;后半部分是虚的,说的是"思之再三,终于大悟"的收获。这段故事最有价值、最给人以启发的东西,就在于这虚的部分。记叙者不仅有"新闻"的眼力,能够看出什么是有价值的事情,还要善于运用脑力,分析和思考事件中潜藏的思想价值,这种思想价值具有很强的逻辑力量,能够发挥现实指导作用。邹忌把自己"终于大悟"的结果,推而用于向齐王进谏,希望齐王采纳不同的意见,哪怕这意见不是那么好听。这段史实可以给我们当今的新闻工作者留下许多启发。

既然"虚状"并不空灵,那么在实际操作中我们应该如何着手呢?

有经验的记者在这方面摸索了不少办法,就我看到的经验介绍,印象最深的有这么几句话:"拿到材料之后,尽量站高一步,多想一层。"所谓站高一步,就是摆脱就事论事的方法，从社会的角度、从时代的高度，或是从更大的地理范围等方面来考察新闻素材，这样往往能有“一览众山小”“态势全了然”的感觉。这样一来，我们在下笔之时，思维不至于钻进小胡同，从而能够纵横捭阖、把握态势，写“烟霞”映出山之高，书“水脉”衬其流之长。所谓“多想一层”，则是指从着眼于新闻事实的小道理，朝社会、历史、文化等大道理的方向多想几分。小道理总是源自大道理，局部有理的事也要放到全局的背景下来考察，看是否有理、理在何方。这种对比、联想所产生的效果，往往就是我们常常提到的所谓“深度”。“深度”并非深不可测，只要你朝这方面哪怕只努力了一小步，新闻稿件往往就能生色不少。

“外师造化，中得心源。”这是唐代画家张璪在创作方面的一句名言。这句话完全可拿来给当代新闻工作者借鉴，特别是在以“就实论虚”的方法处理新闻题材时，具有启发作用。“外师造化”当然是倡导尊重事实、研究事实，要求一切从事实出发进行创作。但这还不够，还要发挥主观能动性，以心的劳作，以独特的感悟，赋予作品思辨的精神，给作品打上强烈的个性色彩。“就实论虚”式的新闻作品中，“虚”的部分容不得照抄照搬的东西，它必须经过艰苦的思索，才能汩汩流出记者的心源，这样的思维劳动成果，才能激起社会反响，获得读者的广泛承认。

心理小典　虚实结合

虚实结合就是把抽象的述说与具体的描写结合起来。虚与实是相对的：“有者为实，无者为虚；有据为实，假托为虚；客观为实，主观为虚；具体为实，隐者为虚；有行为实，徒言为虚；已知为实，未知为虚。”写作要遵循认识事物的心理规律：从感性认识到理性认识，从具体描写到抽象描写，从实景到虚景，由浅而入深。

心智掌故　托尔斯泰走访战场

《战争与和平》是19世纪俄国伟大的批判现实主义作家列夫·托尔斯泰的鸿篇巨制，完成于1863年至1869年之间，该书有130多万字，历时7年创作完成。

列夫·托尔斯泰出身贵族家庭，他曾在高加索军队中服役并开始写作，几年的军旅生活不仅使他看到了上流社会的腐化，而且为以后在其巨著《战争与和平》中能够逼真地描绘战争场面打下了基础。

《战争与和平》这部的巨著以史诗般广阔的气势，生动地描写了1805至1820年俄国社会的重大历史事件和各个生活领域：“近千个人物，无数的场景，国家和私人生活的一切可能的领域，历史，战争，人间一切惨剧，各种情欲，人生各个阶段，从婴儿降临人间的啼声到气息奄奄的老人最后迸发的感情，人所能感受到的一切欢乐和痛苦，各种可能的内心思绪，在这幅画里都应有尽有。”作者对生活的大面积涵盖与整体把握，对个别现象与事物整体、个人命运与周围世界的内在联系的充分揭示，使这部小说具有极大的思想和艺术容量。

当他写到俄法双方在鲍罗京诺会战的一段文字时，总感到描写得很抽象、不具体，他决定亲自去战场上考察一番。到了鲍罗京诺，他仔细巡视了这个战场上的一切遗迹，把它的地形面貌牢牢地记在心里，还特地画了一幅画，画上一条地平线和许多树林，标明各个村庄、河道的名称，及当年会战时太阳移动的方向。回到家里，他又把自己观察到的同历史文献上记载的材料联系起来进行分析研究，直到一切都清楚明白了，他才坐到桌边，重新写这段文字。书中的会战场面写得不仅生动，而且色调明朗、壮观。

心灵启悟　以心体验

实践是检验真理的唯一标准，理论来源于现实，高于现实，却不可脱离现实。记者的责任是告诉受众发生了什么，继而延伸出从中懂得了什么，形成自我的独特感悟。一篇报道中要素有三样，一是事实，二是道理，三是情感。报道要讲事实，这是形成一定思想、支撑一定观点的基础；报道也要内含道理，指导使用逻辑推理、引证、比较等方法进行分析阅述；报道也要动之以情，要用形象的手法表达真情实感，感染受众，使其产生共鸣。

第七节　意多而约用之

报纸应该多一些现场短新闻，这不是一时之举，而是长远之策。如何写好现场短新闻呢？这其中重要的方法之一，可借用清人方东树的一句话：“意多而约用之，事多而寡用之。”这是说在作者下笔之时，不必把意思和事情全都写尽。此为写文章的一个妙诀，也是现代人办报纸克服冗长毛病的最好的方法。写好现场短新闻的先决条件是观察和体察必须要细致，而我们面对的，往往是庞杂的现场、无序的素材，收入记者大脑的新闻素材芜杂繁多，而“短”字又限制了长篇大论的可能。因此，写新闻只能走“意多而约用之，事多而寡用之”之路。

“寡用”也好，“约用”也好，关键在于所选素材和细节必须要精当，如果采访时马虎从事，不细致地观察，就会陷入无材可用或用材不当的窘状，不可能达到准确、鲜明、生动再现现场的目的。有位新闻界前辈说过这样的话：“记者的眼睛生来不是看材料的，而是用来观察事实的。”这句话对于纠正记者不愿到现场，只想舒舒服服看材料的陋习，有振聋发聩的作用。要想成功采写现场短新闻，必须五官并用，身到、心到，随时捕捉有用的素材和细节。

要“约用”，观念就必须转变。新闻界长期以来形成了一种“报纸文章化”的毛病，一些记者习惯于就死材料写死稿子，甚至把“鲜”的、“活”的材料变成纸面上“陈”和“僵”的文字。专业记者跑线，通常人少面大，又常与领导打交道，容易在观念上把自己混同于地方的领导干部，下笔求全、求长，习惯把鲜活的东西变成总结式的概括材料，时效和可读性更是放在一边。因此，提倡抓现场新闻，既是对报纸上“新闻没有姓新”现象的一个匡正，也是促成记者丢掉官员意识，形成全面、正确的新闻观的一个措施。周恩来同志说过：“报道各地的政治、经济、文化、社会改革和建设情况，尤其在于事实的描写。”可以这样认为，现场短新闻是以短小的篇幅、经济的笔墨来“描写”，而不是抽象概括新闻事实的一种好形式，这个观念应当形成并坚持。

“约用”也有讲究，从大的方面来说，有死材料的“约用”和活材料的“约用”之分。我们通常比较缺乏的，是对活材料的“约用”。常常有读者抱怨，报纸上很多稿件缺乏新鲜感，特别是通讯，经常是介绍某单位某人几个月甚至几年前的事，陈年旧账，跟四平八稳的年终总结报告差不多。这类毛病的根源，往往出在采访环节上，记者是花时间了，但可能只注意搜集了死材料，而对活材料却视而不见。如果记者头脑中没有强烈的捕捉“鲜货”的意识，很可能就会让本来有用的新鲜材料就在眼皮底下溜走。曾有一个记者，受命去采访一位以擅长处理棘手商业纠纷著称的仲裁人。记者与采访对象谈了很长一段时间，了解到不少事情，但这些事情发生在长达几年的时间内。记者心里有点儿犯愁，害怕写成一本流水账。正在此时，采访对象出去接了一个电话，回来后即匆匆说道：某公司有急事请他去面谈，必须马上走，只好告别了。记者回去靠老材料写出稿见报后不久，他才知道，那天采访对象接电话走后，成功地处理了一宗金额巨大的商业纠纷。他后悔不已，当时自己要是跟着走一趟（这是完全可能的），岂不有许多新鲜材料到手？至少，如果在报道的开头，从采访对象如何放下电话匆匆动身，如何斡旋于对峙双访的言谈举止入手写起，那这篇稿子的新鲜感、细节、现场气氛不是都出来了吗？

新闻事业是快节奏的事业，记者除了要在思想上时刻保持新闻敏感以外，在具体的采访过程中，力争快节奏地捕捉活材料和设法提高采访成功率也非常重要，打个比方，记者好像一块被压缩得很紧的海绵，一旦入水，就要在瞬间吸获尽可能多的新鲜的水。

有一次，我本人采访美国名著《长征》的作者、《纽约时报》前副总编辑索尔兹伯里，他抵达武汉晴川饭店时已是深夜，翌日清晨又要离去，所以疲倦的他只答应接受10分钟的采访。10分钟，时间少得可怜，我只好迅速从原来准备的10个问题中精选出3个向他提问。除此之外，我边听边观察他的衣着、动作、气质等，以丰富报道素材，如他的唇髭全白，说话时一翘一翘的，很有个性。在原定采访时间已到，索尔兹伯里站起来要走时，我又运用了一个事先想好的小战术，拿出他所著的《长征》中文版请他题词，他见书非常高兴，欣然命笔，这样题词又成了一条素材。然后，在索尔兹伯里走向客房时，我又跟了一段，因为觉得还可能有机会"挤"一点材料，恰好他跟同行的一位美籍华人说了一段话，意思是说这次访问了邓小平先生的故乡广安县，将来他的新作《新长征》一书，打算就从自己访问邓这位中国改革设计师的故乡之行写起。最后几秒钟得到这条最新的素材，使我感到非常高兴。这件事告诉我，只要抓紧机会不放，终会是有收获的。索尔兹伯里是一位世界著名的老新闻工作者，他深知时间和机会的价值，从他给我的这吝啬的10分钟的采访时间里，可以体验到竞争和效率的含义。

记者不是文学家，"写活"是一种在界定范围内的自由，这个范围就是现场获取的真实素材。记者的作为是再现现场而不是创造现场。一般说来，只要记者到现场进行认真、缜密的采访，总可以获取一些有可能写活的素材，经过精心筛选和组织，稿子就有可能活起来。我们不必担心自己所采访的普通人、普通事"没有光彩"，实际上光彩随处有，关键在于自己是否能发现。德国著名无产阶级记者基希说过："世界上没有比简单的真实更奇异的，没有比我们周围环境更富于异地风光的，也没有比客观现象更美丽的事物。"基希的话，对于我们以报道真实事件为己任的记者来说，在把稿件写活、写得引人入胜方面，是一种莫大的鼓舞。

心理小典 量变与质变

量变是事物数量的增减和场所的变更，是事物在原有性质的基础上、在度的范围内的变化，体现了事物的连续性。质变是事物由一种质态向另一种质态的飞跃，是对事物度的突破，是事物根本性质的变化，是连续性的中断。质变和量变是相互转化的，量变是质变的必要准备，质变是量变的必然结果。

心智掌故 朱元璋谈话

话说朱元璋做了皇帝。有一天，他以前的一位苦难朋友从乡下赶到京城去找他，那位朋友对他说："我主万岁！当年微臣随驾扫荡芦州府，打破罐州城，汤元帅在逃，拿住豆将军，红孩儿当关，多亏菜将军。"

他这话说得很委婉，朱元璋听了心里很高兴。回想起来，也隐约记起了他的话里像是包含了一些从前的事情，所以立刻就封他做大官。另外一个苦难朋友得知了这个消息，他心想："同是那时候一块儿玩的人，他去了既然有官做，我去当然也不会倒霉吧？"他也就去了。

一见朱元璋的面，他就直通通地说："我主万岁！还记得吗？从前，我们两个都替人家看牛，有一天，我们在芦花荡里，把偷来的豆子放在瓦罐里煮。还没等煮熟，大家就抢着吃，罐子都被打破了，撒下一地的豆子，汤都泼在了泥地里。你只顾从地下满把地抓豆子吃，不小心把红草叶子也吃进嘴里了，叶子在喉咙里，苦得你难受。还是我出的主意，叫你把青菜叶子一并吞下去，这样红草的叶子才一起下肚了……"

他话没说完，朱元璋嫌他太不顾体面，连声大叫："推出去斩了！推出去斩了！"

从这个故事中，我们可以看出会说话是一件多么重要的事情，知道得多并不代表可以都说出来，挑重要的、有意义的、有价值的话来讲才是机智的行为。所谓话不投机半句多，讲话也是一门艺术，哪怕你了解得再多，也要思考之后再说，把握好度。

心灵启悟 量足质精

新闻传播，致力于消除受众的不确定性，通过对新闻事件、新闻事实进行有立场的传播，从而发挥其社会功能。因而，新闻所含信息质量的高低、信息数量的多少，就成为评判新闻的基本依据。也就是说，新闻所含的信息质量越高，数量越多，它的新闻价值也就越高，所发挥的社会功能也就越大。同时，受众对媒介有着伦理和道义的控制：用脚投票，淘汰落后。

第八节 毋须匆率为文

记者如果慵于开掘，匆率下笔，就算能很快写出一篇稿子，那也很可能只会获得一半成功,因为题材中蕴含的沉甸甸的含义或是水灵灵的新鲜意味,未见得被开掘和表现出来,而写的可能只是一些皮毛。好比某人发现了一口池塘,立刻宣布水面的浮萍是这口塘里最有价值的植物,但如果细细勘量之后,会为自己的匆忙断言而赧颜,因为水下还埋有鲜嫩洁白的莲藕。

新闻是易碎品,也未尝不是一门令人遗憾的艺术。因为一经见报,再想改写就不行了。所以,见报之前尽量对稿件的主题和文字加以推敲,以期达到"玩味再三意更殊"(艾丰同志在《新闻采访学》中语),就显得特别重要了。

刘勰在《文心雕龙》中说:"众理虽繁,而无倒置之乖;群言虽多,而无棼丝之乱。"下笔之前,不妨先在脑子里"过一下电影",看看哪些东西是浮在面上的、价值不大的,哪些是真正值得写入稿件、大力宣传报道的。主要考虑的取舍内容,可以集中一些,如主题、价值取向,当然还可以有许多其他的项目可纳入取舍范围,每篇不尽相同。我写过一条消息《筷子小产品步入大世界》,反映的是神农架下的房县制作特色产品冬青木筷的事。这篇稿子是经过了再三玩味、脱胎换骨的修改后才刊出的。拿这篇小稿作例子,可以认识到玩味和修改是一个向自己固有思维模式和思维结果挑战的过程。

先说主题。这篇稿子原题为《筷子小产品社会大协作》。显而易见,原题具有很强的专业性和工作性,主题落在"协作好处多"几个字上。稿子到了一位老记者手里,他琢磨再三,问我:"既然小小的筷子能行销20余国,这是很值得开掘的一个题材,你这稿子的主题能否再深化一些?报道角度能不能更新巧一点呢?"

面对稿纸,我细细地把脑中的材料重新梳理了一遍,发现原稿在思维的角度上,陷入了记者常易步入的一个误区,即顺着被采访单位的"部门意识"竿子爬。虽然这一次我下笔前曾力图避免成为局限于某一个厂的井底之蛙,所以放宽一点去写了行业协作,但还是未逃出"行业之蛙"和"地区之蛙"的局限。原稿导语中有这样一句话:"这个筷子集团成立以来,专业化协作生产的道路越走越宽。"这实际上是给全稿的主题定了一个调子,只能在"协作"这个范围内翻筋斗,其结果可以预料,写得越细则专业味越浓,难免流于一般。

为什么不能变换一下思维角度,重新透视一下题材?当思维从"筷子行业"的角度转移到"民族工业"和"艺术欣赏"这个角度,再揣摩手中的题材时,似乎手中的题材一下子就具有了全新的含义。正如我所熟悉的著名报告文学家徐迟说过的那样:"立意一定要让作品奏出这特定时代的霜天晓角。"是啊,正是通过工人师傅的巧思和巧干,那些山间杂木最终得以变成精美的筷子,成为从深山走向外面世界的优质创汇产品。小筷子与大世界之间,无疑存在着巨大的差异,而从"行业之蛙"的角度，是不可能发现这些差异和其中蕴含的意义的。

发现矛盾难，而展开和揭示这些矛盾则相对容易。于是我决定从“小与大”的矛盾入手，以表现民族工业产品走向世界为主题，把“协作生产”改作背景和铺垫，做到主次分明。材料还是那些材料，意义和深度却都大不相同了。这个变化看来容易，得来却很艰辛，从中可以体会到移步换景之妙。由此想到，新闻作为新近发生事实的报道，事实当然是第一位的，而新闻稿件能否达到一定的深度，在写作方面大有讲究。它既取决于题材的选择，又取决于作者对题材的开掘、观察、提炼和驾驭文字的水平，也就是取决于作者对事实所固有的价值实现的能力有多大。

再说价值取向，包括审美价值取向。筷子是一种工业产品，采访中获取的素材也与在其他工业部门得到的材料相似：成本、价格、运输、机械、产值、利润等，原稿就是简单从协作生产角度运用这些冷冰冰的素材的。在修改稿件时，我反复推敲，认为事物本身的价值含量是多元的，为什么不可以用经济、法律、艺术乃至社会发展的多种目光去审视、评价对象呢？就筷子而言，它是一种工业品，但它同时也是一种艺术品，一身得兼二任，那为什么只从工业品角度去观察它，而不从艺术品的角度去审视呢？虽然我采访的是一家工厂，但我没有任何义务只从工业的角度看问题，当厂家简单的传声筒。

当重新以“具有民族气派的实用工艺品”的目光观察，审视手中的材料时，感受就大不一样了。于是这样写道：“师傅们把筷子这种普通的中国传统餐具，当作艺术品精心设计加工，使之升格为具有民族气派的实用工艺品。随着国门的开放，它远涉重洋，出现在世界 20 多个国家的餐桌上。”说实话，不一定每个制作筷子的师傅都意识到他们的工作具有“升格”的意义，但是事实的确如此，外国朋友使用中国筷子，何尝不是在欣赏中国文化？记者的职责就在于发现，正如罗丹说过的那样：“生活中不缺乏美，缺少的是发现美的眼睛。”小小的筷子就是美的载体，它的花纹、它的造型，能够以独特的方式，传递东方的文化和东方的美感。

正因为带有欣赏艺术品的价值取向，所以这篇稿子的行文才随之变得洒脱。见报稿的首句改为：“普通一双冬青木筷，在我国这个‘筷子王国’难以引人注目，但是却成为美的载体漂洋过海。”这样去写，是从题材自身所蕴含的内容出发，不是硬贴标签。一个记者，每写一篇稿件，都是对自己目光的一次磨砺。许多题材都如璞玉，必须凿除包裹其外的顽石，才能显露出美的光彩。这种凿除工作，靠的是犀利的目光，以及吹响时代“霜天晓角”的精神动力。

心理小典　延伸新思

常规思维，即人们运用已获得的知识经验，按常规的方案和程序直接解决问题的一种思维模式。创新型思维，即重新组织已有的知识经验，提出新的方案程序，并创造出新的思维成果的思维方式。常规与创新二者不可割裂，离开了常规，就没有了标准与制度。创新需要以常规为基础，以此为出发点，延伸新的概念。

心智掌故　卞和三奉和氏璧

春秋时，楚人卞和在荆山看见有凤凰栖落在山中的青石板上，依“凤凰不落无宝之地”之说，他认定山上有宝，经仔细寻找，终于在山中发现一块璞玉。

卞和将此璞玉献给楚厉王。然而经玉工辨认，璞玉被判定为石头，厉王以为卞和欺君，下令断卞和左脚，逐出国都。

武王即位，卞和又将璞玉献上，玉工仍然认为是石头，可怜的卞和又因欺君之罪被砍去右足。

楚文王即位后，卞和怀揣璞玉在楚山下痛哭了三天三夜，以致满眼溢血。文王很奇怪，派人问他：“天下被削足的人很多，为什么只有你如此悲伤？”卞和感叹道：“我并不是因为被削足而伤心，而是因为宝石被看作石头，忠贞之士被当作欺君之臣，是非颠倒而痛心啊！”这次文王直接命人剖璞，结果得到了一块无瑕的美玉。

楚王得此美玉，十分爱惜，都舍不得雕琢成器，就奉为宝物珍藏了起来。又过了400余年，楚威王为表彰有功忠臣，特将和氏璧赐予相国昭阳。昭阳率宾客游赤山时，拿出玉璧供人观赏，不料众人散去后，和氏璧不翼而飞。

50余年后，赵国人缪贤在集市上用五百金购得一块玉。令人始料未及的是，经玉工鉴别，此玉就是失踪多年的和氏璧。赵惠文王听说和氏璧在赵国出现，遂据为己有。

秦昭王获悉此事后，致信赵王说，愿以秦国十五座城池换取玉璧。赵王慑于秦国威力，派蔺相如奉璧出使秦国。机智过人的蔺相如不辱使命，设计取回玉璧，送回赵国。

一块璞玉却被断定为石头，这是未经思考就妄加断言的后果。所以说，在面对事情时，不要匆匆下结论，深思过后或许就能发现另一处精彩。

心灵启悟 换个角度看问题

心理研究表明，受众逆反心理往往产生于三个方面：一是事实虚假，二是观点重复，三是官僚之风。转换思维角度、拓展思维空间、切换思维频道、进行思维的多级开发和灵感的超级链接，可让自己的思维常新。当面对芜杂的新闻素材，记者往往无从下笔，只好按照固有的思维模式进行写作，出来的文章也都是一些受众都已看厌的老套路模式，这些都应引起警惕。

第九节 善抓重大问题

李四光先生说过："观察、实验、分析是科学工作常用的方式。"新闻工作是社会科学中最具有观察实验性质的学问之一，而分析则是调整新闻观察角度、决定新闻写作方式的必经桥梁。一个成熟的记者，必定是一个长于分析的记者，绝不会"下车伊始，哇啦哇啦"地贸然写一通。一个媒体是否成熟，也往往看其是否拥有一批长于就重大问题发表中肯分析意见的主持人或评论家。美国几大电视台的新闻主持人对公众的影响力甚至不低于总统，他们一般都具有一二十年电台或通讯社的记者或编辑的经历，与形形色色的人和事打交道，使他们具有很强的预见力、分析力和判断力，他们是公众在重大问题上思考的向导。无怪"9·11"事件后，一些著名主持人也成为恐怖袭击的目标，带有炭疽病菌的信件被寄到他们的办公室或公司。美国人的口头禅也改变了，国家广播公司（NBC）主持人汤姆·布鲁卡的结束语换成了"我们相信环丙沙星（一种抗生素，用于预防治疗炭疽）"，而不再是"我们相信上帝"。这正是恐怖分子要达到的目的——电视主持人的作用是稳定民心，一旦他坐立不安，所有观众都将坐立不安了。

新闻分析也是报纸的特长。记者写新闻分析稿件，不是为了显示才学，傲视同侪，而应该把解决实际问题作为分析性新闻的出发点。新闻题材千头万绪，并不是任何具体问题都可以拿来分析一通的。那些对改革、发展和稳定的整体长远目标有着决定性影响的方面，是事关全局的重大问题，要善于抓住。

《孙子兵法》中写道："善战者致人而不致于人。"这是说把握主动性极为重要。记者面对手中浩繁的材料，不能为其所困，而要把手中的笔，变得像东方不败手中的绣花针一样，于混沌处辟出蹊径。例如，有效需求不足问题是国民经济急需解决的问题之一。全国情况千差万别，不可能有一个万应灵方，以解决各地的需求不足问题。这对于身处一线工作的编辑记者来说，就有一种通过战略思维，提出解决问题途径的责任。如果我们有一大批这样既掌握一线实情，又善于思维的编辑记者，必将有助于国家尽快找到破解难题的对策。在这方面，已有许多编辑记者作了艰苦而有效的努力。例如，已有同志通过对城乡购买力状况的分析，提出了动态平衡的设想，以此作为振兴经济的一个新战略。城乡购买力平衡是指在“二元经济结构”条件下，社会购买力在城乡之间平衡分布的一种动态匹配关系。经过战略分析，提出这项设想的同志认为，许多深层次的矛盾长期得不到解决，一个关键的原因就是城乡购买力差距持续拉大，从而制约国民经济总量的增长，影响国内需求扩大，误导产业结构调整，阻碍共同富裕的进程，严重影响了国民经济持续、快速、健康地发展以及社会的稳定。因此该同志建议，建立城乡互动机制，实现城乡购买力动态平衡；要着眼于建立城乡互动的组织体制，为城乡经济协调发展提供组织保障；建立城乡互动的预警机制，为国民经济各部门促进购买力动态平衡提供决策依据；建立城乡互动的新纽带，发挥小城镇在实现城乡购买力动态平衡中的轴心作用；建立城乡互动的政策保障体系，在全面提高城乡购买力的同时，着力提高农村购买力；建立起城乡互动机制，优先发展国内市场一体化。

新闻分析的价值不仅在于抓住事物的根本、趋势和发展方向，而且要探讨有效的措施，以使战略目标得以实现。若仅仅停留于一般性口号上的宏观思维，不能从实践上保证整体目标和执行过程的一致。

欠发达地区摆脱相对落后的面貌，是一件谁都希望尽快实现的事。但是，如果思路不理清，胡子眉毛一把抓，没有一个长中短合理的安排，就不可能提高效率。如果我们跳出就事论事的圈子，换一个思路，从“把各种要素开发到最大值”的角度进行分析，就会思路一新，比如开发的内容和领域要有新的转变。由过去主要开发物转变为既开发物又开发人，且以开发人为主；由过去主要开发自然资源转变为既开发自然资源又开发教育、技术、信息、市场等各类软要素，且以优先开发各类软要素为主。开发思路一定要突出市场机制和价值规律，重视知识在经济增长中的作用，变资源导向型战略为市场导向型战略，走出一条市场与知识为主体的可持续发展的开发模式。具体可采取若干对策，如依托知识发展、重视人力资本开发、走可持续发展之路、调整产业结构、建立具有发展前景的特色经济和支柱产业等，这些对策建议虽然不是行政决策，但有助于开阔决策思路，形成决策氛围，凝聚社会人心。

善于分析探讨重大现实问题，对于党报记者具有重要的意义。一名优秀的记者，需要具备总揽全局、驾驭全局的能力，这是一种基本素质，又是一种工作艺术，它是一种抽象与具体结合、务虚与务实结合、长期部署与短期安排结合的艰苦思想劳动。这种组合式的思维劳动，越是缜密和符合规律，就越是能够经受得起实践的检验。反过来，实践的成功，又能激发出更强的思维动力，增强延续思维和连续分析重大题材的信心。

老舍先生说过："思索的时间长，笔尖上能滴出血和泪来。"这个思索的过程，就是一个用心灵消化事实，体验事实，深化对事实认识的过程。这些事实不会是那种风花雪月的、轻飘飘的一类东西，而是真正关系到人民安危冷暖、爱恨情仇的大事。改革开放以来，我国发生了天翻地覆的变化，社会阶层产生了极大的变动，各种矛盾和利益交织在一起，形势不容易为广大身处基层的受众所认清，特别是在加入WTO以后，我国加速与世界经济接轨，经济、文化和社会状况的变化更为剧烈，产生的重大事关国计民生的新闻题材更多、更复杂、更具专业性，这就需要我们以一种"舍我其谁"的气概，代表公众的利益，主动开掘这些前所未遇的题材。有中国特色的社会主义是一次人类历史上前无古人的实践，新闻也理应与时俱进，向着代表先进文化、代表最广大人民根本利益的方向进军，在这个伟大的进军中，我们应该牢记法国伟大思想家圣西门的一句名言："在探索未知领域方面成为人类先锋的民族，永远是第一流的民族、伟大的民族、杰出的民族。"

心理小典　选择与舍得

选择就是发自自我的主动行为，就是自我对对象的主动的态度。用已经总结出来的原则，进一步审视外界，并选择新的对象。个体的一生一直都在进行着完善自我的过程，而选择恰恰表达了个体的这一主体性活动。在道家思想里，舍就是无为，得就是有为，所谓"无为而无不为"。用唯物辩证法的观点来看待"舍得"，就是"舍得，有舍才有得，小舍小得，大舍大得，不舍不得，只舍不得，不合法则。"

心智掌故　生死抉择

这是一个关于一心一意想要登上世界第一高峰的登山者的故事。在经过多年准备之后，他开始了他的旅程。由于他希望完全由自己独得全部的荣誉，所以他决定独自出发。他开始攀爬，但时间已经有点晚了。然而，他非但没有停下来准备他的露营帐篷，相反，还是继续向上不断攀爬。直到周围变得漆黑一片，这位登山者什么都看不见了。山上的夜晚显得格外黑暗，因为，月亮和星星又刚好被云层遮住了。即便如此，他仍然不断向上。就在离山顶只剩几尺的地方，他滑倒了，并且迅速地跌了下去。他不断地下坠，在这极其恐怖的时刻里，他的一生，无论好坏，一幕幕地不断浮现在他的脑海里。当他一心一意地想着，此刻死亡正是如何快速地接近他的时候，突然间，他感到束在腰间的绳子重重地拉住了他，他被吊在半空中。此时，他一点儿办法也没有，只好大声呼叫："上帝啊！救救我！"突然间，从天上有个低沉的声音回答他说："你要我做什么？""上帝！救救我！""你真的相信我可以救你吗？""我当然相信！""那就把束在你腰间的绳子割断。"短暂的寂静之后，登山者决定继续奋力抓住手里那根救命的绳子。

搜救队第二天发现了一具冻得僵硬的登山者遗体。他的尸体挂在绳子上，他的手也紧紧地抓着那根绳子，距离地面仅仅 1 米。

心灵启悟　选择与顿悟

记者都有这样的感觉：素材很多，而能写的题材却很少，这就如同生活中的"舍"与"得"，有重有轻，有多有少，如何抉择看一个人的智慧。记者这个行业，每一天都会面对海量的信息，然而哪一条能够吸引受众的视线，服务社会的进步，这就需要记者有新闻顿悟的能力，要能正确鉴别和使用新闻素材。面对纷杂的信息，深入分析，选择重大问题作为报道的出发点。

第十节　气盛方可为笔

新闻从事实中来。但是，新闻写作并不等于简单地将事实加以罗列，否则新闻记者就太容易当了。

当我们阅读报纸的时候，往往会感到有一些文章虽行文流畅，但读来没劲，其原因或在于"质木无文"，或在于"理过其辞"，或在于"崇尚虚谈"，总之一句话，缺乏诱使人读下去的那口"气"。

中国伦理思想史上，孟子曾强调"浩然之气"的重要。什么是"气"？伦理学家罗国杰认为，相对于善恶来说，"气"就是一种善恶选择的能力。中国古代十分重视文人的胸臆，认为在动笔之前就要有"气"凝于胸臆，然后挥洒笔端，方成其善。所谓“孔融气盛于为笔，阮籍使气以命诗”，指的就是这种意境。他们的文章，虽然有时“气过其文，雕润恨少”，但仍才华四溢，魅力不减。绘画则更是如此，被徐悲鸿先生誉为“五百年来第一人”的中国画大师张大千先生，之所以取得卓绝的成就，不仅缘于他丰富的艺术实践与天才创作，也是因为他面壁敦煌，留学西洋，不仅从中汲取了丰富的艺术营养，更养成了超人的醇厚气度。因此，他的画以强有力的线条与苍劲的水墨皴擦相糅，从而使古典的中国画技法和气韵与现代的国际绘画风格绝妙融合。

文以气为主，新闻中最可贵的是必须回荡着一股人间正气。曹丕认为“文以气为主”，韩愈也强调“气盛言宜”，杜牧更认为“文以气为主，以意为辅，以辞彩章句为之兵卫”。就是说，写文章的人，只要气足了，想怎么写就怎么写。“气”的含义有精神和学识两个层面的区分，精神和气质是一个层面，学养和见识又是一个层面。庄子在《逍遥游》中说过：“水之积也不厚，则其负大舟也无力；风之积也不厚，则其负大翼也无力。”读书不足，经历不多，便养气不够。这是从学力的角度认识“气”，还要从精神层面认识“气”，就是要把小我与社会的大我联系起来，进入一种为天下代言的精神境界。这种“气”并不排除个性，而是共性与个性的结合。如果说文人创作还允许卿卿我我的私密吟唱的话，那么作为天下公器的新闻作品，就容不得小里小气的个人独白，也不允许自顾自地发泄。曾经的上海《申报》，给过鸳鸯蝴蝶派文人很大的园地，发表描写才子佳人的哀情故事，感伤之中渗透着斯文扭捏的小趣味，宣扬“游戏人生”的人生观，这倒是吸引了一部分读者，但是在那风起云涌的革命年代，在外侮压境的国难时刻，娇滴滴的浪漫主义，羞答答的小资情调，“家世簪缨，文采斐雅”一类话开头的公式化语言，怎么会有利于形成革命的热情、抗敌的豪气呢？

新闻作品，特别是消息作品，其篇幅有限，用在纯粹写作上的时间往往并不是很长，这就更需要“气”在笔先，孕育一种动笔之前的良好心态，也可以说是注重“气”的调动：将自己平素某方面的积淀与即刻的感发，进行一种快速聚合，萌生出稿件主旨、风格、节奏的基础。大家都记得当年毛泽东同志经过彻夜守候，得到前方传来的捷报后，亲笔在消息《我三十万大军胜利渡过长江》中写下的那气吞山河的句子：“长江风平浪静，我军万船齐放，直取对岸……敌人军无斗志，纷纷溃退。”读了这篇消息，人们在获得了一条重要信息的同时，精神上更是受到了一种强烈的感染，体察到记者的视野开阔、思维活跃、豪情奔放，给读者在诸多方面都留下了有益的启迪。

1996 年，我军面对李登辉“两国论”的挑衅，在台海举行军事演习，天上、地下、海面;舰艇、战机、导弹,断面数百公里,兵力数以十万,记者不只是满足于把恢宏的场面移于纸上,而是着意在字里行间传递一种力透纸背的凛然正气,震慑了敌胆,鼓舞了民心。《解放军报》总编辑于顺昌在评说这篇获得了中国新闻奖一等奖的作品时指出:报道演习要到现场去看,这不难做到,难的是到现场看什么?作者可贵之处在于,“不仅笔下展现了演习的恢宏气势和壮阔场面,而且通过气势和场面,体现了我军官兵高昂的士气和顽强的作风”。反之,如果不把这种“气”的运用放在重要地位,而是把注意力放在技术性描写、军事术语运用等方面,那么,很可能我们看到的是一篇颇为详尽的军事教材,而不是一篇大众媒体所需要的富有鼓舞力的消息。

所有的文字排列组合,都是由人的观念驱遣的。只要被描述的对象是人的社会生活,就有一个用什么观念去组合,以什么态度去行文的问题。莱蒙托夫说过:“热情由观念形成,它是心灵的青春。”这句话很好地揭示了写作者激情背后的动力,在于来自生活的观念,当然,它包罗的不仅有政治观念,还有事业观、爱情观……这些观念必须处于一种勃发的、向上的、悸动不安而渴望生长的状态。我们无法想象,一个心如止水的人会是一个称职的新闻工作者。

评论要有“精、气、神”,观点鲜明,入情入理。对那些优秀的新闻作品和评论作品仔细品味,我们不难发现,凡长于说理而又力避说教,逻辑严谨而又形式活泼,文笔生动而又论述透辟,旁征博引而又不掉书袋的名篇,从方方面面都表露出“精、气、神”的巨大作用。例如,《人民日报》2000 年 10 月 2 日为庆祝我国奥运选手勇夺 28 枚金牌而写的社论《祖国为你们而骄傲》,那充满激情的词句:“你听过黄河的涛声吗?那气冲霄汉的怒吼,多像我们心潮激荡的纵情欢呼;你见过长江的奔流吗?那雷霆万钧的气势,多像中国体育健儿闯关夺隘的奋进脚步。江河奔流,亘古不息;进取精神,代代相传。”作者虽然是一个从事新闻工作只有几年的年轻记者,文笔不能算十分老到,但他的胸口荡漾着民族的豪情,喷涌着对祖国的热爱,这种遏制不住的心灵甘泉,当然能浇灌出生气勃勃、昂扬有力的文字。

强调“气盛”并不是提倡虚无主义,并不是说不要写作技巧。技巧是属于工具类的东西,工具在任何劳作中都是不可缺少的,即使烧火丫头杨排风上阵破敌,手里也还要拿根烧火棍子。工具是受观念支使的,而“气盛”则属于观念类的东西,占有支配地位。著名记者郭超人同志曾直率地点评过各类新闻作品,认为凡那些高屋建瓴、势如破竹、具有强大精神力量的作品,首先在于作者身上有一股正气。这是写作技巧背后最重要的诀窍。

生活中大家都有“一窍难得”的体会,前贤已将“诀窍”示于人,我们后来者理当勉力行之。

心理小典　秉承正气

“正心诚意，修身齐家，吾善养吾浩然之气。”这里的气指的是气节。气节，指人的志气和节操，不乞求自己未拥有的东西。“朝闻道，夕死可矣”，揭示的是气节的源泉；中华民族的先民们认为万事万物都有一个共同的本质，都是由气孕育生成的。万事万物具体的形态可能消失，但气不会消失，它永恒存在、转化不息。

心智掌故　董狐直书

春秋时期，晋国有一个叫董狐的史官。那时候，君王晋灵公昏庸残暴，到处搜刮民财，乱收赋税。更有甚者，有一次仅仅因为厨师为他炖的熊掌不够熟，他竟然一怒之下，把厨师给杀了。大臣赵盾看到晋灵公的行为，知道再这样下去，晋国就会毁在他的手里，于是就几次三番地进行劝说。可是晋灵公不但不虚心接受，反而在心里算计着一定要除掉赵盾这个让他不高兴的忠臣。

有一天，晋灵公请赵盾吃饭，早已埋伏好的几十个士兵突然冲了上来，包围了赵盾，要杀害他。幸亏赵盾武艺高强，才勉强逃了出来。但从此赵盾为了避难，被迫逃亡国外。

后来，赵盾的一个亲戚找了个机会杀死了晋灵公，为赵盾报了仇，并且立了新的国君，重新把在国外避难的赵盾接了回来，官复原职。

根据古代的观点，君主再昏庸也是不能杀的，臣下杀君主更是不忠不义的表现。所以对于以前的这段历史，谁也不想承担杀君的罪名。赵盾想看一看，董狐究竟是如何记录这件事的。

赵盾来到董狐家里，要求查看那段史书的记载。看完后，赵盾十分生气，他将竹简一摔，对董狐说：“晋灵公死的时候我都不在朝中，你怎么能说是我杀的呢？你这样乱写，是诬蔑朝廷命官，是要杀头的。”董狐不慌不忙地回答：“你那时虽不在国都，但现在身为国家大臣，却从未追究过杀君之人的罪责，因此，如果说你不是这件事的主谋，这是谁也不会相信的。”赵盾一听，觉得也是这么回事。但他为了自己的面子，还是要求修改。董狐严肃地说：“作为一个史官，我的职责就是真实地记录历史。而史书最重要的地方就是诚实。黑就是黑，白就是白，来不得半点虚假，否则就是对后人的欺骗。你让我为了个人私利去改写史书，这是无论如何也做不到的。

丢个脑袋，对于我而言是件小事，但丢掉了作为一个史官应有的节操，就是大事了。”

董狐这种不畏强权，坚持诚实的职业精神，一直被后代史官所推崇。

心灵启悟　一身傲骨

陆游诗中言：“气节陵夷谁独立，文章衰坏正横流。”气是属于观念类的东西，文以气为主，文章若要给人以精神的震撼，则需要内含一股人间正气。记者的文章要有属于自己的“气”。动笔之前，我们要孕育良好的心态，以新闻人的傲骨，不畏权贵，秉笔直书。所谓“信仰铭心举大义，英雄气节千古泣”，如此赞叹也正是新闻人的追求。

第七章　记者职业心理之审美篇

第一节　大胆追求美感

美在生活中，生活出新闻。作为当代生活哨兵的新闻工作者，不能满足于仅在生活的园地里收获普通的米谷菽稷，还要大胆寻找和采撷美的花朵。

以真实内容为追寻对象的新闻记者，能够把通常戴在艺术家皇冠上的那颗美的珍珠，纳入自己的创造领域吗？回答是肯定的。这并不是说新闻只可以反映生活中本来就有的那些诗情画意，更重要的是，美在生活中无处不在，乃至严肃或战斗的场合，都可以纳入我们的审美视野。乔治·桑塔耶拿在《美感》一书中说："美是一种最高的善，它具有一种自然功能，满足我们心灵的一些基本需要或能力。"从审美心理来看，只要新闻真实地反映了人的社会生活，这种反映的方式能够诱导人产生美的精神感应，它就能促使人们对作品产生审美判断，作品也就具有了审美价值。

大胆的行为是与原则相联系的。越有原则的行为，在理性的范围内越大胆，因为它不会步入非理性的泥淖。新闻工作者追求美的行为，其最基本的原则是真实。"真"可以说是新闻美的第一要义。离开了真实，新闻的美就成了沙滩上的泥屋，瞬间就会倒下。沿着"真"的道路去追求美，这是理性的总结，是新闻审美一个不可逾越的铁则。读者对于真的追求，基于一种对人尊重的基本人格诉求，如果把假新闻放到读者面前，那是对读者人格的冒犯。一个人在被冒犯的情况下，怎么还谈得上产生审美的愉悦呢？可以说，这是新闻审美有别于其他审美活动的一个根本标志。

新闻的美是一种开放的美，新闻记者具有无限驰骋的领域。人通过认识世界、改造世界，同时发展了人的本质力量，获得了美的意识，又按照美的规律来认识和改造世界，在人的本质力量对象化的过程中，人们产生审美理念和审美共识。反过来，审美对象又创造出懂得审美和能够欣赏美的大众。这种交互的过程，永远没有完结之时。正如马克思深刻指出的那样："美既是客观事物，又是主观境界。它既是形式（当我们判断它的时候），又是生活（当我们感觉它的时候）。它既是我们存在的状态，又是我们的创造。”这是具有辩证唯物主义和历史唯物主义的美学思想，它承认了美的客观性，又突出了人在感知认识和发展美的过程中的能动作用。新闻记者作为直面生活的记录者、思想者、创造者，在美的创造者队伍中，具有独特的价值、独特的优势、独特的生命力。

在我们的报纸上，还有许多的“新闻不美”。崭且不论这些新闻的内容美不美，仅就形式而言，不美的新闻长期占据着版面，销蚀了报纸这种美的载体的功能，减少了它吸引广大读者的魅力。我国新闻界一直提倡写“群众喜闻乐见的新闻精品”，从美学角度看，这也是提倡符合群众审美要求和审美趣味的艺术标准。新闻界工作者不要害怕“艺术”两个字，从抽象的角度看，技术发展到了含有文化、哲学的出神入化的境地，就可以升华为艺术，指挥战争尚且可以被称为艺术，采写新闻为什么不能把艺术二字大胆地揽入怀中呢？从实际操作层面讲，艺术并不是艺术家的专利，艺术更不是虚构作品的专属。形式美的光辉，可由“艺术女神”普洒到许多精神产品和物质产品上，关键要看劳动者是否向“艺术女神”敞开大门。

美的感觉，必然通过美的形式来传递。美的形式，有助于表达深刻的思想。美的形式对于美的内容而言，具有相对独立性。它的实质在于，必须以感性的形象，来显现一定的社会内容，内容与形式是对立统一的。美的形式既是美的形象中不可缺少的组成部分，又有自身相对存在的审美价值。例如，文字的音韵美、对仗美和版面的几何美等，它影响人的思想感情，给人以审美感受。新闻作品必须遵循美的规律，借助美的翅膀，才能飞到寻常百姓的身边。

因为有美，才有审美。早在信息时代还处于萌芽阶段的 20 世纪 40 年代，法国的亚伯拉罕 · A. 莫尔斯就创立了“信息论美学”。这门学科基于承认美是一种信息的前提，任何通过不同载体传播的作品都可以适用于不同的接受者，其条件之一就是这一信息的传递必须达到优化程度，以保证接受者在审视作品的过程中获得尽可能多的信息量。生活的美千姿百态，富于形象。对于新闻工作者来说，表现美不仅在于发现美，更在于发现了美以后，要有表现美的意识和勇气，让女神维纳斯闯进自己的门来。这是我们的义务，也是我们的责任。问题在于，必须要采用符合新闻规律的方式，以适应受众迫切要求优化信息传播形态的特点。新闻作品蕴含着作者的审美意识和审美修养，一双没有审美意识的眼睛，是不可能发现美和表现美的。长久以来，新闻记者当中没有人公开提出必须具备审美修养，这是媒体平台被当作斗争哲学主战场而导致的后果。在新闻媒体这座通向社会四面八方的立交桥上，可以传播政治、经济、社会、文化等方面的信息，为什么不能传播审美的信息呢？当然，与传播其他信息不同的是，其他信息即使记者不懂，也可以照样搬过来然后传出去，而审美信息则不同，它必须首先靠记者体验美感、捕捉到美之所在、品味出美之风韵，才能产生加以传播的冲动。世界上没有不经体验就可欣赏到的美感，如同那幅享誉世界的油画《蒙娜丽莎》，当它静静地躺在那里时，画中人神秘的微笑除了作者外没有任何人知道她笑的含义，只有经过不同人审视之后，才会产生对这种笑的不同理解和美感，并且作出种种不同的审美意向并加以传播。如果一个完全没有审美感的记者，看到《蒙娜丽莎》后会作何反应呢？很可能会弃之不顾。作为个人志趣，这没有什么可指摘的，但是作为“社会眼睛”的记者，从职业角度出发，是不允许丢掉《蒙娜丽莎》这样重大的新闻题材的。

新闻记者培养审美感，还有着更深的社会意义，这是因为，新闻审美最终在于引导社会的审美，舆论一旦把握住了社会的脉搏，为群众所认同，社会上就会汇成不可轻视的审美价值倾向，形成美的、创造的滚滚波涛。

心理小典　至美在心

从心理学上来讲，审美心理就是面对审美客体以审美态度感知对象，从而在审美体验中获得情感愉悦和精神快乐的自由心情。所谓审美，主要是指美感的产生和体验，而心理活动则指人的知、情、意。从中衍生而来的审美心理学，也可以说是一门研究人们美感产生与体验中的知、情、意的活动过程，以及阐释个性倾向规律的学科。

心智掌故　美无老期

1889 年 1 月 30 日，23 岁的叶芝第一次遇见美丽的女演员茅德·冈，她时年 22 岁，是一位驻爱尔兰英军上校的女儿，她在父亲去世后继承了一大笔遗产。茅德·冈不仅美貌非凡，苗条动人，而且她在感受到爱尔兰人民受到英裔欺压的悲惨状况后，开始同情爱尔兰人民，毅然放弃了都柏林上流社会的生活而投身争取爱尔兰民族独立的运动中，并成为独立运动的领导人之一。

叶芝对茅德·冈一见钟情，而且一往情深，叶芝这样描写他第一次见到茅德·冈的情形：“她伫立窗畔，身旁盛开着一大团苹果花；她光彩夺目，仿佛自身就是洒满了阳光的花瓣。”叶芝深爱着她，但又因为她在他的心目中形成的高贵形象而感到无望，年轻的叶芝觉得自己“不成熟和缺乏成就”，所以，尽管恋情煎熬着他，但他尚未向茅德·冈表白。

1891 年 7 月，叶芝误解了她给自己的一封信的内容，以为她对自己有着爱情的暗示，立即兴冲冲地跑去向茅德·冈求婚。然而，她拒绝了叶芝的追求。

叶芝一直等待着，即使他的意中人早已是别人的妻子，他直到 52 岁才结婚。那是在已经死去丈夫的茅德·冈再次拒绝叶芝的求婚后，在叶芝向茅德·冈的女儿伊莎贝拉求婚被拒绝之后，叶芝终于停止了这种无望的念头。但事实上，叶芝还是无法忘记茅德·冈。在他生命的最后几个月，他还在给茅德·冈写信，约她出来喝茶，但还是被拒绝了。而且，茅德·冈还拒绝参加他的葬礼。

无论是人格还是外貌，美丽的茅德·冈始终深深吸引着诗人叶芝，尽管美人垂垂老矣，但是美的形象令叶芝至死也无法忘记。

心灵启悟　慧眼识，妙手传

美的事物总能给人以享受。新闻同样如此，无论是形式上，还是内容上，若新闻时常予以美的内涵，那么于媒体、于受众来说都将是一场绝佳的体验。谁说“枯燥、冷冰冰”就应该是新闻的标配，新闻应该是美的，并给人以美的享受的。比起艺术作品，新闻的美是真实的、实在的，因为新闻是基于事实的产物，这是基本的职业伦理出发点。

第二节　理解才能欣赏

新闻作品在传递信息的同时，也向人们传递美感。莎士比亚在《爱的徒劳》中说过：“不能理解的也不能欣赏。”这一古典论断，从反面向现代新闻工作者提出了一个责任性的命题，那就是新闻作品首先要让人理解。

有一个现象很有意思：当代社会日渐复杂，当代科技日趋深奥，反映科技和社会的学术性论文也日渐艰深，甚至文学作品也越来越让人看不懂。但是，这些让人看不懂的东西，并不妨碍它们获得大奖，直至在世界范围内赢得广泛的声誉。为什么会是这样呢？仔细考虑一下，原来这些东西，只需要一部分人懂就行了，它的社会作用，是通过影响一部分人之后，再向社会放大的。而新闻作品则不行，它的功能，在于直接作用于全体老百姓。老百姓不懂，社会作用就没有，所以从来没有让老百姓看不懂的新闻，是能够获得大奖的。

让人看懂和让人理解，这并不是新闻工作者轻易就能做到的事。2001 年 10 月，中国新闻界在其进入新世纪后的首次全国性盛会上，中宣部部长丁关根仍然把“采写出简洁明快、生动活泼，为群众喜闻乐见的新闻精品”，作为一项业务标准，郑重地提到了全国新闻工作者面前。又过了 15 年，习近平则从战略高度强调，新闻要“讲好中国故事”。之所以这么郑重地提出，就是因为新闻改革尽管已开展了多年，但新闻作品仍存在着不简洁、不明快、不为群众喜闻乐见的倾向，不得不加以重视并纠正现代社会生活节奏加快，各媒体争夺眼球注意力的问题，就是要让人在第一时间能够理解。简洁明快，避免庸俗化和过分繁琐，这是竞争的需要，不是刻意求简。中世纪的欧洲有个具有叛逆精神的思想家叫奥卡姆·威廉，他写下的大量著作都影响不大，但有一句不见于著作的格言却享有盛名。这句格言只有 8 个字：“如无必要，勿增实体。”其含义是，只承认一个个确实存在的东西，凡干扰这一具体存在的、空洞的概念都是无用的废话，应当将其取消。这一似乎偏激独断的思维方式，被称为“奥卡姆剃刀”。600 多年来，一个又一个伟大的科学家磨砺着这把“剃刀”，使之日见锋利，终于成为科学思维的出发点之一。凡善于使用这把“剃刀”的科学家，如哥白尼、牛顿、爱因斯坦等，都在“削”去理论或客观事实上的累赘之后，“削”出了精炼得无法再精炼的科学结论。艺术作品中这样“削”的例子，更是司空见惯，我国乡间剧团长年辗转于乡村草台演出时，就往往把那些故弄玄虚、咬文嚼字、引经据典的大戏，从适应和争取观众的目的出发，对剧本结构和曲文组合加以改造，这种改造可以归纳为 8 个字，即“删繁就简，化雅为俗”。

车尔尼雪夫斯基说过：“真正最高的美正是人在现实世界中所遇到的美，而不是艺术所创造的美。”新闻正是以直接反映现实世界为己任的，它可以成为，也应该成为审美的对象。既然它是以“直接”为特征的审美活动，那么，它的审美风格也应以简洁明快为特色。二者是内容与形式的关系，是表与里的关系，它是符合人们审美诉求与审美心理的，如果强行违背这些规律，那就会走进死胡同，不为群众所接受。

美是很难制定规范的，创造它的常常是机遇而不是刻意的人为雕琢。记者要有这种意识，当机遇来到身边时，要把这种机遇变成让读者能够理解和接受的文字，不必拘泥于一成不变的写作程式。突破往往能在给人带来信息解渴感的同时，也带来审美的愉悦。这种实践，并不受题材限制，新华社记者郭玲春大胆突破，把运动员周继红跳水的体育动作，写得像敦煌飞天的艺术语言那么美妙；把悲切的金山同志的葬礼，写得如同晚霞惊涛一样壮美。

就是在 1998 年长江抗洪的紧要关头，发自前线的一篇法新社的消息，却还能别出心裁地在消息中注入美的情趣：“虽然堤外的洪水比堤内高出几米，但大堤防守得十分稳固，李女士家门前的水塘里，几只白鹅仍在悠闲地嬉戏。"法新社的报道，抓住了两个要素：一是让普通人能够理解，从而能够进入特定的情境；二是抓住了瞬间的对比，在不和谐中捕捉到了和谐的美感，而这种美感也是在普通人能够理解和体验的范围内的。

哲学家托马斯·阿奎那说："各种事物能使人一见而生快感即称为美。"这是一种极而言之的说法，它提倡的是简洁明快的审美风格，这种风格是建立在人们能够迅速理解、迅速体验的审美过程之上的。当然它并不是唯一允许存在的审美体验，但它却是新闻作品所应该采取的审美取向。许多记者都有这种感受，一些很难懂的题材，自己写起来都感到很难受，强写有一种痛苦感；而一旦找到了把难懂转化为易懂的门径时，自己都会感到轻松，产生愉快的美感。一位采访钢铁厂的记者，曾苦恼于一个高炉原料配比革新的报道，题材虽然重要，内容却干涩冷冰。而当他着眼于"让人理解"去开动脑筋后，终于想到了"让高炉吃细粮"这样一个拟人化的写法，于是"粗粮细做""美味套餐""科学进餐"等构思接踵而来，作品让人在增加了知识的同时，也对这篇作品表达的形式之美，报之以愉快的微笑。

对于报社记者来讲，美被视觉和听觉感受到，被主体理智认识，化为人所理解的文字传递，在读者的认同中产生美感。记者是美的链条中一个链环，它不是起点，也不是终点。因为新闻的美是基于事实的美，从这个角度讲，新闻美不是原创的。发生在事实中的美，本来就是朴实无华的，记者应该"质本洁来还洁去"，不要因记者人为的烦琐加工，使人难以理解，从而阻碍了美的传递。

心理小典　理解才能深化

感觉到了的东西，我们不能立刻理解它，只有理解了的东西才更深刻地感觉它。理解就是因每个人的大脑对事物本质的认识，就是通常我们所说的"知其然，又知其所以然"，一般也称为了解或领会。理解与概念有密切的关系，有时是互相重叠的。只有深入理解了，事物或概念才能在人脑中加工成深刻的认识。

心智掌故　高山流水

俞伯牙成了一代杰出的琴师后，真正能听懂他曲子的人却不多。

有一次，俞伯牙乘船沿江旅行。船行到一座高山旁时，突然下起了大雨，船停在山边避雨。伯牙耳听淅沥的雨声，眼望雨打江面的生动景象，“琴兴”大发。伯牙正弹到兴头上，突然感到琴弦上有异样的颤抖，这是琴师的心灵感应，说明附近有人在听琴。伯牙走出船外，果然看见岸上树林边坐着一个叫钟子期的打柴人。

伯牙把子期请到船上，两人互通了姓名，伯牙说：“我为你弹一首曲子，好吗？”子期立即同意。伯牙即兴弹了一曲《高山》，子期赞叹道：“多么巍峨的高山啊！”伯牙又弹了一曲《流水》，子期称赞道：“多么浩荡的江水啊！”伯牙又佩服又激动，对子期说：“这个世界上只有你才懂得我的心声，你真是我的知音啊！”于是两个人结拜为生死之交。

伯牙与子期约定，待周游完毕要前往他家去拜访他。一日，伯牙如约到子期家拜访他，但是子期却已因病去世了。伯牙闻此悲痛欲绝，奔到子期墓前为他弹奏了一首充满怀念和悲伤的曲子，然后站起来，将自己珍贵的琴砸碎于子期的墓前。从此，伯牙与琴绝缘，再也没有弹过琴。理解了才能欣赏，不能理解的，哪怕再好的东西也欣赏不了。

心灵启悟　换位思考

佛法修行中有一种觉知法门，分为“身、爱、心、法”四个部分，就是从细微过程入手，去感知隐喻的真谛。现在为什么很多新闻很少有人看？因为专业术语太多，专业性太强，一般读者看不懂，不能理解，自然也就无法欣赏。要知道如今的新闻面向的是广大人民群众，而不是从前的少数精英群体，新闻要为广大人民群众所喜闻乐见。简洁易懂、由浅入深、以俗达雅、换位思考，这是适合当今受众的新闻创作形式。

第三节　至美基于至情

刘勰说：“人是有心之器，不是无识之物。”随着文明的演进，“人与环境”越来越成为新闻报道关心的主题。环境是相对于中心事物而言的，与某一中心事物有关的周围事物，就是这个事物的环境。自然环境是直接或间接影响人类的一切自然形成的物质及其能量的总体。现在的生态环境，是人类通过长期社会劳动所影响过的人工环境，它既承载着人类文明发展的成果，又对人类生存提出了严峻的挑战。有鉴于此，新闻报道作为人类对客观世界的一种把握方式，需要贯穿有理性的人文精神。

在城市化进程大大加速并成为一种世界潮流之时，面对大片耕地草场变为“水泥森林”的变化，人们又产生了返归田园的心态，这其中的原因不仅在于怀旧，同样蕴含着对人文精神和审美的诉求。一位久居广州的文人，这样从人文的角度认识广州的城市环境：审美原则是基本的生活哲学，把广州的历史、传说、风俗和文化意识加进“羊城旧八景”，集中代表了一个时代的审美理想和人文精神。可是，现在广州人要向别人推介自己的城市，就只有去越秀公园看斑驳的五羊石雕，到交易会会址转转，再以海珠广场黑压压的车流为背景，在杂树乱草丛中留个影，到北京路的车水马龙中拥挤一回，就算是“广州一游”，外地人到了广州，留下的印象除了摩天大楼就是拥挤的人群。可是，就在大家的眼皮底下，羊城却隐蔽着无数蒙尘的珍藏。“五仙观”——广州的别名“羊城”的神话传说的衍发地，却隐藏在几近无人可知的小巷里；当年曾是“扶胥之口，黄木之湾”，东、西、北三江的汇合处，最可代表广州作为港口城市风貌的南海神庙，早已寂静消隐；曾经是广州人最风雅的冬游节目“萝岗赏梅”，如今香雪不再成馨；康有为的“万木草堂”成了铁锤叮当的厂房，“岭南三大家”的坟头芳草萋萋，第一个留学生容闳、第一个造铁路的詹天佑不为后人所识。这位文人认为此情此景殊为可叹，因为只有培育出基于家园的审美情结，才能养成最广泛意义上的爱国主义精神，才能无愧于历史文化遗产之至美。

面对高岸为谷、深谷为陵的环境巨变，用什么样的笔触加以反映？记者不能只是用纯客观的口吻去叹喟，也不能用一种猎奇的笔调去渲染，我们的取向，应该是饱蘸着强烈的人文色彩，喜怒哀乐形于色，能够唤起受众对我们生存环境的真切关爱。针对目前社会上环境意识还不够正确的状况，这种人文色彩的笔调，可以集中运用在以下三个方面。

一是忧患之笔。一个没有忧患意识的民族是十分危险的。在生态环境已趋向恶化并威胁到民族可持续发展的情况下，新闻界不能坐视不管，而要用明人徐渭所说的“冷水浇背，陡然一惊”那种笔调，发出生态预警。多年前，《风沙逼近北京城》这条消息，第一次以首都北京为坐标来反映沙进人退的严峻态势。当时读到这条消息的人，可能还会觉得：为什么非用首都为坐标不可？是不是有些杞人忧天之嫌？当然，考察风沙危害的确可以用许多其他的坐标，如“向南逼进”“每年前进 XX 米”“一年吞没了一个村”等。但是一旦用首都作为坐标，忧患意识立现，作者是要有勇气，编发者也是要有胆识的。因为，首都都会受威胁，还有什么地方不会受威胁？这种预警报道，可以说是振聋发聩。这种忧患之中显出了大爱，爱的是国家民族。若干年后的今天，沙尘暴袭击北京已不算什么新闻，新闻界不应以不幸言中而自喜，而应好好想想，还有多少该发出的生态预警新闻，我们没有采写或发出，如果这种忧患舆论来得更早更强烈一些，是不是更有助于遏制住生态恶化的势头？

二是情真之笔。清人袁枚说："情真而语直……非从自己胸臆流出，不肯下笔。"生态系统每个要素都是相互依赖和相互制约的，人是生态系统中的一个组成部分，是一种对生态系统带来巨大影响的因素，人类必须有一种道德的责任，为维护生态平衡而约束自己的行动，社会的决策也必须符合环境保护的需要。情真之笔的运用，在于唤起人们强烈的生态责任感。《人民日报》2001 年 4 月的一篇报道中说："在北京南海子麋鹿苑，建有世界灭绝动物墓地。像多米诺骨牌一样倒在地上的石块，刻着近百年来地球上消失的动物的名称。清明时节，人们来到这里扫墓，凭吊曾经与我们共存的伙伴。墓志铭上的警句令人震撼：当物种灭绝的多米诺骨牌纷纷倒下时，作为其中一张的人类，就能幸免于难吗？"这样独特视角的报道，这样深情的流露，是不是比单纯用若干个环保数据、一大堆"触目惊心"之类的字眼，更能打动人心呢？生态环境报道绝不排斥真情直语，这种直面现实的报道，只会使人类警醒：如果一意污染环境和剥夺其他物种生存权的最终结果，必将是剥夺人类自己。

三是和谐之笔。人与自然和谐相处，是一种至美，新闻报道应该把这种美感凝于笔端。如果说，过去人类由于生产力低下，与自然的关系基本处于"斗争"状态的话，现在就急需向"和谐"的状态转化。在这种朋友般的关系下，中国人审美意识中讲求中和之美、道法自然、情景交融的传统，完全可以借鉴运用于新闻报道的写作之中，以倡导一种亲近自然、热爱自然、保护自然的社会风尚。与审美相关联的对立含义是"审丑"。不善待自然的行为，很难全都用法律来制裁，但是一旦把它纳入"审丑"的范围，形成一种舆论上的人心向背的力量，就有助于从根本上培养正确的全民环境意识。无论审美或"审丑"，新闻的笔法都可把主观感情和客观环境予以交融，做到描述如画，意蕴丰富，启发读者的联想。

心理小典　人文精神隐现

人文精神是人类一种普遍的自我关怀，表现为对人的尊严、价值、命运的追求和关切，或者说对人类遗留下来的各种精神文化现象的高度珍视，以及对一种全面发展的理想人格的肯定和塑造。只有拥有了人文情怀，常怀为善之心，才能发现身边的至美之人、至美之情。从某种意义上说，人之所以是万物之灵，就在于有自己独特的精神文化。

心智掌故　断背山的至情

“情不知所起，一往而深，生者可以死，死者可以生！”这是汤显祖在《牡丹亭》中所提出的贯通于生死、虚实之间，如影随形的“至情”！而电影《断背山》，正是这至情的体现。

《断背山》，一个不合理的开始，注定了一个凄美的结局；一个美好的感情故事，谱写着至情的人生。一座人迹罕至的断背山，宛如荒村般死寂，却成了杰克·特维斯特与恩尼斯·德尔玛的精神家园，诠释着无奈和诗意。一股涌动不息的青春之一段纯美至深的生活，写下了一个自然淡定的伦理感情故事，留下了一个无法挽回的人生遗憾。一个青春活泼的男孩与另一个缄默寡言的男孩的心灵相通，结下了牵挂一生的誓言，演绎了一出生离死别、百转千回的至情故事。

触及灵魂总是让观者动情，而注定无法续写的挚爱，却是人间最为凄美的绝唱。《断背山》，一个伦理交错的故事，一个独活于人世的男人对美好过往的追忆，一件沾满血迹的衬衫，让人嗅到了生命的凄凉、生死的无常。

无论是阳光灿烂的岁月、冰天雪地的断背山、不期而遇的邂逅，空虚寂寥让两个19岁的青年彼此相遇，一个人做饭，另一个放羊，篝火边长谈，帐篷内相依，纯美之情伴随二人度过了人生中最美好的一段夏日时光，你可能不能理解这种感情，但你会感知那种根植于善良、质朴和原始的美，情之真成了最美的存在。

心灵启悟　情本体

李泽厚在《华夏美学》中这么说过：“‘情本体’，不是道德的形而上学而是审美的形而上学。”所谓“情本体”，就是以“情”为人生的根本。我们试着用“至情”的标准来衡量一切看似不寻常的现象，是否也能达到“至美”的境界呢？从伦理学的角度看，至善与至情也往往是共生之物。

第四节　劳动蕴含美感

美来自何方？美学家争论不休。但记者可以从生活中直接感受到美：劳动创造着美。记者的采访对象以劳动中的人为主，既然我们的采访对象最接近美的源头，那么记者的责任，就应该包含美的传递和美的创造。新闻媒体不仅是事实和观点的传播者，也是美的传播者，这是实践的要求，也是时代的需求。鲁迅先生说过："在一切人类所以为美的东西就是于他有用。"从某种意义上来说，美的价值在于实用。新闻美是否独立于其他的美，这个争论不休的学术问题暂且不去论它，从实践的角度看，新闻记者从劳动中发现美，通过具有美感的新闻稿件，反作用于社会，这是实实在在有用的东西。审美范畴的多数领域，如阳刚与阴柔、崇高与卑下、含蓄与明快、庄重与活泼等，都存在于劳动生活中，而研究新闻对美的发现方向和表现手法，当然可以提高信息的广度及传播效率，不仅达到以正确的舆论引导人、以高尚的情操塑造人的目的，并且还能以优秀的作品感染人。这种感染的力量，来自于"情""意""美"，而提高表形、写意、形声、绘色、抒情等美的表现能力，是对新闻记者提出的一项永无止境的要求。

中文的"劳动"一词，多有体力劳作的意思。其实劳动本来并不是绝对地分为体力与脑力，概而言之都是"工作"。英文里面把"劳动"和"工作"都叫作"work"，如果硬加上"脑力 work"或"体力 work"的分别，那就有些割裂的味道。按照实践的观点，劳动意味着人运用一定的技术对自然界进行有目的的变革，在本质上反映了人对自然界的能动关系。劳动是按照人类的目的而使自然界人工化的过程，这些自然的人工化的过程所使用的手段，不但包括物质手段，而且也包括知识手段。

美学家发现，美在社会生活中的表现是通过创造性的劳动实现的，是一个实现人的本质力量对象化，并使理想实现的流动过程，因而，劳动美学是研究人们用诉诸物质的实践行为改造社会生活的最直接的美学。

马卡连柯说："一个人的行为如果是由最近的前途决定的，那么这种人是软弱无力的人。如果他只满足于个人的前途，只要这种前途是远大的，那么他可以算是强有力的人，但他却不能使我们感到人格的美以及人格的真正价值。集体的前途也就是集体成员的个人前途，集体越广，人就愈美、愈高尚。"建设有中国特色的社会主义，是一项前无古人的伟大事业，它关乎民族的兴衰和根本利益，在这个充满创造性劳动的过程中，美的源泉开掘不尽。按照王朝闻先生的观点，集体性的劳动，使人们在对象身上直接看见自己（某一社会、阶级、集团）的生活，看到合规律性与合目的性的一致，看到自己的力量和理想，从而引起精神上的愉快和满足，这就是审美感受的萌芽。但是，当审美意识一经产生，它就开始逐渐脱离与实用观念的直接联系，相对独立地发展着，以自己特殊的形式日益反作用于社会实践。这个由实用到审美的过渡，是社会实践和现实生活不断发展前进的结果。

劳动创造了文化，同时也创造了文明。当人们认识和理解了具体劳动过程的意义并且感受到它的美的时候，这种美在某种程度上就成为个人生活和行为的目的。新闻事业是为社会事业发展大局服务的，大局的推动从根本上讲需要经济实力的推动。经济学家吴敬琏有这样一个观点，他认为社会的富裕归根到底是由物质财富的增加来决定的。社会物质财富是由劳动创造的，任何创造、发明、科研成果、管理思路，只有与体力劳动结合在一起，才能真正转化为生产力。从审美的角度来考查，在这个体力劳动与脑力劳动相结合的过程中，也会产生美。

美是创造出来的，这对于记者来讲，更有实践的意义。落笔即有意，这是文字的特质，纯粹的文字美是不存在的。当读者感觉到文字之美时，文字自然就已变成表现意旨情趣的意象，就已经是艺术品了。比如，欣赏一段表现插秧场面的文字，它在成为欣赏对象时，绝不是一堆无用的概念，它一定会变成一种表现特殊情趣的意象或形象。这种形象并不是一件天生自在、一成不变的东西。如果它是这样的，则各个读者所想到的形象必定相同。但实际上在欣赏插秧文字时，各人所得到的形象却大相径庭。诚如王国维所说："一切景语皆情语。"审美感只有在具有一定的人生阅历之后才能获得。在这里，正是体现了审美与劳动的密切联系。美既不完全在内容，也不完全在形式，而是体现在二者的联系上。从劳动的角度看待美，非常有利于培养人的性格之美、个性之美、行为之美。

一个时髦少年看见出土的兵马俑，很失望地说："我觉得没有比它更难看更笨拙的作品！"记者不能静止地当对象的传递者，而应该做美的发现者。从这个意义上说，记者笔下的文字，是美的二度创作者。一般人的艺术趣味大半是承袭的，他们对于美的反应，通常都沿着由习惯养成的途径走。如果新接触的美与习惯反应格格不入，那么他们就难以接受。而大众传播媒介可以从社会的、历史的角度，去发现与当时劳动环境和劳动条件相适应的美的创造价值，这样就提供了一种审美氛围，起到了从情感的角度调动审美认同的效果。俗话说"情人眼里出西施"，而产生"情"的基础是了解和理解，这种供了解和理解的材料，并不一定是冷冰冰的道理，它完全可以是一首清丽的词、一曲婉转的歌、一封柔情的信，总之它本身也完全可以是一件美的载体，它包含从中介的角度对美的发掘和表现。罗丹说过一句十分耐人寻味的话："所谓艺术就是反映在人间的大自然，所以最要紧的事情就是擦镜子。"当然，由于人是活生生的，所以这种镜子中的自然，也不能是静止的，它必然具有能动性，并且能随着时代的发展而呈现出不同的特点。

心理小典　主观能动性

弗洛伊德认为人格由本我、自我和超我组成，主观能动性亦称“自觉能动性”，是人类特有的认识世界、改造世界的能力，也是由“本我”向“超我”递进的动力。主观能动性有两方面的含义：一是人们能动地认识客观世界；二是在认识的指导下能动地改造客观世界。通过思维与实践的结合，自觉地、有目的地、有计划地反作用于客观世界。

心智掌故　内在魅力

春秋时期，卫国有个名叫哀骀它的人，他的容貌虽然很丑陋，可不管是男人还是女人都非常喜欢与他交往，舍不得离去。一无权位二无财产，也没有什么高深的理论和显赫的功绩，可是外表粗陋，其貌不扬的这位丑人却受到几乎所有人的喜爱和赞美，这使得鲁国的鲁哀公惊异不已，于是就派人把他从卫国请回鲁国加以考察。相处不到一个月，鲁哀公觉得他在平淡中确有不少过人之处，不到一年，就很信任他了。不久，宰相的位置空缺，鲁哀公便让他上任管理国事，可是他却无心做官，虽在再三要求下参议了国事，但不久他还是谢辞了高位厚禄，回到他在卫国的陋室中去了。

对此，鲁哀公求教于孔子：“他究竟是怎样一种人呢?”孔子借喻到：“我曾经在楚国看见一群小猪在刚死的母猪身上吃奶，一会儿都惊恐地逃开了，因为小猪发现母猪已不像活着时那样亲切。可见小猪爱母猪不是爱它的形体，而是爱主宰它形体的精神，爱它内在的品性。哀骀它这个人虽然外表不美，但是他的品德和才情等内在之美必定已超越一般人很多，所以您和许多人才喜欢他。”这个故事告诉我们，只有内在美才可靠长久，值得追求和推崇。虽然外在的容貌、身材、风采和权位、财产等也很吸引人，可内在的品德、学识、才能和真诚、自信等给人的感受则更有魅力。

心灵启悟　劳动中求美

你仰望天空，天空也在注意着你。你没有发现的星辰，不等于星辰的不存在。勤于学习、乐于体验，从基层劳动者简单的话语和朴实的面容上，可以感受到令人敬佩的劳动者精神。他们没有豪言壮语，更多地说“这是我的职责”；他们没有宏大构想，更愿意说“把活干好”；他们却不乏梦想，追寻多彩人生。记者发现他们，也就发现了星辰之美。

第五节 变动之中求美

按辩证法的观点，世界上没有静止的事物，一切都处于变化发展之中。美，同样如此。

世界上没有永恒的美。在人类历史发展的长河中，多少在当年引领风骚的“美人”“美物”，在后世看来，都失去了美感。这其中的奥秘，在于人的审美情趣是随着时代的变化而变化的。人自身在发展变化，客观世界也在发展变化，因此认识也必然在发展变化。变化是规律，而规律是最硬的道理。如果说世界上有什么是永恒的话，那么，只有变化是永恒的，除此以外没有永恒的东西。

爱因斯坦有句名言：“人类的知识就是在对新奇的不断克服中获取的。”他甚至认为“最美丽奥妙的情绪是神秘感，所有真知灼见都是这种感觉赋予的，体验不到，人便不能探奇钩玄，虽生犹死。”在我们的大千世界里，美感究竟隐藏在何方，是人们不断探求的课题之一。其实美是旋转的万花筒，很难把筒内的碎片一粒一粒分散开来去找美的所在。生活中的美也是如此，形成美的因素有很多，难以孤立地论证什么因素是美、什么因素是不美。这样讲并不是虚无主义，而是要把注意力从纯客观主义拉回到主客观相结合上来。美虽然是客观的，但美感说到底是人类的一种认识判断，没有人的主观审美判断，美就失去了存在的可能。

有一派美学家认为，凡新生的都是美的。这是一种不彻底的唯物主义。所谓新与旧都是相对而言的，今天新生的东西，都是昨日旧物的某种形式的延续。新与旧之间，并不是任何时候都能截然区分的。新生，实质上是一种运动。永恒的运动造就了永恒的美，形成了审美标准的永恒变动，可以这样说，美是运动的产儿。静止之中有着一个个动的连续；运动之中有着一个个静的切分。美的判断，是动感的一种取向，静止是运动的特例。正向所取，凡体现了生命力的运动都是美的；负向所取，走向腐朽的运动也会称为美。如同一个绝色女子，当所有人都为之倾倒之时，忽然有人宣布她是一个卖笑者。此时就会有一部分人不再认为她美，但毕竟还有另一部分人坚持认为她美。这种分野的产生，就是审美者取向的不同，虽然对象一动也没动。在人类社会中，我们不可能强求人的取向和进度一致，这也就是说社会上存在着审美标准的相左，而相同的审美标准中又有无数的差异。

新闻记者的工作对象是变动着的世界，21 世纪世界的精彩，与 20 世纪是大不相同的。特别是在中国这样一个变动强烈的国度里，美的产生和美的标准的变化，令人目不暇接。虽然身处变动之中，但并不是所有的记者都能强烈地意识到，必须在运动中发现美、表现美。

运动是事物的根本属性之一，而静止和僵化则是对事物属性的片面把握。生活是美好的，它的美并不局限于某个阶段，也不局限于某个阶层。那些对变动之中浮现出来的生活之美熟视无睹的人，显然他们的感官已经失灵了。社会转轨期的巨大变化，是新的美感产生的温床。根据现代化理论，在后发展国家的现代化过程中，经济的发展居于优先地位，而社会、文化的改造常常滞后于经济。美国著名政治学者亨廷顿对世界各国现代化的历史进行分析后得出一个结论：世界上实现了现代化的多数西方国家，其现代化经历了 70 到 100 年的时间。但从 20 世纪 60 年代起，在形式上进入现代化的国家的现代化过程历时只有平均 29 年。与西方发达国家相比，这些后发展国家经济的发展、利益的冲突、阶层的分化、价值观的转变，其急剧的变化幅度，都远远超过了西方国家。人们的社会心理，包括美感、审美标准，都跟不上剧烈变化的经济指标，但又彼此关联、互相影响，存在着一定的因果关系，并按照一定的规律发展变化着。

按照中国新闻界传统的美感，富裕的人与负面的形象是联系在一起的，因为我们一直把贫穷看作是新生的、正面力量的符号。我们笔下有着传统美感的人，很难想象会是一个腰缠万贯的富翁。这种取向，可以说是一种对事物运动发展的暂时性的逆取向。因为，从贫穷走向富裕是人类运动变化的正取向，而贫穷只是新生力量的暂时性符号，并不是永恒的标志，更不能成为不变的审美取向。我们承认记者在审美的某一阶段，让贫穷与美感结缘是有其时代依据的。但是在新的时代条件下，继续固守这种审美取向不仅脱离了实际，而且有误导社会发展取向之嫌。这样的例子有很多，例如，炒股票是合法的投机，那么在这样一个过去被我们长期斥为“尔虞我诈”的“罪恶”领域中，有没有产生美感的可能、有没有美的人物会出现，甚至有没有典型可被树立。从审美的角度看，我们新闻宣传中的典型，就是美的高峰、美的典范。全国股民数量增长迅猛，这样庞大的队伍中，难道会是美产生的空白吗？

马克思说：“社会生活在本质上是实践的。那些把理论导向神秘主义的神秘东西，都能在人的实践中，以及对这个实践的理解中得到合理解决。”追求富裕是人类永远的取向，在这种取向的指导下，正当牟取利益是人类生活基本的生存方式和交易方式，这是社会生活的实质所在。过去我们太怕把利益与美感联系在一起，千方百计把它们割袭开来，这是一种鸵鸟政策。虽然出发点是善的，但是善的说教，不能代替善的现存实况，更不能以善的说教掩盖现实之美。德国哲人席勒曾在其《审美教育书简》中指出，人必须通过审美状态才能由单纯的感性状态达到理性和道德的状态，审美是人达到精神解放和完善人性的先决条件。在一个竞争的时代里，突显财富的价值当然无可厚非。但是，一旦走向极端化，其结果只能是生产一批毫无个性的"机器人"。强调美的价值，就在于它能与强调道德价值配合起来，得以回应人的精神层面的呼唤，培养人的亲和力、想象力和创造力，从而有效地避免社会单纯"经济人"的出现，赋予社会更多和谐与稳定。

歌德说："大自然创造了花卉，把它们编成花环的是艺术。"新闻工作者从事的工作，也是一种艺术，只不过它不是虚构的艺术，而是以真实为手段的艺术。大自然广阔无垠，变动无穷。在那些过去不被人注意的山峦背后，丛林深处，不断开放出新的艳丽花朵，大自然变了，编织花环者也应该变，不能永远固守身边那些熟悉的花朵，重复编织那些形式和内容没有新变化的花环。

心理小典　变化中的美

这世上唯一不变的就是变化。美是部分具体事物的环境、现象、行为、物体对社会和绝大多数人的生存发展所具有的功利性能、正面意义和正价值。美是不停变化的，是人类为了实现生存发展的目的，通过认识实践活动，从作用和影响人类生存发展的事物中发现、界定、彰显和抽取出来的。

心智掌故　水之美的旅程

炎炎烈日，农夫从河里挑来了水，准备给尚未完全成活的树苗浇水。一瓢水被浇到几乎裂开口子的大地上。有一棵被太阳烤得发蔫的树苗，这瓢水来的真及时，再不给树苗浇水，树苗肯定要干死了。这瓢水里，有一滴十分微不足道、不起眼的水滴，它好奇地随着它的兄弟姐妹——其他的小水珠——一起进入了土壤，随后，被小树苗的树根吸收了。它不知道，从现在起它已经开始了奇妙的旅程。

水滴在树苗的身体里游走、流淌，它就像树苗的血液，在血管里欢乐地奔跑。随后，它感受到了太阳的热度，慢慢地从树叶里蒸腾出来，变成了水蒸气。这时，它发现自己的身体变得很轻盈，朝天空中飘去。它越升越高，和很多朋友一起升到天空中，并且聚合在一起。这时，它已经变成了凉凉的云。它在天空中肆无忌惮地奔跑，跑到哪里就给哪里带来一片阴凉。就这样，它过了一段无忧无虑的日子。

后来，它遇到了寒冷的北风，它感到自己很冷，好像要冻僵了，身体也越来越重，这时，它惊奇地发现，自己变得亮晶晶，还长出了美丽的花瓣状的手和脚。它随着许多和它一样的小伙伴慢慢飘落到地上，覆盖了麦子，覆盖了梅花，覆盖了湖泊。之后，它静静地睡着了。睡了很久很久，它被和煦的太阳叫醒了，于是发现自己慢慢融化了，和许许多多的小伙伴一起流淌到小溪里，跟着小溪唱着歌一路来到江里，又随着更多的兄弟姐妹一起进入巨大的、蓝色的海洋。啊，它从未如此吃惊，大海真大呀，在这里，它见到了之前从未见到过的、数量如此之大的朋友们。它开心地生活在这里，殊不知，另一段全新的旅程即将开始。

心灵启悟　变化中报道美

“生命的意义是成为自己”，心理学的这个定义好像是静止的，实际上人无时无刻不处在变化的世界中，无论是面对瞬息万变的客观世界，还是面对自己内心澎湃的主观世界，每个个体都在变化着。作为新闻工作者，我们也只有把自己当成芸芸众生中的一滴水，时刻都处在时代的洪流中，才能发现变动着的大千世界的美。同时，不断调整自己对客观世界的认识，遵从趋向理性、成熟的内心，才能成为发现美、报道美的人。

第六节　风格体现品性

人的品性与文章的关系极大，巴尔扎克说过：“风格就是人品。”类似这样的话，在中国古典文论中也屡见不鲜，早在战国时期，荀况就认为：“圣人以人度人，以说度功，以道观尽，古今一也。”而唐代柳宗元则认为人之品性，必须浸润于“漱涤万物，牢笼百态”的文章之中，达到物我两融的境地。

从事记者工作，首要的当然是实现政治上的追求，同时也要有实现人生价值的追求。而从职业的角度看，既然执笔为文，而且是面对美好的世界、灿烂的人生为文，就很难不涉足美的园地，用意境、形象这些美的符号，以及鲜明、生动等美的手法，去反映和构筑美的世界，因此，记者应该在政治和人生追求以外追求美。

虽然每天都在采访和写作，但并不是每个记者都能采撷到美的花朵。只有那些具有执着品性的记者，才能够通过不断探索，去发现美和表现美。“语不惊人死不休”是执着，“吟安一个字，拈断数茎须”也是执着，但这些还只是遣词造句方面的执着，相对于记者所需的执着而言，这还只是浅层次的执着。记者必须深入到生活的深层面去，像法国艺术哲学家米勒所说的那样：“所谓艺术乃是战斗，为了艺术要不辞一切劳苦，要像黑奴一般那样努力工作。”郭超人同志当年为反映中国登山队攀登珠穆朗玛峰的壮举，忍着强烈的高原反应，随队攀登到海拔 6,000 米以上的冲锋出发地，在这接近人类生理耐受极限的地方，郭超人发现了登山队员的那种超凡脱俗的行为之美和灵魂之美。红旗映白雪，浩气撼群山，中国人的壮举大写在世界屋脊之上。我们且看郭超人一段写景的文字吧：“在这荒漠的高山冰雪世界的傍晚，竟有如此绮丽迷人的景色！山后的夕阳把朵朵红霞撒满了西边的天际，连绵起伏的冰塔此刻就像五颜六色的宝石，放射着变幻不定的奇光异彩。阵阵山风穿过冰雪的裂缝，敲打着高悬的石壁，那声音像牧笛一样朴实，像琴声一样柔和……一种说不出的感情冲击着我，泪水流出了我的眼角。”这些经典的场面，不经过体验式的观察，是根本不可能获得的。如果不是执着地跟随登山队员，而只是凭二手材料发稿，那可以断定，稿子发则可发矣，但只会是干瘪的信息，不可能再现具有饱满美感的场面和感人的形象。歌德说：“取材不在远，只消在充实的人生之中。把手伸向人类生活的深处吧！人人都在生活，但是只有少数人熟悉生活，只要你能抓住它，它就会饶有趣味。”这是体现了美的创造真谛的经验之谈，它把美的发现和创造，与主体的行为方式联系在了一起，这对于引导探索者朝着正确的方向前进，有着重要的指导意义。

在执着之外，发现美和创造美所需要的另一品性，在于能够移情。发现美是需要在主观心理方面具有条件和准备的，专在心内搜索无法找到美的踪迹。美的踪迹要到自然、人生、社会的具体形象中去找。但是，为什么木材商人只看见木材的交换价值，而忽视了木材美的特征呢？这就要把人的注意力从单一的价值判断，主动转移到美的体验上来，只有完成了这种调整，才能面对美的形象，把美如实地和深刻地反映到人的思维中来，经过改造以后再把它放射出去，凭借一定的物质手段表达出来，中国古代把这个过程叫做“移情”。罗丹说：“用自己的眼睛去看别人看过的东西，在别人司空见惯的东西上能够发现出美来。”其秘密之处，也在于要把自己的眼睛，训练成一双有着移情能力的眼睛。《文汇报》记者在《阿西、亚妮当众挥毫妙趣横生》中，有这样一段描写：“4 岁的亚妮穿着袜子爬到一张乒乓球台上，看一看四尺长的宣纸，便从笔筒中选了一支大号斗笔，她饱蘸墨水，稳稳地握着大笔，在宣纸上迅速地边爬边画，瞬息间，一座比她人体还高的大假山一挥而就。画家们一片叫好声。接着，亚妮在假山上画了6个姿态各异的顽皮小猴子。她每画一个还先扮一扮小猴子的模样，就像画自己一样。”作者选用了具有美感的动态描写，把一个天真活泼小画家的形象刻画了出来，读到这里，我们都会在哑然失笑的同时，顿生意趣之感。这样的作品，读来平易，但体现了作者的品性。本来写画家的新闻稿，容易集中于对画作本身的评点和欣赏，但是作者主动转动视角，能够移情于画外之景，把小画家的动作之美移入内心并再现于外，这是一种很宝贵的职业品性。报社的领导常常慨叹，培养一个熟练的记者并不难；但培养一个有灵性的记者却很难。究其灵性的内涵，重要的一点就是有无移情之性。当报纸给你一个采访题材时，不可能预见到这个题材能否产生美感和美的作品，全靠记者的临场处置，善于在不同的情况下酝酿美感，移入胸怀，纵情挥洒，造就佳作。

美是以个别的方式表现出来的，支撑美感表现的是个性。个性，不仅表现于敢爱敢恨，还在于以个人独有的方式，去表现自己眼中的美的世界。新闻散文笔法的倡导者穆青同志说过："我不相信就只能有一种写法，既然我们的新闻在内容上有了很大的发展，为什么一定要受现于有形式的束缚呢?"新闻的通病是"板"，与之相对的办法是"散"。用散文式的办法写新闻，为的是求得自由、活泼、生动、优美、精练，这些都是文字美的要素，而关键是要求记者用自己独有的方式把它们有机地组合起来，从而达到散而不乱、散而有神、散中见美的效果。有时候，我们会惊叹："别人笔下的新闻，原来是可以这样写的!"其实关键不是下笔的方式，而是美的心理能量喷发的方式。在反法西斯战争中，苏联一个记者写了一条一句话的新闻："强大的苏联红军已在×月×日×时饮马第聂伯河。"寥寥数字，一个动词和一个形容词，给人以无限浩大的场面、无比激动的美感。这绝不是溢美之词，试想，在艰苦卓绝的战斗之中，久已期待的胜利消息以什么样的方式到来最为激动人心？当然是遽然而来、短而具有象征意义的方式。如同"红旗插上地球之巅"一样，一面"红旗"、一个"插上"，两个要素加一个特定的场合，这就够了，这就是第一杯信息的美酒，浓而美、少而精。它以前期铺垫的大量报道为背景，蓄势待发，当久已期待的结果到来时，为什么不能用人性化的方式，以记者作为局中人的感受，喷发而来，传达给读者呢?

新闻的美感并不神秘，它依附于事实，也依附于情感。天下没有所谓纯粹美的文字，也没有可以教人"照此办理，必有所成"的美的组合方式，新闻的美全在于作为审美主体的人，以自己的方式观照和传递。新闻的美感绰约多姿，创造性带给她无限的活力，而在所有的美的作品之中，我们都能隐约看到记者个人品性的身影。

心理小典　文如其人

宋代文学家苏轼在《答张文潜书》中谈到："子由之文实胜仆，而世俗不知，乃以为不如。其为人深不愿人知之，其文如其为人。"这便是人们常说的"文如其人"，是指文章的风格同作者的性格特点相似，现也指文章必然反映作者的思想、立场和世界观。作文与做人有着异曲同工之妙。心理学上认为所谓命运，特别是有抱负且命途多舛，也都是因为其潜意识中在顽强实现自己的生命隐喻。

心智掌故　王羲之竹扇题字

王羲之，字逸少，东晋时期著名的书法家，有"书圣"之称。王羲之自幼聪颖，热爱书法，通过孜孜不倦的练习方才得后来之成就。同时，由于王羲之出身士族，加上他才华出众，朝廷中的公卿大臣都推荐他做官。他做过刺史，当过右军将军(因此人们也称他为王右军)。

王羲之从小喜爱写字。据说平时走路的时候，也随时用手指比划着练字，日子一久，连衣服都被划破了。经过勤学苦练，王羲之的书法越来越有名，当时的人都把他写的字当宝贝看待。

据说有一次，王羲之到一个村子去。有位老婆婆拎了一篮子六角形的竹扇在集上叫卖。那种竹扇很简陋，没有什么装饰，引不起过路人的兴趣，看样子是卖不出去了，老婆婆十分着急。

王羲之看到这种情形，很同情那位老婆婆，就上前跟她说："你这竹扇上没画没字，当然卖不出去。我给你题上字，怎么样?"

老婆婆不认识王羲之，见他这样热心，也就把竹扇交给他写了。王羲之提起笔来，在每把扇面上龙飞凤舞地写了五个字，就还给老婆婆。老婆婆不识字，觉得他写得很潦草，很不高兴。

王羲之安慰她说："别急。你告诉买扇的人，说上面是王右军写的字。"

王羲之一离开，老婆婆就照他的话做了。集上的人一看真是王右军的书法，都抢着买，一篮子竹扇马上就卖完了。

正是由于王羲之的作品同他的品性有着共同的地方，既所谓的"文如其人"，所以大家都争着去买他题过字的扇子。

心灵启悟　我手写我心

有没有想过，那些你最喜欢的“别人的戏”，很有可能也是你自己内心戏的剧本呢？言为心声、文如其人。思想情感为文艺的源泉，性情品格又为思想情感的型范。思想情感真纯则文艺华实相称，性情品格深厚则思想情感亦自纯真。作为记者，理当要保持一颗纯真的心，反映美、创造美，并从中表现出自我品性。在报道的第一线发现美并用属于自己的独特方式写出来，将新闻的美传达给读者。

第七节　含蓄更具魅力

从审美的角度看，东方人对于含蓄有着更多的偏好。新闻并不排斥含蓄，相反，含蓄可能使新闻更具魅力。“准确、鲜明、生动”是新闻的特点。但是，一切特点都不是死套子，相反，运用特点必须“反常合道”，方可使特点表现得更易为人所接受。

“准确、鲜明、生动”与“含蓄”并不是完全对立的概念。含蓄之中可以准确地表达观点，含蓄之中能够鲜明地显示态度，含蓄之中得以生动地传递爱憎。我国解放战争时期王匡写的《西瓜兄弟》，没有正面说我军如何强大，仅末尾一句：“队伍还是肩并肩地往南走，前不见头，后不见尾。”这就既含蓄，又形象有力地表达了记者想表达的思想。

“文似看山不喜平”的阅读取向，不仅表现在对文学作品的要求上，也表现在对一部分新闻作品的要求上。含蓄给读者一种智力检阅的喜悦，它使读者对自己能准确体会到作者的意向而感到愉悦。当然，新闻的含蓄与文学的含蓄是不同的，文学的含蓄允许绕很大的圈子，甚至可以运用谐音等文字游戏，“春蚕到死丝方尽”之中的“丝”，实乃“思”之谓也，即为一例。而新闻的含蓄，是一种指向明确的含蓄，它如同一个工人在河上搭起一座“断桥”，这桥断处不会太宽，它既让人别无他路可走，又保可纵身一跃而过：有历险之悦，无“蹈险之虞”。含蓄的手法，不能像公园内修的小路那样，左一条右一条，把人搞糊涂了，那样只会信马由缰，不知所以，达不到新闻直接的导向和教化功能。

中国古代的传统艺术，具有很高的人文悟性，能够突破自然主义和形式主义的片面性，创造了民族独特的现实主义的表现形式，使真与美、内容与形式高度地统一起来。反映艺术发展的美学思想也具有独创性，其中在处理直露与含蓄方面，就有着“真境逼而神境生”（清人笪重光语）的思想。中国舞台上一般不堆砌实景，含蓄地保留简单道具，腾出空间来充分表现人物，使剧中人和观众精神交流，产生意趣，这种“真境”是现实主义的，它不陷于自然主义，不是直白强加，而是在含蓄的唱念做打之中，吸引观众并产生共鸣，神之所向，美之所生。司马相如和卓文君暗中相互敬慕，如何去表达？相如应邀到文君家做客，便借琴传情，弹起了《凤求凰》。文君听出了曲中真意，高兴喜悦之情溢于言表，这就是含蓄的力量。戏剧艺术大师焦菊隐所说：“京剧是表演里面出布景，话剧是布景里面出表演。”一语道破京剧与话剧的本质区别。如果用写实艺术取代写意艺术；机关布景取代虚拟化表演；舞台上的大制作取代含蓄的艺术暗示；直白的爱情表白取代带羞的动作传情，那就不成其为中国气派的艺术了。

对比一下西方美学思想，这个区别是明显的。哈姆雷特式的长篇独白，其表现手法有痛快的一面，也有太满太实之感，让人喘不过气来。

打开“文化大革命”时期的报纸，除了内容“假大空”以外，其行文方式和语言亦是那种“猴急”的直露形态。行文逻辑千篇一律：照最高指示办——办中有斗争——一斗就灵。语言皆为“最最最”“一句顶一万句”“踏上一万只脚，永世不得翻身”等，采用的都是无所不用其极的形式。这些神化领袖、愚弄群众、夸大矛盾、故作紧张的文字不可能产生什么美感，只能产生紧张感和畏惧感。审美心理学研究证明，美感一般都在比较舒缓的心理条件下才能产生，被人逼迫之时难以产生美感。这个特点，就为具有含蓄特点的新闻存在，提供了心理方面的理由。“揣给你的苹果不如自己摘的苹果宝贵”，这是普通人都能理解的道理，也是阅读产生愉悦的一般道理。

凡是读过新闻名篇《奥斯维辛今天没有新闻》的人，都可以感受到在作者含蓄的描述下，不仅有着对法西斯的历史谴责，更有着对人性深刻的审视。除此以外，作者还提供了一个虽然阳光明媚，但散发着凄凉美感的氛围，这就为读者还原了一个反差巨大的“场”，每个人的情感都可以在这个“场”中受到洗礼，获得再生，这就是含蓄的力量。

我国在对“法轮功”的斗争中，媒体发表了大量的稿件。但其中获得 1998 年中国新闻奖的电视消息《李洪志既有病也吃药》（中央电视台）令人印象很深。事实很简单：自称包治百病的“法轮功”教主自己私下照样得病吃药；道理不用多说——此人说谎；意义却很深刻——如此手段卑劣的人，其目的怎会不卑劣？这些并不需要在消息内直白地说出的道理，完全被含蓄地推到了受众面前，达到让受众自己推理，自己教育自己的目的。

在电子时代，多种媒体和多种传播手段的竞争，并没有把含蓄的手法从传播领域里排斥出去，相反它以“反常合道”之法，经常引起受众的注意，收到独特的效果。就拿摄影来说，美国“9·11”事件后，除了大楼坍塌等现场照片令人印象深刻外，还有一幅美国消防队员在废墟中树起美国国旗的照片十分震撼人心。为什么？并不是因为它的构图如何独到，而是因为它的画面，与二战中那幅3名美国陆战队员血战之后在硫磺岛树起国旗的著名照片，实在是太像了。媒体突出刊发这幅照片，借助的就是含蓄的力量。近似的画面，能引起读者的历史联想——打击法西斯与打击恐怖主义、二战中美国人的历史贡献与反恐的现实牺牲。美国人的爱国感悟、悲壮情怀、复仇决心，都通过含蓄的舆论引导，得到了无言的加强。

诗人雪莱说过一句耐人寻味的话：“一切崇高的诗都是无限的，它好像是第一颗橡实，潜藏着所有的橡树。”一切文字都是有限的，在有限的范围内欲体现无限，这是一个悖论。我们可以无限地接近，却不可能穷尽。既然如此，我们在行文时的思维方式上就可以得到一种解脱：不必穷其所有笔墨，非得说个没完。面对所有见过“橡树”的人，有的时候就只要含蓄地捧出一颗橡实，完全就可以让人意会到你期望表达的那一整片“橡树林”。

心理小典　格式塔心理

格式塔心理学重视“完形”，这派心理学家认为人们对“形”的感受，最初喜欢“简约合宜”的格式塔，因为它简明而完整，能给人一种完美的愉悦。在更高层次里，作为“完形”的格式塔又出现了不完全的“形”，以唤起人们将它补充为“完形”的想象力和冲击力，审美主体的主动性得到发挥，使审美客体——作品的内涵得到显著的丰富与发展。

心智掌故　王安石写诗

一年初春时节，诗人王安石乘船从扬州到了瓜州渡口，归心似箭，想早日返回金陵钟山的寓所，途中一时兴起，随口吟出一首绝句，题名《泊船瓜洲》：京口瓜洲一水间，钟山只隔数重山。春风又到江南岸，明月何时照我还？写完后，他反复吟诵着，思考着，总觉得第三句中“春风又到江南岸”的“到”字太平庸，也不够贴切。

“到”字太死，看不出春风一到江南是什么景象，缺乏诗意，想了一会，就提笔把“到”字圈去，改为“过”字。

后来细想一下，又觉得“过”字不妥。“过”字虽比“到”字生动一些，写出了春风的一掠而过的动态，但要用来表达沿途春天的景色以及自己想回金陵的急切之情，仍嫌不足。于是又圈去“过”字，改为“入”字、“满”字。这样改了十多次，却总是找不到一个妥帖的字眼。

最后，他走到船头，眺望两岸，春风拂过，青草摇舞，麦浪起伏，入眼皆是一片碧绿，更显得生机勃勃，景色如画。忽觉精神一爽，心中似有所动，这个“绿”，不正是要找的那个字吗？一个“绿”字把整个江南生机勃勃、春意盎然的动人景象表达出来了。于是诗人大声吟诵道：“春风又绿江南岸。”到此，王安石才确定用“绿”字来取代“到”“过”“入”“满”等字眼。好一个“绿”字！使全诗大为生色，全诗都活了。“绿”不仅表明“绿色”，还有“吹绿了”的意思，将春风拟人化，更增添了动态美。因此，这个“绿”字就成了人们所说的“诗眼”。后来许多谈炼字的文章，都以他为例，也为文坛留下一段佳话。

心灵启悟　藏露一体

大凡含蓄，有藏有露。藏露一体，才是完整的。新闻作品的价值是在客体（新闻作品）与主体（受众）的共同作用下实现的，主体尤为重要。若只有露没有藏，不免让人产生索然无味的情绪，反而会引起反向效果；若在新闻作品中适度地含蓄表达，则能诱发读者的含蓄疑问，进而引起读者的思考，对读者心理造成冲击，达到新闻导向和教化的目的。

第八节　创造美的意境

“意境”是中国文学追求的最高境界。王船山说的“以追光蹑影之笔，写通天尽人之怀”，这就把中国文人的文学理想境界说到了位。

由于中国文人对“意境”的孜孜探求过深，弄得有些玄，所以意境好像成了文人专有的、寄情写怀的书房精致品。而以社会为大工厂的新闻界，好像其产品都是蒸腾着汗水与热度的文字快餐，与意境是难以搭界的。

关于新闻要不要写出意境的问题，其实不必争论。因为只要问上一句：生活中有没有意境？人的感觉中有没有意境？如果没有，那么以人的生活为对象的新闻自可不必硬做意境。但是，如果生活中有，那么作为第二性的新闻，为什么又拒绝加以反映呢？

美学家宗白华对于意境的看法十分客观和科学，他说："情和景交融，因而发掘出最深的情，一层比一层更深的情，同时也透入了最深的景，一层比一层更晶莹的景；景中全是情，情具象而为景，因而涌现了一个独特的宇宙、崭新的意象，为人类增加了丰富的想象，替世界开辟了新境，这是我的所谓意境。"宗先生的意境说中有两个要素：一个是真实的景况，另一个是真实的感觉；一个是客观，另一个是主观。因此，意境的产生，只是主客观相结合的一种形式而已，写新闻恰好也是主客观相结合，那么还有什么不能去做的呢？只是这种结合不能停留于浅层次，而要向着相互融通的深层次发展，推到一个崭新的阶段。写山不止于观峰，写海不止于见水，而是要读之使人产生情满青山、情满大海的感觉，这就是意境。

我们都十分熟悉"落红不是无情物，化作春泥更护花"的诗句，两句诗中创造了一种意境。"落红"和"春泥"都是客观事物，经过诗人的主观联想，把二者紧密地结合在了一起，"落红"居然产生了"更护花"的作用，这真是高于生活常识的意境。如果说，这种意境是人为创造出来、为新闻所不能为的话，那么，我们来看一看这样一个真实的新闻例子：1979 年邓颖超同志访问日本时，来到京都游览。记者写出了时值春末，莺飞草长的景象，山山水水都带着两国人民的情谊。此时笔锋一转，当邓颖超同志看到陨落的樱花铺满大地时，由衷地赞美了落英之美。主人高桥所长接着说："一般人只知樱花开花时的美，而知道落花之美，才是真正了解日本的人。"这一段描写，反映出中日友谊是出于相互之间的深入了解，把主题思想又大大地推进了一步，你说这是不是一种用新闻事实打造出来的"更护花"的意境呢？

"用事实说话"是新闻写作的常识，在新闻中营造意境当然也不能违背这个原则。事实可以死写，也可以活写；事实可以毫无色彩地排列，也可以充满哲理地表述。穆青同志说过："必要时需要用蕴含哲理的抒情描述和议论，借助叙述事实，激发读者的联想，充分满足读者感情上的需要。"他的通讯《嘱托》中有这样一段："1970 年春天。一场冰雹，把棉苗打成光杆。可是，棉苗不管枝断叶残，仍然顽强地继续抽芽。就在这时候，吴吉昌拄着拐棍在村头出现了。人们三三两两兴奋地传告着：老汉又站起来了。"穆青同志指出：这段描写运用了诗歌写作中的比兴手法，含蓄地抒发自己的情感和议论，激发了读者的联想。的确，棉苗的一段描写不仅是拟人化的，更是一种象征性的，这些情感层面的东西，凭借事实本身无论如何是不能自动显现出来的，完全是作者看出来、表现出来的。主观与客观在这里实现契合，事实中似乎并没有，但读者能体会到的顽强、悲壮的意境，就这样产生了。

新闻的意境，贵在用形象说话。意境本是作品中所描绘的图景和所表现的思想感情高度一致时所达到的一种艺术境界，它离不开对具体人物、事物、自然的描述。新闻作品的意境区别于其他文艺作品的意境之处，关键在于纳入作品的对象必须是真实的而不是虚构的。除此以外，文艺作品创造意境的手法都可以借用。"用事实说话"是新闻的本性，而加上"用形象的事实说话"，就完全有可能在新闻作品中创造出引人入胜的意境。新闻报道中需要形象思维，这是一种创造性思维，可以把采访到的材料组织起来，创造一种气氛，使事件在头脑中立体化，表达的秩序可以系统优化。第七届中国新闻奖的获奖作品中有一篇目击新闻，题目是《我能摸摸火车吗?》，说的是举世瞩目的京九铁路开通时，江西老区十多位从未见过火车的妇女，跑了十几里路赶到新建的火车站，看到火车后十分激动。她们左看右看嫌不过瘾，好奇地问列车员："火车有多长，我们能不能摸一摸？我们的手脏，会不会摸脏火车?"列车员说："可以，今天就让你们摸个够!"大家一拥而上，双手摸在火车上怎么也不肯丢手……"这是多么感人的场面啊！京九铁路的建设，是我国20世纪内交通建设中最大的一个项目，它的开通意义重大，"我能摸摸火车吗?"这句普通的问话胜过千言万语。"大家一拥而上，双手摸在火车上怎么也不肯丢手"的典型细节，不仅再现了现场热烈欢快的形式美，而且在特定情境中凸现了作品淳朴的意境美。

精神的浩瀚、想象的活跃、心灵的勤奋，这些是把新闻写出意境来的主观条件。写"实"与写"死"是不一样的处理题材的办法，新闻的写实，并不意味着能够把写出意境的材料写得死气沉沉、全无意趣。新闻不同于公文，如果只满足于传递某个信息，那就用古代的"宫门抄"就够了。意境并不神秘，古人用"古藤、老树、昏鸦"六个字就营造出一种千古流传的意境，在社会生活高度发达、人们情感高度丰富的今天，意境的产生有着更深厚的生活基础。现代新闻的特点，就在于能够在传递信息的同时还能传递丰富的感情。很难想象感情很平淡的记者，能写出感情浓烈的新闻，没有一点儿情趣的笔头，能够营造出美的意境。所以，"意在笔先"四个字，用在记者的写作准备上，是非常必要的。这个"先"不是先于事实，而是思想准备先于写作行为，把精神世界调整到非常充盈的状态，把美的触角全方位地伸向采访写作的领域，只有这样才能有备而来，随时激发创造美的意境的思想活力。

心理小典　意象思维的逻辑

意象思维实际上是指艺术思维，与抽象思维相对立。抽象思维有一定的命题，然后是推导，最后导出结论；意象思维逻辑是采用一定的思维模式，对现象和本质两方面进行双重加工，并在两者平衡和契合的点上找到最佳表现方式，由此产生所谓的意境。这种意境通常表现为实在之物和思想感情高度一致。

心智掌故　小李的自励锦囊

小李毕业后刚刚工作三个月就备感生活的艰辛，他急需一种力量来激励自己。在汲取了公司老员工的经验后，他为自己制定了一个三年远景规划。

小李的计划是到工作的第三年，让自己的月收入达到一万，对应到年收入达到十万以上。和许多在制定目标后喜欢将目标细化到每一个细节的人不同，小李并没有陷入枯燥艰难的理财规划中，取而代之的是，他把这三年可能发生的经历具体和生动地加以想象与描述

第一年，生活会很艰苦、惨淡，除去基本生活费，将所剩无几，能买几本书都困难，更不用谈下馆子、去旅游、谈女朋友，甚至极有可能连生存都是个问题，甚至需要家里的接济。

第二年，生活质量开始有效改善。此时，个人独立生存已基本无忧，可以有余钱用于工作能力提高、人脉经营及娱乐活动上，如参加培训、买书、请朋友或客户吃饭、旅游等。

第三年，生活将跨上一个新的台阶！假如第三年月可支配收入达到一万以上，就可以把好消息告诉妈妈；能够交往女朋友；请自己的朋友一块儿吃饭庆祝；奖赏自己好好出去旅游一番。

这个计划制定后，每当想到第三年时的美好情景，小李的工作效率、工作激情都会得到巨大提高。设想一下，如果小李在制定计划时只是非常理性地设计理财规划，那么很可能因为无法直观地得到远景的刺激而最终没有执行所制定的计划。小李正是顺应了人类的情感倾向，使用意象思维，甩开了抽象、平淡的信息，具体、生动地描述了想象，使目标变得更容易得到认同及发挥作用，从而达到了预期的效果。

心灵启悟　新闻也需要情趣

文学作品经常通过形象的描写以表现其境界和情调，从而引发读者的审美想象，达到对作品的心理认知。尽管不同于文学作品的想象创作，作为用正确舆论引导人的优秀新闻作品同样也需要塑造意境，应在事实的前提下，达到更高的视界：不只是简单地叙述事件，更要通过小事透出大智，使自己笔下的一切报道对象，即使是极细微平凡的生活，也流溢着盎然奋进的情趣。

第九节　传神尽在不言

“传神状物尽在阿堵之中”，这是古人论及画事的见解。所谓“阿堵”是指眼睛，眼睛活了，人物就活了一半。

新闻作品同样要写活，但不能生吞活剥古人的画论。要写活一个人物，需把握人物身上两样活的东西，一个是语言，一个是动作。关于活的语言，许多记者都懂得要再现人物有特点的说话方式和口头语，用这些语言来表现人的笑貌音容，达到“闻其言而知其人”的效果。但是，仅凭闻其“言”是不够的，还必须观其“行”，就是必须把人物的动作行为准确地写出来，使无言的行动为人物生色。动作是行为的外化，所有的动作都反映了行为者一定的内心世界。人类学者早就总结出了各个民族不同的“肢体语言”，哪怕是一个手势、一个体态，都有着与语言表达异曲同工的表意效果。梅兰芳先生除唱功佳和念白好之外，更是在身段和手形上下功夫，他潜心钻研出独具个性的多种“兰花指”，运用不同的指形，形象洒脱地表现人物的脾气、秉性及内心的微妙变化。人们在欣赏梅先生的舞台艺术时，很难想象如果没有这些动作、身段的配合，仅听他咿咿呀呀地唱，会是个什么模样。人们爱的是“神形兼备、唱做俱佳”的梅兰芳，所以在他的故居里，至今还展示着梅先生近百种“兰花指”手形的彩色照片。

长久以来，新闻作品中有着重“有言”、轻“无言”的现象。拿来一篇稿件，从头看下去，都是“他说”“你说”“我说”的语言复述，很少看到“他怎么做”“你怎么做”“我怎么做”的动作再现。这种现象产生的根本原因有两个：一个是在采访环节中，语言容易被复述，而动作难以被复现，因而“有言”的素材多，“无言”的素材少；二是在写作环节上，多年来我们形成了写豪言壮语容易通过，甚至被传诵和引用，而写动作行为难以成为新闻典范的习惯。同时，写动作比写语言更困难、更费功和更费心，所以也就不难理解“有言胜无言”新闻现象产生的原因了。

在信息时代，信息是朝着两个方向发展的。一个方向是精练了又精练，直到被压缩成电报式的语言。一个方向是丰富了又丰富，丰富到海量，使事实纤毫毕现。电报式的语言从接受心理的角度看，只有信息期待，并没有审美期待。而面对非电报式的新闻信息则不然，读者有着审美（或相反的审丑）的期待。要满足读者的需求，仅凭语言这一项是不够的，必须要动员多项手法，尽量丰满地再现人物和事件。

在新闻业高度发达的美国，这样的观点已在信息竞争中被纯熟运用。负责每年选编一本《美国最佳新闻作品集》的波因特媒介研究所专家斯蒂芬·巴克利，在研究了大量作品后得出这样的结论：“详细的动作细节描写，比最哀婉动人的引述更要充满感情。”他举出自己在担任驻非洲记者时的一例采写体会：1996 年，一个叫艾格尼丝的肯尼亚女子被丈夫虐待了 30 年后出逃。敢于出逃，在非洲妇女中是罕见的，作为记者的巴克利写过她的事，不过反应平常。于是巴克利重新检视了采访记录，将艾格尼丝所有描述受虐待的动词挑了出来，如踢、捶、扔、扇、鞭、抽、拧、烫等。此时，巴克利豁然开朗：“我知道我的导语有了！我预料这类动作细节将使读者更直接、真实地感受到艾格尼丝遭受的痛苦。”果然，这样写出的稿子反响极为强烈。有人认为这篇报道片面地攻击了非洲，但更多的人要求帮助艾格尼丝和像艾格尼丝一样的受难妇女，舆论由此形成，这在肯尼亚历史上还是第一次。

恩格斯说：“倾向性应当从场面和情节中自然而然地流露出来，而不应当特别地把它指点出来。”这段经典论断准确地抓住了人们接受信息和审美的心理。所谓“场面和情节”，是与“特别指点”相对的，前者离不开动作行为，后者则是特指语言。可以这样说，动作行为写准了，在很大程度上读者就可以体会到记者的倾向，而且能同时承接记者的情感与场面的美感。而用语言特别指点，则可能只是让读者了解，但不一定能理解记者的倾向，更不用说能否接受其倾向了。著名记者子冈 1945 年采写毛泽东到重庆谈判的新闻时，面对如何打破国民党长期以来的歪曲宣传，使毛主席在国统区人民中树立起可亲而又可信的形象，他觉得，一定要把这篇文字写得朴实自然。于是，他没有舍弃采访中看到的这样一个细节——当毛主席被张治中接到他家有着讲究的广漆地板的客厅时，毛主席由于拘束打碎了一只盖碗。这个常人都会出现的动作细节，使得毛主席与读者的距离一下子亲近了起来，使人感到“他好像是一位来自乡野的书生”。尽管因为这个动作细节，从 1957 年到“文化大革命”结束，子冈没少挨批判，但事实证明，写这一笔不仅符合历史真实，也蕴含了记者当时对主席的诚挚感情。这样写，打破了国民党反动派污蔑共产党人青面獠牙、不近人情的谰言，为共产党人在广大国统区民众中赢得了好感。

美感的动机起于同感。当我们读到一篇新闻时，能够与文章中的情感共同起伏，如临其境，嘤鸣其情，那就会有一种琴瑟合调、共振其声的激情和美感。胡乔木同志是深知其中奥妙的，1953 年他在审阅一篇报道我国空军和高炮部队击落侵入我国领空的美国飞机的消息时，就删去了这么一段："中国人民对于美国侵略者派遣军用飞机侵犯我国领空，并进行轰炸扫射的挑衅行为，极为愤慨，对于美帝国主义者扩大战争的阴谋已予密切注视和警惕。"为何删去这一段？一则因为在这条消息播出之前，除当地群众之外，"中国人民"不知道此事，故无从"愤慨"；二则因为消息中已写出我国空军和高炮部队如何反击入侵之敌的事实，这不仅已经说明了问题，也引起了读者的共鸣，产生了应有的效果，无须再添加别的注解。胡乔木同志在《人人都要学会写新闻》一文中说得好："学写新闻还叫我们会用叙述事实来发表意见。我们当然是要发表意见，但是最有力量的意见乃是一种无形的意见。"事实证明，愈是高明的记者，就愈是善于用客观的、传神的办法，在形神俱备的动作与场面再现中，"无形"地传递自己的观点，引导和启发读者接受自己的意见。

心理小典　言语与动作

动作是心理活动的外部呈现，人的任何活动都是由一系列基本动作构成的。言语是个人使用语言的过程，包括理解别人运用的和自己运用语言的过程。非言语互动是指除语言互动外，双方互动的另一种表现形式，在采访中可以看成是双方沟通的一种重要手段。比如，双方的表情、手段、体态等，可以直观地传递个人的态度、情绪。

心智掌故　齐白石画虾

一提起齐白石，我们总会不约而同地想到他画的活灵活现的虾。灵动而有着半透明质感的虾在水中嬉戏，或急或缓，时聚时散，疏密有致，情态各异，着实惹人喜爱。然而，齐白石取得这样前无古人的成就却是来之不易的。

齐白石老家有个星斗塘，塘中多草虾，齐白石小时候常在塘边玩耍，从此与虾结缘，儿时欢乐的情景也成了他绘画的素材。

为了画好虾，他在案头的水盂里养了长臂青虾，这样就可以时时观察虾的形态并写生，更好地了解虾的结构。这时他的虾画得像，但墨色缺少变化，所画虾的眼睛也像真虾一样，画成小黑点只是像归像，却没有虾的动感和半透明的质感，刻画不出虾的神韵，仅仅是逼真罢了。

之后，他在观察虾的过程中，将虾的进退、急缓、跳跃等统统收于笔端。更于笔墨上增加变化，使虾体有了透明感。通过观察，齐白石画的虾强调腹部第三节的拱起，很好地表现了虾体的曲直与弹跳时的姿势，因虾的跳跃全靠腹部，这样虾就画得更生动了。他又将虾钳的前端一节画粗，笔力从而得以体现。最令人叫绝的是他在虾的头胸部的淡墨未干之际加上一笔浓墨，立刻增加了透明感，也使中国画的笔墨味道更浓了。深谙水墨艺术的齐白石将躯体透明的白虾和长臂青虾结合起来，创造了“白石虾”，其实这种水墨虾在自然界并不存在，但在符合虾的共性的前提下，齐白石将他的“妙在似与不似之间”的传神理念演绎得巧妙。

70 岁以后，齐白石画虾的技法已基本定型，但仍在不停地改进，使其趋于完美。到了 80 岁以后，他的画虾功夫已是炉火纯青。活灵活现的虾配上芦苇、水草、奇石等，更以刚劲的书法题上自作的诗句，并加上充满力感的印章，成就了千百幅给以我们高雅艺术享受的珍贵作品。齐白石的虾之所以被人们记住，无非就是“传神”两个字。

心灵启悟　注重动作之词

在新闻作品中，记者通常引用他人言语来叙述事实。特别是直接引语在新闻写作中占有举足轻重的地位。过多地运用引语与对话会使文章读来枯燥无味。心理学家认为，一个人的动作变化是意识无形的书写，读者可以从人物动作的变化中窥视其心理活动。这对新闻工作者来说，是一个启悟。要想使文章写得传神，动作描写则是应该紧紧扣住的一个着力点，据统计，人称指物动词，汉字有上百个单字可选，还不包括合成词的数量了。

第十节　美感不拒危难

美是否存在于生活的紧要或危急关头？这并不是被所有学者共同承认的命题。因为，按照一般的审美规律而言，在人与对象的关系中，功利的关系要先于审美的关系。换句话来说，当对象威胁到人和社会的安全时，人是难以产生审美欲望和审美意识的。

在1998年长江流域的抗洪斗争中，新闻媒体在危急关头进行了广泛、深入、持久的报道。抗洪新闻吸引了全中国的注意力，它不仅牵动着公众的悲喜、引导着受众的情绪，而且在不知不觉中也成了公众的一个巨大的、中心性的审美对象。这是在充分信息化、传媒的影响渗透到社会各个角落的社会条件下，审美活动由微观向宏观扩展与审美对象不断丰富带来的一个引人注目的现象。

美感是人类特有的社会心理情感。

美离不开形式与内容。形式可以千变万化，但就内容而言，审美中重点欣赏的是以一定形式表现出来的真和善。这种内容美所唤起的愉悦感，要比形式美所唤起的愉悦感深刻、强烈、持久得多。

抗洪斗争是1998年夏季全中国社会活动的中心，各种形式的新闻报道都是这个中心内容的载体。面对一浪高过一浪的凶险洪峰，中国共产党领导广大军民展开殊死斗争。这种人与自然灾害之间的搏斗，展示了人的本质力量。

抗灾是一种社会劳动，在这种社会劳动中产生了社会美。

就表面现象来看，人类抵御洪灾是一种被动行为。但是深入观察之后可以发现，在人民当家作主的社会条件下，抗灾也是人有意识地掌握客观规律和有目的地实现自己的主观意图的知行统一。因此，人能从物化对象的过程和结果中直观自身，获得审美愉悦。马克思说："美的本质就是人的本质力量的对象化。"对象化的过程，就主体而言，是人的本质客观化；就客体而言，是客体对象的主观化。主客体矛盾的统一，劳动和斗争起着决定性的作用。

人的力量对象化的过程，实际上也就是社会美的创造、发展的过程。这一过程不断提高和丰富着人的本质力量，使人生更有价值、更光辉、更充满美感和诗意。抗洪新闻作品以其广泛的覆盖面，巨大的渗透力，多形式、多色彩的表现手段，展现了具有时代特征的社会美。这种美的展现是大气磅礴与刻骨铭心的。抗洪新闻作品作为一个外延虽不那么清晰，但几乎无所不在的美的载体，强烈吸引着人们的视线，给人以美的熏陶，成为20世纪末的一个打下了深刻烙印的美学现象。随着信息社会的发展，新闻作品在传递信息的同时，将越来越多地承担起审美对象的角色，这是一个不以人们意志为转移的演进。

人的美是社会美的集中体现，社会美的欣赏无疑是以人的美为中心的。

抗洪新闻所反映的主要对象是与洪水搏斗的人。尽管新闻作品的主要功能不只是报道人物，但是抗洪斗争中一个个伟大而美好的人物形象，却几乎无一不是从新闻作品中被推出的。抗洪斗争虽属于严肃且并不轻松的审美范畴，但其内容的沉重感却并不影响它，甚至可以对服饰美这类绝对属于轻松的、形式美的审美范畴，也能产生强烈辐射。例如，抗洪战士的迷彩服，竟然从防汛前线走向了服饰圈，成为爱美姑娘最心爱、最时尚的服装！这种由人及物、由内容波及形式的审美观照和审美追求，是通过新闻这个媒介在社会上传递和放大的，这是新闻的光荣，也是新闻所具有的强大力量的显现。

人的美首先是心灵美，心灵美的表现就是行为美。美虽不等于善，但在社会美的欣赏中，美是道德上善的象征，抗洪斗争也是中华民族心灵美的一次大展现，这种展现不是抽象的，在大洪水的悲壮背景下，新闻作品传递了多少舍生忘死、见义勇为、助人为乐、毁家纾难的感人故事！在抗洪斗争中，新闻记者冲在一线，直面一个个感人肺腑的人物和战斗场面，记者用不着刻意去虚构、塑造美的心灵和感人的情节，他们只需要忠实地以笔、以镜头去传递，这种原汁原味的发掘、心灵紧贴着心灵的传感，直接把真实的形象、美好的心灵送到受众面前，形式美和内容美在新闻作品中得到了统一，作用于人的感官，被受众以急切的心情和愉悦的态度予以接受。

美感从来都是主动接受，不能强制灌输的，1998 年抗洪新闻受到广大受众的强烈关注，无形中给广大受众一次强烈的善和美的熏陶。这个事实给人一个启示：在最危急的场合，新闻记者往往可以发现最深刻与最打动人心的善和美。记者的责任在于把这种善和美，真实、快速地传播出去，使它在社会上产生像原子反应那样的倍增效应，而正确的善和美的标准就是在这种传递与倍增中得到了强化。于是，舆论导向也在不露声色中有着审美导向的功能，这是令人欣喜而光荣的一项功能。

抗洪新闻的审美基调是崇高。

崇高是美学的一个重要范畴，它与优美相对。无论是报道簰洲湾大营救，还是荆江分洪区大转移，或者三军勇士战长江与七旬老汉王占成冒死堵口。千百篇新闻作品中跳荡的主旋律，都是那种激动人心的崇高美。崇高，给新闻作品带来了极为充实和昂扬的魅力，它一旦与人的感情中的崇高之门实现对接，就会产生强烈的共鸣和无可遏制的美感。

“崇高是人类在改造自然与社会的伟大斗争中，主、客双方由矛盾对立、激荡冲突趋向统一的动态美。”这是美学研究者给“崇高”下的定义。正因其具有“矛盾中”和“动态美”的特征，所以，以“跑新闻”为本业的新闻记者最有职业的便利，去创造以崇高为主旋律的作品。在这次抗洪中，许多记者手中都产生了大量优秀的、具有审美价值的新闻作品，这就是一个明证。

在抗洪前线采访的记者都普遍感到，当你在前线置身于这样的场合——以血肉之躯抵御洪涛的撞击、忍受烈日的暴晒、抗击风雨的冲刷；当你目睹这样的场景——军车隆隆开进、千军万马抢险、众志成城抗洪……你会不由自主地产生一种强烈的写作冲动，在这种冲动的支配下发而为文、写人状物，字里行间很自然就会跳动着崇高的火花。当一个记者离开写人，只是静态地去写某段堤防如何险要，水位如何危险，那是无论如何也不会产生打动人心的力量的。这种体验可以再次证明：以崇高为特征的美，不可能远离社会生活而被刻意地创造出来。崇高同美一样，只有把它同人类进步的社会实践活动联系起来，才能真正阐释清楚它的含义，才具有打动人心的力量。说到底，美是人类活动的产物，崇高是美的一种表现形态。希望捕捉到这种美的新闻记者，唯一的途径就是深入生活、扑向一线，特别是扑向像抗洪这样具有危急性质的生活一线，才有可能有所作为。

美的规律与新闻规律并不矛盾。

文艺作品是通过塑造形象和意境创造美感；新闻作品则通过再现事实传递美感。

但是，正如世界上许多事物都不能决然割裂开一样，美的灵魂总是以自己的方式，潜行于纵然是相去万里的各种文体之中。只要作为万物之灵的人注意驾驭，美就不难被发现和被推向受众，正所谓“运用之妙，存乎一心”。

绝对化是从事新闻工作的大敌，破除了绝对化，新闻工作者才可能大胆地拥抱美。例如，按照“功利关系先于审美关系”的一般规律，那么在危急的抗洪时期，记者应该是难以产生美感而且也没有责任去传递美感的。但是，从思维方式上看，把事物的发展看成一条直线，这是形而上学的，也是不符合事实本来面目的。在抗洪斗争中，洪峰是以曲线方式起伏出现的，抗洪人士的心情也是跌宕起伏的，并不像一根绷紧的钢丝，只能拉断而不会伸缩。我们在抗洪前线不乏看到这样的情景：每当战胜一次洪峰后，面对浩荡江流、如血残阳、雕塑一般被泥水裹住的战士、田园上宁静的炊烟……记者怎能不产生难以抑制的美感呢？传递这种美的情境，又有什么违背新闻规律和审美规律的地方呢？

从作品功能上来看，一篇作品并不是只能传递一种信息。一种美的形象、一种美的意境，有时只需要新闻作品中的一个或几个段落，甚至一句或几句话，并不会抢占作品的主题和主旨。既然如此，新闻作品为什么要把美拒之门外呢？哪怕是反映最严肃、最悲壮题材的新闻作品，也并不排斥宕开一笔，让美的火花闪现，这样做往往可以从一个新的角度，反映人的豁达和面对苦难的乐观主义态度，达到以奇衬正的目的。这样的消息和通讯，在抗洪新闻作品中实际上已大量出现，它们得到受众的喜爱，不是偶然的。

综观1998年的抗洪新闻，它们给人一种“粗糙美”的总体印象。这个评价并不含有贬义，正如维纳斯雕像缺了一只手臂，欣赏者既不能为它的残缺叫好，又不能否认现存雕像的无可替代。

新闻规律的要求之一是讲时效、争快速。快，对记者来讲，就意味着紧张，粗糙美产生于紧张造成的制约环境之中。

从客观情况看，抗洪记者面对的是水情急、行程远、转点多、时间紧的条件，往往白天奔忙在汛情紧张、险象环生的一线，只有晚上9点到11点这么一点时间写稿，而且还要留出时间在截稿之前找地方传稿，哪有可能从容构撰与雕琢？从主观上看，在前线，面对紧张的形势，胸中自有一股激情和紧迫感，行文似有“气”驱动，用不着人为铺陈巧饰。“文以气为主，气盛，则言之长短与声之高下者皆宜。”（韩愈《答李翊书》）许多记者都有这样的感觉：在“气”的催动下，发而为文，下笔如飞，如有神助。抗洪报道最可贵的就是要写出“河岳之气”的壮美，成为记录这段历史的“波涛雄文”。

当然，粗糙美并不意味着允许作品粗劣，而是指风格上有粗犷、粗实、粗壮之美。这种“糙”感，是带着生活的本来面目，被迫不及待地快速传播的，如果说它有什么瑕疵，那也是一种美中的遗憾，在受众的接纳范围之内。

新闻记者在美的面前，既不必像小脚女人一样不敢近前，也不可像鲁莽汉子一样草率行事。按照新闻工作者自己的工作方式和写作方式自自然然地做，我们完全可以坦然地把美请进新闻的殿堂，这是抗洪新闻给我们的又一个启示。

心理小典　美的再发现

世界不缺少美，只是缺少一双发现美的眼睛。马克思主义美学认为，世界上一切美的事物都是内容与形式的统一体，只有内容而无形式，或者只有形式而无内容的事物是不存在的。形式美是在自然、社会和艺术中，各种感性形式因素的有规律组合所显现出来的审美特性；内容美则是在客观现实中存在的能让人产生美感的事物。二者具有辩证统一的关系。

心智掌故　穿高跟鞋的独腿女孩

有人在网上发布了一张照片，一个穿黑色短裙的高挑女孩，她被截肢的右腿和笔挺的后背形成了强烈反差，她的左脚上穿着一只近20厘米高的高跟鞋，即使手中拄着拐杖，这个背影仍显得十分美丽和自信。网友还配发了评论："女孩活得真漂亮，给一百个赞。"几天后，获点赞无数。图中的女孩被网友称作"东方维纳斯""即使只有背影也能给人勇气和力量""最美女孩"。事后知道，这是一个坚强的女运动员，她把身残而精神不倒，作为人生信条，生活工作一切自立。

上帝或许对于人真的是不平等的，但是每个人都可以活出自己的美丽。外表的美丽之于人就好比形式，仔细想想那也就是躯壳而已。历史自古就有蛇蝎美人的传说，这绝对不是空穴来风。美丽分为很多种，可唯有那种内在美丽的人，才是社会所认同的美，或许这种美丽缺少了华丽的形式外表，但其行为，语言，还有那由内散发的气质，这些，是那些拥有美丽外表但品行不当的人所无法比拟的。

"我宁愿坐在宝马车里哭，也不坐在自行车上笑"。说这句话的人拥有着姣好的外表，收获的是社会的一片唏嘘与差评。

身体残缺，却自信坚强，这种内在美具有摄人心魄的力量，它的认同，来自对形式美与伦理美的双重力量。

心灵启悟　内在美才深刻

美是一种表象，也是一种内在。内在美往往会让表象更美丽，使外在千变万化，这就像哲学中的内容美与形式美一样。形式作为内容的载体，始终是一个躯壳，唯有内容才是真实的存在。就内在美而言，审美中更欣赏的是以一定形式表现出来的精神美。这种内在精神美所唤起的愉悦感，要比形式美所唤起的愉悦感要深刻、强烈、持久得多。

第八章 记者职业心理之防错篇

第一节 杜绝浮夸拔高

办了多年报纸的人，往往越办越谨慎。因为里里外外、四面八方的人都给报纸写稿，你不知道有没有人是抱着“上报出彩”的念头，把本来不那么出彩的题材，经过浮夸拔高之后，弄得编辑看了欲罢不能，赶紧登出。登出后的结果，自然是招来千夫所指。

回顾我们自革命战争年代创办报纸以来的历史，可以发现，我们的报纸历来具有“表扬”的功能，通过表扬，报纸建立了崇高的威望，在鼓舞士气，引导工作方面，有着不可替代的作用。相比较而言，资产阶级的报纸更多的是“攻击”，政客互相攻讦，报纸为之张目，借以啸众。

无可讳言的是，由于我们的报纸多是由官方主办的，而且具有与生俱来的表扬功能，所以下级就有着强烈的通过报纸争表扬的欲望。这并不是值得抨击的欲望，争胜好强是人之天性，不能抹杀。但是，就有一些人为了目的而不择手段，发展出一套浮夸拔高的技巧。这些人往往不顾主客观条件，不研究事物的规律，只是注重表面、注重形式、注重印象，“不怕做不到，就怕想不到，更怕别人看不到”。这种行为的背后，大都带有很强的私心杂念，在很大程度上是为了博得上级领导机关和领导同志的“好感”，给自己制造一点“政绩”，提高身价，目的在于沽名钓誉，谋取好处，求得升迁。

这种风气由来已久，具有很深的根，要杜绝它，就必须坦率地承认其顽固性。事物都是一分为二的，我们的新闻工作有着优良的传统，但也必须正视某些不良的遗风。在战争年代，缴枪和杀敌是受表扬的主要内容。1931 年，毛泽东同志就直率地指出：“红军缴枪一千说有一万，白军本有一万说只一千。这种离事实太远的说法，是有害的。”时过 14 年之后的 1945 年，毛泽东同志仍然就这个问题尖锐地指出：“各地打仗缴枪，缴一支讲一支，不要报虚数。”他对有个时期分对内对外，内报一支是一支，外报一支是两支的做法十分反感，说：“一支是一支，两支为两支，是知也。这个问题解决了，我们党的作风就可以更切实了。”为“缴枪数”这样一个具体的事，党的领袖讲了十几年也并没有彻底解决，浮夸之风为害之烈可见一斑。

浮夸的危害，与撒谎有一些不同。按老百姓的话来说：“不是完全没那回事，但又不是他说的那么回事。”写新闻稿的人如果按照这个原则行事，那可真是坑人不浅。英国诗人丁尼生对浮夸的危害，揭露得入木三分：“具有一半真实的谎言，是最邪恶而污秽的谎言，因为完全的谎言可能终被揭穿而露出了真面目，担搀有一些实话的谎言就很难被人击败了。”在新闻实践中，的确也是如此。鸭毛里混进了鸡毛，摘也摘不尽，丢也丢不得，想起来闹心，辨起来费力。

浮夸和拔高的出发点，一般都是出于好意，这与撒谎的出发点多为恶意不同。但这种“好意”，可笑、可气、可悲，发展下去是可恨。因为，事情都是可以转化的，浮夸与撒谎、好意与恶意，其间只有咫尺之遥，非常容易过界。毛泽东同志善意地提醒过：“内战时期我们养成一种习惯，向上级报告工作，讲好一点、夸大一点才像样子。”他诙谐地取笑这种作法是“装样子，猪鼻子里插葱——装象”。他真诚地期望下级“不要吹，就是报实数，实报实销”。

回顾中国新闻史上这些与浮夸、拔高作斗争的往事，有助于我们重视其危害，加深对其顽固性的认识。我们共产党人，是动机与效果的统一论者，写浮夸新闻稿的动机尽管可能是想把声势造得更大一些，把推动工作的力度增强一些，但是，这样做的结果往往是适得其反。列宁早就严厉地警告：“吹牛撒谎是道义上的灭亡，它势必引向政治上的灭亡。”在当今民主政治健康发展和信息技术高度发达的社会里，人们对信息的掌握渠道是多元的，人们对于信息的辨别能力也是高度发达的，一个百分点的浮夸，就可能导致道义上百分之百的丧失，这让我们不得不警惕。

虽说浮夸人人喊打，但一些地方的浮夸造假之风仍在恣意泛滥。更令人痛心的是，面对浮夸造假这一公开的秘密，许多人熟视无睹，有的甚至知假护假。其原因当然还在于浮夸和拔高的做法最省力。“注水政绩”撑出“超高指标”等浮夸风，都有一个共同特征，就是任意割裂主观与客观的联系，以为可以任意夸大人的能动性，可以任意把个人的主观意志强加于客观事物。就连一向圣洁的科技界、新闻界，都有一些人练就了一身写的文章比读的文章还多的“神功”，因为成果来得太容易，一篇文章掺水变成多篇文章，一个题材改成多个大特写，一本书改头换面变成多部书，像发面团一样，越发越大。其实，浮夸造假，创造不出物质产品和有价值的精神产品，造不出现代化，只能造出无穷的灾害。虚报浮夸也是腐败，是一个国家走向富强道路上的精神鸦片，使人对形势昏昏然、对危机茫茫然。对此，一切心怀民族振兴大业的人都应该看清其危害，远离其诱惑。

浮夸为害已久，在可以预见的将来也难以完全消灭，这就需要新闻工作者保持高度的警惕。毛泽东同志曾经直截了当地对从事新闻工作的同志提出要求：“记者，特别是记者头子，头脑要清楚，要冷静。”清楚建立在对事实的把握基础之上，冷静则表现在不了解事实的时候不盲从和不放弃探究事实的责任。清楚是能力的表现，冷静则是原则的体现。做新闻工作的同志，这两条应该引为座右铭，不仅可以成为自己的护身法宝，而且可以成为挡住浮夸和拔高这两条浊流的闸门。

心理小典　浮夸心理

夸张是神话故事的特点，它作用于虚拟的境界。而生活中浮夸的心理诉求是指人们为了达到心理上对某事或某种境界的渴望和要求，往往不顾客观实际，蓄意夸大或拔高；而实事求是正好相反，实事求是就是是一说一、是二说二，严格按照客观现实思考或办事。从实际情况出发，不夸大，不缩小，正确地对待和处理问题，求得正确的结论，实事求是实际上就是一种对事实的尊重。

心智掌故　路透还钱

路透社的创始人保罗·朱利叶斯·路透，出身于德国的一个普通的犹太人家庭，很小的时候，他就失去了父亲，家里生活很贫苦。

路透的叔叔开设了一间银行，路透很小就在叔叔的银行里跑腿，赚点零用钱。虽然路透年纪不大，但他却很能干。一天，银行派路透到数学家高斯的家里取款，当路透拿着钱回到银行仔细清点钱款时，发现高斯竟多给了他300马克。300马克对于小路透来说，可是一笔天文数字啊！

路透心里非常着急，他匆匆地跑回高斯家，对高斯说：“先生，真对不起，你给我的钱数错了……”

高斯正忙着演算数学公式，他连头都没有抬，便打断了路透的话：“我是数学家，就这么一点小数目，我能算错？我已经把钱交给你了，你现在才跑来跟我说数目不对！”高斯以为路透是来跟他说钱少给了呢！

路透非常无奈，但他还是耐心地回答说：“好吧！既然这样说，你多给的300马克我就不用还你了。”

高斯听了路透的话，连忙放下手中的笔：“多了300马克？这个小男孩竟然还把钱还回来了！”当路透把多出来的300马克还给高斯时，高斯竟像一名小学生，真诚地向这个“老师”道了歉。诚实，让路透和高斯成了忘年之交，并且为路透今后的人生埋下了良好的种子。

30 年后，这个普通的小男孩，一跃成为英国第一家报刊通讯社的创始人，并且引领了整个欧洲的新闻事业。

故事中无论是路透还是高斯，他们都是实事求是的典范，路透为了事实能挑战权威，高斯为了事实能虚心认错，他们这种诚实的态度必然是人生中一笔宝贵的财富。

心灵启悟　真实的传者

真实性是做新闻的第一准则，客观现实中的任何事物都有一定的度，超过了这个度，就必然违背了新闻真实性的要求。所以，作为记者，在报道新闻时不能有意地贬损或拔高真实、客观的信息内容，否则就违背了真实性的要求。只有恰如其分地传播和报道，才能赢得广大受众的信任，媒体才能安身立命。

第二节　想象并不合理

新闻必须用硬邦邦的事实焊接起来，不能靠想象和推理捏拢起来。这不是一个可以变通的工作方法问题，而是一个永远不能冒犯的原则。谁要是凭想象搞新闻，谁就会受到惩罚。

马克思在《致新自由报》一文中，讥讽那个在《新闻报》上刊载小品文《社会主义晚会》的化名作者 W，说此人是“具有如此丰富想象力的 W”。马克思本来从没会见过俄国民主主义者赫尔岑，W 却硬说他会见了。为了戳穿这个 W 先生，马克思只用了一个细节：《社会主义晚会》中说，马克思会见赫尔岑的房子里有大理石楼梯。马克思驳斥道：“我怀疑，具有如此丰富的想象力的 W 是否到过伦敦。大理石楼梯，这是只有宫廷里才有的，怎么可能在赫尔岑的小宅第里见到？”

W 先生不会想到，这个凭想象加上去的一小处闲笔，拙劣得让人耻笑。

插上想象的翅膀，是文艺作品的特点。法国作家德拉克洛瓦说：“能够把艺术家的真正想象表现出来的作品，才是最上乘的艺术作品。”这是因为，从功能角度看，艺术是对生活的升华，而新闻是对生活的还原；从心理角度看，读者对于艺术的真实，由于明白它是一种不受事实限制的创作，所以对于这种创作，心理上处于高度容忍的状态，只要它符合本质的真实或者逻辑的真实，不管它是否合乎现实，甚至不管它是否合乎常识，都不会影响读者的接受意愿。新闻则不然，读者在读新闻时，心理上是处于高度戒备的状态的。只要有一丝不符合真实的信号产生，立刻就会影响到读者的接受意愿。哪怕这个与真实不符的因素是多么微不足道，也会导致对整个新闻作品的全盘否定。苏联有个名记者写一位戴着帽子的劳模"取下帽子，用梳子梳了梳头"，结果这个细节引来那个工人所有同事的哂笑，因为在用这个想象出来的细节时，完全没料到那个工人竟是个秃子！仅此一点，这篇严肃的报道就变成了笑料。

总是有一些人不愿意放弃用想象的办法来处理新闻，因为这样最省力，不必费力地去一一核对事实。为了给自己找根据，还硬要说："合理"的想象应该是允许的。比方，国庆节在天安门广场采访，完全可以想象到遥远的边陲，少数民族肯定是载歌载舞、战士肯定是边防巡逻等，捏在一块写有什么不可以？这是"合理"的想象吗？不是，想象与联想是有区别的。由此地想到彼地，联系起来、对照起来写，这是联想，它可以添加稿件的容量并为稿件增添色彩，这完全是允许的。但是，联想的前提是不破坏事实，这个事实也许并不要求直接采访，但必须要有基本的间接采访，而且，被联想的事实不允许进行二度发挥。如果凭经验进行二度发挥，那就变成了想象。想象的基础是虚构，而虚构哪怕再合理，在事实面前也是会出丑的。总是有一些人，忍不住在百分之九十九的事实上，添加百分之一的想象，为的是出彩。但新闻实践中的大量教训是，往往就是这百分之一的想象让新闻出了丑。所以，聪明人不要做反被聪明误的事。知道多少说多少，千万不要给事实插上想象的翅膀。

在思想上极"左"的年代，新闻反映的正面人物往往追求"高大全"，而生活中的真人却不易找到那么理想的高大全的形象，因此，就为合理想象打开了需求之门。这种想象的出发点虽然是善良的，但由于违背了真实性原则，使人产生了难以相信的感觉。20 世纪 50 年代，我国新闻界曾开展过一场新闻报道允不允许"合理想象"的大讨论，起因是 1952 年 12 月 21 日《人民日报》的一篇报道《马特洛索夫式的英雄黄继光》，该报道写到黄继光"牺牲前的一刹那间""后面坑道里营参谋长在望着他，战友们在望着他，祖国人民在望着他，他的母亲在望着他，马特洛索夫的英雄行为在鼓舞着他……黄继光一跃扑上了敌人的枪眼"。黄继光的事迹本来是感人至深的，但报道中加上一些心理描写，反倒让人怀疑：黄继光牺牲了，无从采访，稿件中的心理活动从何而来？记者称，在这篇报道中运用了"一般人能够体会到的合理想象"。心理学研究表明，任何一个人的想象和幻想，都反映了自己的理想、愿望、向往和追求。如果把这种大胆的假设写下来，给人以某种启迪，并能激起别人的情感，使人产生共鸣，从道德层面来看，这似乎不是坏事。但是，在从事新闻报道时，“真实”是处于最基本层面的道德，一切其他道德都要给这个基础让路。从根本上说，想象是违背新闻真实记录事实的原则的，这是一种根本的不合理，因而也就不存在所谓的“合理想象”。

在互联网时代，思维的精灵在网上飞来飞去，给人以无限的想象空间。虚拟与现实，合理与荒唐，似乎在网上都失去了界线。这也给靠想象搞新闻的人提供了新的灵感，开启了方便之门。“神奇教练”米卢率中国足球队首次冲入世界杯决赛圈的过程中，真正有机会与米卢保持接触的记者并不多。但是，你看看那些铺天盖地的报道吧！米卢这样说那样说，米卢与某队员如何积怨，米卢如何运用战术，米卢与某女记者有某关系，等等，发出这些报道的记者，许多都是靠网上扒一些信息，再加上自己的想象糅合在一起，然后匆忙出手。这些本来就真假莫辨的报道，又成为新的“想象型”报道的种子，滚动发芽，滚动结果。无怪米卢在谈到他在中国执教成功的原因时，说他“不懂中文是重要的因素”，这真是具有一点儿黑色幽默的机智。的确，如果米卢懂中文，看了这些报道还不气得半死？

打算运用想象的方式处理新闻的人，肯定会拼命否认自己的功利性出发点，只把它淡化为一种方法问题。恩格斯说过：“思想如果一旦离开了利益，就一定会使自己出丑。”这句话说得何等的尖锐和深刻！利益是问题的本质，而不当得利，是不符合“明礼诚信”这一公民基本道德规范的，这才是问题的实质所在。

心理小典 不能用错

积极心理学中有一句话是这样说的：如果你不快乐，就假装微笑吧！让你的牙齿晒太阳！这句话说的就是想象思维。想象思维是人体大脑通过形象化的概括作用，对脑内已有的记忆表象进行加工、改造或重组的思维活动，是人类进行创新及其活动的重要的思维形式。它具体表现为形象性、概括性和超越性，是一种主观能动性活动，它可以用于激励人，但不能错当客观事实。

心智掌故 杯弓蛇影

从前有个做官的人叫乐广，他有位好朋友，一有空就要到他家里来聊天儿。有一段时间，他的朋友一直没有露面。乐广十分惦念，就登门拜望。只见朋友半坐半躺地倚在床上，脸色蜡黄。乐广这才知道朋友生了重病，就问他的病是怎么得的，朋友支支吾吾不肯说。经过再三追问，朋友才说："那天在您家喝酒，看见酒杯里有一条青皮红花的小蛇在游动。当时恶心极了，想不喝吧，您又再三劝饮，出于礼貌，就闭着眼睛喝了下去。从此以后，就老觉得肚子里有条小蛇在乱窜，总想呕吐，什么东西也吃不下去，到现在病了快半个月了。"乐广心想，酒杯里怎么会有小蛇呢？但他的朋友又分明看见了，这是怎么回事儿呢？

回到家中，他在客厅里踱来踱去，分析原因。他看见墙上挂着一张青漆红纹的雕弓，心里一动：是不是这张雕弓在捣鬼？于是，他斟了一杯酒，放在桌子上，移动了几个位置，终于看见那张雕弓的影子清晰地投映在酒杯中，随着酒液的晃动，真像一条青皮红花的小蛇在游动。乐广马上用轿子把朋友接到家中。请他仍旧坐在上次的位置上，仍旧用上次的酒杯为他斟了满满一杯酒，问道："您再看看酒杯中有什么东西？"那个朋友低头一看，立刻惊叫起来："蛇！蛇！又是一条青皮红花的小蛇！"乐广哈哈大笑，指着壁上的雕弓说："您抬头看看，那是什么？"朋友看看雕弓，再看看杯中的蛇影，恍然大悟，顿时觉得浑身轻松，心病也全消了。

心灵启悟　不能用想象润色

想象很美好，但是在新闻的领域里，我们必须对"合理想象"说"不"，因为在新闻的实践活动中，一切都必须以尊重事实为基础，虽然事实是多面的，作为记者不可能面面俱到，但是宁可多跑几遍现场，多采访几次当事人，用真实的细节还原事实，也好过在家里仅凭想象来填补事实，任何想象，哪怕是合理的，它都偏离了真实的轨道。大众传播具有公开性、权威性、显著性和直观性，比其它类型的信息更具有责任。

第三节　乌有何以登堂

"乌有先生"是报纸赶不尽的常客，此公真实的名字叫作"子虚乌有，通篇捏造"。然而，不管国内国外、大报小报，乌有先生经常登堂入室，盖因其有万夫不挡之神功，取有价值的新闻易如探囊取物。在新闻高度竞争的时代，报人无不瞪大双眼找新闻，遇到这种"乌有先生"登门，尽管编辑心怀惴惴，但在"新闻价值"的诱惑之下，一惊一乍之间，往往还是让乌有的东西堂而皇之地登上了版面的显要位置，结果当然是贻笑大方。

美国对阿富汗实施军事打击的行动开始后，西方记者麇集，但在高科技战争状态下，导弹都是从几百公里外发射的，谁也看不到惊人的战争场面，当然急得记者跳脚。此时，有美国记者从“乌有先生”那里找到了办法，跑到邻近前线的地方，找两个阿富汗北方联盟的兵，施以小惠，让他们夜里向塔利班阵地开几炮，引来对方还几炮，于是记者就背对“划破夜空的弹雨”，有声有色地弄出一段本来没有的战地报道，当然，这能够交差，也对得起每天 1,500 美金的高额采访津贴了。西方媒体为了证明前南斯拉夫总统米洛舍维奇有罪，大肆炒作“万人坑”新闻，指称坑中受害者都是按照米洛舍维奇的命令被屠杀的阿族妇女和儿童。后来，还是西方媒体揭露“万人坑”新闻失实，是由个别极不负责任的西方记者炮制出来的。据透露，类似这样的证据也出现在起诉材料之中，这就不能不令人疑窦丛生：那些汗牛充栋的证据材料，究竟有多少可信度呢？难怪美国前司法部长克拉克也要站出来，说他根本就不相信米洛舍维奇有罪，并表示愿意加入他的辩护律师团，为其无偿作无罪辩护。

我国新闻界让“乌有先生”钻了空子的事也不少。不谈“大跃进”年代，就是在 20 世纪 80 年代中期，江西还出过一个轰动一时的假典型——龚良经。此人被地方和一些中央新闻单位宣传为“自学成才的优秀知识分子”，成就大到被推为“1984 年诺贝尔奖候选人”！出了这么大的一个典型，弄得省里发文件，上下掀起学习热潮。其实，此人是一个并不高明的骗子，而且拙劣到把诺贝尔奖说成是由西德主办的！但这并不影响典型报道的升级，直到因牛皮吹得太胀而爆炸为止。龚良经事件震动了当时的总书记胡耀邦，他批示说：“这样的丑闻何年何月能大大减少，如何不让其发展到十分荒唐的地步，请与有关部门商量，列出几条措施。”中宣部为此发出《关于新闻单位应在整改中认真解决新闻失实问题的通知》，《通知》中说：“江西龚良经事件的一条重要教训，在于记者仅听一面之词，不辨真伪、不懂装懂，以至造成以讹传讹，一人上当，大家跟着受骗的丑闻。”江西省委在就此发出的通报中说：“事件反映了我们有些同志在一些问题上的愚昧无知，致使这一事件发展到如此荒唐的地步。对此，省委应负领导责任。”一个子虚乌有、通篇捏造的典型，引致如此多的部门、如此多的领导为之切齿，龚良经事件可算是“乌有先生”的一个“杰作”了。改革开放以来，好像还没有哪一个假新闻造成过这么大影响，其危害之大、荒唐之烈，莫之为甚。

“丑闻”和“荒唐”，这一般是我们对敌人的用语，在处理我们自己内部事物的文件中是罕有出现的，若不是太过分了，必不会出此疾言厉色之语。可以这样说，“乌有先生”就是新闻事业的死敌，有他登堂，新闻的公信力就要遭殃，新闻的生命就会被扼杀，这绝不是危言耸听。

客观地看，“乌有先生”之所以屡屡得手，还在于其产品有市场。“需求创造生产”，这是经济学一条基本的原理，新闻生产何尝不是如此。由于各种各样的需求——政治上的、宣传上的、发行上的、利益上的需求拉动，使得子虚乌有的东西能够迅速在报纸上软着陆，有时甚至是在权力之手的把持下，强行实行着陆和对接的。毛泽东同志1959年就说过：“有许多假话是上面压出来的。上面一吹二压三许愿，使下面很难办。”这个话说到了家，而且所揭露的现象和规律，中外皆然。上面为了利益不顾一切地给下面施压，下面就会不顾一切地找“乌有先生”来凑数，这真的就叫上有政策下有对策。

当然，也有的是受了“乌有先生”之骗的。分析起来，这种受骗多产生在办报人的冲动之时。由兴奋而产生的冲动，总是在觉得有超值利益将到手之时才发生。此时，理智已被放到一边，许多十分普通而管用的辨别标准，全都被丢到了脑后，甚至连常识都不顾。龚良经把诺贝尔奖说成是由西德主办的，这本是一个天大的常识性漏洞，仅仅由这一个漏洞，就完全可以戳穿这个不高明的骗局。但十分可惜的是，经过了那么多道关口，就是没有一个人置疑。奇怪吗？一点也不奇怪。常识，是要由精神上保持常态的人运用，才会产生辨别作用的。那是一个需要典型而且是超级典型的时代，当这样的典型由“乌有先生”送到门口时，有谁能在狂喜和冲动中还去怀疑，那不是太败兴了吗？这是值得我们警惕的。

不同的时代，“乌有先生”有不同的表现。跨入21世纪，龚良经式的自学成才典型已不时髦，而留洋的知识英雄成了最为抢眼的新闻人物，于是“乌有先生”把各类神童重新包装，又出现在报刊上。2001年，19岁的中国女孩吴杨被报道为“大二即获得博士学位和6万英镑奖学金，改写了牛津大学800年校史”的神童，一时名满神州，令人艳羡。然而，随着这年11月份牛津大学发出的一则声明，“牛津少女”神话不攻自破——牛津大学圣休斯学院院长德里克·伍德声明，关于吴杨的报道严重失实。吴杨本人也称，记者根本没有采访过她。谈到如何看待这种可笑的新闻失实现象时，中国社会科学院社会学研究所沈杰博士说，此前有百多篇关于“牛津女孩”的报道，其实只要我们冷静地想一想：在法制化程度较高的西方发达国家，获得奖学金、学位的程序非常严格，怎么可能出现这样的神话？我们国家的现代化属于“晚发型”，在这一阶段，急于求成是国民的典型心态，通过杜撰英雄，表达对社会发展的迫切愿望，迎合了“速成式”“跨越式”赶超的心理。但科学和学术上的英雄从来不可能横空出世，杜撰英雄本身就是一种落后的心态。

“乌有先生”的幽灵，总是在媒体周围徘徊，让它灭亡实属不易。但是，我们有责任也有能力，决不能让它登堂。

心理小典　自律的内在要求

自律，指在没有人现场监督的情况下，通过自己要求自己，主动自觉地遵循法度，约束自己的一言一行。尊重事实，是自律的一种原则，是自律的内在要求之一。尊重事实，意味着如实看待现实，杜绝虚假，因为虚假与事实不符，而且与良知完全对立。

心智掌故　重启的计算机

有一天，工程师接到一个客户的电话，客户说他的计算机系统每到夜里就会自动重新启动，夜夜如此，非常奇怪。

工程师帮助客户仔细检查了各种系统报告，发现的确重启过，但是原因不明。排查了一段时间，但系统还是每天一到半夜就出问题，仿佛灵异事件一般。

客户很着急，这位工程师建议客户，找一个人夜里守在计算机旁边，看看系统出故障的时候到底是怎么回事。客户想了想，也就答应了，也许别无他法。于是，客户安排了一名 IT 人员带着报纸，拿着相机，当晚整夜坐在计算机旁边，等候问题的发生。如果有任何问题，这名值班人员就会用相机把屏幕照下来。

奇怪的事情发生了！夜夜重启的系统，当晚没有重启！

工程师、客户都问这名值班人员做了什么，可是他却丈二和尚摸不着头脑地说：“我就是看了看报纸，什么也没做啊！”也许系统就这样自动好了。大家实在想不通，就让这名值班人员回去休息了。

万万没想到的是，第二天晚上，系统再次出现问题，症状与从前一模一样！

于是，只要客户安排人员在计算机旁边守候，就夜夜平安；只要一夜无人，必有故障。

讲到这里，故事的述说者用侦探般的口吻压低了声音问：“你们知道，这是怎么回事吗？”我们几个新员工张大了嘴说不知道。他诡异地笑了笑，接着说：“关键就在那个值班人员身上。”

后来聪明的工程师仔细排查，分析到底那个值班人员有意或无意做了什么，保护了系统。终于发现，原来问题的根本原因是“空调”！这个客户的机房原来平常是不开空调的，但是每当值班人员守夜的时候，因为机房太热，他就会打开空调看报纸，一直到第二天清晨。如果没有开空调，机器的CPU过热就会出问题，这个问题自从入夏就反复发生了；打开空调，系统就没有问题。

事出必有因，有时候不是我们发现不了问题的根源，而是我们思想上没有耐心说服自己继续追查原因。大多数时候，我们只是为了去完成任务而匆忙给出一个结论。

心灵启悟　处事不惊，慎独慎思

慎独是一种情操；慎独是一种修养；慎独是一种自律；慎独是一种担当。一个人的自我，有外壳，也有内在。而自我稳定性主要指的是，这个人的外壳是否结实。自我稳定的心理表现形式之一是慎独。当记者面对看似有很大价值的新闻“事实”时，一定要冷静，多考证新闻的来源和新闻事实的真实性。慎独慎思，处事不惊，记者才能在面对压力时，始终不忘初心。

第四节　猎奇容易传讹

报纸本只不过是一张有字的纸，由于得以在公众中传播，于是就变得十分神奇了。托起这股神奇力量的手，是公信力。如果报纸说出来的事大家都深信不疑，这就有了信息的权威性。

公信力和权威性是建立在说实话基础上的。新鲜的事实、新颖的观点，“报人之所未知，道人之所未想”，看到报纸上登那么多新鲜事，不免使人暗暗称奇。

其实办报人也有苦衷，愁的就是在生活中找不到那么多新鲜事。于是，猎奇的心理有时就忍不住暗暗产生了。当然，有人对这种心理摸得很准，投其所好。某省报曾登过一篇奇闻《花蟒逞凶医生胆大》，说一位年轻的女医生英勇过人，以猪肉为诱饵，单人用绳圈从洞中套出两条大腿粗细、长6米多的大蟒，不仅为民除了害，还为县药材公司作了贡献。这条根本就不存在的奇闻，对社会的危害虽并不是很大，但看了作者事后写的检讨中对报社编辑心理的分析，却让人心惊。作者说：“我错误地认为，编辑对猎奇性的稿件还是感兴趣的，只要写好了，见报系数比较大。”这个作者的眼力真厉害，看出了猎奇的力量，如果有一批编辑记者隔三岔五地让猎奇心支配一回，报纸的命运可就惨了。

这并不是危言耸听，不说小报，就是像新华社这样的国家级新闻单位，也在猎奇的问题上走过麦城。1984 年曾报道“长沙市上空落下一块约 5 斤重大冰团，有关单位准备对这位天外来客进行研究”，实际上，哪里是“天外来客”，不过是被人丢弃的普通冰块罢了。本来是个普通人开的玩笑，结果经媒体一报道成了国际玩笑。

猎奇者容易轻信，而轻信是无知的伴侣。当事人事后回顾“天外来客”新闻失误原因时认为：学习不够、知识贫乏酿成了恶果。虽然曾对“冰团为什么没摔碎”产生过怀疑，但只是根据后来看来根本站不住脚的理由，说明冰团没有被摔碎的现象。且不说摔没摔碎的问题，只要稍有物理知识，就能想到，经过大气层摩擦产生的高温，冰块怎么还有可能存在呢？

猎奇者又容易轻率行事，而轻率是盲目性的恶果。什么是新闻工作最容易产生的盲目性呢？盲目抢新闻、盲目抢时效、盲目抢轰动效应，一句话：“盲目地而不是清醒地投入新闻竞争。”竞争是为了什么？并不是每个人都能时刻保持清醒，常常为了竞争而竞争，这是对竞争的自我异化。一切竞争的目的都是为了取得利益的最大化，而一旦盲目竞争，往往会产生损害利益的后果。曾被誉为美国“经济总统”的强人、美联储主席格林斯潘在一次客串新闻学授课时指出：“在这个新闻夜以继日不间断报道的时代，一个新闻记者的市场价值就在于他的名声以及诚实与谨慎的态度。”从市场价值看新闻记者，这是一个直露但又不容回避的角度。竞争是实现价值最大化的手段，而一旦陷入盲目境地，则连参与竞争的价值本钱都被自己剥夺了，因为名声一旦失去，是很难复收的。

纪伯伦说过：“青蛙也许会叫得比牛更响，但是它们不能在田里拉犁，也不会在酒坊里牵磨。”纪伯伦用这种人所共知的常理来说明一个问题，那就是违背逻辑的事，是不可能实现的；硬要实现，就是荒唐。新闻报道中的猎奇倾向，其哲学病根就在于希望突破逻辑。世界上的确有很多反常的事可报，但这些反常的事，只要细究一下就会发现，都具有“反常合道”的特点，即表面上很反常，但支配其发生的原因是合乎逻辑的。如果有一天，牛的基因被注入青蛙身上，使青蛙大得真的能拉犁和牵磨了，那也不表明逻辑的失败，因为有了基因工程这个前提，在荒唐到正常之间，就搭起了一座逻辑之桥。

不正常的猎奇心理，也会导致追求违反社会公德和人伦的新闻出现。一位读者给某报写信，说看了某报上登的《凶鳄活吞生猪》，文中写道：“在水生动物园鳄鱼池，只见饲养员抱着一只约 5 公斤重的小猪扔进池中。几条鳄鱼凶猛地游过来，张开血嘴，几分钟便将惨叫了几声的小猪生吞活剥了。当时的场景触目惊心、惨不忍睹，一孩童吓得哭喊起来……”读者认为，这种众目睽睽之下的残忍厮杀和恐怖表演，充满了暴力和血腥，也许满足了部分游人的猎奇心理，但在大庭广众之下上演，无益于人道与良知的建立。在现实生活中对残忍的漠然已经够多的了：围观纷争、围观殴斗、围观车祸、围观歹徒行凶……站在周围轻松洒脱欣赏的人们，表现得不是一种对残忍的冷漠又是什么？同情之心、怜悯之心、恻隐之心是人类的天性，如此残忍的表演与人类的基本天性相违背。人与人之间应是温情友爱的，人类与动物之间也应是和睦相处的。在众目所视之下，刻意展示残忍，招揽游客刺激经营，应当制止，更不应通过报道来传播。应当说，这位读者的意见，代表了社会良知和正义。雨果说过：“一颗心灵的叹息，能比一城的喧嚷道出更多的东西。”这位读者带着无奈和叹息的心情发出的呼唤，也许在编辑部堆积如山的来信来稿中并不会引起太多注意，但它所具有的道义的力量，是令我们不能不为之心仪的。

反对猎奇并不是排斥报道奇闻。报纸需要奇而有理、奇而有趣、奇而不俗的新闻。奇闻由于其稀少，总是受到读者青睐，许多奇闻由此而被称为珍闻。这些奇闻除了必须合乎逻辑之外，其采写过程往往也很不容易，几百字的报道，“看似寻常最奇崛，成如容易却艰辛”。而猎奇者骨子里却是期望不劳而获，或是少劳多获，所以省略了采访劳动和思维劳动之功，期望一蹴而就。猎奇新闻制造者往往都不愿通过逻辑之桥，它们的共同特点是期望跳跃和突变，一下子从河的此岸跳向河的彼岸，其结果肯定是跳不过去，反倒自己掉进河里被淹死。

心理小典　抑制猎奇心理

所谓的责任意识，就是清楚明了地知道什么是该做、必做，并自觉、认真地转化到行动中去的心理特征；猎奇心理属于一种人的心理活动，每一个人或多或少会有这样的心理：越是反常的事物越是欲知欲为，由此猎奇心理带来的负面影响便是在于，在反常事物面前往往会忽略事实的内在逻辑性。有了责任意识，猎奇心理就会受到抑制。

心智掌故　三人成虎

魏国大夫庞恭和魏国太子一起作为赵国的人质，定于某日启程赴赵都邯郸。

临行时，庞恭向魏王提出一个问题，他说："如果有一个人对您说，我看见闹市熙熙攘攘的人群中有一只老虎，君王相信吗？"魏王说："我当然不信。"庞恭又问："如果是两个人对您这样说呢？"魏王说："那我也不信。"庞恭紧接着追问了一句道："如果有三个人都说亲眼看见了闹市中的老虎，君王是否还不相信？"魏王说道："既然这么多人都说看见了老虎，肯定确有其事，所以我不能不信。"庞恭听了这话以后，深有感触地说："果然不出所料，问题就出在这里！事实上，人虎相怕，各占几分。具体地说，某一次究竟是人怕虎还是虎怕人，要根据力量对比来论。众所周知，一只老虎是决不敢闯入闹市之中的。如今君王不顾及情理、不深入调查，只凭三人说虎即肯定有虎，那么等我到了比闹市还远的邯郸，您要是听见三个或更多不喜欢我的人说我的坏话，岂不是要断言我是坏人吗？临别之前，我向您说出这点疑虑，希望君王一定不要轻信人言。"

庞恭走后，一些平时对他心怀不满的人开始在魏王面前说他的坏话。时间一长，魏王果然听信了这些谗言。当庞恭从邯郸回到魏国时，魏王再也不愿意召见他了。

因此，流言蜚语多了，的确足以毁掉一个人。随声附和的人多了，白的也会被说成黑的，这真是"众口铄金，积毁销骨"。所以我们对待任何事情都要有自己的分析，不要人云亦云，被假象蒙蔽。

心灵启悟　保持一颗平常心

纵观各种新闻失实的现象，有些是由于客观上难以识别、调查困难，但也有些是由于主观上缺乏调查行为和猎奇心理，而过分追求"奇闻异事"产生的假新闻，并且猎奇取宠心理容易被造假者利用。因此，新闻记者在报道事件时，随时要持批判眼光，绝不盲从轻信。要记住：你采访的人可能是个老实人，但他提供的事不一定全可信，二者不能划等号！

第五节　弄虚导致作假

英国哲学家洛克说过："人心爱真理，胜过眼睛爱美丽。"这是一种西方式的名实观。美丽是外化的，属于名的范畴，而真理是内在的，属于实的领域。爱名与爱实的心理，客观上在人脑里同时存在。名与实有时是矛盾着和斗争着的，如若不然，何来“胜过”一说呢？因为只有敌手之间，才存在着胜败的关系。

洛克又冷峻地解剖了眼睛后面的那颗人心。人们因为追求名誉、财富和权力，有时会使自己接受时髦的意见并为夸张自己的美好或隐饰自己的丑陋而寻找论据。这就从心理上产生了弄虚作假的动力，因为不管怎么说，虚假的美丽可以博取别人的“眼睛之爱”。

这有点类似名人做的虚假广告：画面上的名人等于一个美好的信誉符号，引人青睐，而名人所宣传的产品是否真实，人们很容易就会忽略。看来，“为虚所惑”是中西方存在的通病。

虚张声势、以壮声威是常出现的新闻病状之一。曾有两个江苏籍的战士，为了响应党中央开发大西北的号召，联手向青海省有关领导写了信，要求复员后不回条件好的江苏，而是要到青海去为建设边疆做贡献。这本来是一件好事，但其中一位战士在向报社投稿时，觉得这样照实写似乎声威还不够，于是就来虚的，把要求去青海的战士人数由 2 人改成了 36 人，又把这些战士的原籍全都说成是上海。这样一来，多么吸引人啊！上海是中国最大、最富的城市，青海是全国边远省份之一，数十名上海战士自愿弃沪入青，反差多么大，形象多么新，震动多么强！结果，报纸登出这条消息后，引起上海籍战士的强烈反感，在部队形成了很坏的影响。其实，这是何苦，如实写出实情，并不会影响被褒扬者的美誉，而为了添上更亮的一笔，反而糟蹋了全篇，这是弄虚导致作假、自找苦吃的典型。

为名所惑，不惜导演和移植事实，是常出现的又一新闻病状。某山区推广袋料培育香菇有所成就，引起上级的注意，准备把各地领导招来开现场会。当地的主要领导觉得这是出名的好时候，非要搞得更轰轰烈烈不可。他觉得原有的香菇棚子数量少、不壮观。于是自导自演，借钱借场地借菌种，壮大香菇棚子的阵营，把一个香菇培育基地弄得好生壮观，见报和上电视时也着实风光了一回。谁知天有不测风云，借来的菌种全没长成，损失惨重，被老百姓告了上去，又引得新闻单位注意，以“画蛇添足、形式主义”为内容进行严厉批评。

虽然弄虚作假、移花接木的事多不是报纸等新闻单位所为，他们有时甚至是受骗者和受害者。但是，不管怎么说，报纸负有不可推卸的责任，报纸必须要有对社会高度负责的精神。报纸是公众读物，必然会成为公众关注的焦点，必然要承载公众对报纸的信任。报社人员必须严格要求自己，严格把关，不让虚假的东西走上版面，才能取得公众的长久信任，否则报纸将成为废纸。

其次，报纸应对自己负责，应严谨、诚恳地面对社会公众。媒体信誉的产生与所处的社会环境分不开，与公众的信任、社会的扶持扩充了它的影响力有关。失去了这些，又何以生存，更遑论发展。无论是大媒体还是小媒体，都应对这点有正确的认识。

最后，应对追随报纸的业余作者负责，不要辜负他们的信任。报社应明白这个道理：水可载舟，亦可覆舟。优秀的业余作者可以把一个媒体像众星拱月一样抬起来，使之信息灵通，稿源旺盛。少数文风不正的作者也可以为害一个媒体，使之出乖露丑，一钱不值。毋庸讳言，当前社会上还存在着"数字出政绩"的社会需求，因此一些职业为"形象枪手"的人向报社投稿时弄虚作假，就成为"正常作业"。《中国青年报》2001 年 10 月 16 日在《假为何禁不了——部分县乡干部浮夸风实录》的报道中揭露：一些基层干部反映，在个别地方实行的一手乌纱帽、一手高指标的干部考核办法的压力下，有时候"不编假数字、难过考核关"。江苏省的一位副区长表示，比如经济发展速度，1998 年中央定的目标是 8%，省里定的是 11%，市里定的是 15%，到了县里已加码到了 17%，层层递增，到了乡镇则高达 20%以上。乡镇一级的经济实际上增长非常缓慢，少数地区是下跌的，要增长 20%，除了闭着眼吹"数字泡泡"以外，别无他法！安徽一地处江淮分水岭的某国家重点扶持的贫困县，全县农村人口有 73 万，大部分才刚越过温饱线。与记者走村串户时看到的低矮草屋连片、一些农民家徒四壁的景象形成鲜明对比的是，这个县财政收入的数字年年大幅增长，其中 1996 年年度财政收入竟比上年"飙升"65%。在记者的疑惑和一再追问下，县财政局负责同志最后坦言：实际上财力下滑的势头已持续多年，财政连年攀升完全是"注水"、造假形成的假象！在上年的财政收入中，"注水量"超过了 4,000 万元。据介绍，对上级下达的一些与基层实际背离的"硬指标"，一些县乡年年要当紧要的"政治任务"来抓，干部们感到有苦难言。个别县的同志苦笑着说："哪里找得出比'造假数字'更好的办法！"

范长江同志曾提出过人民新闻工作者的"四个信条"，他把"消息绝对真实"作为这四个信条中的第一条，认为只有这样，人民"才敢"把报纸"作为指导自己生活的依据"。在实际生活中，真实是在与虚假作斗争的过程中存在的，只要有利益存在，弄虚作假、移花接木的事情就难以灭绝，如果轻信一面之词，不去花力气调查核实，那就难免会上当。社会上还存在这样一些人，他们有两张"脸"，一张脸喜欢夸耀自己的成就，另一张脸善于叫苦叫难。谈自己工作就夸大成绩；向社会和上级索取时就夸大困难。为了通过报纸放大这种功能，这些人有时还朝"脸"上涂各种油彩，使你目迷五色、难辨真颜。不过，对他们来说也并不是没有破解之法，新闻工作者只要下功夫贴到跟前去，脸对脸地观察，那么油彩下的皱纹、脖子上的污垢、冲口而出的秽气，还是可以被发现的，从而心存警觉，避免轻信。

心理小典　真理高于一切

价值观虽然是个人的、主观的，但每个人都希望根据事实情况来作出自己的判断。这就是求真心理，即追求事物发展的真理所在和寻找事物发展的客观规律的一种心理，是在科学的理论与方法的指导下，不断地认识事物的本质，把握事物规律的一种心理。被人欺骗、被人愚弄，相信是每个人都不愿意经历的事情，每个人都有了解事实真相的愿望和权利。然而在追求利益面前，有些人往往弃真理于不顾，这便导致了弄虚作假行为的产生。

心智掌故　小花狗和小花猫

有一天，看家的小花狗正从门外往里钻，主人关门时没留意，伤了小花狗的一条腿。

主人非常心疼，为了弥补自己的过失，他把小花狗的伤腿细心地包扎好，补偿给它好多香喷喷的肉骨头。主人还将它抱在怀里，轻轻抚摸，以示安慰。到了晚上，主人免了它看家守门的重任，准许它舒舒服服地睡在自己身边。主人像照料自己的孩子一样照料受伤的小花狗。

小花狗一连十多天受到从未有过的关爱，高兴极了。它的伤腿其实早已康复了，但它舍不得就此放弃这种特殊的待遇，故意在主人面前可怜兮兮地装出跛腿的样子。主人以为它腿伤未愈，就让它继续享受特权。小花猫十分羡慕，也想能得到主人的特别关爱。小花狗悄悄告诉它："实际上我的腿伤早已好了，我是装的。如果你也想得到这样的待遇，你就得想办法弄出点伤病来。"

"是啊，我得想办法弄出点伤病来呀！"小花猫想呀想，终于想出了一个好点子：它爬到高高的横梁上，然后跳到地上抓老鼠。小花猫的脚底长有厚厚的肉垫，根本不会受伤，但为了得到特别的待遇，也装出因公负伤的样子来。

主人见了，叹道："唉，怎么搞的嘛！小花狗的腿伤治了这么多日子还不见好转，现在小花猫的脚又受伤了，真烦人！我怎么照顾得过来呀！算了，小花狗的腿伤看来一时也好不了了，长期像祖宗一样供养着也不是个办法，还是卖给屠夫宰了卖肉吧，冬天吃狗肉大补，会卖好价钱的。"

小花狗一听，糟了！我是自作聪明，反而弄巧成拙，弄不好还得送掉小命呢！

它赶紧从暖融融的狗窝里跳了出来，一连在屋子里跑了三圈。小花猫一见这情景，生怕主人会宰了它，不敢再弄虚作假装跛腿了，它也学小花狗的样子，一口气在屋子里跑了三圈。

“咦！你们这些畜生真奇怪！”主人说，“你们的蹄子怎么说坏就坏，说好就好了呢？”

心灵启悟　莫为虚名违事实

受众愿意通过媒体了解消息，是因为受众对媒体的权威和公信力有着信任，而恰恰是受众的信任，才使得媒体能够生存和发展。西方新闻界秉持的自由观念也是有限制的自由，斯宾塞在《社会静力学》中提出了“同等自由法”，即每个人有做一切他愿意做的事情的自由，只要他不侵犯别人的同等自由。从这个意义上讲，媒介一旦出现任何不当行为，都是对他人自由的侵犯。

第六节　警惕思维陷阱

新闻记者如同夸父追日，不知疲倦地追逐新闻。在这条长长的、没有尽头的路上，记者思维的兴奋点往往集中于发现目标，以及如何尽快把发现的目标变成文字。每当完成了一个小目标，记者便又像夸父那样，又朝着那永远也追不上、然而却魅力无穷的目标——生活的太阳追逐而去。

这种职业的功利性，以及这种快节奏的职业特点，造就了记者思维方面如同孩子般的好奇（对新事物的好奇，毫无贬低记者成熟之意）以及迅速信任客体（不信任的事不会下决心写）的特点。这些特点没有什么不好，甚至作为一个称职的记者没有这些特点还不行。

但是，正如古人所说的那样：“若不登高望，哪知水有曲”，从客观上来看，记者的这种思维特点有其长处，也有其短处。由于好奇，容易轻信；由于迅速，容易失准。许多记者在回首往事时，都发现在采访生涯中踩中过一些大大小小的“陷阱”。这使得从事新闻职业的人，不得不对这些“陷阱”出现的规律进行总结和摸索。

人们常说，要用“海绵吸水”般的态度来吸收外界的知识。新闻记者恰恰要对这种思维方式提高警惕。这种思维方式来得快捷和简易，不需要绞尽脑汁的智力活动，你只需要专心致志，再加上死记硬背，这便是你智力活动的主要内容。

与此相对的一种思维方式叫做“淘金式”思维方式，这种方式要求面对被采访者、面对扑面而来的大量信息，以一种积极参与、互相诘问的姿态进行思索，不断决定哪些是值得留下的有价值的材料，哪些是可以忽略不计的废渣。这种思维方式挑战迭起，十分辛苦，但其效果却如去粗取精，沙里淘金。

初出茅庐的青年记者拿到素材，总是小心翼翼地读，竭尽全力地记，孜孜以求的是别弄掉了别人讲的东西。但他的注意力，没有放到自问一些问题，弄清材料的逻辑步骤，判断是否存在重大纰漏方面。这种“海绵式”的方式，往往不知不觉地把记者引导到全盘误听误信的局面。其实，新闻记者的作用并不是录音机，“别人敢于说，记者就敢于报”，这是一种不负责任和自我矮化的思维特点，“大跃进”年代的“放卫星”报道，很多就产生于持这种态度的记者的笔下，应该引为严重的教训。再进一步看，“海绵式”思维着眼的是信息的被动获取，而“淘金式”思维侧重于对信息主动的筛选。一被动一主动，体现了记者不同的精神劳动状态，也是记者有无敢于负责精神的一种折射。

相信数字，也是记者思维的一个普遍特点。记者常常要求“用数字说话”，好像一有数字，真实性就没有了问题。实际上，“数字陷阱”随处皆在，不知不觉踩进去的人大有人在。

“XX 药品药效比同类产品高 30%。”何谓同类？没有人知道，反正望空开炮，无人还击。

“XX 产品以全省最低价的 50%出售。”这类敢夸“誉满全球”式海口的话，无人在偌大一个省的范围内查起，但很能让人相信。

现代社会是一个数字的社会，记者拿到的材料极少是没有数字的。很多时候，记者都是由数字而形成观点，所以不能不对带数字的思维提高警惕。许多有经验的记者都知道，即使是真实的数字，如果以不同的组合出现，结论是完全不同的。“数字魔术”作为一种本能的护身技能，许多被采访者都能用几招。例如，某个冰箱厂宣传自己的产品在消费者中已经取得了优势，证据是“今年一季度本厂产品销量增加了 50%，而竞争对手的销量只增加了 10%。”但是，这个确切的百分比后面，却隐匿了绝对数字，实际上，他自己的产品不过由 400 台增到了 600 台(50%)，而对手却从 10,000 台增到了 11,000 台(10%)！

还有比这更荒唐的百分比。某摩托车厂面对用户的安全性能批评，给出了一个数字：本厂摩托车只有 0.01%刹车出现过失灵。0.01%是一个多么小的数字，再苛求于人似乎就没有道理了。然而，如果对比一下这个厂每年有 15 万辆摩托车的产量，0.01%便意味着有1,500位摩托车手的生命危如累卵，还能说这个产品的安全质量高吗？

归纳类比也是记者常用的思路之一，在这方面，同样也存在着思维的陷阱。

“试婚看来势在必行，如同在买服装之前，你总不能不先试穿一下。”这个采访结论的逻辑似乎非常严密，颇具说服力。可是，这个类比合理吗？逻辑学者早就指出：世界上任何两件事物，几乎都能从中找到某些相似性，但绝不能认为，仅仅因为诸多相似，类比或推理便被赋予真理式的说服力。试婚与买服装的类比，尽管在因果类比方面有一定的相关性，但稍作比较，就会发现对比双方的差异性不胜枚举，其中关键在于：服装与人具有完全不同的属性；婚姻不是像买服装一样的一次性消费行为，而是一种创造性的共同生活的开始。在进行类比的时候，记者千万不能懒惰，凡向你提供类比例证的人，总会提供令你相信的类比相关性论点，而在此时，你应该开动脑筋，多朝类比双方的差异性方面去思考一下，把相关性与差异性放在你的思维天平上称量一下，结论往往就不难作出。最可怕的是，记者根本没有寻找差异性的意识，那样就如同盲人瞎马，不掉入陷阱才怪。

韩非子曰：“不知而言，不智；知而不言，不忠。”新闻工作是集智者与忠者于一身的职业，负有巨大的社会责任。千方百计避免落入思维的陷阱，这对记者个人的声誉固然重要，但更重要的是，由此可避免在导向方面出现差错，不能不有“一身而系天下安危”的社会责任感。

心理小典　跳出思维的陷阱

唯物主义要求我们要充分发挥人的主观能动性，然而思维有时候却会限制人的主观能动性。人非草木，又非植物人，总要有心理活动，其表现形式就是思维。在思维过程中，最应推崇的是对司空见惯的事物要善于提出质疑，于无疑处见有疑。达尔文的进化论是把竞争当作生物生存的第一法则，而他同时代的其他学生提出，生物生存竞争最有力的武器不是体力，不是智力，而是互助的能力。两种看法互补互短，是不是都有道理呢？

心智掌故　可怕的应变失误

卡尔·韦克是美国密执安大学教授，一个著名的组织行为学者，著有《组织的社会心理学》等书。有一天，卡尔·韦克教授正在校园里散步。当他从小径走到花园的时候，发现他的几个学生聚精会神地围在一个小窗口前做实验，他们根本就没注意到教授的到来。

学生们做的实验就是著名的卡尔·韦克论应变的实验。

如果你把六只蜜蜂和六只苍蝇装进一个玻璃瓶中，然后将瓶子平放，让瓶底朝着窗户，会发生什么情况呢？

蜜蜂会不停地想在瓶底上找到出口，直到力竭倒毙或饿死；而苍蝇则会在不到两分钟的时间里，穿过另一端的瓶颈逃逸一空。

蜜蜂比苍蝇的智商高，它认为囚室的出口必然在光线最明亮的地方，它们不停地重复着这种合乎逻辑的行动。对蜜蜂来说，玻璃是一种超自然的神秘之物，它们在自然界中从没遇到过这种突然不可穿透的大气层；而它们的智力越高，这种奇怪的障碍就显得越无法接受和不可理解。

那些愚蠢的苍蝇则对事物的逻辑毫不留意，全然不顾亮光的吸引，四下乱飞，结果误打误撞地碰上了好运气；这些头脑简单者总是在智者消亡的地方顺利得救。因此，苍蝇得以最终发现那个正中下怀的出口，并因此获得自由和新生。

这个例子说明，实验、坚持不懈、试错、冒险、即兴发挥、最佳途径、迂回前进、混乱、刻板和随机应变，所有这些都有助于应付变化。

心灵启悟　三思而行

新闻这一行业的本质有两点：一是超脱；二是求真。要求记者不偏听偏信，盲目自大。然而事实庞杂，记者每天都面临着巨大的压力，不免会陷入各种各样的思维陷阱，但是压力绝对不是生产低质量产品的借口，面对新闻事实，记者一定要做到三思而行，如果迷信权威会使人心生胆怯，那么混乱和荒谬就会增强心中的保守倾向，沉溺其中不会使世界有任何受益。

第七节　莫入网上误区

进入信息时代之后，人类进入了信息的自由王国，网上的虚拟世界任你游，信息多得没法接。网络一出现，就具备了许多传统媒体所无法比拟的优势。首先，它是真正的互动媒介。与传统媒介相比，互联网更多地赋予了读者双向互动、进而建立潜在关系的能力;其次,网络新闻受众覆盖面积大,是真正的全球媒介,可以使世界各地的人们迅速接收到相关信息服务;最后,互联网上的大部分活动均涉及信息的收集和调查,而网络可以提供相关信息的链接,以及信息调查的实时分类等。网上"信息超市"的无限容量和便利,使得人们很容易认为这是一个极乐的无规则世界。

作为一个有政治头脑的人,在这个问题上要向深一层看。信息世界植根于人生活的真实世界,在真实的世界里,古往今来都存在不同的利益集团,各自都从有利于自己的立场出发,传播或限制传播各种信息。已经有不少有识之士发出了"保卫信息边界"的呼声,所谓"信息边界",是区别于地缘边界的、以各种信息圈为基础,涉及政治、经济、科技、军事、文化等领域的国家利益边界。发挥网络技术的积极作用,是保卫信息边界的重要手段。

"该传播的就传播,不该传播的一点儿也不传播",这一点,标榜新闻自由的西方比我们做得更彻底。就拿以美国为首的北约轰炸我国驻前南斯拉夫大使馆而论,内幕至今也没有被真实地报道出来。究其原因,一是经常以指责别国政府不透明、不搞新闻自由为能事的美国政府,自己拼命捂盖子,限制传播;二是美国的新闻界为了国家利益,胳膊肘朝里拐,故意不去挖新闻,不去搞丢美国面子的传播。因为炸第三国大使馆,是伤天害理的行为,全世界到哪儿也谈不过这个理儿。美国新闻界要真想打探到轰炸我国使馆的内幕,应该是有办法的。试想,白宫深处那些最隐秘的桃色新闻都能被挖到,未必在这个问题上真的就只能无所作为。恐怕"非不能也,是不为也"。

现在,有不少人轻信网上传播的一些耸人听闻的信息,这些信息没有起码的新闻要素,甚至连传播者是谁都搞不清楚,即根本找不到负责任的对象。如果有人问起消息来源,津津乐道者往往会顺势一推:"网上说的。"这就像巷里街头的流言传播者,以"他们说的"为托辞一样。英国学者哈伯特曾尖锐地指出:"'他们说'这三个字里面,有一半谎言。"这是对流言传播规律的一个言简意赅的揭露,是在进入虚拟世界时不应该忘记的一个忠告。

网络延伸到个人之后,使所有坐在电脑前的人,一下子都有了微型通讯社的手段,免不了产生向茫茫的网络世界发布一些自撰信息的愿望,这是应该理解和支持的。但是,现在也有一些人,就把一些不利于国家民族的信息放到网上,似乎这是一种时髦,有一种搞恶作剧却又不会被发现的快感,甚至有少数记者,把不能公开发表的稿件,故意放到网上,以显示自己的个性和不凡。

网络已经成了公民政治文化的一块试金石。当网络的便利诱使人做出不利于社会的事的时候，抵挡这种诱惑的动力，并不全在于法律的威慑，而在于人能不能启动基本的爱国良知。虚拟的世界虽然没有国籍，但向虚拟世界提供信息的人都有国家。德国诗人海涅说过："热爱自己的祖国是理所当然的事。"一个国家的伟大，是因为有着众多公民的伟大在支撑，这种伟大不可阻遏地要被折射入网上家园。

自由是人们共同崇尚的，但不论东西方哪种自由理论，都要以不妨碍别人的权利为前提。网上的行为同样要适用这条原则。网络似乎漫无边际，但实际上，即使它大得无涯无际，而其作用的范围，也是界定在人类的精神文化领域之内的。既然作用于人，就要对人负责。就如同环境保护一样，大气层虽然浩大无边，但如果随意朝大气排污，就是对其他人健康权利的一种侵权行为，严重的甚至是一种犯罪行为。

道德非常重要，网络本身就是现实的一部分，网络无法与现实脱节，可是现在网上的道德环境并不理想，"黄色攻略"、荤段子、性描写、相互攻讦、言辞龌龊，这些令人鄙弃的现象在互联网上屡见不鲜。更令人不安的是，涉嫌诽谤、造谣，已成为网络攻击的手段，并以一种极快的速度在传播。2002 年春，一条爆炸性新闻在几小时之内就上了各网站的主页面，就是一位著名的女运动员自杀未遂，原因是房子和奖金分配问题。可是，此时这名运动员正在外正常比赛，闻此消息，师徒当即同场出现，这当然使谣言不攻自破，但他们对此谣言极为愤慨。师徒俩虽然弄不清网上造谣者到底是什么人，但他们指出，这种行为是一种极不光彩的做法，是想置人于死地的不道德竞争心理的暴露。阮玲玉时代就发出"人言可畏、谣言杀人"的悲愤呼唤，那个时候谣言的传播手段、速度和范围，都远不如现在，如果以阮玲玉那么脆弱的性格，放在互联网时代这种谣言烈度里，恐怕她会更早香消玉殒。

网络的最大特点之一是具有开放性。在这种来无影去无踪，"隔山买牛互不谋面"的彻底开放的条件下，很容易使人产生一种错觉，即理性可以不起作用了，完全可以用非理性来支配言论行为。从社会学的角度来看，一个成熟的社会并不完全排斥非理性，例如，情感的宣泄、心理能量的排遣、抑郁与亢奋的转换等，都要给予适当的渠道和方式，一如当你面对大海想大吼几声、澡堂里忍不住乱唱一气一样。网络的出现，无疑给非理性情感的表达提供了一个十分理想的场合，网络和网民也给予了这种表达足够的包容性，这些年网络的发展都说明了这一点。但是，社会学家们早就指出过，非理性的边际在于不能侵犯人类的理性生存环境。所有把非理性行为发展到极端的人，都有一个共同特点，就是只允许自己非理性，而要求别人有理性，好像一个站在路中间狂歌乱舞的人，只许自己乱来，却要求开车的人必须遵守交通规则，因为如果开车的人也用非理性行事，岂不早把狂歌乱舞者压了个粉碎！

网络在给人类提供了无限魅力的同时，也布下了诸多前所未有的误区。现代历史已经表明，每当一种新的威力巨大的科技成果推到人间后，滥用者都必然毁坏这种成果的魅力，只有合理慎用，才能给人带来福祉。有鉴于此，对待网络，我们更当谨慎。

心理小典　避免沉湎其中

随着计算机网络的普及，网上表达已成为一种全民赋权。网民由于种种原因不能如愿，当“理想自我”与“现实自我”之间出现矛盾时，就到网上寻求心理补偿和心灵慰藉，期望在网络中找到自我。美国社会学家查尔斯·霍顿·库利认为，人的行为在很大程度上取决于对自我的认识，而这种认识主要是通过与他人的社会互动形成的，他人对自己的评价、态度等，是反映自我的一面“镜子”，个人通过这面“镜子”认识和把握自己。

心智拿故　金斧头银斧头的故事

一个樵夫坐在河边哭，路过的神仙看见了，问他：“你为什么哭？”樵夫说：“我的斧头掉进河里，我没法砍柴了。”神仙说：“我可以帮你把斧头找回来。”说完，神仙就跳入河里不见了。

一会儿，神仙从河水里探出头来，手里拿着一把金光闪闪的斧头，问樵夫：“你掉的是这把斧头吗？”樵夫一看，那是一把用金子做的斧头，他马上说：“不是，这不是我的，我的斧头是铁做的。”

又过了一会儿，神仙又从河水里冒出来，拿着一把银光闪闪的斧头，问他：“你掉的是这把斧头吗？”樵夫摇头说：“不是，我的斧头是铁做的，不是银做的。”

最后，神仙拿着一把又旧又破的斧头跳出水面，问樵夫：“这是你掉的斧头吗？”樵夫很高兴地说：“是的！是的！谢谢你！”

神仙说：“你很诚实，这另外两把斧头也送给你吧！”说完就不见了。于是，樵夫拿着三把斧头回家去了。

樵夫的邻居听到这件事，以为只要丢一把斧头到河里去，就可以带回三把斧头，于是也把斧头丢进河去，然后坐在河边大哭。

神仙又出现了，邻居告诉神仙自己掉了三把斧头在河里。

“这是你的吗？”神仙拿出一把金斧头。

“是！是！”邻居高兴地说。

“这也是你的吗？”神仙再拿出一把银斧头。

“对！对！”邻居又连忙答应。

“这个呢？”神仙拿着一把旧斧头。

“这个……也是我的。”邻居说。

神仙说：“你真的掉了三把斧头在河里吗？你太贪心了吧！”然后，“咻”地一声，神仙和那三把斧头都不见了。

理性和诚实，是抵制诱惑的不二法宝。

心灵启悟　虚拟世界，理性先行

历史上早就有人注意到，如果将社会的公共之地（简称公地）形象比喻为一片草地，一旦公地任意由人竞相放牧，这片草地就会因为超载而减收甚至绝产，英国人洛伊德据此创造了“公地悲剧”这个概念，引起了包括社会学、传播学等多个学科学者的注意。当下自媒体如同细胞一样布满网络公共空间，互联网背后的使用者，以什么支撑其运行呢——基于理性与伦理，缺了这个底线保障，互联网公地悲剧就会不断上演。

第八节　严防以偏概全

报纸最常见的弱点之一就是说片面话，让人觉得不可信。托尔斯泰说：“切忌浮夸铺张，与其说得过分，不如说得不全。”本来报纸稿件是以简练明了为特点的，但是不少稿件往往贪大求全，硬用片面的材料演绎大道理、追求完美结局，实际上办不到，于是容易陷入浮夸铺张、以偏概全的泥淖。

胡乔木说：“全面并不是大全，我们不能把地球整个搬到报纸上面，也不需要。报纸是只能说一个方面的，在这一个方面上要全面。”这句话具有辩证法，与托尔斯泰的话道理一致。全与不全是一和多的关系，以一代多是不对的，因为它违背了事实。但是，从一看多是可能的，因为任何局部都是整体的组成部分，都含有整体的某些特征，就如同细胞克隆的道理一样，一个细胞内含有生命的全部遗传密码，但是密码不等于生命，必须要有相应配套的生命系统，才能组成完美的、活的生命。

记者的心理容易进入追求完美的圈子，为了完美，不知不觉就会陷入片面性。“全面者，两面也。”其实这是容易说明的，可以用不多的篇幅就交待清楚，有时用三两句也可以交代明白。但是，有时记者就是不愿多交待这么几句，许多新闻失误就是因为缺少了这么几句交待而引起的。某个报道写空军飞机炸黄河上的冰坝，场面如何如何壮观，效果如何如何明显。沿岸的抗凌队伍闻讯后，以为冰凌威胁已解除，纷纷撤回。其实，这次炸冰行动并没有从根本上解决问题。局部和暂时的解决，不等于全局和长远的解决，如果报道中加上一两句这样的解释性交待，就可以避免片面性的失误了。

我们报道一件事，首先必须考虑到它的本质是什么，基本走向是什么，然后还要考虑到它在事物发展运动中处于什么样的地位，考虑到报道它是为了什么。这些问题都认识清楚了，才可以显现新闻的思想性和指导性。对于新闻来说，把握住事物的本质是十分重要的，同时，也不能对本质以外的事实加以任何夸张和虚构。生活中没有十全十美的人和事，怎么能要求报道中的人和事十全十美呢？过去新闻工作中存在着“要啥有啥”的现象，这是不对的，应该改变。有时，就整体形势来说，有利条件是主要的，但是当我们研究工作困难的时候，就可以把困难放在主体地位，因为我们这样做是专门为了解决困难，并不需要任何时候都无原则地空讲形势大好。例如，扶贫问题，可以充分地说明一个地方面临的严峻形势，湖北钟祥大柴湖区是丹江水库移民聚居区，因自然条件太差，直到2001年，部分移民仍生活困难。当地媒体的报道中说，省委书记问：困难到什么地步？当地干部答：困难到令人寒心，有的农民穷到没房子住，至今人畜共居。这样直面现实的报道，并没有给社会主义抹黑的意思，而是令人清醒地看到，在当时的中国，仍存在着的三千万贫困人口的脱贫任务，这任务是多么的艰巨。同时，报道并没有止于冷漠地渲染贫困，而把采取的针对性措施在后续报道中一一告诉读者，这就避免了片面性，也符合鼓劲的原则。

片面性报道，会损害党报与人民群众的关系。记者要自觉杜绝盲目迎合的心理，不能把报道方针和计划绝对化。党的报纸不但要让人们看到眼前的事情，而且要看得比眼前更远一点，它必须启发人们的思想，引导人们前进。要达到这个目的，就要解放记者的手足耳目，让他按照世界的本来面目去认识世界。比方说，任务是搞文明新风的专题报道，而记者在实际中所见到的并不是这类东西，或者不完全是这类东西，就不必片面地按固有计划一成不变。有一篇报道写道：“在青年学雷锋义务修车现场，就有贪小便宜者，一个人一口气推来五辆破自行车，让人给他彻底修理；也有少数义务服务小组流于形式，无所事事，在街头吃面包聊大天。”写出这种文明建设中的不和谐现象，就能给人以启迪，以找到改进的契机。所有这些的评判的标准，都在于是否合乎人民利益。人民只有一个利益，不存在被报道者一个利益、领导者一个利益、记者一个利益的情况。

同时，我们又要防止记者心理容易进入追求“不完美”的圈子。所谓“不完美”，就是在别人都说某件事好的时候，我偏要抱着吹毛求疵的态度说不好，这是一种走极端的标新立异的心理，同样具有片面性。例如，有媒体曾在全国人民代表大会隆重召开期间，批评不该用警车为代表的乘用车开道。这似乎是对的，顺应了群众对特权反感的情绪。但是，如果全面地分析一下，数以千计的代表委员分散地住在城市的各个角落，在拥挤的交通条件下，要想准时到达会场，运用警车开道，保证最高权力机构准时开会，完全是在情理之中的事。要杜绝这种报道的片面性，需要在思想上树立防止绝对化、简单化的观念，避免操之过急，说过头话。记者要在努力突破自我的强烈欲望下，保持一种冷静的心情，务求吃透情况，把准主流。在报道中要科学分析问题，从正面引导的愿望出发，准确把握方向。对某些热点的报道题材是加热，还是减热，或是使其处于稳定状态，要从人民的利益出发把握好度。该加热的要热而有序，不是乱烧一气，追求轰动；该减热要述而有据，讲究方法，化解逆反心理。西方新闻观中有追求“残缺价值”的倾向，一件事如果比较圆满，那似乎就不值得报道了。因此，记者钻天打洞找负面新闻的劲头极大，而且说错了也不以为耻。新华社前驻台湾记者王丽丽、顾钱江在谈到台湾新闻界的情况时，就认为他们在“新闻可以错，但不可以漏”的理念之下行事，结果导致了放大新闻、捕风捉影、“狗仔”扰人等媒体乱象丛生，降低了新闻界的格调。这种片面追求所谓轰动性新闻效果的现象，同样应引起我们内地媒体的高度警惕。

消灭片面性的有效办法，是进行深入的调查研究。如果先有主观意图再找具体实例，难免产生片面性。任何一个单位都能找到你所需要的例子，但不一定能反映全面真实的情况。对先进人物不能抱着“先有成绩后打扮，好话过头人不怪”的原则行事，只要出了成绩，什么学习马列、为攻坚不顾家、父母病危也不管等“好人要素”都堆上去了。说人好话，说过头一般也不会来纠缠和要求更正，但对知情者来说，因内容不实在，而会降低新闻的可信性。而且，违背了常理的人和事，别人不愿学也没法学，这种偶像型的典型也就失去了推广的意义。孔子曰：“自古皆有死，民无信不立。”“信”的含义是讲真话和重承诺，报纸最基本的承诺就是讲真话，如果违背了“信”的原则，将何以在人民中立足呢？

心理小典　形而上学的片面观

形而上学是指与辩证法对立的，用孤立、静止、片面的观点观察世界的思维方式。它把事物看成是彼此孤立、绝对静止、固定不变的，看不到事物的相互联系，忘记了它的产生、消灭和运动的相对趋势，把变化仅仅归结为位置移动和单纯数量的增减，视为外力推动的结果，有似于物理学中的矢量位移。

心智掌故　囫囵吞枣

有几个人闲来无事，在一起聊天。一个年纪大的人对周围的几个人说："吃梨对人的牙齿有好处，不过，吃多了的话是会伤脾的。吃枣呢，正好与吃梨相反，吃枣可以健脾，但吃多了却对牙齿有害。"

人群中一个呆头呆脑的青年人觉得有些疑惑不解，他想了想说："我有一个好主意，可以吃梨有利牙齿又不伤脾，吃枣健脾又不至于伤牙齿。"

那位年纪大的人连忙问他说："你有什么好主意，说给我们大家听听！"

那个傻乎乎的青年人说："吃梨的时候，我只是用牙去嚼，却不咽下去，它就伤不着脾了；吃枣的时候，我就不嚼，一口吞下去，这样不就不会伤着牙齿了吗？"

一个人听了青年人说的话，跟他开玩笑说："你这不是将枣囫囵着吞下去了吗？"在场的人都哈哈大笑起来，笑得那个青年人抓耳挠腮，更是傻乎乎的了。

这个年轻人自作聪明，如果按他说的办法囫囵吞枣的话，那枣子整个地连核也吞下去了，难以消化，哪还谈得上什么健脾呢？我们学习知识也是这样，如果对所接受的知识不加以分析、消化、理解，只是一味生吞活剥，那是得不到什么收益的。

世间万物，相互联系、相互影响，对于任何一个人来说，想要把握事物的全貌，肯定是非常困难的，但我们不能因此而囫囵吞枣，片面地看待事物，科学的方法是学会把握事物的实质，抓住主要矛盾，以达到看清事物全貌的目的。

心灵启悟　勤于主动探寻

李普曼认为，现代社会因为媒介的存在，产生了三种意义的真实，即客观真实、媒介真实（符号真实）和主观真实。这并不是否定真实的客观存在，而是揭示了记者的劳动过程充满了选择加工，把信息重新加以结构化后向受众传播。新闻实践是一种创造性的劳动，主动精神至关重要，记者必须带着思想冷静地观察和思考，透过现象抓住最能反映事件本质、最有说服力的现场情节，向观众报道最有价值、信息量大的新闻。

第九节　何不缘法而治

司马光在《资治通鉴》中说："缘法而治者，吏习而民安。"依法治国的本质是依法治权。报纸虽然并不掌握什么行政权，但是，社会赋予了报纸信息传播的权利和舆论监督的权力。这些权利和权力同样符合帕金森定理：任何权力都有潜在的扩张性、侵犯性、排他性、诱惑性和腐蚀性。这就要求办报人要十分小心地在法律范围内运用权利和行使权力，并且接受人民群众的监督。

在社会主义市场经济条件下办报，我们的一些同志还不太适应，还没有牢固地树立法律至上的思想。近些年来，报纸涉及的新闻官司层出不穷，而且败诉居多，就是办报人法律意识淡薄造成的恶果。

诗人北岛有一首著名的一字诗《生活》："网。"这一个字在今天已不再只是比喻或象征，而是已成为现实生活的真实写照：各种各样的网络已经成为我们生活中相互沟通和相互制约的客观存在，其中也包括法律之网。不管你愿不愿意以及是否适应，你都得有遵守各种网络运行规则的意识，其中最重要的意识之一就是法律意识。法律意识是公民理解、尊重、执行和维护社会主义法律规范的重要保证，公民的遵纪守法行为不会自然产生，而是在一定法制观念、法律意识的指导下实现的，具备了社会主义法律意识，就会做到不仅不犯法，而且能积极维护法律的尊严。作为新闻记者，还要进一步对法律文化有相应的了解，所谓法律文化，包括法律制度、政策、习惯、法律思想、法律意识、法律观念等维系社会秩序的一整套系统。法律文化是不断发展的，因此，在一定法律文化制约下的新闻报道程序、方法和语言方面的合法性也是不断变化的，必须要注意和顺应这些变化。

依法办报要依什么法？最根本的是宪法。马克思说过："法典就是人民自由的《圣经》。"我国有着作为众法之母的、成文的宪法典，这是报纸行为准则的最高归依。党报当然要听党的，但是党的意志已经通过立法融入了宪法和法律，成为以国家强制力为后盾的全民行为准则，这就获得了更高的社会公认基础，因此，宪法意识应该成为大众媒体的灵魂。在我国公民法律意识逐渐强烈的社会条件下，报纸还没有完全走在社会的前列，时常犯一些与宪法精神不符的错误。某报报道，有一个医学院作出明文规定：凡吸烟的考生，都将不被录取。这种报道是与宪法相违背的，受教育权是我国宪法规定的全体公民都享有的权利，并没有把吸烟与否作为条件。某报报道，当地一位人大常委，兼任教育厅自学考试委员会主任。这也是直接与宪法相抵触的，宪法规定各级人大常委不得担任行政、审判、检察职务，它体现了立法不受局部利益牵制、确保公正的法理。

我们办报的同志应注意到，我国已改变了过去不把宪法条文作为诉讼依据的惯例，2001 年最高人民法院已经对山东省一起围绕公民受教育权被侵犯的违宪官司，作出过同意立案的批复，从此这就成为各级法院可以援用的判例。如果报纸不注意，随意乱说，就可能因违宪而受到起诉。这并不是危言耸听，在一些似乎不起眼的事情中，包含着公民应有的权益，而报纸经常就一些大的社会事件发出宏观议论，其中更是涉及广大人民群众的根本权益，如果报纸的言论侵害了这些根本权益，宪法理当为这些根本权益提供最高的保护手段。

报纸缘法而治，并不是被动地受约束，而是要在依法治国中准确地发挥积极作用。从实践中来看，它表现为媒体在运用权利方面既不能缺位，也不能越位和错位。媒体当然应该开展舆论监督，舆论监督是一种权力，更是一种责任。应当明确，舆论监督实质上是人民的监督。现代民主政治对权力运作的约束要求，在于公共权力具有公开性和透明度。人民以其知情权和言论自由权参与国家政治活动，并监督公共权力的运作，而把二者结合起来靠的就是公众传媒，靠的就是舆论监督。然而，我们必须认识到：舆论监督应符合其内在要求和实际需要，坚持"真实、公正、合法"原则。

舆论监督是媒体的重要职权，但监督不等于审判。司法审判独立是法治的基本保障，"罪行法定"原则不容改变。但是，我们在报道中，有时还是忍不住自作主张地给行为人戴上我们认为相宜的罪名，好像只有这样才能体现媒体的正义立场和义愤。法是理性的，不容伸缩；而义愤是感性的，可变性强。仓促之间的义愤，并不能保证其准确性与合法性。某报一篇通讯说，一个单位因违反环保法应接受处罚，但这个单位不服，反复申诉，不肯认罚。记者忍不住满怀义愤地加上了一句："对这种狡辩、抵赖、态度恶劣者应加重处罚。"殊不知，这种义愤完全于法无据，在我国所有的行政法规中，都没有因所谓的态度问题而加重处罚的规定，如果态度成为裁判的依据，那岂不是从法治倒退回了人治？

我们知道，现代法治为确保公正，已树立"如果程序违法，行政、司法行为无效"的原则，听证、公示、告知、申诉、辩论、决议等程序制度在法有规定的地方必须履行。这个原则给我们新闻工作以启示，新闻工作几乎时时处处都涉及法律问题，尽管并不要求编辑记者都要成为法律专家，但对法律的尊重是必需的。为了防止法律方面的失误，要制止记者越位发言，也要防止部门越位发稿。越位是一种破坏程序的行为，合理的程序是人们为保证公正和效率的经验结晶，也是许多痛苦教训的总结。新闻工作者不能不尊重自己长期以来形成的采访、发稿程序，不能随意越位。这样做丝毫没有打击记者工作积极性的意思，而是把积极性建立在科学的态度和方法上。这就如同一个人吃东西，如果不经牙齿咀嚼和口腔调温的程序，直接把食物囫囵吞进肚子里，那非得出事不可。曾有一个记者出席医药局处罚某企业的联席会，听到主管部门的处罚意见后就匆匆赶回去发稿了。但他哪里知道，还有程序没有履行，被处罚单位还有申诉权，对申诉非经调查不能实施处罚。记者一时越位，就把法律责任的风险揽到了报纸身上，何其不智。

心理小典　法律心理

法律心理是人们对法律现象认识的感性阶段，或者说是低级阶段，是人们关于法律现象的不系统的、自发形成的感觉和情绪，它对法律现象的认识是表面的、直观的；法律思想体系是法律意识的理性阶段，或者说是高级阶段，是人们关于法律现象系统化、理论化的思想观点，它在法律意识中属于主导的地位。

心智掌故　没有规矩，不成方圆

约翰又一次将车送到城里一家大的经销商那里维修，这已经是他第二次因为同样的问题修车了。取车时，负责接待的小姐告诉他修理费达数百美元。约翰想，只要车真的修好了，便也认了。

于是，他说道："好吧，不过我要先试车，看看是否真的修好了。"

服务员说："可以，不过，您要先付修理费，才能把车开走。"

对他们公司来说，约翰可是位大客户，他私人每几年就从这里购买一辆新车。此外，约翰供职的一家大集团也在约翰的手中每年从这家经销商购买四五辆车，该经销商为此指派了一名销售人员专门负责跟踪服务。

接待小姐对他的情况一清二楚，所以当约翰听到让他先付费才能取车时，简直难以置信。

"等一等"，他说道，"你是说，我不先付费，就不能把车开走？"

"十分抱歉,先生。可是,我不能坏了公司的规矩!"小姐说道,"这是公司的规定,我也毫无办法。"

小姐并非有意刁难,但如此做法的确让人不快。于是,约翰怒气冲冲地离开。他回到公司,就给经销商打电话,并大吼道:"你难道不相信我会付这区区一笔修理费吗? 简直可笑!"经销商弄清事情的缘由后,马上向他道歉,保证一定会尽快妥善处理这件事,并表示要支付约翰取车未成的路费,并亲自将车交给约翰。

然而,出人意料的是,这个经销商从此再也没有跟约翰做过一笔生意,并断言:"约翰要不了多长时间就得卷铺盖回家,他已经变成一个没有规矩的人了!"

果然,没过多久,约翰因为回扣问题东窗事发,被炒了鱿鱼。

"没有规矩,不成方圆",这不仅仅是一条经济定理、社会规范,更是一个人生铁律。一个集体、一个社会,没有"规矩"、没有制度是不可想象的;同样,一个人,如果没了"规矩",就有可能游走在危险的边缘。

心灵启悟　法治之下取信于民

法治思想,是现代文明社会形成过程中产生的人类最美的思想花朵之一。任何权力都需要接受社会监督,新闻舆论监督是社会监督的一部分,是推动和谐社会、营造良好社会环境的重要力量。新闻从业者的责任就是在这种情况下为公众提供真实的新闻信息,只有加强新闻媒介的法制意识才能使新闻媒体取信于民。

第十节　庸俗异于通俗

默多克是世界头号传媒大亨,他拥有的英国《太阳报》是西方头号走庸俗路线而大赚其钱的报纸。《默多克传》的作者威廉·肖克罗斯直言不讳地说:"《太阳报》是一个产生神话和财富的地方,在这里幻想代替新闻,谎言代替事实,没有什么东西是真实的。唯一真实的就是:这个地方有金子。"

威廉·肖克罗斯指出,《太阳报》主编麦金齐对报纸市场有"近乎通灵的理解","他从来没有想到要去'教育'读者,他为读者提供的一切都是他们想要的:色情、丑闻、肥皂剧、王室秘闻。这一切并没有什么独创性,但其内容的刺激性和包装的高超技巧是前所未有的。"然而,作为老板的默多克却认为这样办报没什么不合理,他认为这“只是使它变得更通俗”。

庸俗和通俗虽然只有一字之差，却有着明显的旨趣之异、文野之分。

当然，这个世界上的人只要还怀有庸俗心理，社会上只要还存在庸俗关系，庸俗新闻就有市场，中外皆然。如果这一点看透了，就有助于我们在办报时把稳自己。

以不恭代替有礼，以窥私引导好奇，以戏谑取代庄严，以粗鲁顶替文雅，以煽动遮蔽理智。这些手法都不是无意流露出来的，而都是麦金齐故意采取的办法。这样的新闻充斥版面，从而达到他“每一版都使人震撼和惊异”的目的。为了表示对法国的欧盟委员雅克·德洛尔的不满，《太阳报》竟可以粗鲁地在头版打出这样的标题：《去你妈的，德洛尔》；为了煽情，《太阳报》可以捏造一个对丈夫死于马岛战争的寡妇的采访。由于它太过分，连英国新闻工作者协会都不得不对它进行谴责。至于窥探和编造名人的隐私，更是《太阳报》的看家本领，以至于英国女王都要与它打官司。可是十分耐人寻味的是，铁娘子撒切尔夫人却对《太阳报》情有独钟，她在写给这家报纸的贺词中说：“你对一个任职 11 年半的首相来讲是极大的鼓舞。”威廉·肖克罗斯一针见血地指出：这是因为《太阳报》狂热地在马岛战争等问题上煽起了民族情绪，帮了撒切尔政府的大忙。在英国与阿根廷之间的马岛战争期间，《太阳报》完全被战争的狂热所笼罩，他们的记者甚至给自己定了军衔！

《默多克传》真是一部展示了庸俗新闻手法的坦率剖白，而这一切做法背后的动力何在呢？用作者书中的一个标题就可以回答：“主编至上还是老板主导？”答案当然是老板，而老板是只认钱的。威廉·肖克罗斯在书中说：“默多克是资讯界最善于处理政治的人，这是他赚钱的一种手段。”自 1969 年默多克接管《太阳报》，它一方面是政府最坚定的支持者，一方面又是庸俗新闻的倡导者。《太阳报》到 20 世纪 90 年代初一跃成为全世界销量最大的英文报纸，老板“挖金矿”的目的确实达到了。

如果以市场论英雄，《太阳报》成功了。这种现象引起我们什么思考呢？西方世界真是一个奇怪的、矛盾的世界，那里有最高雅的文明、最大限度的个人自由，但是，最粗俗的文字和最粗暴的对他人自由的侵犯行为，却能得到最大的市场。例如，西方人最崇尚保护个人隐私，米兰·昆德拉在《生命不能承受之轻》中说过一段著名的话：“隐私是神圣的，装有个人信件的抽屉是不能撬开的。”这代表了西方人普遍的价值观，然而《太阳报》却刻意在揭隐私方面下功夫，甚至不惜以打官司来作为扩大影响的手段，这种对社会公认价值观的挑战，说明了什么呢？说明麦金齐对人性的弱点掌握得十分到家，在他的眼里，最高雅的人也有其粗俗的一面，这正是大赚其钱的着力点。否则《太阳报》的发行量不可能那么高，社会影响也不可能那么大，读者覆盖面也不会仅限于下层人士。

如此看来，庸俗是《太阳报》打开市场的唯一钥匙？这样绝对的答案总是有漏洞的。麦金齐的狡黠之处，就在于他时时混淆严肃认真与玩世不恭、庸俗与通俗的界线，使人们在保持阅读方面虚伪的面子之余，也能得到庸俗的快感。这是一种客观的现象，如果不承认，那不是书生气就是闭目塞听。试想一下，最优雅的外交官也可能在私下里嘟囔一句"去你妈的，德洛尔"，而麦金齐居然公开把它说了出来，这种粗鲁中浸透着精细，看这种新闻满足了人性中"俗"的一面。至于新闻的表达手段，麦金齐倒是极其认真的，《太阳报》的口号是"抢在他们前面！"他对记者的要求是"质量第一、速度第一、准确第一"。客观地来看，写作质量和抢发新闻的速度的确是争到了第一，但"准确"却没做到，仅因为在对歌星埃尔顿·约翰的名誉权的官司中败诉，就赔掉了 100 万英镑。但是反过来，这又成了庸俗新闻的题材。

中国的新闻市场不是真空的，中国读者的阅读兴趣也不是没有弱点的。我们需要通俗的新闻、通俗的报纸，但是要看到通俗与庸俗之间只有一纸之隔，一捅就破，一旦过界，就会像威廉·肖克罗斯说的那样："变得如同魔鬼操纵的滑车，疯狂运转。"

默多克按"理解、配合，尔后求发展"的理念，对中国总体上保持着友好态度，但他直言："我们期望在中国能扮演积极的角色，当然不是在政治方面，这实际上是一场商业竞争。"他的哲学观念的核心是什么呢？他说："随着世界的现代化，这个世界也在美国化。"默多克的直率，倒是应该引起我们一定的警觉。他以古稀之年娶中国妻子，他把 20 世纪福克斯公司的影片免费让中国放映，他取消出版香港末代总督彭定康的回忆录，这些举动我们都非常欢迎，但是他的新闻观和价值观，最好还是请他留在大洋彼岸，不要搬到中国来。

心理小典　大众化审美情趣

通俗文化，就是指我们周围最浅显易懂，最贴近生活，最适合大众口味的文化。它反映普通民众的喜怒哀乐，展现群众的审美观，体现人文精神。就文化的审美而言，大众文化突破了艺术与非艺术、审美活动与日常生活的界限。大众文化是精英文化产生的基础，没有大众文化也就没有精英文化。

心智掌故　默多克碰钉子

《世界新闻报》隶属国际新闻公司，是传媒大亨鲁珀特·默多克的新闻集团英国分支，由他的儿子詹姆斯·默多克掌管。

《世界新闻报》有100多年的历史，如今每期销量达200多万份，是英国最畅销的周报。它以名人新闻、丑闻、八卦消息、揭秘报道等为卖点，风格属于“小报”。英国小报素有靠窃听电话、付费购买名人隐私、骚扰王室等涉嫌违法的行为进行报道的传统。有人讽刺说：“只要有‘卖点’，任何人都逃不出《世界新闻报》的掌心。”

2002年3月的一天，英国一位名叫米莉·道勒的13岁女孩在放学路上失踪，引发英国警方的大规模搜索行动。6个月之后，道勒的遗体在一片树林里被找到。很久以后，绑架杀害道勒的凶手才认罪。根据英国媒体的报道，在这名女孩2002年3月失踪后，英国《世界新闻报》就曾雇佣私人侦探窃听道勒的手机语音信箱，道勒家人和朋友的留言占满了语音信箱，《世界新闻报》雇佣的侦探擅自删除了部分留言，这导致受害者家人以为道勒还活着，同时也干扰了警方的侦破工作。这则最新披露的丑闻让英国全国上下一片哗然。

由于窃听丑闻进一步升级，引起公愤，连广告主也不愿再向这家报纸投放广告，默多克新闻集团旗下的《世界新闻报》在7月9日发行最后一期后黯然关闭。

心灵启悟　不能片面迎合

人们总是对粗俗的事物表现出憎恶的态度，但同时又忍不住窥探。互联网的出现，降低了获得关注的门槛，在一定程度上消解了壁垒，各种奇葩的信息甚至是非伦理的内容都能获得关注，一些传播主题根本不在乎规则与道德，而是惧怕无人关注。互联网时代，从商业角度来看，积累了一定的关注度，就等于拥有了流量，就能够接到广告，这是迎合低俗者背后的金钱动力。

第九章　记者职业心理之修养篇

第一节　高扬主体意识

从方法论的角度来讲，研究采写新闻的规律毕竟是一个学术问题。不论意识形态有多大分歧的人，都同样可以进行新闻的实践和研究活动，力图掌握一些可以共同认识和运用的规律。但许多从事了多年新闻工作的同志在反思之时，很深切地感到，仅从方法论的高度来研究新闻实践及理论，不易触其痛痒，有很难触及根本之憾。这就好像初学游泳的人，游得并不怎么好，甚至还呛了几口水。这时，人们会感到，怎么会忽视了身体素质的训练呢？体质欠佳的人，从根本上说是难以在水中有所作为的。

所以，从"固本强身"的角度来看，把记者的修养摆在优先的位置加以探讨，是合道合宜的。

"一个人要求进步，就必须下苦功夫，郑重其事地去进行自我修养。"这是刘少奇同志多年前提出的主张，这是一个极富眼光的观点。他从人的角度去观察人与事业的关系，因为在人的内省系统中，起控制作用的不仅仅只是一些单个的观点，还有起宏观控制作用的个人修养。

"修养"的意思有两个层面：一是指一个人思想品德方面的进修提高；二是一个人在理论、品德等方面所达到的水平。中国人过去把"修养"二字看得十分脱俗，古代有"修养"的多为儒士，许多是潇然出尘的隐士。今天我们谈修养，时代背景大不相同了，修养成为积极进取者必不可少的素质，有修养才可能明正途，走正路。

从职业的规定性出发，新闻记者应有的修养是多方面的。但是，正如黑格尔在追求"这一个"规定性时反对的那样：泛论往往会导致悖论和诡论。所以，应该十分鲜明地说，高扬主体意识在记者的各种修养中，应该摆在优先培育和强化的位置上。

所谓主体意识，是与从属意识相联系又相对立的。从广义上讲，作为公民、作为党员，应该对党、国家和民族有强烈的从属感。但是，从社会分工的角度看，既然记者独立成为一项社会职业，它就具有独立存在的社会价值，这就需要从事记者职业的人发挥好职业个性，高扬记者的主体意识。作为党报记者，主体意识的体现，应该是把自己的新闻工作与维护党和人民的利益直接挂起钩来，在任何情况下，不能因为个人利益或小团体利益而扭曲职业行为。

我国处于改革开放的伟大时代，改革不可避免地要触及一些原有的利益格局，许多深层次的矛盾通过各种形式反映到生活中来，产生物质方面和心理方面的各种撞击。这些年社会上经常出现一些引起人们关心的热点、难点、困惑点，这反映了人民期望社会加速进步的愿望。作为记者，应该从人民的利益出发，促使矛盾朝着有利于改革的大方向转化。从事这项工作，需要记者发扬高度的主观能动性，对国家的最高利益负责而不是对什么部门或其他什么少数人负责，敢于并善于发现问题，并且在报道中把握“得力”“得当”“得法”的报道艺术，自觉地为形成良好的社会舆论环境出力。记者如果没有强烈的主体意识，就会不自觉地回避矛盾，趋易避难，对广大人民群众关注的新闻事件视而不见，充耳不闻。

我国已拥有 2,000 多家报纸，报纸还创办了数量巨大的网站，作为信息产业的一个组成部分，报业正在社会主义市场经济条件下经受着竞争的严峻考验。如果没有一批高扬主体意识的从业人员的支持，报业是无法在激烈竞争的社会环境中生存、发展和壮大的，这是我们不曾遇到过的挑战。我们曾分析过国外一些著名通讯社和报纸的业务情况，发现无一例外都极为重视从业人员的角色意识培养，虽然这种角色意识在不同的社会制度下有不同的标准，但有一点是共同的，即在竞争中履行职责至上的准则。在市场经济条件下，各种竞争归结到底是人的竞争，这一点同样体现在新闻行业中。一个媒体要想形成自己的特色和实力，根本途径是培养一批献身事业的人才，媒体取胜的根本之道是激发和运用好从业人员敬业精神。2017 年八一建军节，人民日报“中央厨房”创新性推出融媒体产品“我的军装照”，浏览量就达到了惊人的 10 亿以上，令人称道。

我国历来有依靠群众办报的优良传统，这是具有中国特色的新闻事业今后仍应保持的一个特色。但是，如果说在战争年代和计划经济体制下，在不像今天这样千百家报纸同场竞争的环境里，完全或主要依靠群众来稿可以顺利办好一张报纸的话，那么，在市场经济条件下，就不太可能了。激烈的新闻竞争，不仅形成了争夺稿源的态势，而且客观环境也对从业人员的素质提出了更高的要求，不仅要求从业人员要有专业知识，更要求从业人员有强烈的主体意识。著名记者邵飘萍先生说过，记者应该“时刻在角色之中”。这是记者主体意识的一个直观的写照。记者就要像全天候雷达一样，全方位搜索，集中精力捕捉目标，一次捕捉不住，二次再捕，一旦捕住，紧紧咬住，死死不放，这就是记者执着性的一个反复循环，永无停顿的过程。很多上了年纪的记者，却仍然是“老天真”，他们往往在很平常的聊天中，突然被几句甚至几个字触动了新闻敏感，然后打破砂锅问到底，穷追不舍直到挖出足够可以成篇的素材。当然，有的时候这种被触发的过程并不能得到满意的结果，但他们并不会气馁或为此感到羞赧，下次有了合适的机会，这种过程又会被触发、激活。如果是别的职业的人，这种性格很可能会遭人哂笑，但作为记者，则是值得尊敬的。久而久之，具有这种强烈职业意识和人格魅力的人，会在自己身边形成一个信息磁场，人家有信息愿意往他那儿输送，这些信息有很大可能被变成有价值的新闻。我们经常说希望报纸形成特色、报纸要产生舆论强势，这就非拥有一批高扬记者主体意识的工作人员不可。把主体意识发挥到较高层次，这是新闻界近年来期望出现在大批名编辑、名记者身上一种必不可少的素质。

心理小典　角色效应

主体意识是指主体的自我意识，它是人对于自身的主体地位、主体能力和主体价值的一种自觉意识，是人之所以具有主观能动性的重要根据。在现实生活中，人们以不同的社会角色参加社交，它就像“魔棒”一样，把人们紧紧地吸引在特定的行为规范和行为模式中，这种因角色不同而引起的心理或行为变化，就叫角色效应。

心智掌故　“监狱”里的人们

美国斯坦福大学心理学家菲利普·津巴多，为了研究人及环境因素对个体的影响程度，在 1972 年设计了一个模拟监狱的实验，实验的地点就设在斯坦福大学心理系的地下室，而其中的参与者，全是心理系的学生从外面找来的男性志愿者。

等到一切就绪之后，津巴多教授就把他们随机分为两组。其中一组随机指派为“看守”，而另一组则被指派为“犯人”。

接着，津巴多给“看守”组的实验者发了一些监狱常用的制服和哨子，并训练他们推行一套“监狱”的规则。

剩下的另一组扮演“犯人”的角色，津巴多让他们穿上质量低劣的囚衣并把他们关在牢房内充当犯人。

一切都很顺利地进行着，所有的参与者，仅花了一天的时间就完全进入了实验的状态。

之后，看守们开始变得十分粗鲁，充满敌意，他们还想出多种对付犯人的酷刑和体罚方法。而那些犯人们也垮了下来，要么变得无动于衷，要么开始了积极的反抗。

杀人、抢劫、虐待……这些充斥于报纸、电视的类似新闻总是不免引人深思。到底是人性固有的残暴还是后天的环境造成了这些悲剧？心理学家试图用科学的方法来揭示这个问题的答案。以上“故事”，就是津巴多教授的一个尝试。津巴多的研究发现，实验的结果可以用“角色效应”和“环境压力”两个因素进行解释。

社会生活中的每一个人都在不断地探寻和确认自己的社会角色，并按照角色的标准来要求自己。无论是谁，处在“角色”的位置上，要么完全融入这个“角色”，要么就会被人指责不像是这个“角色”。

心灵启悟　框架内释放能量

记者只有深谙自己的角色之道，才能用角色的行为规范严格要求自己，从而发挥自己的主体意识，在新闻职业道德规范的框架内释放能量。所谓的“新闻敏感”便是记者“角色意识”的体现，有了这种意识，记者可以随时启动工作状态，扫描事物的本质，发掘新闻的深度，从而产生高质量的新闻作品。

第二节　大局观不可少

随着新闻教育事业的发展，记者队伍的新鲜血液，越来越多地从高等院校补充进来。

先掌握基本的职业技能，再进入政治性很强的新闻工作领域；先在校园这个微观层面学习社会，然后再到广阔的社会投身实践；先从抽象的新闻观念学习，再从事具体的新闻业务。青年记者的这条成长道路，与老一辈新闻工作者是很不相同的。战争年代的记者，有不少是来自战争一线的军人；新中国成立后很长一段时间，记者从工、农、机关等各条战线抽调。

新老两代记者从不同的道路走向新闻单位这个职业的交汇点。阅历的不同，带来了处世特点的差异。一位青年记者在谈到这一点时说：“坦率地讲，老一辈记者不一定比我们的思路灵活，文字水平也不一定比我们高，但他们的大局意识，却绝对比我们强！”

“大局意识”，这是一个可贵的修养，而且是一个具有管总意义的修养。《人民日报》有个口号是“高出一筹”，实际上是指在大局意识指导下的高出一筹。

有的记者闷着头干了很多年，说勤奋也算勤奋，但是成就总是不大。回头再看时，蓦然发现：尽管他的单篇作品从技艺方面来看并无罅漏，但在连续读过他的多篇作品以后就会发现，作品中似乎缺少一种“气”，这种“气”很大程度上就是那种凭临险峰、一览众山的大局意识。

在大局意识的支配下去观察社会生活，这是党的新闻工作者应该具备的、符合人民利益的职业气质。新闻是一门发现的艺术、一门选择的艺术。不同的时代会产生不同的新闻，不同的时代也需要不同的新闻。没有哪一种文字产品，比新闻作品与时代的联系更紧密。新闻作品的产生、传播、反响，客观上无不受到时代价值的选择。

正确认识时代，把握时代发展的走向，以新闻作品推动时代朝着有利于党和人民的方向发展，这是新闻工作者大局意识的核心。

眼往哪里看，笔朝何处下。新闻工作者每天一睁眼，就会遇到这些现实的、不容回避的问题。谁不想抓新闻？谁不想写好稿？但是生活就在身边，苦于看不到新闻者大有人在。而一个有着社会主义新闻素养的成熟记者，却可以在生活中发现用不完的题材，写不尽的稿件，做到游刃有余，这是什么原因呢？

秘密其实并不在技巧上，而在于有没有大局观、时代感。李大钊说过：“新闻是现在新的、活的社会状况的写真。”（《在北大记者同志会上的演说词》）这些新的、活的社会状况，必须要有带着新的时代感的记者才能发现和正确反映。如果受老的、旧的时代的支配，是难以有所作为的。在李大钊的那个时代，农民运动被正统文人看作流民造反，工人、农民起而斗争，被视为痞子运动，持这种落后时代感和错误大局观的记者，怎么可能关注和正确反映历史前进的走向呢？在那个时代，也还有一些出于种种原因不愿意有正确大局观、不想触及时代感的记者，只好把职业视觉投向歌楼酒坊、烟街花巷，在下三流的社会新闻中讨生活，落得一个字匠文蠹的境地，还怎么谈得上“时代大船上立于桅杆之顶的瞭望者”？

不要以为具备了时代感、大局观的记者，只能，也只会写歌颂性稿件。实际上，一个有棱有角、嫉恶如仇的记者，更需要有坚定的思想作支撑，有正确的价值判断能力。刘少奇同志认为，党报记者要把“人民的呼声，人民不敢说、不能说、想说又说不出来的话”说出来，“如果能够经常作这样的反映，马克思主义的记者就真正上路了”。人民是国家的主人，人民是历史前进的动力，站在人民的立场上，揭露一切阻挠历史前进的人和事，在这种大局观的支配下，记者行而有据，论而有力，有何不可为、不敢为的？

谈到这里，我们还应该用自问的态度，说一下新闻媒体自身的作用和地位，从这个角度把握应有的大局意识。

无论新闻媒体的作用如何多元化，它的核心作用还在于政治方面，这是我们任何时候都不应淡化的一种大局意识。有了这种意识，才能正确地发挥媒体的作用，从业人员才能自觉地丰富和强化媒体的这种功能。我们应该永远记取邓小平同志从他丰富的治国经验出发，对我们这段意味深长的谆谆教诲："要使我们党的报刊成为全国安定团结的思想上的中心。"不要忘了"中心"举足轻重的地位，不要放弃"中心"所应起到的社会作用，这种大局意识，怎么强调也是不过分的。

新闻事业只有正确回应当代社会实践，引导社会正确解决重大问题，才能体现自身的媒体价值和舆论力量。在今日中国，人民群众正在演出前无古人的威武雄壮的活剧，需要新闻工作者深入实践，作进一步的发掘、总结和传播。因此，记者在采写实践中，必须坚持和弘扬理论联系实际的学风，以我国改革开放和现代化建设的实际问题、以我们正在做的事情为中心，着眼于对实际问题的思考，着眼于新的实践和新的发展。我们要重视新闻媒体的多种功能，如普及知识、生活服务、引导消费、娱乐休闲等，但必须把传播正确的理论和正确引导社会实践作为主攻方向，致力于探索和解决改革进入攻坚阶段所面临的一系列深层次的矛盾与问题，积极地探索有中国特色社会主义经济、政治、文化的发展规律，为国家的发展、民族的兴旺，提供舆论支持、营造良好氛围、集中对策建议、激发民智民力，这才是识大体的角色意识。

心理小典　从容的人生态度

从容，从心理学上讲是一种自由的心理状态，胸有大局观方能达到心理上的自由。大局观是一种胸怀、是一种修养、是一种胆识、是一种内涵。树立大局观，要求记者在微观宏观之间，用宏观做统领、微观做基础；树立大局观，要求我们在整体与局部之间，以整体为上、以大局为重，局部服从整体、局部服务全局。

心智掌故　廉希宪礼贤下士

廉希宪，字善甫，元朝大臣，维吾尔族人。因熟悉儒学，人称廉孟子。公元1259年随忽必烈攻宋，助忽必烈取得帝位，官至平章政事。

廉希宪生平礼贤下士，唯恐落于人后。当他官居中书平章政事时，江南刘整

(邓州人,时任中书左丞)以高级官员的身份正式拜访他,他居然没有请刘整就座。

刘整离开后,有个衣着破旧的南宋秀才拿着诗文来求见,廉希宪很客气地请秀才入座,与他谈论诗书典籍,关怀他的生活饮食,好像他们是老朋友。

事后,弟弟廉希贡问道:"刘整是大官,你对他并不客气;秀才不过是个清寒的读书人,你却很礼遇他,有这种道理吗?"

廉希宪回答说:"这不是你所能理解的。大臣的举止进退,关系到天下国家。刘整的官位虽尊贵,却是背叛他的祖国和君主来归顺的;南宋秀才并没有罪过,没有必要让他难堪。当今我们的政权是从北方草原崛起的,我对这些文人如果不尊重些,儒家的学术从此就将失传了。"

政权开创初期,廉希宪不只振兴学术,而且知道节义的重要,这是处世的大局原则。不仅如此,在拥戴忽必烈和平定关陇的过程中,不仅显示了廉希宪的军事才能,而且表明他是一个具有政治远见,善于审时度势,临事镇定,处理问题果断的政治家。

廉希宪这种大局观的智慧助元政权在开创初期很快稳固了根基。

心灵启悟　终身的课业

心理是有疆界的,自我疆界小的人,他的自我只能笼罩在一个很小的空间里,而自我疆界大的人,他的自我,能伸展到很宽广的天地去。媒体永远是一个社会最前沿的力量,要承担起时代赋予媒体的责任,记者要学会认清形势,胸有全局,这种精神气质的修炼,是记者终身的课业。

第三节　以何自壮底气

一个底气不足的演员,在舞台上是难以把角色演得形神兼备的。

记者是社会大舞台上的一种职业角色,要干好这个职业,同样需要有底气。但是,正如范敬宜同志曾指出过的那样:部分新闻工作者、特别是青年新闻工作者在政治上底气不足,尤其是在新闻观方面,受西方资产阶级新闻学"客观""公正"的影响很深,感情上很容易接受。

这里谈到的"底气",实际上是指社会主义正确的新闻观,这个新闻观的核心,是无产阶级新闻的党性原则。

作为社会主义中国的新闻工作者，却羞于谈“党性”，这是一种很奇怪的异化现象。其实，从“党性是一定社会集团利益的集中体现”这一定义出发，历史地考查一下，不难发现，最讲“党性”的，恰恰是无产阶级的对手。只不过，随着这些对手政治上拥有越来越多的经验积累，他们在讲党性方面做得更隐蔽、更巧妙罢了。

尼克松和克林顿两任美国总统，都受到美国舆论的种种公开抨击，由此形成的“水门”和“拉链门”系列新闻，成为被某些人引证来作为美国新闻舆论“客观”“公正”的证明。其实不然，美国1976年出版的《谁来掌握美国》一书，就道出了天机。原来，对尼克松一直怀恨在心的美国东部财团，为了争夺政治权势，把攻击尼克松作为向西部财团射出的一支毒箭，尼克松只不过是一个牺牲品。而克林顿的“拉链门”事件，则更清楚地暴露了驴、象两党之争的痕迹。美国大财团在经济形势连续几年较好的背景下，比较从容地玩弄了一把道德伦理审判观的游戏，其实玩归玩，他们并不急于换帅。有关克林顿的许多猥琐的私事，成了报纸头版新闻，明眼人一看就知道其做作的痕迹很重。美国历史上多少任总统都有“花花事件”，但美国的舆论为何有时骂一骂，有时却又三缄其口呢？此一时，彼一时也，客观公正是假，大财团和美国国家利益需要才是真。特朗普上台前后，使用推特与媒体进行“骂战”，同样如此。所谓“客观公正”，成了巫师手中的一支蜡烛，想插在哪里，哪里就亮一下，至于其他的黑的地方还有多少处？为什么不把蜡烛插到那些地方去？没人管。这就是西方新闻的虚伪之处。

西方政治家历来就把报纸当作“射程最远的大炮”。这个比喻再形象不过了，它把报纸的政治斗争功能暴露无遗。面对大炮的轰击，开展防御和回击是天经地义的事，不仅与之意识形态相对立的社会主义国家理应这样做，就是新加坡这样的自由市场经济国家，在遇到西方“舆论大炮”轰击时，也是坚决回击的。1986年，美国《亚洲华尔街日报》载文指名抨击新加坡政府“转嫁财政困难，欺骗新加坡人民”。新加坡政府认为文章严重失实，写了要求关于更正错误的信件并要该报发表，但该报置之不理。新加坡政府宣布该报为一份“干预新加坡内政的报纸”，对其进行依法制裁，包括把该报在新加坡的发行量由5,000份压缩到400份。由此，美新两国展开了一场新闻战。新加坡一些报纸尖锐地指出：美报的做法“不是新闻自由，而是借口新闻自由来蒙骗读者”。新加坡政府则严正表示：作为一个主权国家，任何外国报刊不具备在新加坡自动发售的权利。

新加坡政府和舆论界在做这一切的时候，“底气”是十足的，这种“底气”，也是一种凛然的民族气节，颐使气指但又心虚心短的《亚洲华尔街日报》怎能不低头！

新加坡人的做法给我们的启示有很多。社会主义中国的新闻工作者，不仅要有民族气节作“底气”，更要有社会主义新闻宣传的党性原则作“底气”，因为，这种党性是无产阶级的阶级性和马克思主义的革命性、科学性的集中体现，它与人民、国家和民族的利益完全一致。除了人民的利益，没有自己的私利。这是共产党人何等壮阔的胸怀！有这个底气，我们的新闻工作者在任何场合都不惮于公开声明自己的行为准则：在政治上与党中央保持一致；坚持实事求是，说真话，不说假话；密切联系人民群众，真诚地和人民同呼吸、共甘苦、齐爱憎，正确地反映他们的愿望、呼声和要求；服从党的领导，遵守宣传纪律。

批评报道是媒体不可缺少的个性。人民喜爱和盼望舆论界多出一些“包公”。历史上的包公，正是具有了合法性，同时又具有必不可少的个性和战斗性，他在皇帝面前的坚持才有底气，才可能把“铡美案”这样的反常事件发挥得淋漓尽致。今天的媒体，是人民手中的舆论利器，只要记者在报道中坚持正确的出发点，始终坚持实事求是地展开调查，不以势压人、不妄下结论，更不要自己跳出来指手画脚，那就一定会使批评报道得以成为鞭笞丑恶、伸张正义的生动教材。正是由于有底气在胸，所以记者也应该避免毛手毛脚、急不可耐的批评方式，而是较好地把握介入程度，使批评的事实充分、张弛有度、导向明确，让广大群众满意，同时有利于事情的化解和改进，把批评报道转化为促进社会发展的动力。

有了这种大气磅礴，坦荡磊落的“底气”，在做具体的新闻采、编、写的工作中，我们方能够摆脱那种视角放不开、临题难下笔的小家子气。这是一种大修养，有大修养者，文中才会有清代文论家傅山所推崇的那种大气磅礴的“河岳之气”，笔下才能出“波涛雄文”。

心理小典　自信处处有阳光

底气来自自信，可以依托的自信。只要心中有底，不论你表现得多么谦卑多么客气，别人都能感受到你的自信。在心理学上，自信泛指人对自我能力的坚定信念和正面评估，会大大提高人的进取动机，降低人的成就焦虑。宗教改革家马丁·路德曾说：“在这个世界上，没有人能使你倒下，如果你的信念还没有倒下。”

心智掌故　把斧子卖给总统

美国某商学院以培养世界上最杰出的推销员著称于世。它有一个传统，在每期学员毕业时，都设计一道最能体现推销员实力的实习题，让学员去完成。克林顿当政期间，他们出了这么一个题目：请把一条三角裤推销给现任总统。八年间，有无数学员为此绞尽脑汁，最后都无功而返。克林顿卸任后，布鲁金斯学会把题目改成：请将一把斧子推销给小布什总统。

鉴于前八年的失败与教训，许多学员都知难而退。因为现在的总统什么都不缺，即使缺什么，也用不着他们亲自购买；再退一步说，即使他们亲自购买，也不一定正赶上你去推销的时候。

然而，乔治·赫伯特却做到了，并且没有花多少工夫。一位记者在采访他的时候，他是这样说的："我认为，把一把斧子推销给小布什总统是完全可能的。因为小布什总统在得克萨斯州有一座农场，那里长着许多树，于是我给他写了一封信。信中说，有一次我有幸参观了您的农场，发现那里长着许多矢菊树，有些已经死掉，木质变得松软。我想，您一定需要一把小斧头，但是从您现在的体质来看，小斧头显然太轻，因此，您需要一把不甚锋利的老斧头。现在我这儿正好有一把这样的斧头，正是我祖父留给我的，很适合砍伐枯树。倘若您有兴趣的话，请按这封信所留的信箱，给予回复……最后他就给我汇来了 15 美元。"

满怀自信的人，在任何地方都能怀有自信，沉浸在生活中，并认识自己的意志。自信是成功的潜在秘诀。

心灵启悟　事业的梦想

有人说记者成功的公式为：成功＝知识＋自信＋梦想＋努力。这一公式告诉我们，要想成功，仅具备知识、自信、梦想是不够的，你一定要努力才会成功。不是因为某些事情难以做到，我们才失去自信；而是因为我们失去了自信，有些事情才显得难以做到。一个人的梦想是与自己共存亡的东西，千万不可放弃。哪怕是置身于生死边缘的汪洋之中，只要还能抓住一块浮木，就在它上面写上"梦想"二字，只要还有生的希望，就应该让梦想和你生死与共。

第四节　敬业精神可贵

敬业是各行各业都需要的一种精神，干新闻尤需敬业。

敬业是竞争和新生力量的孪生兄弟，慵懒则是垄断和没落的产物。人们尤其惧怕在竞争中失去来之不易的东西，当然要全神贯注地做事。

香港是世界上最市场化的城市之一，生长在这片土壤上的报纸，培育了一批有敬业精神，善“死打烂缠”的记者。笔者在香港等地目睹了香港记者冲锋一般的扑“料”速度，耳闻了紧追不放、层层深入的“短、平、快”式的提问。一位研究香港报业的学者告诉我，由于工价昂贵、人手紧缺，在全港的两千多名专业记者中，约有46%的记者不得不在报社为两个以上领域工作，有的记者一天可能有五六个采访，有时甚至来不及赶回报社写稿，只能用手提电话口授稿件，由“坐堂老倌”（值班编辑）整理成文。

内地报业的竞争，也正趋向白热化。同一个城市里，日报、晚报、都市报、晨报、快报、早午晚滚动版新闻报……大大小小、功能各异的报纸，各自都企望得到读者的喜爱和广告客户的青睐，这种竞争的态势，使得办报人如履薄冰。许多报纸的老总都深有体会地说：“‘兢兢业业办报’不是一句务虚的话，现在稍有懈怠，在两三个新闻事件的报道竞争中落了后，那么报纸的市场零售数量马上就会垮下来，这绝不是闹着玩的。”

勤快，这对一个记者来说很重要。新闻界的经验之谈是“七分跑三分写”，这是强调勤快的重要性。但是，腿毕竟是听脑指挥的，腿往哪里走，脑子不想好是迈不准、也迈不快的。所以，记者的敬业精神首先还体现在思想的主动性、创造性上。

思想的主动性、创造性不是凭空产生的，很大程度上它是在与思想的被动性、模仿性作斗争的过程中树立起来的。从这个意义上讲，“不破不立”是有道理的。我曾有过这么一段采访经历：某年春天在一个县，看到一份关于当地小农具价格失控的材料，农民对涨价反应强烈。作为记者，得到这个材料后有两种处理方式，一是把这个材料改写一下直接发出去；二是透过现象认真找一下小农具价格失控的原因。前一种方式是被动地用材料，后一种方式则是主动地挖题材。我决定采用后一种方式。方式定了，还要注入一定的创意，经过思考，决定选定锄头这一农具，采用追踪从原材料供应、生产到批发、零售等环节，以及从县城追到集镇再追到村庄和农户的目击式、纪实式采访写作的方式。不用说，后一种方式是一种自寻苦吃的方式，比起前一种，不知要多跑多少路，克服多少障碍。但是，当一切困难克服之后，创意也就立起来了，那篇取名为《锄价追踪》的通讯，获得了不少的赞誉。其实，这篇作品的出现并不是聪明起了作用，而是敬业精神战胜了应付态度的一个小成果。敬业，实际上可以说是通过多吃苦、多费心，从而通过努力取得的更大成绩。

敬业是没止境的，古人讲“止于至善”，是说事物到了完美的境地才能停下。可是，世上完美的事实在是太少了，所以记者也就难得“止”下来。从目前的情况来看，报纸疏漏的地方还有太多，强调记者敬业远不是搞锦上添花，而是防止“一着不慎，满盘皆失”的急需。在这方面，有两点是敬业精神中最为基本，也是最为重要的。

一是采访行为要严谨。这不是泛泛的要求，而是一个具备了充要条件才能达到的标准。例如，“未经核实的素材不能写成新闻”，这是一个任何时候都不能变更的充要条件，记者要吃很多苦，经历很多周折才能做到它。但是，偏偏有不少新闻记者都在这个基本的充要条件上打折扣。根据这些年来我们对几十起新闻官司的分析，发现在酿成官司的原因中，许多是由于记者没有在核实素材这个最基本的方面做到位。可以这样说，求实是记者的日常工作，也是铺设记者事业大厦底座的基石。做到求实，是最基本，也是最难持之以恒的。周恩来同志对记者说过：“只有忠于事实，才能忠于真理。”求实，不仅体现了对职业的敬重，更体现了对真理的敬重。

二是文字使用要严密。文字是信息的载体，文字的不准确会造成信息的失真。记者的敬业精神，是通过最后的劳动成品——文字，才能得到检验的。现在报纸之多，令人欣喜。可是报上的文字之糙，也令人黯然，有的报章读起来不仅没有畅快感，反而生出许多不痛快。记者写在稿纸上的一个一个的字，就好像农民栽在田里的一棵棵的苗，焉有以杂种乱苗而可获丰产的道理？这样的农夫该不该饿肚子?!

有的记者说，这几篇普通的稿件我的文字马虎一点，下几篇叫劲的稿件我的文字认真一点，到最后读者还是会说我是个好记者的。且慢，那些记载了敬业精神不佳的稿件，在读者面前难逃其咎，在自己的职业良心面前，也将永远难逃其责。

中华民族历来有“敬业乐群”“忠于职守”的传统。敬业是积极向上的人生态度。人生的价值在于奋斗、进步与奉献。兢兢业业做好本职工作是最基本的一条。崇尚敬业精神，应当成为当今时代的主题之一。在新闻界营造、弘扬敬业精神的良好氛围，形成人人爱岗的职业道德风尚，对我国媒体增加公信力、提高传播效率，必将产生强大的推动作用。媒体力量的持续增长取决于媒体拥有多少忠实读者，忠实读者要求媒体有敬业的员工。当媒体发展到一定程度后，它应该走上品牌的道路，在这个相对比较成熟的阶段，对媒体而言，事业的兴衰，很大程度上跟报纸的牌子大小没关系，而是取决于是否拥有一大批敬业的编辑记者群体。

心理小典　职业伦理的外在表达

陶渊明东篱采菊，坚守一份自适；李太白醉酒当歌，坚守一份狂傲；杜子美茅屋疾呼,坚守一份关怀;托尔斯泰,高龄出走,坚守一份朴素的心灵、平民的情感……敬业精神是人们基于对一种职业的热爱而产生的全心投入和恭敬严肃的态度。具体地说,敬业精神就是在职业活动领域,坚守责任,追求崇高,扎实苦干,敬业精神是一种积极向上的劳动态度,也是职业伦理的外在表达。

心智掌故 比尔·盖茨小时候

1965年,我在华盛顿一所学校的图书馆当管理员。有一天,一位负责教9岁儿童班的老师来找我,说她班上有个学生功课完成得比其他的孩子都快,他想再找个活干,能否在图书馆里干点什么。我说:"让他来吧。"一会儿,一个身材瘦小、沙色头发的男孩儿走了进来。他问道:"你们有活儿让我干吗?"我给他讲解有关杜威十进位制的图书分类上架法,他听后立刻心领神会。后来我又给他看一大摞过期借阅书卡,书卡上的书我起先认为已经还了,但是实际上由于书卡有误,这些书找不着了。他问我:"这是件侦探式的工作吗?"我回答说:"是。"话音刚落,他就像一名所向披靡的侦探一样干起来了。老师进来告诉他该休息的时候,他已经找出三本书卡有误的书。他不肯休息,坚持要把活儿先干完。老师说馆内空气不好,应该呼吸一下新鲜空气,他这才停下手头的工作。次日早晨,他来得很早,他说要干完找书的工作。下班时,他又说要当一名正式的图书馆管理员,我很痛快地答应了,因为他干起活来孜孜不倦。

几周以后,我发现办公桌上有张留言条,邀请我到这个男孩儿家里吃晚饭。我应邀去了并且过得很愉快。临走时,他母亲说,他们全家要搬到毗邻的社区去住,孩子也得转学。但孩子首先挂念的就是他不能再在原学校的图书馆里工作了,谁来找那些丢失的图书呢?

孩子要走了,我与他依依惜别。起先我认为他就是一个普普通通的孩子,可是他的那份工作热情使我觉得他非同寻常。

我很想念他,可是这种思念之情持续的时间并不长,因为几天之后,没想到他又回来了。他告诉我,新去的那所学校的图书馆管理员不让学生在图书馆帮忙干活儿。他高兴地说:"妈妈又让我回原校念书了,爸爸上班路上让我搭段车,要是他有事,我就走着来上学。"

我当时脑子里闪过一个念头:这孩子的决心和毅力如此之大,将来一定能干一番事业。然而我没料到,他长大以后,竟成为一名信息时代的奇才、一位微型软件的巨头、一位世界的首富,他的名字就是比尔·盖茨。

心灵启悟 敬畏与尺度

人应当有敬畏之心，一个人有了敬畏之心，胸中就有了尺度和规范，就能自觉约束自己，不做出格越轨之事，记者当是如此。作为新闻的记录者和传播者，只有对自己的职业保持一颗敬畏之心，才会肩负起自身的重任。通往敬畏是一条心理上的艰辛之路，因为只要你尊重客观的不确定性，那么敬畏就是冒险的事业，不只是幸福的乐园。

第五节 文者天下公器

“文者，天下之公器也，非慷慨磊落之士不可为之。”中国历来重视“文以载道”。不论是“王道”，还是“儒道”“释道”“霸道”，其出发点都是代人立意，这个“人”肯定不是一己之私的人，而是众人之人，也就是说，代人立意者，只有立论为“公”，其意才谈得上“正”，也才能大行于天下。梁启超甚至把作为系统化知识的学术都称为“公器”，此之谓也。

说起记者的修养，“公正”好像是个考无踪、查无迹的东西，但无时无刻不在发挥着重要作用。

为什么在社会主义市场经济条件下，新闻界内外“正风”的呼声比较强烈？一些记者和新闻机构处理公正与功利关系不当是一个重要原因。

“公正”受到功利的侵蚀和挑战，这是必须要面对的一个严峻事实。在市场经济条件下，新闻媒介作为信息产业，产生了企业化倾向；新闻产品的有价流通又带来了价值交换法则应用的边界模糊化，这是过去不曾出现的新情况。“追求利益最大化”的企业行为法则，在自觉与不自觉之间被少数人不适当地引入了“公器”的生产环节：一方面，为了以文谋名，刻意造成稿件的快速轰动效应，少数记者不愿意潜心采访，不能正确地把握题材，其立论难免有失偏颇；另一方面，个人利益和金钱引诱，又促使某些记者以文易利，放弃公正的准则，稿件的倾向在利益面前被当成可以交易的筹码。

问题还有另外复杂的一面。我国的新闻从业人员，大部分还有着机关干部的身份，其中仍有少数同志在“官本位”意识的驱动下，采写行为具有浓烈的官僚主义色彩。这种在脱离群众、失去正确立场条件下产生的作品，一定是“假大空”的、程式化的作品。

物质利益的拉动和官僚主义的拖动，使得一些记者从根本上失去了公正的形象。对失去了公正形象的新闻记者，说什么改进作风和文风，已失去了前提，无异于缘木求鱼。

在利益的引诱下，失去新闻记者起码的职业准则和公正形象，这种情况不仅中国有，一贯自我标榜公正的西方新闻界，更是屡见不鲜。早在 1924 年，美国学者克劳福德就针对严重的新闻伦理失范问题，出版了世界上第一本《新闻伦理学》（江作苏、王敏译，中国传媒大学出版社），可问题并未解决，例如美国著名的哥伦比亚广播公司的记者，为了在报道 20 世纪 90 年代初阿富汗战争的新闻竞争中取胜，多次采用移花接木的办法造新闻，在电视片中把巴基斯坦的飞机指为阿富汗战场上的苏制飞机，把阿富汗境外的游击队基地说成是国内战场，甚至不惜用炸药炸毁房屋、炸伤人，人为制造战场“现状”。这些事实说明，为了金钱利益，记者的道德沦丧可以达到多么登峰造极的地步。具有中国特色社会主义的新闻机构和从业人员，如何解决不正当功利侵蚀公正形象的问题，是一个十分紧迫的任务。就实际情况来看，从客观和微观两方面都有很多工作可做。

客观方面很重要的一个工作，就是要营造一个有序竞争的环境，避免恶性竞争。目前，新闻界“爆炒”新闻的现象，实际上是一种恶性竞争的表现。产生恶性竞争的土壤，是一哄而上的、各式各样的报、刊、台。为了生存而不顾一切，在恶性竞争的情况下什么事情都有可能发生。宏观管理部门在这方面是可以有所作为的，例如，利用政策和税务杠杆，调节媒介的数量和种类，制定竞争规则。

在微观方面，对从业人员进行思想教育和采取制约措施，这两手具有同等重要的意义。如果没有强有力的思想教育和个人修养的培养，一切制约措施都失去了前提；如果没有制约措施，公正形象又失去了考察的尺度和落实的途径。

标本兼治是治疗痼疾的有效途径。在当前的情况下，把一些记者从过于强烈的不正确功利意识中解脱出来，是治本的一个措施。中国的受众，极为看重新闻媒介的公正性和权威性，把报纸当作与红头文件作用相似的“黑头文件”，把各种媒介都当作可以信赖的“青天”。如果说，企业产品出了质量问题还可以通过“三包”来挽回影响的话，那么新闻媒介的产品质量出了问题，则难以挽回。一旦积累到一定的程度，受众觉得某个记者或某个新闻单位不再具有可信赖的公正形象，那么他们的功利追逐不仅全部落空，而且还会被人们唾弃，失去立身之本。这种自我毁弃现象，是符合矛盾发展到一定阶段后向相反方向转化规律的，我们不能不醒警和防范。

当今的中国，社会主义与市场经济正处于整合期，法治的精神逐步深入人心。在社会主义市场经济条件下，媒体所能扮演的各种角色，都必须建立在公信的基础上。一个媒体的声誉，是在和同类媒体的竞争中获取的，只要一失去公平公正，媒体就会陷入信任危机，随之媒体的一切都将毁于一旦。最近几年，媒体造假的事件在一些地方时有耳闻，有的还相当强烈，如果任其蔓延，就会演变为另一场信任危机。恶性竞争导致的编造假新闻、刊登假广告、制造假照片等现象，使得读者对新闻由怀疑到警惕再到不相信和根本不看，这是十分深刻的危机。如果媒体不公正，就会动摇和削弱人民群众对舆论的信任乃至对党和国家的信任。

克服信任危机，保持媒体公信，要走好这条路，关键还是坚持不懈地以公正报道的实际行动取信于民，这方面还有很长的路要走。取信于民，最重要的是给人民带来利益。从整体上看，媒体密切了党群干群关系，提高了党的威信，传递了经济信息，繁荣了社会文化。这样的责任，媒体要“一年接着一年干，一辈向着一辈传”，长期坚持下去，就可以使媒体真正成为受信赖的“国之公器，民之喉舌”。

心理小典　心理能量涨落

正气属于心理能量的一种。心理能量场存在于每个人的身边，对调节氛围，和谐心能，护卫健康，协调情绪，调和表里起到作用。人的意念力来自人类自身，来自人体的能量场，但人的这一能量场会随着后天不断产生的欲望而减弱。减少欲望，保持心态的平和，多做善事便能增加这一能量场。

心智掌故　公正的执着

18世纪，德国皇帝威廉一世曾在波茨坦建立了一座行宫。一次，他住进了行宫，登高远眺波茨坦市的全景，但他的视线却被一座磨坊挡住了。皇帝大为扫兴，认为这座磨坊“有碍观瞻”。他派人与磨坊主协商，打算买下这座磨坊，以便拆除。不想，磨坊主坚决不卖，理由很简单：这是我祖上世代留下来的，不能败在我手里，无论多少钱都不卖！皇帝大怒，派出卫队，强行将磨房拆了。

倔犟的磨坊主向法院提起了诉讼。让人惊讶的是，法院居然判皇帝败诉。并判决皇帝在原地按原貌重建这座磨坊，并赔偿磨坊主的经济损失。皇帝服从法院的判决，重建了这座磨坊。

数十年后，威廉一世与磨坊主都相继去世。磨坊主的儿子因经营不善而濒临破产。他写信给当时的皇帝威廉二世，自愿将磨坊出卖给他。威廉二世接到这封信后，感慨万千。他认为磨坊之事关系到国家的司法独立和审判公正的形象。它是一座丰碑，成为德国司法独立和裁判公正的象征，应当让业主永远保留。便亲笔回信，劝其保留这座磨坊，以传子孙。并赠给了他 6,000 马克，以偿还其所欠债务。小磨坊主收到回信后，十分感动。决定不再出售这座磨坊，以铭记这段往事。18 世纪中叶英国首相威廉・皮特说："即使是最穷的人，在他的小屋里也敢于对抗国王的权威。"屋子可能很破旧，屋顶可能摇摇欲坠；但风能进，雨能进，国王不能进，他的千军万马也不敢跨过这间破房子的门槛。

心灵启悟　文以载道，正气长存

文以载道，"道"指道理、道德、公平、公正。新闻既不是福音，也不是牧歌，它是直面人生的严肃答卷，也是自我品格的多维折射。太阳之下既有新鲜事，又没有新鲜事，历史轮回，生生不息。谭嗣同曾称报纸为"民史"，这是因为在当时的媒介品种中，报纸最能体现"史"的特点，因为它不仅记录新鲜事实，而且还有对事实的剖析与评论。所以，后来进步报人史量才等提出"史家办报"的主张，意在倡导办报者当认真，体现很强的历史责任感，以为后世留下信史。

第六节　驱除心灵冷淡

新闻记者是一个最"阳光"的职业，不仅要给读者送去"阳光"，还要用"阳光"去照射那些阴暗的角落，把一切违背人民利益的丑事放到"阳光"下曝光。这是需要有万般热情的职业，需要以奉献作乐趣，以战斗为情怀。

邹韬奋先生对这个问题是想得最透彻的，他在《〈生活周刊〉究竟是谁的》一文中说："一个人光溜溜地到这个世界来，最后光溜溜地离开这个世界，彻底想起来，名利都是身外物，只有尽一人的心力，使社会上的人多得他工作的裨益，是人生最愉快的事情。"在战争年代，邹韬奋和一切爱国进步的新闻工作者一样，都是怀着一腔热情、满腹壮志地投入到工作中的，他们把以笔墨为武器的斗争，看作是与拿刀枪上战场一样壮烈的行为，不惜为正义的新闻事业慷慨赴死。邹韬奋等七君子愤怒指责蒋介石，要求蒋介石慎守孙中山的遗训，联俄、联共、扶助农工，立即撤销命令，停止剿共，不惧为此身陷囹圄。邹韬奋的战友爱国新闻工作者戈公振重病缠身，为抗战执意回国。有人问他这么做究竟为了什么，他说："国势危重至此，我是中国人，当然要回来参加抵抗侵略者的工作。"戈公振去世后，邹韬奋在悼文中记叙了此事。沈钧儒先生读了邹韬奋的文章后，感动不已，赋诗曰："哀哉韬奋作，壮哉戈先生，死犹断续说，我是中国人！"

作为记者，热情是与奋斗相伴而生的，越是危险的关头，越是能够考验一个人的热情是否真实、思想底蕴是否坚定。非常可喜的是，新一代中国记者在这种危急关头的表现，完全继承了邹韬奋、范长江时代的那种满腔热情、不避风险的优良传统。"9·11"事件后，我国首批进入阿富汗进行战地采访的新华社记者陈俊锋、戚恒、聂云通过卫星电话向领导说："能够亲临战场是幸运与光荣，再危险再艰苦心里也是快乐的。顾不上考虑个人的安危，工作就是一切。"谈到和家人话别时的情况，陈俊锋说："上战场是记者难得的机会，我爱人为我高兴。"戚恒说："我将出生的孩子将来会为爸爸今天的上战场而自豪！"

另一位新华社摄影记者黄文，1999 年在战火中的科索沃度过了 67 天。新华社记者邵云环和《光明日报》记者许杏虎及他的妻子朱颖在战争中牺牲了，这带给黄文极大的心灵冲击。从战争走出来之后，她的生活因此发生了很多变化，她认为自己"最关键的一点是价值观改了，以前可能会对获得个人成功有一种更深的渴望，真正从战争状态出来以后想法就不一样了，你会觉得自己做的工作是很应该感激的事情，你知道你有生命的话就意味着你有明天，你有明天就意味着你没有放弃希望，你有希望就有一切，所以整个的态度已经变成了非常感激的态度。"

感谢生活，尽管生活中有那么多磨难，有那么多不尽如人意的地方。记者活着就要用自己的手中之笔，去为这也许并不完美、但十分宝贵的人生，添上几笔有价值的绚丽色彩。列宁说："爱国主义就是千百年来固定下来的对自己祖国的一种最浓厚的感情。"当新闻工作者把自己的命运与祖国的命运连接在一起的时候，当把自己的事业融入国家民族大事业的时候，那些十分卑微的个人功利、那些并不高尚的小团体情怀，就会自动地被放在一边。

不可否认，在市场经济条件下，游戏人生的态度、冷漠看世界的观念，也在侵蚀着新闻队伍一部分人的思想。我们不说有一部分"娱记"，已经或正在陷入追星、炒作、把无聊当有趣的境地，这些自降其格的娱乐报道，虽然不好，但因为它毕竟不是新闻的主体，对社会还算无益亦无大害，且容忍它也罢了。但是，作为一个时代的哨兵，特别是报道对社会负有重大责任的政治、经济、社会新闻的记者，绝不能把重大社会问题放在一边，冷漠地对待身边正在发生的伟大变革，冷漠地容忍身边正在出现的损害人民利益的事件。

新华社总编辑南振中同志十分郑重地告诫过青年记者："一个新闻记者，整天躲在'避风港'里，怎么能捕捉到整个社会围绕着转动的那些重大问题呢?"新闻虽然不能只作为斗争工具来运用，但是新闻的战斗作用是不应该被抹杀的。新时期媒体的战斗作用并不受"斗倒斗臭"的旧斗争哲学支配，它是以党的指导思想为指针，以重事实讲道理为方法，以法律为依据，以促成矛盾朝着"三个有利于"的方向转化为目的，完全符合新闻规律的自主行为。新闻媒体的战斗作用并不是自己故意要保留的，而是当代社会的一种迫切需求。发生在广西南丹的恶性矿难事件，以及围绕这个事件，腐败干部和黑势力阻挠真相揭露的劣行，如果不是新闻记者顶着压力，深入现场一查到底，那是不可能使真相大白于天下，并使一批腐败干部受到惩处的。正如《人民日报》评论《假如媒体缺席》中所说："假如媒体缺席，媒体保持沉默，正是肇事者、犯罪者所企盼的。肇事者甚至可以将责任推到死难者身上。即使是上级政府前来处理，如果没有媒体及大众舆论的监督，他也许可以千方百计地'摆平'一些官员。"媒体作为党和人民的喉舌，当然有责任、有义务，也有权利将事故的真相及时告诉人民群众，使人们从不愿看到的事故中引出正面的、积极的结果。

除了对腐败行为和重大事故进行舆论监督，新闻媒体对社会事务的热情，还应该体现在更深刻、更宽广的领域。在市场经济条件下，媒体是否出现了忽视普通老百姓的问题？已经有不少人对这个问题予以关注。《改革内参》2002 年第二期曾发表过一个抽样调查：从北京比较畅销的报纸中选了 5 份予以统计，按内容划分为三类：一是有名有姓的反映普通人的生活、工作、学习等方面的新闻；二是在他们遇到困难或受到不公正待遇时，为他们提供帮助和伸张正义的新闻；三是为这些收入比较低的人群提供服务的新闻。结果这三类加起来在 5 份报纸的新闻中所占比例仅在 15%上下。这个统计是不是具有普遍代表性，我们暂且不去采信，但它提醒的倾向，是足以让我们警醒的。正如一位名叫丁东的学者所指出的那样：一个健康向上的社会，必定有知识分子在充当灵魂和思想库，优秀的学者必定和优秀的作家、报人一起，经常发出代表社会良知的声音，抵抗腐败和堕落。

恽代英同志说过："只有奋斗，可以给我们生路，而且只有奋斗可以给我们快乐。"世上从来只有热情的奋斗者，没有冷漠的奋斗者。对生活的热情，体现了蓬勃向上的人生观，它永远伴随着为多数人谋利益的先进人类。可以这样说，在为"天下公器"服务的记者身上，保持热情、驱除冷漠，是一件不可终结的职业修炼。

心理小典　阳光心态与助人

阳光心态是一种积极、宽容、感恩、乐观和自信的心智模式。拥有阳光心态会把帮助别人，当作一种福气、一种责任。助人要从日常小事做起，不因善小而不为。在这个世界上，个人的力量总是单薄的，任何一个人都离不开他人的帮助。为人处世，不能仅从"一己"考虑，只有多为别人着想，人们才会给你以友善的回报，路才会越走越宽阔。

心智掌故　卡耐基夫人与年轻店员

某一个雨天的下午，有位老妇人走进匹兹堡的一家百货公司，漫无目的地在商场内闲逛，很显然是一副不打算买东西的态度。大多数售货员只对她瞧上一眼，然后就自顾自地忙着整理货架上的商品，以避免这位老太太去麻烦他们。

其中一位年轻的男店员看到了这位太太，立刻主动向她打招呼，很有礼貌地问她，是否有需要他服务的地方。这位老太太对他说，她只是进来躲雨罢了，并不打算买任何东西，这位年轻人安慰她说，即使如此，她仍然很受欢迎。他主动和她聊天，以显示他确实欢迎她。当她离去时，这名年轻人还陪她到街上，替她把伞打开，这位老太太向这位年轻人要了一张名片，然后径自走开了。

后来这位年轻人完全忘记了这件事情。但是有一天，他突然被老板召到办公室去，老板向他出示了一封信，是位老太太写来的。这位老太太要求这家百货公司派一名销售员前往苏格兰，代表公司接收装潢一所豪华住宅的工作。

这位老太太就是美国钢铁大王卡耐基的母亲，她也是这名年轻店员在几个月前很有礼貌地护送到街上的那位老太太。

在这封信中，卡耐基夫人特别指定这名年轻人代表公司去接收这项工作。这项工作的交易金额数目巨大，这名年轻人如果不是因为好心招待了这位不想买东西的老太太，那么，他将永远不会获得这个极佳的晋升机会。

因此，乐于助人在某种意义上也是为自己创造机会。

心灵启悟 做一个温暖的传者

记者不仅是传递信息的中介人。相反，记者是负责引导健康心态的、弘扬社会正能量的心灵导师；同时也是帮人解决困难，调解纠纷的得力帮手。记者要具备良好的心态，面对一个个鲜活的人或事，能够以一种热情的态度去回应，方能有挖掘不完的素材，方能建立媒体持久的公信力。

第七节 培养人格魅力

记者是一种社会职业，社会是由人组成的群体。采访风格很受朱镕基喜爱的凤凰卫视新闻主持人吴小莉曾撰文说："当记者首先要喜欢与人打交道。"从严格意义上来说，记者本质上是一种与人打交道的职业，而笔下写出的文字，只是与人打交道所产生的有形的记录。

既然与人打交道，那就是一种互动式的关系。从主客观的相互作用来看，作为主观一方的记者，其主观能动性当然是要发挥很大的作用，它所发挥水平的高低，与记者本人的人格魅力如何有着直接的关系。

人格魅力实际上是以高尚的道德、扎实的才干、深厚的学养为基础，升华而成的具有感召性的精神气质。诸葛亮各方面才能都很优秀，不过"多谋善断"和"鞠躬尽瘁"则是他最大的人格魅力。论军事才能，诸葛亮可能不及司马懿、周瑜，他曾六出祁山都无功而返，但他最终能以弱搏强，在内政和外交方面颇多建树，其无与伦比的个人魅力起到了聚合力量、倍增效益的作用。人格魅力用之有道，便是人之幸事；放任自流，则会祸患无穷。项羽那"生当作人杰，死亦为鬼雄"的英雄气概值得后人笔墨渲染，但他的义气、做人方式，以及刚愎自用的人格，也为后人留下了一段惨痛的历史教训。

说记者要有人格魅力，当然不是指记者必须修炼成道德教化的典范后才能从业，那样未免太苛求。而是说，与社会上从事其他职业的人相比较，记者应该培育鲜明的、独具特色的人格，这种特色有助于履行他所承担的社会角色。

新闻姓新，这就要求记者有一根敏感发达的神经，以及知新、求新的性格特征。正如美国哥伦比亚大学新闻学教授曼切尔阐述的那样："记者永远用孩童般的眼睛去观察世界。”很多上了年纪的记者，却仍然是“老天真”，他们往往在平常的聊天中，竟然被几句话或几个字触动了新闻敏感，然后便打破砂锅问到底，穷追不舍直到挖出足够成篇的素材。当然，有的时候这种被触发的过程并不能得到满意的结果，但他们并不会气馁或为此而感到羞赧，下次有了合适的时机，这种过程又会被触发、激活。如果是别的社会职业的人，这种性格特征可能会遭人哂笑，但作为记者，这是值得尊敬的。久而久之，具有这种求新不倦人格魅力的人，会在自己身边形成一个信息磁场，人家有了信息愿意往他那儿输送，这些信息有很大可能被他变成有价值的新闻。

执着，是记者所应具备的另一种人格魅力。抓新闻虽然不像以手扑蝶那样空灵，但基本上也是一种“空手道式”的劳动。不管是事件性新闻还是非事件性新闻，要把无形的素材，放到脑子里塑成题材的雏形，再变成纸面上的有形稿件，其中的甘苦，既有“精骛八极，心游万仞”之累，又有“案牍劳形”之苦，如果没有执着的精神，是难以长期胜任的。

著名记者邵飘萍先生说过，记者应该“时刻在角色之中”。这是记者执着性格的一个直观写照。事实是第一位的，新闻则是第二位的，从这个意义上讲，记者笔下写的“无一字无来处”。为了打开来处，记者就要像全天候雷达一样，全方位搜索，集中精力捕捉目标，一次捕捉不住，二次再捕，一旦捕住，紧紧咬住，死死不放，这就是记者执着性格的一个反复循环、永不停顿的过程。

爱憎分明、刚正不阿，是记者人格魅力中又一个不可或缺的因子。从新闻宣传所担负的三项重要任务——典型宣传、热点引导、舆论监督出发，三项任务可以说都需要记者有褒贬、有爱恨、有识见。我们在新闻实践中不断遇到这样的例子：同一件事，有的记者去表扬，有的记者却要批评，是不是事情就没有客观评论的标准呢？不是，而是记者主观上的价值判断标准差异太大。在长城公司非法集资案中，就有记者扮演助纣为虐的角色，这样的记者，人格尽丧，即使他有再好的文才，对社会又有何益呢？在日常新闻采访工作中，还有一些记者的性格表现得过于含蓄，好像记者只是一台录音机，不管什么事都只作壁上观。其实，这种行为，折射出记者内心世界的软弱和是非观的模糊。心理学研究表明：相悦相近，相近相亲。被采访者对采访者，也在不断做着判断，你老是哼哼哈哈，写出来的东西四平八稳，该抑不抑，该扬不扬，那今后谁还会喜欢来找你反映情况，谁还会指望你主持正义呢？

敢于竞争是记者必不可少的人格魅力。几乎所有的记者都是顶着压力工作的。新闻战，这是和平时期人们最乐于看到的一种战争，受益的是读者，而身处其中的记者却承受着极大的压力。在激烈的新闻竞争中，心理素质、才华和技能同样重要，如果上一件事你做得不尽如人意，你要学会毫不在意地做下一件事。怎样才能做得越来越得心应手、取得竞争优势呢？决定胜负的又是什么呢？许多有经验的记者都回答：义无反顾，一心向前！

记者的人格魅力，除了上面提到的之外，还可以添加很多种因素，也有多种方式组合。许多老记者曾总结过，一个成熟的记者应该有这样的人格气质："意戒浮、念戒假、行戒粗、语戒陋。"行为方式应该有这样的特征："大胆而不妄为，谨慎而不拘泥。"有意识地对自己进行长期的行为养成，就会使记者形成有吸引力的人格魅力，这样面对纷繁的被采访对象时，记者就能应对自如，成为有识、有胆、有略、有才的新闻工作者。

心理小典　艾森克的人格理论

美国心理学家艾森克反对把人格定义抽象化，他在其《人格的维度》一书中指出："人格是生命体实际表现出来的行为的模式的总和。"艾森克认为这种行为模式的总和包括认知（智力）、意动（性格）、情感（气质）和躯体（体质）四个主要方面。后来，他又强调人格具有稳定持久性。在今天的社会里，一个人能受到别人的欢迎、容纳，那么他实际上就具备了一定的人格魅力。

心智掌故　天才与凡人皆有人格

毕加索是一位天才画家，他的身边总是有许多人，渴望从他那里得到一两张画。

晚年的毕加索尽管很有钱，但是，钱不能买来亲情和友情。年逾 90 岁时，毕加索请来了一个安装工，给自己的门窗安装防盗网。就这样，安装工盖内克出现在毕加索的生活中。盖内克憨厚、坦率，他没有多少文化，他看不懂毕加索画的那些画，但是，他很愿意陪毕加索唠嗑，他觉得老人很慈祥很温厚，就像是自己的祖父。

毕加索看着眼前的盖内克，就像是一尊雕塑，有一种令他眩晕的美。他情不自禁的拿起画笔，顺手为盖内克画了一幅肖像。盖内克接过画看了看，他一点也没看懂，就又递给了毕加索，说道，这画我不想要，您要送，就将您家厨房里那把大扳手送给我吧，我觉得那扳手对我来说更重要。

盖内克的到来，一扫往日淤积在毕加索内心的苦闷，他又找到了倾诉的对象。为了能与盖内克唠嗑，毕加索将工期一再推迟，只要能与盖内克在一起说说笑笑，就是自己最大的快乐。其间，毕加索又陆续地送给盖内克许多画，他对盖内克说，虽然你不懂得画，但是你是最应该得到这些画的人，拿去吧，我的朋友，希望今后能改变你的生活。

就这样，一个小小的工程，前前后后竟干了快两年，更多的时间，他陪着毕加索唠嗑。不曾想，唠嗑，使90岁高龄的毕加索精神变得矍铄起来，气色也好多了。那些日子，毕加索又创作出更多的绘画，成为毕加索创作的又一个高峰期。

分别的日子终于到了，盖内克离开了毕加索，他又四处寻活去了。

毕加索逝世的消息传来，安装工盖内克爬上小阁楼，翻出一个旧皮箱，把里面的画拿出来，一张一张地清点下去，发现这些画共有271张。盖内克惊呆了，他知道，他只要拿出这里面的任何一张画，就可以彻底改变他目前的生活。他看着这一张张画，毕加索的音容笑貌仿佛又在眼前浮现。你才是我真正的朋友！毕加索这句话，在他耳旁一遍遍的响起。他的眼睛不知不觉湿润了。他将这些画又仔细的放到皮箱里，放在阁楼里藏好。

他没有对任何人说起过这些画，包括自己的家人。他拿起工具，向平常一样外出觅活去了。绝对不会有人想到，这个毫不起眼的安装工，竟是一个超级收藏家。

2010年12月，一个石破天惊的新闻震惊法国：年逾古稀的安装工盖内克将毕加索赠送给他的271幅画，全部捐给了法国文物部门。经鉴定，这些画全部都是毕加索的真迹，价值达1亿多欧元。

心灵启悟　胜在人格

人格魅力不同于优雅的气质，也不同于英俊潇洒的容貌，它指一个人的品质、作风、知识、才干，以及行为榜样对他人所产生的影响力。记者从来都不是作壁上观、闭门造车的职业，其生来就是要与人打交道的。如何才能在交谈中，给予对方良好的印象，促使对方打开心扉，从而获得有价值的新闻素材呢？除了技巧之外，最重要的莫过于人格魅力了。

第八节　就香港说气度

人们用“气度不凡”来形容一个人的光彩照人、胸怀宽广及性格开朗。研究个人的气度并不是为了好看，而是为了更好地完成他所应扮演的社会角色。记者这个职业，自应有记者的气度。过去我们培训记者，比较多的从政治观点、业务技能、待人接物等方面去引导，这些都是比较"实"的技能部分。实际上，这些"实"的技能，要受精神领域"虚"的意识的调控。研究一些这方面的规律，对于提高记者的素质，有着十分长远的意义。

新闻是一个世界性的职业，在当今这个各种文化相互激荡的年代里，我们不仅要接受外面世界传来的信息，还要研究这些信息传播者的精神世界，借鉴对我们有用的精神财富，这也是一种我们应有的气度。香港是一个中西文化交融得很深的地方，香港人和香港记者的气度，对祖国内地新闻界不无启示。

孔子说："登泰山而小天下。"在香港这个"天下小"的弹丸之地，港人努力突破地域的樊篱而去"小天下"，我看这是当地新闻市场繁荣的根本原因之一。香港的记者把信息称为"资讯"。一个"资"字，尽道出他们心中信息本来的用途。这种直白的称呼，倒显出香港同行们的坦率之处。

香港的记者是很了解资讯市场行情的，知道港人急需什么信息，就挖掘和出售什么信息，当然首要的是重大的政治经济信息。有一年，我到北京采访全国人民代表大会。按照惯例，绝大多数记者不得进入一二楼会场，只能在大厅、楼道和三楼旁听席活动。不用说，要想在这些地方采访主要领导人的情况，那几乎是不可能的。可是，一拨香港记者却不甘寂寞，在楼上隔着玻璃看到主要领导人车队驶入内院，他们当时就抄起手机，口头发起稿来。我听到的内容是：今天出席会议的领导人各坐的是什么牌子的轿车、有几个人穿的是中山装、几人穿的西服等一些细小的情况。老实说，内地的记者一般是不报这些琐碎的东西的。当时我们还私下闲谈："就报这些玩意儿，谈得上什么水平？"过后一翻香港报纸，这些消息的采用率还很高，登的位置一点也不亚于正式记者招待会的新闻。大概香港人在读这些新闻时，会产生一种对大人物的抵近观察感，消除一些神秘感，不知不觉也就增添了"小"天下的气度。

香港的新闻，大抵是没有什么贵族气的。"拿来主义"在有意无意之间得到多数人的认可。说起香港的繁荣，世人公认它得益于经济上的"积极的不干预"政策，而经济上的开放，自然也会带来文化上的兼容并包，这是香港文化的可取之处。就拿报纸来说，这个弹丸之地每天要出版日报七十多种、百多万份，这些报纸的领域各有侧重，观点各不相同，中文西文都有，读者在"兼听"中得到了可以自行比较的思维乐趣。有人说香港文化"俗"，从新闻文化的角度看，香港人基本上还属于俗得认真、俗得实际，因而基本上还在俗得可爱的范畴之内。

俗人一般都有些慵懒之气，而香港的俗文化却给人一种俗得叫真、俗得勤奋的感觉。《大公报》百年庆典时，我受邀前往，曾经问过一位报纸老总："你们对那些年轻的记者，定不定个发稿指标，以防止他们出工不出活？”这位老总瞪大了眼惊奇地说：“怎么会呢？记者跑的线上有了事，那是他的福，不搞掂谁肯罢休？”当然，香港记者在私下谈起“不搞掂不肯罢休”的内在动力时，也不排斥“俗”的原因。比如说，报道一件事，最怕圈内人说你是“跟进”，就是跟在别人报道过的新闻后面做文章，那是很没面子的事。要领跑而怕“跟进”，这算是一个很俗的动因了，可是这种俗的动因却又能催出敬业的高尚行为来。为守住一位新闻人物的动向，香港记者以一张报纸铺地、一瓶矿泉水相伴，在大门外枯坐半天而不弃，这是很自然、很平常的事，用不着做什么思想工作就都能执行的。

香港人读报的习惯是10点钟之前把新闻版看完，副刊则带回家去看。有一则著名的读报轶事：某位做五金矿产生意的商人，饮早茶时从新闻版上看到非洲中部发生严重蝗灾，立即不动声色地打电话吃进大笔铜的期货。不久，铜价果然大涨。原来他由蝗灾的消息推断当地必然出现饥馑，从而造成动乱使铜矿停工，铜价也必然随之上涨。这真是由一叶落而知秋，有些“小天下”的能力了。

香港回归前夕，香港《文汇报》副总编辑刘永碧女士到内地来出差，我拜访了她。我问她香港报纸一天出几十个版，怎么看得完？她说那是看不完，别说读者看不完，就是办报的人也看不完。因此，报纸的标题必须印得很大，提炼得很吸引人，读者扫几眼就可知道个大概。我说如果少办几个版，给报纸“减点肥”行不行？她说那绝对不行，港人看报那么快，一目十行二十行，虽然读得不细，但大的资讯还是扫进了脑子里，如果版子少了，拿什么给他们去扫？所以，不管什么报，都非得天天编发印行几十上百个版、称一称有一斤多重，这也是香港人在阅读问题上的一种“小天下”的气概吧。

香港的记者职业，是适合年轻人去“搏”的职业。小小的年纪、小小的个子，这些都是香港记者给外界留下的印象。一般过了四十岁的记者，不是改做编辑，就是利用当记者积累的社会经验，投身商界或实业界了。我接触的香港记者，许多都只有二十多岁，一些稚气未脱的港报记者，递过来的名片上都赫然印着“高级记者”的头衔。香港小字辈记者的能力不小、搏的劲头也不小。不管是什么地方发生了新闻，都有这些“小记者”赶去采访的身影。世界虽然很大，但却正适合这些小记者去观察，由小记者纳入自己的笔下挥写。我想，这也是一种逼出来的气度。

香港回归之后，有着内地作更为坚实、更为直接的后盾，港人的底气就更足了，“小天下”的气概发挥得更加淋漓尽致。不用说，这将有利于香港的报纸更加出彩，而我们内地的新闻界，随着开放的铿锵脚步，气度当更加不凡。放眼环宇，笔写春秋，此其时也！

心理小典　突破自我局限

经过自觉努力,能够在很大程度上摆脱自我的局限,达到比较客观地认识世界和比较自由地进行创造的境界。第一,突破自我"私欲"对自己的支配;第二,突破自恋自大心理给自己造成的限制;第三,挣脱心理偏执对自己的束缚;第四,挣脱已掌握的科学理论对自我的局限,也就是挣脱自我专业的认知结构与思维模式对自己的局限。

心智掌故　毛竹气度

某位农民在自家承包的荒山沟里,埋下了一节毛竹的地下竹鞭,这是他到南方打工时,一位工友赠送的。或许这名在北方长大的农民没有毛竹种植经验,竹鞭埋下后,虽然未见一棵毛竹苗,但这位农民还是照旧经常给它浇水、施肥。

一天、两天,一月、两月……令这位农民失望的是,当周围的蒿草、灌木从小苗长到一米多高时,毛竹苗还是一动不动。第二年、第三年……虽然雨水充沛、光照充足,但那棵毛竹苗还是一动不动。

第六年,一场春雨过后,这位农民到自家承包的山沟里看了看。他突然发现有一棵 1 米多高的毛竹拔地而起。他非常奇怪,为什么事过五年毛竹才开始生长!更奇怪的是,在以后的每一天,毛竹苗都以每天 60 厘米的速度疯长,一个月后,昔日的荒山沟出现了一座毛竹林。

这位农民惊诧之余,拿着铁铲挖了挖山沟的土地。他发现毛竹的地下鞭茎已经遍及整个山沟。原来,在过去的五年里,虽然地表上看不到毛竹苗生长的迹象,但在土壤里,它的根系却在不停地壮大和蔓延。

你想当蒿草、灌木,还是想当一夜之间蹿入云霄的毛竹?不用说,多数人都愿意当毛竹。如果你想当毛竹,就要拥有毛竹的气度。这气度就是沉得住底气,耐得住寂寞,俯下身子,站稳马步,扩大根系,积攒能量,按兵不动,蓄势待发。一旦时机成熟,你定会拔地冲天。

心灵启悟　唯其突破,方可超越

定势又称心向,是主体对一定活动预选的特殊准备状态。具体来说,人们当前的活动常受前面曾从事活动的影响，倾向于带有前面活动的特点。人们在社会化的过程中，不但获得了知识经验，也养成了一定的习惯、行为方式和个性倾向，这些习惯或方式在从事某项活动之前，便构成了一种心理准备状态，即定势。何谓新闻？在其“新”字，新闻来源于生活，记者如果没有突破自我、打破定势的气度，很难发现掩藏在生活中的新情况、新问题，自然也创作不出新鲜的、活的作品。唯其突破，方可超越，记者才能获得更大的发展空间，一流的记者总是以职业气度胜过旁人。

第九节　落落大方社交

美国著名教育家卡耐基先生曾指出：“一个人事业的成功，只有15%是由他的专业技术决定，另外的85%，则要靠人际关系。”特别是对新闻工作者来讲，缺乏适当的社交素养，那是很难当好一名记者的。应当直言不讳地表明记者开展社交的直接功利性——通过社交获得宝贵的新闻线索和素材。相比较而言，从事其他社会职业的人搞社交，通常只是为了联络感情、疏通渠道，其功利性质比较间接。记者社交的这种直接功利性，是光明磊落的，因为记者是社会的眼睛、群众的喉舌。

社交低效和社交焦虑是一个比较普遍的弱点，不仅在青年记者中有，就是在一些从事了多年新闻工作的老同志中也屡见不鲜。这种低效表现方式多种多样，主要是对暴露在陌生人中产生明显的畏惧，显著降低工作效率。不敢适时把自己介绍给陌生人和会见权威；与人通电话、接待来访者、在被人注视的情况下语言失当；不善利用在公共场合交谈、就餐等捕捉新闻线索。

人在公众场合会觉得紧张，这本是人类正常的反应，它可以提高人的警惕性，但记者应该能够很快且很好地控制自己的行为，保持自己的最佳形象，迅速调整话语姿态，最终圆满完成采访任务。

记者要牢记自己社交的目的。一般说来，社交的目的都是加强某种双边联系，而记者的社交除此以外，更带有公益的目的，因为记者的背后是社会。想要实现社交的目的，就应当平等地看待对方，珍视对方与自己的认同点，创造良好的交谈氛围。同时要选择善意的表达方式进行真诚而客观的表达，既不故作谦虚，也不故意卖弄、夸饰，更要避免居高临下、讽刺挖苦等不利于实现交谈目的的表达方式。

记者社交的特点在于，多数时候为“一面之交”。因为，记者人数之少与世界人口之多是不成比例的，而新闻则到处都可能发生，记者不得不面对无穷无尽的新面孔。当然，也不排斥其中一些新面孔通过多次打交道变成熟朋友。

研究一下提高“一面之交”成功率的办法，对于记者是有实际作用的。我在新闻采访的过程中，就不止一次看到有的记者由于社交处置不当，失去了成功的机会。

虽然只是一面之交，但尽量要有所准备，这是一条看起来矛盾，但实际上却很管用的办法。新闻虽然无限多，但就每一次新闻采访活动而言，记者的指向性又是相对单纯和明确的，这就为记者事前作好一定的准备留下了余地。例如，采访一个工厂，对这个工厂的产品特征及厂长要有所了解；采访一支部队，对部队的首长和部队的历史要有个资料的准备，这些都不是很难办到的，只要做有心人，了解的渠道有很多，关键是有没有这个意识，有没有这个责任感。为什么要这样做？因为有两点基本的理由：一是在一面之交中被采访者会感到记者看重他，由此产生宝贵的信任感，二是“一面之交”的时间一般都不充裕，如事前多准备，采访中的效率就会提高，避免兜圈子。著名记者法拉奇在采访邓小平同志时，开头就说：“今天是您82岁的生日，您与我父亲的年龄一样大。”从这段准确而又充满情感和机智的话的背后，可以想见法拉奇事先看了多少有关邓小平同志的资料！我自己在采访生涯中，也多次尝到过事先挤时间尽量多作案头准备的甜头。例如，我在分别随湖北省出席全国人大代表团和出席党的十五大代表团赴京采访前，就先把一百多个代表的简历都认真地默记下来，这样，在以少对多的采访交谈中，就感到得心应手，应付自如，代表们也感到与熟悉自己的记者打交道，少了拘束，多了信任。

庄重，是提高“一面之交”成功率必不可少的又一个因素。很少有人对油嘴滑舌、嬉皮笑脸或举止失当的记者产生信任感，愿意为他主动提供新闻线索。庄重，主要体现在对采访对象的尊重和提问、索取素材方式的得体上。可惜的是，现在有少数记者的采访行为称不上庄重。有的习惯于居高临下，命令式地发问；有的油嘴滑舌，把采访过程变成了炫耀和卖弄自我的过程；还有的语言粗俗、行为粗鲁、酗酒打牌，令被采访对象侧目。这些不庄重的举止，是自毁的行为。记者是代人立言的职业，哪个人会把立言的期望，寄托在一个油滑之士的身上！

学识，是现代记者的社交本钱。现代记者，早已摆脱了早期记者的“包打听”角色，那时仅凭耳朵尖和腿长就可以混碗饭吃，现在不行了，如果采访对象说的东西你丈二和尚摸不着头脑，交谈起来荒腔走板，要不了几下子，采访对象对这样的记者就失去了兴趣，因为交谈是要有对象的，不成比例的对象怎么谈？当然，学识是分层次的，并不要求记者什么都成专家，但起码的知识和意识应该有。以农村采访为例，我就不止一次碰到有的记者对《村民委员会组织法》一无所知，却要采写农村政治民主和公正选举的新闻，被采访者真为这样的记者捏一把汗！

如果说提高记者"一面之交"成功率还有什么技巧的话，我还补充一条，那就是在采访过程中不断地助人为乐。例如，给采访对象带去载有他所需要的资料剪报、告诉一些对人家有用的信息、介绍一个对别人有用的人或办事渠道等。这种助人行为对记者来说，往往是惠而不费的，但经常可以得到倍增的回报。因为你在某种程度上使采访活动由单向索取变为了互惠行为，这对被采访者的心理有一种对你信任的推动力。在一些特定情况下，如救灾现场，记者主动捐物捐款，并肩抢险，这些助人行为产生的效果，是自然会获得更大的回报的，那就是——只要你需要，采访对象就会帮你为完成新闻报道任务尽到一切力量。

心理小典　社交首因效应

首因，是指首次认知客体而在脑中留下的"第一印象"。首因效应，是指个体在社会认知过程中，透过"第一印象"最先输入的信息对客体以后的认知产生的影响。心理学研究发现，人们的第一印象形成是非常短暂的，一眨眼的功夫，人们就已经对你盖棺定论了，所以说良好的"第一印象"是获得良好人际关系的第一步。

心智掌故　乔·吉拉德找工作

乔·吉拉德是世界上最有名的销售员，他连续 12 年荣登世界吉尼斯纪录大全世界销售第一的宝座，他所保持的世界汽车销售纪录——连续 12 年平均每天销售 6 辆车，令人叹服。

乔·吉拉德也是全球最受欢迎的演讲大师，曾为众多世界 500 强企业精英传授他的宝贵经验，来自世界各地数以百万计的人被他的演讲所感动。

然而，很少有人知道乔·吉拉德还有过这样一个有趣的小故事。当时，他正四处找工作，有一天，他来到一家公司，对人事经理说："你需要一个助手吗？"

"哦，对不起，先生，我现在不需要助手！"人事经理说道。

"那么，你们需要普通职员吗？"他仍旧不甘心地问道。

"我们的员工已经很多了，而且还打算裁员呢！所以，员工我们也不需要，你还是到其他地方看看吧！"人事部经理拒绝道。

“即便是苦力活也行！好比那些搬运、跑腿、清洁之类的职位！”他说道。

“对不起，先生，我们真的不需要！”人事部经理说道。

“哦！真是遗憾。”他说，“那么，既然这样的话，你们一定需要这个东西。”他一边说着，一边从自己的公文包里拿出一块精致的小牌子，上面写着“额满，公司暂不雇用职员”。

这位人事部经理拿着牌子，看了又看，然后，微笑着点了点头，说：“先生，你真的非常优秀，如果你愿意的话，我可以请你到我们的广告部或业务部工作。”

乔·吉拉德通过自己制作的牌子，表达了自己的机智和乐观，给这位人事部经理留下了美好的“第一印象”，引起其极大的兴趣，从而为自己赢得了一份工作。

心灵启悟　好印象为信任加分

对于记者来说，能够获得被采访者的信任，是获取鲜活新闻素材的重要因素。然而，记者每天面对的都是完全陌生的采访对象，如何在初次见面时，打破隔阂，快速获得对方信任，那就涉及记者本身的社交素养。落落大方、不卑不亢、平等交流……这些都是社交素养的体现，我们心理的“封条”压在心头，如一座大山，其实也就是一张纸，轻轻一碰就破了，所需要的只是一点勇气和行动而已。

第十节　海纳百川为怀

雨果说过：“世界上最宽阔的是海洋，比海洋更宽阔的是天空，而比大海和天空更宽阔的是人的胸怀。”新闻报道有一个用什么思路去观照对象的问题，在人与环境的关系方面，同样如此，它需要我们用一种无比博大的胸怀去待人接物。心之宽是一种良好的创造境界，古人就十分重视告别郁离之气，不要陷于“心不怡之长久兮”的状态中，当代人更是把胸怀宽阔当作一种可贵的人生品格加以追求。

莎士比亚说过：“上天生下我们，是要把我们当火炬，不是照亮自己，而是普照世界。”新闻记者总是以这样或那样的方式，来观照我们称之为历史与现实、躯体与灵魂、物质世界与精神世界的东西。我们不可能用那种童真的眼睛去观照世界，也不可能用一颗纯粹自然的心灵去体察人生。观照世界与反映世界，从新闻记者人生的角度来看，是一个自我实现的过程，这个过程必然要受到记者自身观念如何以及胸襟如何的制约。孔子曰："逝者如斯夫，不舍昼夜。"这是对政事反反复复、仕途曲曲折折、个人颠沛流离、人生饱经沧桑的叹息，暗含着"过去的事就让它过去吧，没有什么好说的"意思，这也是一种人生的胸怀，至少没有斤斤计较于得失。改革开放以来，中国社会的文化氛围日趋活跃，国际文化交流更加频繁，观照世界的距离大大缩短，中国现代化进程进一步加速，人们的文化品位也不断提高，新的气象悄悄地化解着过去那种沉闷的人生氛围，现代人更以充沛的心性去体味人生。这种要求和发展趋势，使得新闻记者更要把胸怀与志趣的培养，放在重要的位置上。

"以人为本"是马克思主义者观察与处理社会问题的出发点和归宿。历史的发展、文明的进步，都是人的本质力量对象化的过程。比如，人类创造了精神文化，创造了物质文化，创造了农业文明、工业文明、科技文明等。在这个壮美的人类历史演进过程中，偏偏有不少人漠视人的价值和作用，这种唯心主义的胸襟，虽然在今天的中国已失去了其外部环境，但它还是十分顽强地存在着，值得新闻记者警惕，随时都要防止"见物不见人"的偏向产生。

大家都很熟悉历史上西门豹治邺故事的背景：当地乡绅为河伯娶妇，居然把活生生的年轻姑娘投入水中。从人与自然的关系的角度看，这是以什么为本呢？这是在神本主义掩盖下，对自然的一种敬畏和臣服。西方有着与东方相似的历史，基督教神学竭力贬低人的价值，有的神学家公开宣扬"人应当蔑视自己"，指出"轻视自己的人，在上帝那里就受到尊重"。马克思深刻地指出，"基督教的社会原则颂扬怯懦、自卑、自甘屈辱、顺从驯服，总之，颂扬愚民的各种特点"。因此，资产阶级在同基督教神学进行斗争时，首先遇到的一个问题，就是要把人从神学的贬抑下解放出来，还人以应有的地位。新兴资产阶级逐步形成以尊重人、尊重人的价值、肯定人的自由意志、肯定人的尊严为核心的思想体系，后世称之为人文主义，它成了文艺复兴的一面旗帜，也成为近代历史上人类勇敢征服自然的精神力量。

随着近代科技的飞速发展，科技推动的生产力改造着世界，创造着巨大的物质财富。正是科技的巨大力量及其给人类带来的福祉，使人们自觉不自觉地走到了另一个极端，产生一种对科学技术的"崇拜"，认为人可以成为自然绝对的主宰。人们把这种思维定势称之为"科学万能论"。在此理论的笼罩下，自然界被无节制地开发和污染，人文文化被虚置和取代，导致科技文化与人文文化这"两种文化"的失衡，不能满足人类对于终极关怀层面的需求。

新闻报道在处理人与自然的关系方面，不乏从一个极端走到另一个极端的例子。这与缺乏有理性的现代人文意识，有着直接的关联。建立在马克思主义基础上的现代人文精神，着眼于对人类自身命运和对象世界的理解与把握，高度关注人的存在、意义和价值，寻求对人类痛苦与解脱的思索，是人的本质丰富性最深刻、最集中的体现。我国当代著名学者邢贲思讲得好："人的意义、人生的追求、目的、理想、信念、道德、价值等，其中高尚的、善良的、健康的精神，就属于我们要发扬的人文精神。"

到底是"顺天应人"正确，还是"人定胜天"正确，二者之间好像缺乏回旋的余地，令新闻工作者困惑，但这是不能不解答的困惑，否则我们将手足无措。不仅中国人在思考这个问题，世界上不少学者也都在探索这个问题。如 20 世纪 80 年代以来西方出现的"深层生态学"，是环境哲学中颇具革命性的哲学体系。它在理论上挖掘到了生态危机的深层原因在于过度褊狭的生存价值观，反对仅仅依靠发展先进技术来解决环境问题。它吸收了东方"天人合一"的自然观，试图摆脱西方基督教传统中极端的人与自然对立的二分法，提出在目标上要两者兼顾，不能简单地归结为以谁为中心。这些观点，都含有朴素的唯物主义思想。

按照唯物辩证法的观点，"顺天应人"和"人定胜天"是对立统一的关系，都有值得肯定的一面。人定胜天的思想是天人关系的一种进步，是生产力发展的必然产物。但是，如果"胜"过了头，矛盾就会转化，受到规律的惩罚。在我国近年来兴起的生态旅游热中，近 1,000 个自然保护区中已有相当一部分开展了生态旅游。在已开展生态旅游活动的自然保护区中，有 44%的保护区存在垃圾公害，2%出现水污染，11%有噪声污染，3%有空气污染，22%的自然保护区由于开展生态旅游而造成保护对象受到损害，11%出现旅游资源退化。外来文化对生态旅游目的地原始古朴的土著文化的冲击，则远未引起人们的注意。不恰当的生态旅游正从根本上无情地使作为生态旅游资源的生物多样性和文化多样性迅速丧失，危害到可持续发展的根本资源。显然，片面地肯定生态旅游的作用，尽管加上了"生态"二字，但只要稍加放纵，事情就会向相反的方向转化。如果直到生物多样性和文化多样性丧失，旅游业难以为继时才去认识和呐喊，则为时已晚。

新闻报道不能为片面性和绝对化推波助澜。协调天人关系的过程，是一个否定之否定的过程，不是简单地回到过去，而是推进到新的更高、更"合一"的阶段。这样一种宏大的胸怀，是人文精神体现于人与自然关系的最高境界，应该成为新闻界观照生态环境报道题材的哲学尺度。

心理小典　包容是一种胸怀

宽容不仅应该存在于人与人之间，更存在于人与自然之间。人与自然和谐相处，不仅是生态文明的要求，更是人文精神的自然延伸。宽容是一种美德，包容是一种胸怀。宽容是蔚蓝的大海，纳百川而清澈明净；宽容是高阔的天空，怀天下而不记仇恨怨愤；宽容是灿烂的阳光，普照朗朗乾坤。一语宽容，雨露缤纷；一生宽容，心系乾坤。

心智掌故　胸怀的力量

有一个叫鲁滨逊的人，意外地继承了一个牧场，而他恰好喜欢过农耕的生活。于是，他举家迁到这里，在牧场里快活地生活。

有一年夏天，他养的一头牛为了偷吃玉米而冲破篱笆，跑进了农夫的地里，最后被农夫杀死了。

鲁滨逊知道这件事后，非常生气，于是带着10岁的儿子一起去找农夫论理。农夫的家非常远，而且此时，正值酷暑。他们只走到一半，人和马便气喘吁吁，大汗淋漓，几乎都要虚脱了。好不容易抵达木屋，农夫却不在家，农夫的妻子热情地邀请他们进屋等待，鲁滨逊进屋后，看见妇人十分消瘦憔悴，而且桌椅后还躲着两个瘦得像猴子一样的女孩。不久，农夫回来了。妻子告诉他："他们可是顶着烈日而来的。"鲁滨逊本想开口与农夫论理，可能还要打架，但最后，他想了一下，只是伸出了手。农夫完全不知道鲁滨逊的来意，便开心地与他握手、拥抱，并热情邀请他们共进晚餐。

这时，农夫满脸歉意地说："不好意思，委屈你们吃这些豆子。原本有牛肉可以吃的，但是还没准备好。"

女孩们听见有牛肉可吃，高兴得眼睛都发亮了。

吃饭时，儿子一直等着鲁滨逊开口谈正事，以便处理杀牛的事。但是，鲁滨逊看起来似乎忘记了，只见他与这家人开心地有说有笑。

饭后下起了暴雨。农夫一定要两个人住下，等明天再回去，于是鲁滨逊与儿子在那里过了一晚。

第二天早上，他们吃了一顿丰盛的早餐后，就告辞回去了。

在酷暑中走了这么一趟，鲁滨逊对此行的目的却闭口不提，在回家的路上，儿子忍不住问他："我以为你准备去为那头牛讨个公道呢！"鲁滨逊却微笑着说："是啊，我本来是抱着这个念头的，但是，后来我又盘算了一下，决定不再追究了。你知道吗？我并没有白白失去一头牛啊！因为，我得到了一点儿人情味。毕竟，牛在任何时候都可以获得，然而人情味却并不是很容易得到。"

后来，农夫的女儿长大，与鲁滨逊的儿子相爱，相互的宽容与谅解，促成了两家的姻缘。

心灵启悟　胸怀宽广，心系天下

自然和社会都在不断地变化和发展中，人类必须了解并适应这些变化和发展，才能使自身适应并生存下去。记者担负着引导受众的责任，更应该时时刻刻深谙受众的心理。人的传播行为要接受包括社会的、历史的、伦理的尺度检验，它的检验来自多个维度，而且具有实时与延时兼备的受测特点。从这个意义上讲，检测与监督是伴随关系，没有不受监督的传播客体。伦理的终极目的是向善，媒介伦理以社会为平台，以善为天下为己任。

第十章 记者职业心理之追求篇

第一节 勇敢面对挑战

新闻文化东西方对垒的局面，并不是东方人主观上故意形成的，对垒产生的原因不仅因为有着比较抽象的价值观的碰撞，更直接的原因是西方对中国存有的利益上的戒心。因此，西方总在想把中国推向经济边缘化的同时，也想把中国推向舆论边缘化。

某些西方人总以为中国人在挑战西方的根本利益，所以总在宣传"中国威胁论"。在众多"中国威胁论"的"版本"中，也有美国从事新闻职业的人的"贡献"，其中最具有代表性的是直接以《即将到来的美中冲突》这个带有煽动性的书名发表的专著。作者理查德·伯恩斯坦和罗斯·芒罗分别担任过《时代》周刊驻北京和驻香港分社社长，是所谓的"中国通"。这部书 1997 年在美国出版后，甚得美国一些人的追捧，长期在美国主流社会发生影响。

该书称中、美是两个"全球对手"，即"两个关系紧张、利益相悖、面临着更困难也更危险的时期的国家"。作者称中国人"咄咄逼人"，说美国"天真"，认为这种"隐约可见的冲突"甚至可能"导致军事冲突"。

更深层的原因还有着意识形态方面的原因。苏联解体后，美国对共产主义的威胁感一下子从苏联转到中国头上，这就是为什么意识形态因素在冷战后的中美关系中不减反增的原因。美国政坛人士直言不讳地认为：中国的出路在于改变政体；把中国的希望，放在那些"持不同政见者"身上，由此，媒体炒作中国人权等问题似乎就"得到了道德力量的支撑"。

对"中国威胁论"的实质，钱其琛曾一针见血地揭露："在于苏联解体以后，美国在寻找新的敌人，即使找不到，也要制造一个。似乎只有这样，美国才能生存，才能维护超级大国的地位。"

美国主流媒体在影响美国公众舆论和政府对华政策上起到很大的负面作用。诸如人权问题、迫害持不同政见者问题、迫害西藏人、对外出口劳改产品、出售犯人脏器、核武器窃密、孤儿院虐待儿童、官员腐败、对外出售导弹、台海军事演习、政治献金案和专制政权等，都是美国主流媒体轮番炒作，反复宣传的题材。

从意识形态、国家利益，甚至从地缘政治的角度考虑，美国媒体对华抱的态度多是"好消息不是新闻"(Good news is no news)。尽管中国的巨大进步举世公认，但美国媒体在商业利益的驱使下，对中国的意识形态和内政，充满着曲解、敌意和挑战。对美国媒体的这些做法，基辛格先生曾指出：美国报纸"是在重温过去同中国对抗的旧梦"。

如果说发展中国家与发达国家由于经济发展的差距，本来就形成了"数字鸿沟"，那么对于中国来说，面临着的则是西方有意运用以数字技术为武装的先进设备，在舆论方面人为挖掘的数字鸿沟。其目的在于，把经济上难以忽视的中国，推向舆论边缘化的境地，形成他们所期望看到的中国孤立局面。

美国掌握着优质传媒资源，除此以外，美国的网络以绝对的技术优势，左右着全球的网上信息。在标榜自由经济的美国，由政府出资，组建了庞大的美国之音电台和自由亚洲电台，全面对我国实行密集的信息压制。美国国防部甚至还组建了国家新闻处，把媒体直接绑在武装系统里，以备不时之需。

值得注意的是，在把中国推向舆论边缘化的战略实施中，美国正在采用以电子媒体为载体的信息对抗，这是一种"边缘"加"窒息"的扼杀战术。在美军飞机撞毁中国战机的事件中，美方一些所谓"民间人士"还对华还发动了网络攻击。中国工程院院士何德全当时指出，由于网络技术的源头在美国，我国计算机操作系统受制于人。所以我方的反击力度就不可能超过美方，今后一旦产生非常情况，舆论窒息将对我国形成巨大威胁。清华大学国际传播研究中心主任李希光教授警告：通过网络形成的"西方新闻霸权"，是"来自虚拟空间的真实挑战"。

我国媒体应对西化攻势的难点不少，严重的问题是对挑战源头定位不清。美国曾明确宣布，放弃克林顿时代与中国的战略伙伴的关系，而把中国作为战略竞争对手。这种战略选择虽然一时在国家关系方面不会导致激烈的对抗，但是在意识形态领域对抗烈度的加强，却是即时性的。美国作出这种选择，是经过深思熟虑的，按照机会成本的原理，作出一种选择的成本就是放弃另一种选择的收益。美国放弃的"伙伴"关系，实质是上是放弃"合作""谅解""求同存异"的伙伴相处原则，转而实行"对抗""遏制"的对手原则，施行"单边主义"和"新干涉主义"的国家政策。

美国新闻界虽然在表面上不敢放弃"公正""自由"的旗号，但其对世界的支配欲必然要在理论上有新的表现。美国《论坛报》总裁、普利策新闻奖获得者杰克·富勒在他的新著《信息时代的新闻价值》一书中，提出了"智者诚实"概念，即不必拘泥于绝对忠于事实的传统“客观公正”观，“新闻报道可就特定事件的结果得出某些结论和作出某些预测”。这个论点为不符合美国利益的歪曲性报道提供了依据，因为，朋友都是泛化的，而像中国这样的对手则是特定的。富勒还为这个理论在《圣经》上找到了“来源”，按照《圣经》中揭示对邻人义务的“黄金律则”：“所以无论如何，你们愿意别人怎样对待你们，你们也要怎样对待别人。”反之，你不愿意别人怎样对待你们，你们也不要怎样对待别人。美国媒体实际上已作出一个基本判断：对中国这个对手，就要运用对付对手的办法，如何有利就如何办，这没有什么道义上的失当。在这个理论的支配下，来自中国的一些很好的消息，也被美国媒体从完全负面的角度来报道，这就毫不奇怪。突出的例证之一是，中国由于实行计划生育，已累计成功减少人口出生 3.4 亿，为世界人口控制事业作出了巨大贡献，但美国媒体却从来都对此贡献视而不见，相反，借口人权对我国计划生育政策进行全面攻击。

值得注意的是，对“单边主义”支配下的美国，我国媒体并没有按照“黄金律则”行事。如果在美国和在中国分别呆上一段时间，任何一个读者都很容易发现，中国媒体上的美国形象，要远优于美国媒体上的中国形象。除了美国科技、经济发达这些客观事实在我国媒体上占有很大正面形象以外，美国的意识形态在中国的报纸上常常是以作“借鉴”的名义，占据着很大的正面宣传地位，甚至美国出现的一些荒唐事，也被以欣赏的口吻予以报道。《今日中国》前总编辑爱泼斯坦指出：“我们的一些媒体有很多时候是站在美国的立场上讲话，而不是中国的立场。”

中国的新闻媒体，并不把美国定位为“对手”。但美国到底是什么呢？没有具体定位。这种“模糊战略”带来的直接后果，就易产生价值导向的模糊。因为在美国采取的舆论攻势面前，防守和反击不力，就是一种事实上的自我矮化，容易使读者对我方的价值观念产生怀疑和动摇，这是应该引起我们大力关注的一件事。这种关注是一种根本的关注，虽然，目前还没有发展到媒体全面对抗的任何必要，但是，一个清醒的人，是应该随时把不利于我国的客观条件摄入眼帘，保持反应能力的。这是应对挑战的最低限度，也是最必要的一种正确姿态，我们应该相互提醒。

心理小典 奋起效应与主动意志

“奋起效应”是一种积极的心理效应。当经历一次大的挫折后，受挫折的人不仅不气馁，反而激发起改变现状、奋力向上的意志，就是“奋起效应”；主动意志就是要求要克服惰性，把注意力集中于未来，在遇到阻力时，想想自己在克服它之后的快乐，积极投身于实现自己目标的具体实践，不怕困难，排除万难。

心智掌故　贝多芬直面命运的挑战

贝多芬，1770 年 12 月 16 日诞生于莱茵河畔的小城市波恩。

贝多芬的父亲是当地唱诗班的男高音，是一个经常酗酒的蠢汉，他的母亲是个女仆，这是一个清贫的家庭。

贝多芬是一个典型的音乐神童。由于他在音乐上的早慧，12 岁时就被人拿来同名垂青史的音乐神童莫扎特相提并论。

就在贝多芬一心准备投身音乐大干一场时，命运向他露出了狰狞的面孔。从 1796 年开始，贝多芬就发现自己的听力急剧下降，对于一位风华正茂，踌躇满志的钢琴家和音乐家来说，听力的衰退不啻于世界末日。但贝多芬进行了顽强的抗争，并说出了那句传诵千古的名言："我要扼住命运的咽喉，它决不能使我屈服。"

当时的贝多芬还爱恋着一位叫朱丽叶塔的姑娘，著名的钢琴奏鸣曲《月光曲》就是献给她的。然而，幼稚风流的朱丽叶塔辜负了贝多芬的一番情意，后来竟与一位男爵订了婚。

耳聋的治愈日渐渺茫，又痛失心仪已久的恋人，这双重的打击使顽强的贝多芬支持不住了。1802 年他写下了一封绝笔信，现在被称为《海利根施塔特遗书》。在信中他淋漓尽致地表达了内心深处的理想和痛苦，凡是误解贝多芬的人，如果仔细读过他的遗嘱，都能发现其中真实的原因，从而原谅他的种种缺点。

不过他还是重新振作了起来，他那坚强的个性不可能屈从于命运的摆布。还是在那篇遗嘱中，贝多芬说道："是艺术，就只是艺术留住了我，啊！在我尚未感到把我的使命全部完成之前，我觉得我是不能离开这个世界的。"

心灵启悟　不惧以身饲虎

面对各种复杂社情，记者不能不理不睬，而是要理性面对。古代中亚有个花喇子模古国，国王吃过几次败仗后就偏安于一隅，凡来报坏消息的人他就将其推下喂老虎，而对报喜的人则升官。其实，这是个面对挑战敢不敢正视的问题，挑战不因你不正视而不存在。记者这个职业，哪怕以身饲虎，也不能隐匿实情不报。面对挑战，中国媒体要做到的是：直面困难，不卑不亢。"嘤其鸣矣，以求友声。"只有在传播实践中，正义才能得到舆论的响应。

第二节　把握市场信号

为使媒体充满活力，需要经常对媒体"拿脉问诊"，这个脉象就是"阅读率"。

报纸靠行政手段扩大读者覆盖面的做法，已显得越来越力不从心了。在社会主义市场经济条件下，企业不再是政府的附属物，作为独立的市场主体，企业在市场上有自由获得资源配置的权利。报纸和新媒体平台作为一种信息资源，理应逐渐纳入这个范围。以只靠行政命令，强制配置信息载体的做法，必定是越来越不灵了。

收集和分析市场信号是企业最一般，也是最重要的管理工作之一。要想企业生存发展，必须左顾右盼、瞻前顾后、居安思危，以动态的、发展的眼光及时捕捉市场信号，总结过去，立足现在，展望未来。报纸成为新兴的产业之后，必须尽快改变之前只管出报不管发行市场和广告市场的传统观念，树立市场调研意识，深入调查，仔细研究。在市场经济条件下，报社作为独立的特殊商品生产者和经营者，是自主经营、自负盈亏、自我约束、自我发展的法人实体和市场竞争的主体，它直接面向市场，根据市场信号灵活地安排自己的生产和经营活动。所以，作为市场主体的报社，在任何情况下都应当主动地迎战市场，积极优化供给结构，争取更大的市场份额。现在报纸的竞争相当激烈，明显的竞争优势越来越少，更多的是在一些细微的领域竞争。比如，报社都强调为读者服务，使出了不少招数，然而，有些读者还是不满意。这些不满意是一些潜在的市场需求信号，如果有一套好的机制，那么很快会反馈到决策层，从而使服务的内容作出适当调整，使报纸的竞争力得到提高，这个竞争力的核心体现之一，就是阅读率。

对于广大分散的社会订户来说，随着社会提供的信息渠道大量增多，订阅报纸行为的分散化是难以避免的现象。然而，综观世界各国报刊史，人们不难发现，随着一国报业的高度发展，订户分散性的特点又逐步呈现出具有一定整齐程度的指向性，结果，读者的选择，造就了一些报纸的兴盛，同时也无情地淘汰了另一些报纸。

"阅读率"作为一个行业信号，是一份报纸有用程度及包括印刷质量在内的综合品质的反映。在以往扭曲的发行市场条件下，一份报纸的发行量与它的阅读率并不一定呈正相关比例，公费订而不读的现象比比皆是。可以这样说，发行量较高，但阅读率并不高的报纸，不应算是一份成功的报纸。今后，随着发行市场的逐渐理顺，阅读率必定成为最灵敏的报纸市场信号，阅读率降低的报纸，发行量必定随之下降。

在社会主义市场经济条件下，报纸的主编和全体采编人员，今后应理直气壮、敏锐地关心和把握市场信号——阅读率。

报纸作为一种特殊的商品，一般来说，它必须得到社会的双重承认，才能实现自身的价值。

第一重承认来自读者。读者付出货币，购得以报纸为载体的文字信息，这些信息的有用度越高，报纸的社会影响力也就随之越大，由此，报纸无形的价值（社会影响）和一部分有形的价值（如发行利润）也水涨船高。

第二重承认来自广告客户。客户付出货币，购买报纸的媒介功能。媒介功能发挥得越好的报纸，广告客户越多，付出的广告单价也就越高，报纸利润因之增大。

社会对报纸价值双重承认的牵制点，很大程度集中在阅读率上。一份阅读率很低的报纸，很难设想可以获得有形和无形价值的最大实现。

过去我们在比较封闭的条件下办报，往往有一种与市场隔绝的盲目观念：我办我的，有多少人看我管不着；经济上反正有靠山，管它有无广告，报纸照样不会垮。今后在市场经济的条件下，再这样下去就难以为继了。

从信息传播学的角度看，过去不关心阅读率的做法，是自陷于“开环结构”中，即在报纸与社会组成的信息环中，打断了反馈这一节，无法实现信息的正常循环，无法据此修正办报行为；而关心阅读率的升降，保持信息的循环流畅，则可使报纸处于信息传播学上认为机理正常的“闭环结构”，使报纸血脉通畅，充满生机。

在报业发达的国家，报社自身或委托权威的调查机构，对某种报纸进行阅读率调查，是一种经常性的市场行为。报纸作为舆论工具，常常对社会问题或公众人物进行民意测验。这种测验得出的结果，不仅对于及时修正报纸的内容和形式提供了直接、量化的依据，而且对于广告客户来说，向其提供阅读率，就等于是向其提供了具体、有信誉的广告价格指导参数。在西方，一个新广告客户在选择某种报刊登广告之前，必须获得的决策依据之一便是阅读率。广告效果的最大值，要通过阅读率的最大值这一途径来实现，所以阅读率不能不为报纸主编和广告客户双方所看重。

世界上没有一个一成不变的、通用的阅读率指标体系。但这并不意味着阅读率是一个面团，可以任意拿捏。

制订一项阅读率考察指标的依据，应来源于某种报刊预期的编辑方针和预期的读者覆盖层面。例如，上海《新民晚报》期望该报成为“从 8 岁到 80 岁的人都欢迎的报纸”，那么在该报的阅读率调查指标中，理所当然地应列入“不同年龄读者阅读率”这一项。再如，一批省报在改版套彩后，希望“面向社会，走入家庭”，那么在阅读率调查中，就应该列入“在家庭内阅读率”这一指标。

全球发行量最大的刊物之一美国《读者文摘》，它所建立的阅读率指标体系只包括4项：“在家阅读率”“行政人员阅读率”“阅读次数”和“阅读时间”。调查表明，该刊的“在家阅读率”为69.1%，这个数字显示出了该刊保持着文摘刊物应有的休闲阅读特点；“行政人员阅读率”为20.5%，这与行政人员在总人口中所占比例大致相当，符合刊物预期争取到的中高层人士比例，同时这个数字也为做较高档商品广告的客户提供了参考依据；“阅读次数”为3.5次，“阅读时间”为90分钟，这两项指标以数字直观地说明了刊物是一本“耐看”的刊物。它表明刊物所载广告在读者眼前显示的次数也随之增多，如果这两项指标下降了，刊物主编就该想办法调整内容和风格了。

我国报刊过去很少进行阅读率调查，因此也就缺乏一个适宜的阅读率调查指标体系。但是，报业的发展客观地提出了这个要求，这就需要在实践中摸索，建立起一套适合中国国情的阅读率指标体系，在这个过程中，借鉴国外一些成熟的调查方法和指标体系，是完全应该的。

心理小典　竞争优势效应

社会心理学家认为，人们与生俱来有一种竞争的天性，每个人都希望自己比别人强，每个人都不希望自己的对手比自己强，因此，人们在面对利益冲突的时候，往往会选择竞争，通过比拼求得动态平衡；即使在双方有共同利益的时候，人们也往往不会放弃竞争。市场正是催生激烈竞争的沃土，其竞争态势更加明显。

心智掌故　一美元别墅

多年以前，《纽约时报》在醒目处刊登了一则广告，大意是说某海滨城市有一幢豪华别墅公开出售，靠海、向阳、有花园草地，只售一美元。后面还留有联系电话及别墅详细地址等信息。

广告连续刊登了两个月都无人问津。有一天，一个小伙子读报，又看到了这条广告。于是想：这城市离自己家不远，一美元的别墅是啥样，去看看稀奇也不错。于是，他就动身去了那座海滨的城市。

小伙子按照地址找到了这幢别墅，他简直不相信自己的眼睛——这真是一幢豪华气派的别墅。他按了一下门铃，一个老太太开门让他进去了。他怀疑地看着自己眼前的一切，几乎不敢问这幢别墅是不是广告上的那幢。但还是挡不住好奇心，他支支吾吾地向老太太讲明了自己来的目的。老太太说："没错，这幢别墅只售一美元！"小伙子大喜过望，掏出一美元，准备购买这幢别墅。这时，老太太指了指桌边一个正在写着什么文件的人说："对不起，先生，他比你早到了一刻钟，正在签订合同呢！"

这下，小伙子从刚才强烈的好奇一下跌进了深深的懊悔之中，不断地责怪自己为什么不早一点来呢！

临别时，小伙子控制不住自己的好奇心，希望房东老太太能告诉他，为什么这么漂亮的别墅只售一美元？老太太告诉他，这幢别墅是自己丈夫留下的遗产。在遗嘱中丈夫交代，自己的所有财产归老太太所有，但这幢别墅出售后所得归自己的情人所有。老太太听完遗嘱，十分伤心，因为她没想到自己深爱着的丈夫竟然会有情人，大怒之下将这幢豪华别墅以一美元出售，然后按法律规定将所得交给丈夫的情人。

心灵启悟　媒体的两重属性

新闻的公共性是其固有的基本属性。但是，在新闻实践中，新闻媒体负有两种职责：一种是公共职责，为人民代言，以社会利益为上；一种是市场职责，新闻媒体需要利润支持去完成第一个职责，要在市场中生存，获取经济利益。正确处理媒体这两重属性的关系，对于现代新闻人而言，是一项巨大的挑战。它没有标准方案，总是处在矛盾之中。心理学认为生物都有固有的自恋情结，这本不坏。但记者是自恋于自己的社会角色，还是自恋于寻租的有利地位呢？这是一道需终生解答的问题。

第三节　思考新闻立法

对新闻事业实行法治是现代国家的一个重要特征。法律至上，才能更好地从制度层面保障人民的利益至上。经过十多年的普法教育，我国公民的法律意识有了很大的提高。但这还远远不够，建设社会主义法治国家，应逐步实现从提高公民的法律意识向提高全民族法律素质的转变。法律素质是人类法治文明的基础，是法治社会的土壤，是现代法治社会广大公民整体素质的一个重要组成部分。法律素质不仅要求具有知法、懂法、守法、护法的法律意识，还要把法律意识转化为具有眼光的立法推动行为、自觉依法行使权利和履行义务的护法行为。随着一系列法律的制定，我国的法律体系逐渐完备，“无法可依”的状况已基本扭转。今后还应该继续制定一系列经济和社会发展所需要的法律，每个公民都应当进一步增强法律意识、法制观念。

1998 年，时任全国人大常委会委员长李鹏在接受德国《商报》驻京记者采访时说：“我们将按照法定程序制定一部符合中国国情的新闻法。改革开放 20 年来，在我们新闻界、舆论界发生了很大的变化……新闻自由的原则应该遵循，但是个人自由不能妨碍他人自由，这一原则也应该遵循。”九届全国人大三次会议期间，共有 95 位全国人大代表就新闻法提出立法议案。从历史的角度看，制定新闻法的问题一直受到全国人大的高度重视。七届、八届全国人大常委会都将新闻法列入立法规划，有关部门成立了专门的起草小组，并进行了大量的调查和论证。

对于新闻立法这样一件大事，必须经过深思熟虑，世界上没有现成的经验可以照搬。美国虽然法律完备，但并没有专门的新闻法规，根据学者的分类，它是用所谓的“直接保障法”来调节新闻业的，即用《宪法》的第一修正案配合大量判例，作为新闻业运作的法律框架。同属海洋法系的英国也大致如此。大陆法系的法国、德国等国，则采取“间接保障式”，由国会制定一系列法律以保障新闻业的地位和权益。总而言之，新闻法制是统治阶级按照自己的利益与意志，经过一定的立法程序制定、用以调控新闻传媒及与各方的关系的法律制度，功利性非常强。我国全国人大作为最高立法机构，基本在朝着就新闻立一部成文法的方向运作，这是根据我国国情作出的重要立法选择。

《新闻法》不是某一部门的法，它涉及宪法规定的公民的政治权利，即“公民有言论、出版、集会、结社、游行、示威的自由”。现在我们要制定《新闻法》，从大的方面看，是制定一个比较开放的、允许新闻在一定限度内的自由、放宽舆论环境的法律，还是制定一个收紧甚至严加控制的法律，这是问题所在。从国家稳定的角度看，新闻的立法当然要服从国家、民族利益的大局，历史的经验值得注意，1990 年苏联在所谓“新思维”的指导下，第一部《新闻法》得以颁布，它规定舆论从此不受检查，各种组织和私人均有权利办报，并扩大办报人的自主权。这部法律的出台，实际上纵容了反对派报纸的大泛滥，使以《真理报》为代表的苏联社会主义党报体系受到重创，导致国内舆论环境陷入了不可收拾的混乱局面。

面对我国已拥有的相当庞大的新闻业，在日益复杂的市场经济条件下运作的媒体，急需可以依托的法律。立法的缺位，使得调整作用明显滞后于实践。这是从实际出发,大家认为必须要有成文新闻法出台的有力依据。新闻官司大量出现,已不是个别地方、少数媒体遇到的问题,而新闻官司的调解或判决,许多是只能援引民法中的相关条例,或者依据的是政策。

新闻界的权益,包括最基本的人身安全,也与新闻立法紧密相关。记者活动的法律依据何在?由于没有明确的法律地位,所以记者人身受到侵害的事件日益增加。2001年,《重庆商报》女记者罗侠无辜被打伤,全国许多新闻工作者对她表示慰问,她在致谢全国媒体的信中说:"记者的采访权不容侵犯,因为公众的知情权不容侵害,因为正义的监督权不容侵害,歹徒的暴打摧不垮我,今日的泪花会化作明天的阳光。"罗侠信中所提到的"采访权""公众知情权"和"监督权",实际上正是法律保障和调节有待填补的地带。一部法律的制定和出台,往往并不是书斋里想出来的,而是在不容忽视的矛盾冲突中逼出来的。我国著名法学家江平认为:"如果立一部保守的,更趋向禁止性的法律,我不赞成,而且没有必要。制定这样的法律,不仅对国内的改革开放不利,对我国的国际影响也不好。但如果是制定一部适合改革开放的,进一步体现政治体制改革的,能够把现有的、在群众中起到比较好的作用的新闻媒介的舆论监督作用固定下来,对新闻腐败现象进行禁止,并且在新闻管理体制上具有前瞻性的《新闻法》,那我不仅赞成,而且认为绝对必要。"

法律是以国家强制力为后盾调整社会生活规范的,长期失范会带来行为的失据,这种影响是深远的。2001年6月,深圳"两会"期间,就有两份人大议案和一份政协提案涉及新闻立法,这些议案和提案认为,国家出台《新闻法》保护舆论监督的法律、法规的条件尚未成熟,而深圳经济发展快,人口素质高,毗邻香港,并拥有地方立法权,应充分利用这些有利条件出台有关地方法规,真正实现依法治市。这些意见是有道理的,可以允许地方先行一步,以取得宝贵的经验。

近些年来,适应国家开放的大局,我国出台了政府层面的《政府信息公开条例》,规定政府信息公开为常态,不公开为例外的原则;随着网络事业的爆发式增长,我国出台了《网络安全法》;随着网络侵害案件猖獗的状况,2017年3月20日,最高人民法院和最高人民检察院通过了《关于办理侵犯公民个人信息刑事案件适用法律若干问题的解释》,明确了侵犯公民个人信息罪的定罪量刑标准。可以说,分散立法的实践,最终会促进新闻立法的进程,形成中国特色的新闻涉法体系。

心理小典 缘法而治

制度和理智对人的道德行为有约束与指导作用,只有依靠制度(法治)和理智

（教育），才能在社会中对人的行为形成好的道德规范，法律有着刚性的制约作用，每个人都要自觉维护其尊严与权威。只有坚持依法办事，依法行使法律赋予的权力，才不致行为轨迹偏离方向，使公民的合法权益得到维护。媒介伦理以法律为底线，触碰职业伦理到极限，就要承担法律后果。

心智掌故　敬畏法律

苏格拉底说过，“法律必须被信仰，否则它将形同虚设”。从掌握公共权力的人到普通民众，只有敬畏法律，信仰法律，一切以法律为准绳，社会才会是一个法治社会。

某公司接待了一位加拿大的客户。这位叫尼尔森的加拿大商人一直生活在环保严格的加拿大。谈判结束后，公司宴请尼尔森，了解到尼尔森喜欢吃鱼，主人就点了一道清炖虹鳟鱼。

这道菜上来以后，尼尔森眼睛一亮，连说“谢谢”。看得出，他真的很喜欢这道菜。尼尔森在主人的谦让之下，夹了一块鱼肉。然而，肉还没有送到嘴里，就被他放回了盘子里。他很失望地对我们说：“很抱歉，我不能吃这条鱼了。”我们十分惊诧，很担心是卫生方面出了问题，引起了他的警觉。尼尔森却解释说：“根据我们这个州的法律规定，为了保护生态环境，不能吃有籽的雌鱼。你们看，这条鱼有籽啊，我不能吃。”公司的老总忙说：“没关系，这是在中国，中国没有这样的法律，你可以尽情品尝。”尼尔森却说：“在哪里不重要，重要的是我在内心里承认和尊重州法律，我要严格遵守我们的法律。”尼尔森自始至终没有吃一口鱼肉。他的行为让在座的每一位都肃然起敬。

一名普普通通的加拿大商人，在异国他乡都能够不受主人热情的影响，如此遵守法律、敬畏法律，可以推想他也是一个敬畏契约，诚实守信的商业伙伴。

心灵启悟　明确范围

表达权、监督权在近代民主制度中得到普遍确认，我国宪法中有关于言论出版自由的规定，在立法精神上是一致的。但是，必要要明确的一个前提就是：新闻自由必须在法律所允许的范围内进行。在新闻立法方面，我国目前做的还不够，作为记者，应该明确自己的责任和义务，为了使自己的行为有所依据，就必须积极推动我国新闻立法进程，完善法治环境。

第四节　尽快壮大实力

我国对报业的行业定性为:“既有一般产业的属性,又有特殊行业的属性;既要讲求经济效益,又要坚持把社会效益放在首位。”比较西方国家把报业作为追求利润的工具,并与一般产业没有区别,我国报业的社会责任,显然通过对它的两个属性的定位,得到了更有力的保障。

但是,既然在“一般产业”方面有着共同点,必然在这方面要遵循一些共同的客观规律。美国著名报业资本家杰克·富勒说:“为了拥有在观点上获得成功的必要资财,报纸必须在经济上获得成功。”这句话道出了现代报业竞争的一个实情:没有强大的实力作保证,观点的传播是不会自动取胜的。

从总体实力角度看,我国报刊还处于成长阶段。在 2001 年 5 月北京举行的第 7 届世界印刷大会上,世界各著名印刷业跨国公司在肯定中国报业快速发展的同时,纷纷指出中国的报刊品种还有待壮大。德国海德堡公司董事长贝尔哈特认为:尽管中国报纸日发行量已达 1.86 亿份,但中国的媒体消费仍有待增长。中国目前人均媒体消费约为 35 美元,而德国的人均消费为 300 美元,在经历了 2001—2010 年 10 年高速增长后,我国报业的发行总量创造了世界第一的辉煌,之后随着网络兴起而逐步趋降,这也符合国际报纸产业的一般规律。

从单个产业的实力角度看,我国报业的绝大多数,还处于经营单一、力量单薄的状态。全国 50 万从业人员、2,000 家日报,广告总额约为 135 亿人民币。相比较而言,美国《纽约时报》一家的资产就达 31 亿美元,年营业额 23 亿美元。要壮大我国报业的实力,必须在观念上有所更新,方向是改变层叠式的布局结构,壮大报业集团。由于计划体制形成的按行政体制和行业体制办报,把报业作为行政权力的必备附设机构,因此,无论需求和盈亏,有藤就有瓜,而不管瓜多是否会伤藤。这样就形成了畸形的报业生态:报纸数量虽多,但真正直接面向市场的报纸少,多数报纸都以各种形式切割公费订阅的“蛋糕”,不仅这些过量的“瓜”都长不大,而且还由于摊派报款损害了政府形象。随着市场经济的发展,我国报业已出现了“牌子大不等于发行量大,更不等于收入大”的现象,这是报业市场发出的明显信号,提醒我国报业要主动调整报业生态,扶持一批全国性或区域性报纸形成集团,而集团内的报纸品种要形成分工和经营合作,以共同撑起宣传与经营这两个支撑。经过市场竞争,我国报业应出现一批有实力的大报团，这些报团正在形成跨行政区域的强大发行覆盖能力和经营能力。中国报业在经历了“单一报种时期”（特点是清一色都是机关报）、“多报种时期”（特点是报纸种数大量增加，但规模较小）之后，开始进入“厚报时代”（特点是报纸涌动“扩版热”，规模增大）。报纸“跑马占地”式的扩张期已经结束，20 世纪 80 年代至 20 世纪 90 年代初期所出现的那种靠创办能填补大众传播领域空白报种而取胜的时代，已经成为“明日黄花”，以规模化竞争为特点的质量盘整期已经到来，报纸能否打造出读者认可的“品牌”将是决定其能否竞争到读者的关键。

为了壮大实力，我们必须正视目前报业还存在的各种问题。例如，目前的集团组建取向对形成强大舆论集团还不适应，并落后于信息时代的社会需求。现行政策是以报业和广电为两个行业范围加以区分的，各自审批和运作，这是明显带有计划色彩的行为。因为，无论从宣传工作的效果出发，还是从经营的效率角度出发，今后都不应人为制约发展方向，而应以形成综合性的强大舆论集团为目的。

在信息产业最为发达的美国，媒体经营是朝着“形成不同类别的产品业务链群”方向发展的，著名的默多克集团、甘乃特报系等，都是报业、广电兼营的集团。随着互联网的兴起，报、电、网三位一体运行更是密不可分，因为，三者尽管传播的介质不同，但介质越是发达，所载送的信息量就越多，所依托的信息采集系统就越广泛，所需要投入的资金也越庞大，而这正是媒体集团的优势所在。目前，广电系统以节目报、刊物等为依托，已大量向报刊业浸润；报刊业则以承包节目的方式，向广电伸出了触角，这种现行体制内的跨媒介经营，虽然还停留在萌芽阶段，但已显示出强大的生命力，人民网、新华网都已上市，市值迅速超过母体。

在资金准入方面，诸多的限制也不利于报业壮大实力。按照我国现行出版法规和规章的规定，“报社的主办单位即是报刊的投资人”“非主管、主办单位不具有投资的主体资格”。因此，接受“外来投资”显然不符合相关规定。所以，我国已组建的二十多个报业集团，没有一个实行的是规范的股份制公司体制。

但是，报业只要具有产业的性质，它就具有了一般产业必然具备的需求，即资本的多元化与资本的流动化。按照经济学的一般常识，资本只有在流动中才具有活力和增值力。据美国商务部统计，仅 1997 年至 1998 年，美国报业就有 162 家报纸易手，交易金额高达 62 亿美元，所有的这些交易都促进了经营的集约化。就在人们普遍看低报业的时候，亚马逊公司却入主《华盛顿邮报》，马云也拿下了香港英文报《虎报》。

在我国，什么样的资本能够在报业流动？这也许是其中最敏感也是最迫切需要解决的问题。因为跃跃欲试地要参与报业竞争的资本来自方方面面，社会资本就是其中一股较强的力量。2001 年 5 月，中国报业出现了一件引人关注的事件：《人民日报》与北大青鸟集团共同出资创办了《京华时报》，尽管报头上仍然只写着“《人民日报》主办”的字样，双方也并未为此而注册一家新的合资公司，但资本的进入则是一个不争的事实。实际上，在《京华时报》之前，已有多家报纸以各种变通的方式吸纳了社会资金，甚至部分外资，还有的采用迂回办法上市成为公众公司。由于没有这方面可以明确遵守的法律法规，这种资金注入的规模既受到限制，也不符合依法办事的精神。因此，修改和出台新的报业资金准入规则，是一件需要尽快办的事。中国的报业在国际化之后面临严峻的挑战，除国内的竞争外，还要面临国际的竞争，只有主动调整，加快发展，壮大实力，才能获得竞争的主动权。根据联合国的标准，每千人应拥有报纸 100 份，美国的拥有量是每千人 410 份，日本是每千人 591 份，中国的拥有量只有每千人 50 份。2001 年在北京召开的中国传媒年会上，《华尔街日报》《财富》等 700 多位中外传媒巨头都认定，中国传媒市场的理论规模可以超过 1,000 亿元。这个巨大的蛋糕，在加入 WTO 后的新形势下，变化巨大，据《中国传媒蓝皮书》统计，2015 年中国传媒产业规模已达 12,750 亿元。技术进步与市场的需求，往往超过人的想象力，到 2016 年，仅腾讯一家的市值就超过了 3,600亿美元，比一般中等国家如马来西亚的国家 GDP 还要高。而人民网上市仅 1 年，市值就达到 150 亿人民币，新华网市值达 180 亿人民币。

心理小典　前瞻性意识

前瞻性意识是一种超前意识，是人的主观认识根据已知条件对客观事物发展趋势的确定性判断的思维方式。前瞻性意识以实践性和确定性为其根本属性，前瞻性意识具有实践性、特殊性、普遍性、科学性、目的性和层次性等基本特征，记者行为引导与调整需要根据行为目的和行为规范来选择不同的思维意识。

心智掌故　把梳子卖给和尚

一家生产梳子的公司招聘业务员，经过多轮面试后剩下三个人，最后一道题是：谁能把梳子卖给和尚。半个月后，三个人回来了。

甲：在跑了无数的寺院、向无数的和尚推销了之后，碰到一个小和尚，因为头痒难耐，说服他把梳子当作一个挠痒的工具卖了出去。经过努力，最终卖出了一把梳子。

乙：也跑了很多寺院，但都没有推销出去，正在绝望之时，忽然发现烧香的信徒中有个女客头发有点散乱，于是对寺院的住持说，这是一种对菩萨不敬的行为，终于说服了两家寺院每家买了五把梳子，共卖出了十把梳子。

丙：在跑了几家寺院之后，没有卖出一把梳子，感到很困难，便分析怎样才能卖出去。想到寺院一方面传道布经，但一方面也需要增加经济效益，前来烧香的信徒有的不远万里，应该有一种带回去点什么的愿望。于是和寺院的住持商量，在梳子上刻上各种字，如虔诚梳、发财梳……并且分成不同档次，在香客求签后分发。结果寺院在应用之后效果很好，越来越多的寺院要求购买此类梳子，最终卖了1,500把梳子，并且可能以后会卖出更多。

甲是个很勤劳的销售人员，面对困难的时候锲而不舍，最后终于圆满完成任务；乙的成绩要比甲好，在销售过程中他也做了更为大胆的尝试，他大胆地改变了销售人群，让不可能购买的人买给需要的人，买的人不一定用，用的人不一定买；丙的做法更让人大吃一惊，因为他创造了循环的效益，而且开辟了一个崭新的市场。

心灵启悟　学会洞察自我

新闻业是洞察世事的行业，但是洞察自我却不是一件容易的事。作为自为之物，媒体是一个变化中的有机体，适应环境与自我更新是双重任务。生生灭灭本不足奇，但媒介功能总是要在涅槃中获得再生。媒体人精神就是那种先知先行的精神，在不确定的情况下做出决策，在大部分人都未察觉或不看好的时候，仍然满怀希望、不断探索的精神。

第五节　一线日益扩展

对于新闻工作者来讲，深入一线既是一个理论问题，也是一个实践问题。理论指导实践，实践反过来又丰富理论。在社会主义市场经济新的历史条件下，这种相互运动处于十分活跃的、螺旋上升的阶段。

“一线在日益扩展。”这个命题并未被所有的新闻工作者关注和领悟，并用以及时调整采访行为。恩格斯在《反杜林论》中有一句名言：“目的比用来达到目的的手段要‘基础性’得多。”我们新闻工作的目的，是为大局服务。在改革开放大格局和社会主义市场经济体制已经确立的条件下，作为新闻之源的社会生活已经实现了极大的丰富，发生了极大的变化，我们头脑中的“生活一线”理应随之延伸。

在改革开放的年代里，公民对公共事务和社会风气的关心程度不断增强；对社会生活中出现的新问题与新现象的议论倍感兴趣；对通过法律的“外在制约”与道德的“内在制约”来规范人们的经济行为和社会行为的呼唤日趋强烈。而对于报纸特别是地方报、行业报来讲，存在着发行区域或行业领域的相对局限，这种地域或领域的有限，与读者信息需求的无限是一对矛盾。在过去计划经济体制下，这对矛盾冲突表现得并不激烈，报道什么和怎么报道都有一定的程式可依，而在开放和市场经济条件下，再依老办法办事就难过日子了，其矛盾已发展到直接影响报纸能否生存的激烈程度，其道理很简单，因为读者谁也不愿意订一份信息单一、格局封闭的报纸。

就“深入一线”而言，过去记者严守画地为牢的采访区域和思维定向，形式上经常下到“一线”走一圈，实际上简单地重复着自己没有什么新意的采访路线和观察结果，辛辛苦苦地制造一些简单地印证上级文件精神、没有什么信息价值和思想价值的“新闻”。这是一种形而上学的深入一线，好像一线是一成不变的，到一线就是生活上吃些苦而已。

实际上，提倡记者思维的艰苦，更甚于提倡生活的艰苦。在深入一线的问题上，看不到一线在日益扩展，就难以在采访方向上有所突破，而这恰恰是报纸最需要突破的，凡有突破，就会给新闻界带来一股引领思路的清新之风。我们来看几篇中国新闻奖一等奖获奖作品：1992 年获奖消息《上海证券交易与国际市场接轨》，是记者深入到过去完全不熟悉的股票交易所采访写成的；1993 年获奖消息《中国投巨资加快长江沿岸开发》，是记者深入到对经济生活发生重大影响的信息统计、分析机构写成的；1999 年获奖消息《“天体大十字”预言宣告破产》，是在所谓诺查丹玛斯预言地球毁灭的那一天，组织记者采访了巴黎、东京、伦敦、华盛顿的许多国外著名天文学专家、学者和普通群众，以及北京、南京等地著名的天文学家，而后精心写成的；2000 年获奖消息《法警背起生病被告》，也是记者把发现的目光投向过去不熟悉的法庭，偶然看到一位法警背着生病的被告出庭的情形后，敏感地意识到新闻事件背后的价值，表现了法警对人权的尊重而写出的。2016 年《解放军报》获奖消息反映的则是航母飞行员事迹。我们可以这样认为，在新的历史条件下，“一线”的内涵已经由过去计划体制下习惯认定的、单纯的物质生产基层单位，扩大到人民经济、精神生活的多方位前沿。唯物辩证法要求我们用联系的、发展的观点来看待事物，当今的经济文化现象，极少只限制在狭小、相互隔绝的领域内发生，记者理应把眼光和思路放开，走入内涵更丰富、领域更广阔的生活一线采写新闻。

社会生活的无限广阔与新闻报道的相对局限是永远存在的矛盾，为了促使矛盾朝着有利于广大读者的方向转化，唯一的办法是记者不断地发现和走向生活的前沿，选择具有挑战性的新领域，开展具有新意的采写实践。

在日益扩展的生活一线上，应该有这样一些优先的选择。

深入"热点"。作为职业记者，应该有判断热点的敏感。报道热点，也就是反映人民群众关心的问题。许多改革的重大决策，涉及不同人群的利益调整，对社会生活有着巨大的影响，形成人们所共同关心的热点。在这些热点问题上真正体现了指导性的新闻，是拥有广泛读者的。对于我们时代的主旋律、生活的主要流向，只要我们以开阔的视野，揭示其丰富的社会生活内涵，就一定能从其间开掘出可读、耐读的篇章。《人民日报》在纪念创刊50年的文章中举例说，1996年《人民日报》受到江泽民同志表扬的一篇报道，是在头版头条破例发出的《一个母亲的呼吁》，在处理这篇文章上，《人民日报》体现了群众要求打击"黄赌毒"的热点问题，结果引起了从中央领导到人民群众的一致赞扬。

深入战略重点。记者的优势是普通读者所不能取代的，许多战略重点是读者心之所向、力不能及的，记者将新闻事实的内涵、本质和社会影响充分地揭示出来，让潜在的新闻资源得到有效而及时的利用，就可以有利于新闻报道的深化与升华。例如，湖北的读者非常关心湖北的长江沿江地带能否在国家的长江经济带开发战略中起飞，实现湖北经济崛起。我们就以战略的眼光，组织几十名记者深入到沿江数十个县市，以动态的方式报道发展态势，清晰地指出了优势与不足，满足了读者对这个战略问题的认识要求。又如，民工输出是内陆省份一个经济发展的战略问题，我们应该怎样认识和引导民工潮现象呢？我们不满足于孤立的、浅层次的报道，派出记者一竿子插到底，与民工同吃同行下广东，在民工集中的珠江三角洲进行了长时间的深层采访，回答了人们关心的许多问题，对合理引导民工流向、解决民工切身困难，起到了纠正偏见、正确导向的作用。

深入到市场经济建设的难点。社会主义市场经济在确立的进程中，必然会遇到许多难点，如破产、兼并、失业、如何认识个体私营企业地位等，记者有责任贴近这些难点，通过新闻报道给读者以启迪和警示。回避难点，实际上就是回避矛盾，同时也就失去了许多可能捕捉到具有新意的新闻题材的战机。无数新闻实践已经证明，知难而进是新闻记者获得读者认可的有效途径。

深入到危急点、紧要点。凡这样的场合，都涉及国家和人民的巨大利益。作为人民的记者，此时退缩就意味着失职。从信息发生和传播的角度看，危急和紧要关口是新闻信息密集、受众关心度最高的地方，记者的角色意识此时应发挥到最充分的状态，深入是唯一正确的选择。

深入到记者过去罕至的地点。社会分工的日益细致，使得人们的职业划分早已突破了传统的“三百六十行”，即使在最料想不到的地方，也有群众在创造着崭新的生活。记者作为时代步伐的记录者，应该关注到那些容易为人忽视的行业和领域，而一旦深入到这样的一些地方，往往就会发现许多令人惊奇的新闻题材。《羊城晚报》获中国新闻奖的通讯《来自高墙内的哭诉》，揭露了一个外资企业老板违反《劳动法》，非法体罚、殴打、侮辱员工的恶劣行径。记者以打工者的身份，深入到这个企业干了一星期的活，掌握了大量第一手材料，生动具体地反映了“打工仔”的遭遇和呼声。稿件发表后，引起各方面的强烈反响，使问题得到了解决。

从传播学理论上讲，以事实为载体传播的理论、观点、认识、主张，最容易为受众所接受，最容易收到“润物细无声”的传播效果。因为这样的事实具有强大的逻辑力量，事实胜于雄辩。从日益扩展的一线所发出的事实报道，添上了新鲜性和接近性的双翅，这样的新闻当然能更好地飞入寻常百姓家。

心理小典 突破思维局限

开放性思维，是指突破传统思维定势和狭隘眼界，多视角、全方位看问题的思维；它与把事物彼此割裂开来、孤立起来、封闭起来，使思维具有保守性、被动性和消极性的形而上学思维是根本对立的。人的认知结构，婴儿期是碎片化的，而结构化逻辑则是成熟的标志。开放性思维本质上具有反教条和实事求是的特征。具备了开放性的思维方式，就能够不断地有所发现、有所发明、有所创造、有所前进。信息传播产生“关于知识的知识”，像盖楼房一样，层层累加不断排演出新的信息，让文明不断向前延展。

心智掌故 压力反弹思维

巴那斯是个农民，但他却有个很大的理想，总想着自己要干一番大事业。也许是幸运之神对他的眷顾吧，有一天，一张报纸改变了他的命运。

那天，当他看到报纸上大发明家爱迪生的故事之后，竟然萌发出要成为爱迪生的合作伙伴的梦想，他要把爱迪生的发明成果推广到全世界。

就这样，他告别了家人，爬上了一辆开往新泽西州的火车。当他站在爱迪生面前的时候，他看上去就像一个乞丐。然而，他的双眼却闪烁着希望和自信的光芒。

在爱迪生的实验室里，他对爱迪生说自己从很远的农村来到这里，虽然身无分文，衣食无着，但他告诉爱迪生他来到这里的目的："我要做你生意上的合伙人……你的发明成果需要有人把它推向全世界，我要让所有的人都能享受到你的发明。当然，我现在需要你收留我在你的工厂做工，我需要在你的身边，熟悉你的一切发明创造。"

爱迪生看了看他说道："这位尊敬的先生！有件事我不得不遗憾地告诉你，类似您这样的来客，我几乎每周都会遇到几个，结果却非常不好。因此，我是否可以向你提出一个问题呢？当然，如果你能完美地把问题解决了，我非常欢迎你加入到我们这里。反之，则请先生见谅了！"

"好吧！"巴那斯说。

"你现在就开始想办法，看能否让我走出这个实验室。"爱迪生说道。

"这根本不行！这个问题简直不可思议！"巴那斯生气地吼道："如果问题是把站在外面的您请回实验室，那还有可能，而这个，绝对不可能！"

"哦？那我就到外面，看你有什么办法让我进来！"爱迪生说着，就来到了门外。当他刚刚站稳脚跟，再看巴那斯的时候，突然明白自己已经输了。

压力反弹式的智慧运用，是一种思维突破，最终成为成功商人的巴那斯后来在营销中还用过多种智慧为成功助力。

心灵启悟　记者不能盲目

人的记忆信息处理能力是有限的，在互联网快速发展的今天，人接收到的信息远远大于人能够处理的信息，也远远大于人实际所需要的信息。因此，记者要对海量的信息进行筛选和甄别，帮助人们减少获取有效信息的成本，不能"捡到篮子里的都是菜"。

第六节　敏捷出于历练

思维敏捷是记者最宝贵的素质之一。所谓"敏"，当然是指敏感——在事物将现未现、真相渐露未露之时，就能够感觉到新闻价值之所在；所谓"捷"，则是指能够迅速抓住事物之本质。面对一堆材料，当别人还在绕来绕去找不到门径时，敏捷的记者就能够直奔主题，把注意力集中到有新闻的部分去予以开掘。

学者的思维，以"缜密"见长；而记者的思维，应该以"敏捷"为先。这样说，并不是有互相排斥的意思，而是从职业的角度，提出思维类型的不同侧重面。有侧重与没有侧重是不一样的，有如不同项目的运动员，虽然都要练体能，但单项技能训练才是主课。

现在有的年轻记者，干了若干年后，坐下来盘点作品，数量往往不少，但问起这些作品是怎么来的时候，却往往有些汗颜，因为其中的“命题作文”太多，真正依靠自己运用敏捷的思维去发现和捕捉的新闻太少。这种现象不能责怪年轻记者，而是要从长期以来，记者行业普遍不重视思维训练这个倾向中去找原因。

记者要注重思维训练。这个课题的提出，并不是要故作惊人之语。因为，行动是受思维支配的，如果没有敏捷的新闻思维，何来敏捷的采访行动？我们在新闻实践中，常会为一些出工不出活的“懒”记者而头痛，并且制定一些规章，意在以规章的高压，迫使“懒”记者出活。但是，的确有一些记者，主观上并不是不愿意干活，而是材料拿了一大堆，路也跑了不少，但干着急出不来活，怎么压也不行。这些记者，可能就是长期忽视了思维训练，而产生闭锁症，其苦恼是非当事人所能理解的。

“心病还要心药医。”为了形成敏捷的思维习惯，必然要寻找一定的训练手段。而且，早期训练尤为重要。如果一个刚投身新闻界的年轻人，一开始就注意到训练敏捷的思维，并且持之以恒，那他一定会收到事半功倍的效果。

尽管思维科学是一种极其复杂的科学，谁也不可能把思维科学简单地归纳为几条规律，让别人去照办。但是，就形成“思维敏捷”这一个特点来看，在经验的基础上，仍然可以找到若干实用和可行的途径，让后来者有意识地历练，历练多了，就有可能习惯成自然。

运用以下 4 种意识，作为训练敏捷思维的“磨刀石”，不管是长期磨，还是临阵磨，都会产生“磨刀石”作用。这 4 种意识包括比较的意识、怀疑的意识、简化的意识、快一拍的意识。

比较是一种最基本的思维方法，但是，这种最基本、最管用的方法，却在敏捷思维的形成上占据首席位置。有经验的记者接触到材料，往往很快就会作出相应的判断，这种判断的基本方法就是比较。比较如此重要，但不是人人都会运用，这有两方面的原因，一是思想上不善于主动拿起比较这个武器，二是不善于选择比较的坐标。主动比较，实际上是以一种进取的思维姿态面对素材，货比三家，取舍由我，而不是被动地“拣到篮子都是菜”。选好比较坐标，则属于一种效率方面的问题。所谓有效比较，很大程度上取决于指坐标选得是否对。纵向与横向、历史与现实、行为与心理、道德与利益……坐标的类型有很多，敏捷的记者往往运用不同的多个坐标而予以比较。消息《国际饭店变矮了》，就是以国际饭店这个上海历史上最高的建筑为坐标，写新上海的高层建筑大量增加的新闻，稿件在比较中显出了独特的新闻价值。

怀疑的意识，就是遇到素材先问一个为什么。敏捷是一种有穿透力的思维能力，我们常佩服某记者能抓住新闻背后的新闻，这种能力在思维上肇始于常保持怀疑这根弦。没有怀疑能力的记者，不可能是一个敏捷的记者，甚至可能成为被别人牵着鼻子转的糊涂记者。从认识规律角度看，事物总有表面现象和本质现象之分，怀疑就是一支思维之矛，用以穿透现象直抵本质。世界上存在的事物都可以认为自己是合理的，但记者的任务不只是证明其合理，有时从合理的背后找到不合理之处，新闻就出来了。如农村电价高于城市电价，这是长期存在的似乎合理的现象，但顺着产生这个“合理”现象的路径追一追，就会发现许多有新闻价值的反常现象。

简化的意识，则是一种删繁就简的思维劳动意识。通常记者拿到的素材量多类杂，难以下手成稿。此时，敏捷的记者往往避开面面俱到的思维企图，而是确立一个突破口，思维之兵轻装纵深发展，思之成理、言之有据便可为文。这样做并不是简单从事情出发，而是从产生记者劳动的终极产品——新闻稿的需求出发。新闻是轻武器，装填的弹药所需有限，它的威力在于连发而不在于爆破，记者在制造“子弹”时，生产工艺当然要与造“炮弹”有所不同。这是一种客观需求，有意识地顺应这种需求，才能练就职业劳动的必备技能。

快一拍的意识，不用说是指争取时效。同一件事或同一个报道角度，你想到了别人也想到了，但别人比你快一拍，你就输了。连输几次，“敏捷”的桂冠就要戴到别人头上去了。快其实并不难，因为“快”与“勤”总是联系在一起的。很多时候，由于思想上“懒”了那么一下，结果点子被别人抢去了。很可惜，新闻界对于“跟进”型的报道，总是在评价方面要打些折扣。如果养成了“快思”的习惯，一投入采访、一接触素材就逼着自己快想、快采、快出手，久而久之，效率必有提高。

四块“磨刀石”，看似普通，但常备手边，常加砥砺，思维之刃自会锋利，反应也当日趋敏捷，这是水到渠成的事。

心理小典　思维的敏捷性

思维的敏捷性是指思考问题时，思维主体能对客观事物做出快速敏锐的反应，它反映了思维活动中的反应速度和熟练程度。只有准确地掌握基础知识和形成熟练的基本技能，达到融会贯通，才能有真正的敏捷性。记者思维敏捷性表现为正确迅速地观察问题，理出新闻线索。敏捷并不是天生的，需要反复历练才能形成。

心智掌故 周瑜与诸葛亮斗智

三国时期，周瑜嫉妒诸葛亮的才能，总想加害诸葛亮。相传有一天他想出了一条妙计：设宴相请时以对诗为名进行加害。

周瑜见诸葛亮赴宴，十分高兴，首先出诗一首："有水也是溪，无水也是奚。去掉溪边水，加鸟便是鸡(鷄)。得志猫儿雄过虎，落毛凤凰不如鸡。"诸葛亮听了，心中暗想，自己身为蜀国军师，今日落入周瑜之手，岂不是"欺"吗？便立即对诗曰："有木也是棋，无木也是其。去掉棋边木，加欠便是欺。龙游浅水遭虾戏，虎落平原被犬欺。"

周瑜闻言大怒，鲁肃早已留意这场龙虎斗，见周都督意欲爆发，急忙劝解到："有水也是湘，无水也是相。去掉湘边水，加雨便是霜。各人自扫门前雪，莫管他人瓦上霜。"

风波平息了，周瑜怒气未消，他更换内容，又吟诗一首："有金就是钮，无金就是丑 。去掉钮边金，加女便是妞。隆中女子生的丑，百里难挑一个妞。"

诸葛亮见周瑜奚落自己的夫人，也就毫不客气，反唇相讥，遂吟诵道："有木也是桥，无木也是乔。去掉桥边木，加女便是娇。江东美女数二乔，难护铜雀不锁乔。"

诸葛亮的嘲讽，激得周瑜怒火万丈，暴跳如雷，暗令伏兵将其团团围住。鲁肃立即上前劝阻："有木也是槽，无木也是曹。去掉槽边木，加米便是糟。今日这是在破曹，龙虎相残便是糟。"

鲁肃以诗指点，周瑜幡然醒悟，遂喝退刀斧手，与诸葛亮共商破曹大计，才有了流传千古的火烧赤壁的故事。

心灵启悟 敏于思则行而迅

任何学科的每一本著作，与兹兹宇宙比起来，都只是碎片化，即便那些看起来好像概括了多门学科的"通识性"见解，也都是从某一角度解读这个世界，所以信息的本质就是人对世界认知的碎片化呈现，新闻更是如此。事实不是一成不变的，相反它总是在无限变化着。变动的事实则会产生新闻，但是变动着的事实总是稍纵即逝，如果没有一双敏锐的眼睛，新闻事实很难抓住。这就要求记者平时要多注意培养思维的敏捷性，才能快速感觉到新闻点。

第七节 化贫乏为丰富

人生际遇和追求难以完全自己把握，法国作家纪德在其《窄门》一书中说过："生活有千百种形式，每人只能经历一种。艳羡别人的幸福，那是想入非非，即便得到也不会享那个福。"记者何尝不是如此，工作在大报或是小报、跑的线是出活还是不出活，那都是事先自己难以左右的事情。大凡看见别人妙笔生花，锦绣文章一篇一篇出来的时候，难免不对自己拥有的新闻资源"揣一揣肥瘠"，产生"命不如人"的感觉。感叹归感叹，却没有办法把别人已经挖了的矿藏放在自己名下，还是在自己的那一亩三分薄田里追求营生吧！

我曾被派到集老、少、边、穷为一体的湖北郧阳当省报的驻站记者。在这被称为"湖北西伯利亚"的地方，贫困的经济状况带来了相对贫乏的新闻环境，这是必须冷静承认的事实。说贫乏不是认命，而是讲实话。不承认现实是不行的，我经常提醒自己要从实事求是的思想路线出发，不要搞超越实际情况的浮华报道，避免产生假大空和以偏概全的偏差。

但是，身处贫困环境，不应被贫困二字障目而无所作为，其追求只有放在辩证看待贫困报道的环境上，放在合理利用贫乏中蕴有丰富因素的新闻资源上。

就经济发展而言，郧阳地区很穷，湖北 9 个最贫困的县中，郧阳占了 4 个。但是，经济尽管是基础，但新闻报道的对象不是单纯的经济和"经济人"，而是全方位的社会和"社会人"。所以，在思路上不能把"穷"绝对化，成为畏缩不前的口实。从贫乏中找丰富，这就会发现有反差、有矛盾，写新闻就有戏。

我们分析，从新闻报道的角度看，贫困地区有可利用的两个"丰富因素"：第一，山区人民为脱贫而付出的心血和代价，有过之于发达地区，他们的业绩和处于萌芽状态的新鲜经验，是我们可资利用的宝贵新闻资源；第二，区域内仍有着发展水平极不平衡的现象，加之地处数省交界处，经济、社会情况都十分复杂，存在着许多其他地区所没有的矛盾，而这些矛盾与差异正好给记者提供了思维和报道的契机；第三，封闭的环境和自然的经济，留给后人一个相对完整的独特的人文环境，历史文化的延续，在这里留下了独特的一环，从地下文物到民俗民风，可写的对象很多。这些都是产生特色报道的温床。

尽管有"丰富"的因素，但绝不可能指望俯拾皆是，必须经过细致的和艰苦的采访，才能把可能变为现实。事实证明，贫困和矛盾集中的地区，也是锻炼记者判断能力、采访能力的战场，只有不断克服不利因素，逾越思想和行动的懒惰障碍，才能深化、拓宽报道领域。要注意身在山区，理应唱好“山歌”，突出山区地方特色。但是，地方特色与省报的宏观指导特色不应矛盾，不能有意无意地把自己置于井底之蛙的位置，只有这样才能把自己的报道变成整张报纸的有机组成部分，同时又富有个性色彩。

我们在采写“山味”报道时，努力把自己的心贴近山区农民，与他们同悲同喜。先让事实打动自己，再努力用文字去感染读者。写《农家蟠桃会》时，我们与果农一道上山去摘桃子，然后，与他们一起坐在农家的土坯房里，边装筐边叙谈。写《背篓子、带票子，走遍山乡收山货》时，我们在鄂、陕两省边界的农村基层收购点徒步采访，冒着染上漆疮的危险，与收购员、漆农一起谈心，倾听他们的甘苦与喜悦。

在突出“山味”的同时，我们努力使自己站在全局的高度，发现一些有指导意义的题材呢。我们认为，不写“山味”是脱离实际，而一味地写“山味”又会陷入绝对化、片面性的形而上学之境。

贫困地区有没有对全局具有指导意义的题材？回答是肯定的，关键在于发现。我们写的新闻《好事千千万，一件一件办》，对于广大基层干部克服盲目急躁情绪和单纯政绩观念，就具有普遍的指导性。这篇报道是肯定一个山区穷县务实的做法，但不能说对于平原地区没有借鉴意义。《让带山味的工业品进山》，写的是销往山区的工业品必须适合贫困山区经济水平和山区消费特点，这个观点对山外各大中城市的企业是一种有价值的信息传递，所以《文摘报》等迅速予以摘转。至于党风建设、精神文明等，贫困地区与全国发展基本是同步的，我们可以放开手抓报道。我写的现场短新闻《在房县看拆房》，用新闻事实传递了党的基层组织纠正不正之风的决心和果断做法，既褒扬了正气，又鼓舞了民心，读者当然叫好，并且获得了湖北省新闻奖一等奖。

新闻报道面对的是变动着的社会，记者切忌一成不变地看社会。以贫困的郧阳山区为例，山区的工业的确很弱小，但汽车配件工业和军工企业却又是相对强壮的“小巨人”；山区交通不便，但电气化的襄渝铁路和各种等级的公路，以及丹江水库带来的航运之便，又在一定程度上改变了交通不畅的旧貌；山区虽然闭塞，但这里又有与世界许多国家联络异常频繁的外贸企业以及为东风汽车配套的企业链；山区虽然石头多路难行，但石头多带来了石文化的兴起，劣势正在转化为别人难以替代的优势。所以，站在贫困的山区不能只看到山，“山歌”要唱，“现代文明曲”也要谱，这是变动着的社会对记者提出的客观要求，不能视而不见。

为了不断地化贫乏为丰富，记者的思维要勤，即勤于思索和比较。要勤于占有材料、勤于分析对象运动的历史沿革与规律、勤于从社会的角度、从联系与发展的方向比较题材，一个勤字可以带出许多机遇，同时也可避免片面性和平面思维。诚如东汉张衡所说的那样："人生在勤，不索何获？"要想把贫乏化为丰富，必须要勤奋。勤奋是一种动力，它可以把许多原先认为没有什么价值的题材，通过广泛而深入的挖掘变得更有价值。新闻有一个术语叫"多点透视"，其实就是打破单向看问题的模式，迈开双腿，开动脑筋，上下左右、前方后方、历史现实，从多个角度去观察新闻题材，得到的结果自然可以使作品内容和思想内涵丰富起来。"多点透视"这样的采访方法，不是一个理论问题，而是一个实践问题，道理好懂，但操作起来并不容易。最大的障碍不是别的，就是在于是否有足够的勤奋作动力，不知疲倦地去多跑、多看、多听、多问。

心理小典　勤奋像细小的石子

行动的勤奋是指形而下的，即目标一旦形成，就立即施行，不拖沓、不懈怠；思维的勤奋侧重于形而上，善于思考，善于发现问题，面对事物形成主动想法。勤奋像细小的石头，使你的智慧越积越多，细小的石子虽不起眼，却能铺出千里路。平凡的努力虽不惊人，却能攀登万仞峰。

心智掌故　华罗庚入迷

在江苏省太湖的西北方，坐落着一个名叫金坛的小县城，城里有家只有一间门面的小杂货铺。这天，天空中飘着鹅毛大雪。柜台上，一个十来岁的孩子正埋头写个不停。一位顾客走进店门，一边抖落身上的雪花，一边问："多少钱一支笔？"

孩子头也不抬，脱口而出："853729！"

"多少钱？"

"853729！"

顾客诧异地问道："一支笔怎么值这么多钱？"

坐在柜台后面的孩子的父亲听见了，赶忙走出来招呼客人。可是，那位顾客一气之下竟扭头走了。原来，孩子回答的是他正在演算的一道数学题的答案，而不是顾客问的价钱。父亲火冒三丈，从儿子手里夺过书，大声训斥道："不好好招呼顾客，整天看书有啥用！"孩子睁大了眼睛，惶恐地看着父亲。

“你还要吃饭吗？把这些‘天书’都烧了！”说着，父亲就要烧数学书。

“让孩子学吧，也许能学出点名堂来呢！”母亲出来阻拦。

通常，等买完货的顾客一走，他就埋头看书和演算。没有纸，他就用包棉花的废纸写字、算题。入迷时，鼻涕流下来，他也不知道，还是不停地算、不停地写。夜幕降临了，他给小店上了门板，胡乱吃几口饭，就赶忙点起小油灯，继续读起数学书来。寒冬腊月，他仍然看书写字到深夜，手脚冻得冰冷发僵都全然不顾；酷暑季节，屋子里热得像蒸笼，他依旧挥汗如雨地读书，不停地演算。失学后，他一年四季每天坚持自学 10 个小时以上，有时候一天只睡 4 个小时。

兴趣导致入迷，而仅靠兴趣并不能行稳致远，华罗庚是凭着思维与行动的双勤奋 ，后来成为了举世闻名的大数学家。

心灵启悟　不一样的天空

勤奋是一种态度，是一种积极的行为态度，是一种有责任心的工作状态。作为记者，勤奋是其字典里不可或缺的。一个人的自我能不能认知迭代，能不能境界提升，取决于自我组织力的强弱。孔子说人分为三种：生而知之，学而知之，困而学之。记者属于经常受困于新环境和新知识的职业，在重压之下，运用心理能量自我组织突围，这就是一种职业勤奋。不一样的勤奋，成就不一样的天空。

第八节　记者何惧受伤

从 2000 年起，每年的 11 月 8 日是中国新闻工作者自己的节日——记者节。这是我国正式以职业命名的第三个节日。

第一次记者节大家过得很轻松，一片祝贺同乐之声，很让其他职业的人有些艳羡。有的人甚至说，前两个节给教师和护士，那都是弱势群体，而记者是无冕之王，怎么也来凑热闹呢？殊不知，2017 年 12 月中国记协公布：上一年度因公牺牲 4 人，受伤的达 90 多人。

“无冕之王”甚至不时因挨打而受伤，记者的血肉之躯正在付出血的代价。这种社会地位极为强烈的反差，是其他职业少有的。就在第二个记者节到来之前，《重庆商报》女记者罗侠在到某夜总会采访时，仅仅因为拒绝陪酒而被毒打，躺在医院接受治疗，此事引起全国媒体的公愤。据中国记协统计，自 1998 年他们设立新闻工作者维权委员会以来，受理的关于记者受害的投诉每年多达几百起，其中包括非法拘禁、殴打记者等恶性案件，而各地基层记协处理过的案件并未计算在内。可以说，记者权益受侵害事件的发生呈逐年上升的趋势，用《工人日报》发表的一篇文章的话说就是："没完没了，愈演愈烈。"如果你不相信，打开任何一个门户网站，用"记者被打"主题词检索一下，数十条这类信息立即显现：

- 由记者遭暴力毒打看猛于劫匪的"护村队"
- 南京发生围殴记者事件
- 长春电影节记者遭追打
- 采访非法传销记者遭围殴
- 中国质量万里行记者在西安被打伤
- 吕梁一派出所长阻挠采访殴打记者
- 首届记者节刚过南宁记者采访被打
- 济南重大塌方事故多人死亡，记者采访被打晕
- 《羊城晚报》记者在深圳某工地被殴打

《北京晚报》在第二届记者节前夕不无忧虑地发表文章《记者为何总受伤》，新华社也发表了评论《新闻的权利：记者节上一个沉重的话题》。

人贵有一点精神。邹韬奋先生说："有志于某种事业者，与其临渊羡鱼，毋宁退而结网，结网无他，即对于某种事业所需要的能力加以充分准备。"可以这样说，在今天要当好一名记者，精神上也要做好不怕受伤的准备。这种受伤来自两方面，一是精神的受伤，因主持正义常有诽谤、缠讼事件加之于记者；二是肉体的受伤，为完成采访任务被推推搡搡不能计较，棍棒交加也不能退缩。记者的战斗性，就在于以强烈的社会责任感和历史使命感，以敏锐的洞察力和犀利的笔锋，无情地揭露和鞭挞一切危害人民利益的恶人恶事。"铁肩担道义，妙手著文章"在今天有着新的意义，邵云环、许杏虎、朱颖等记者以自己的生命为代价为新闻史续写了篇章；更多的记者则要忍着身上伤痕的疼痛，肩负起新闻工作光荣的战斗责任。

记者进行批评性采访报道，是行使舆论监督的职业权力，这不可避免地要触犯采访对象及相关利害人的利益。这些人悍然对记者大打出手，说明他们对记者的舆论监督行为怀有深深的恐惧，说明记者的舆论监督行为具有越来越有效的威慑力，也正恰恰说明新闻工作者干预生活的力度在增加。对阻碍国家机关工作人员、人大代表等执行职务的行为，《刑法》中规定有"扰乱公共秩序罪"可予惩处，对妨碍

司法机关工作的行为，《刑法》中规定有“妨碍司法罪”可予惩处。此外，还有一些专门法律保障公务员、人大代表、法官的职业权益。可是对于妨碍记者正常采访报道的行为，在《刑法》中却并无明确的说法，如果记者被打得很严重，打人者最多算是犯故意伤害罪，但妨碍记者采访报道的行为却并不会受到追究。

中央电视台的《今日说法》节目，曾播出《记者被打之后……》，揭露1999年山东电视台女记者王蓉蓉被打事件。王蓉蓉万般感慨：“作为一名法制类节目的记者，常常揭露社会的一些负面现象，为受害者谋求法律保护。可轮到自己头上，突然发现竟然受不到有效的保护！”中国记协维权委的一个同志就曾专程到事发地奔走。王蓉蓉说，那天下着雨，她永远也忘不了那位老同志在雨中焦急的神色和一些相关部门的漠然。

某报曾登过一个曾经打了记者的人的话，他说：“你们记者要是不批评就没事，一批评就有事，并且打了记者也没事。”这话不仅让人气愤，也显示出一种极坏的社会心理：为了私利，可以对正义和良知予以藐视，当然也不怕对代表正义与良知的记者动拳头。然而，我们不得不承认，这种流氓式的社会心理，具有相当大的市场。

怎么办？中青报一位记者说过这样一段话：“如果你畏惧了，发生在被打记者身上的事，都有可能发生在我们的身上；而只有改变他们的命运，才能够改变我们自己的命运，因为丧钟为每个人而鸣。”

作为和平时期非军事性职业中风险第二大的职业，记者需要法律的保护，这是大家的共识，但仅有此还不够。

山东两位青年记者对话的观点是非常有道理的，记录如下。

甲：《新闻法》的尽早出台是有利于规范记者行动的。只有真正到了舆论监督大胆往前走的时候，“中间派”才会转化为“积极派”，“三陪”记者才会被人看不起，而无论受了多么大的委屈，总有一些讲真话的同行在默默坚持，我们真应该为那些为此入狱、丢职、受到暴力侵犯的同行敬酒、拍案而起。问题是，仅有道义上的支持还很不够。

乙：是的，我们自己在维权方面还有很多盲点，其实我们在被打之后，是可以做很多事来维护自己权益的，事情原本是可以做得更好的，但我们却没有奋力地依法斗争，最终沦落为忍气吞声的弱者。高尚未必就是高尚者的墓志铭，卑鄙也不一定就是卑鄙者的通行证。

在2016年中华全国新闻工作者协会第八届理事会常务理事会工作报告中，还专门提到要进一步改进新闻维权工作。完善新闻工作者权益保障制度，在新闻工作者合法权益受到损害时，及时发声、提供必要的支持援助，为新闻工作者的正常采编工作保驾护航。突出抓好政治维权，强力支持新闻工作者为党和国家发声。

是的，记者不惧受伤，记者同时更不应惧怕那些黑暗里的不法势力。不管这些人有什么背景，我们都应拿起两个武器——舆论武器和法律武器与其战斗。在社会主义的阳光下，有什么势力能抵挡得住舆论的曝光和谴责，抗得住法律的追究与惩处！

心理小典　挫折复原力

心理学家芮维奇认为，保持乐观是增强挫折复原力最重要的技巧。世事无分好坏，只看你怎么想。挫折复原力在于加强思考的灵活度，只要保持正能量，即使失败也不觉得苦。心理学家赛利格曼强调自我反驳，经常检验、驳斥自己的负面想法，用每一分证据去证明负面想法的瑕疵。一旦你排斥这些不好的念头，它们就无法干扰你的行为。

心智拿故　与厄运博斗

古人云："人生在世不如意事十之八九。"可见，每个人都有遇到挫折的时候。然而，面对挫折，有些人被打败并且从此一蹶不振，但有些人在一次次的失败后依然迎难而上，最终获得了成功。

巴雷尼小时候因病成了残疾，母亲的心就像刀绞一样，但她还是强忍住自己的悲痛。她想，孩子现在最需要的是鼓励和帮助，而不是妈妈的眼泪。母亲来到巴雷尼的病床前，拉着他的手说："孩子，妈妈相信你是个有志气的人，希望你能用自己的双腿，在人生的道路上勇敢地走下去！"母亲的话，撞击着巴雷尼的心扉，他"哇"地一声，扑到母亲怀里大哭起来。从那以后，母亲只要一有空，就帮巴雷尼练习走路，做体操，常常累得满头大汗。

有一次母亲得了重感冒，她想，做母亲的不仅要言传，还要身教。尽管发着高烧，她还是下床按计划帮助巴雷尼练习走路。黄豆般的汗水从母亲脸上淌下来，她用干毛巾擦擦，咬紧牙，硬是帮巴雷尼完成了当天的锻炼计划。体育锻炼弥补了身体残疾给巴雷尼带来的不便。母亲的榜样作用，更是深深地教育了巴雷尼，他终于经受住了命运给他的严酷打击。他刻苦学习，学习成绩一直在班上名列前茅。最后，以优异的成绩考进了维也纳大学医学院。大学毕业后，巴雷尼以全部精力，致力于耳科神经学的研究。最后，他终于登上了诺贝尔生理学和医学奖的领奖台。

心灵启悟　挺住职业伦理

人生注定是要同困难打交道的，或是困难吞没懦夫，或是强者征服困难。著名诗人里尔克曾经说过："有何胜利可言，挺住便是一切。"记者这个职业同样也是如此，为了传播真实，抑制虚假，难免会触犯到某些人的利益，从而被其打击报复。唯有"挺住"，不惧困难，才会赢得受众长久的支持和信任，从而实现记者的职业伦理理想。

第九节　树立精品意识

"宁可抱香枝上老，不随黄叶舞秋风。"宋代女词人朱淑真的这两句诗，可以作为记者职业道路上的精神参考。

随风而去的粗糙新闻作品，是容易诱人匆率而为的。如果把记者职业当作一种人生追求，而不仅仅只当作一种谋生的手段，那就应该志存高远，树立精品意识，这就是一种"抱香"的情操。

新闻精品不是可望不可即的虚有概念。我认为，举凡具备了独特视角、独特发现、独特风格的新闻作品，都可纳入新闻精品的范围。

独特视角是说观察问题要有眼光。站得高看得远是一种眼光，抵得近看得真也是一种眼光。推拉摇移、上下左右，看起来是个眼光和角度问题，实际上反映了记者头脑中有没有辩证法，心胸中有没有全局观。

视角找准了，稿子就成功了一半。这样说并不是夸大其词。在新闻记者的头脑里，不能信奉题材决定论。哪儿有生活，哪儿就有潜在的新闻，关键是如何去反映。如果把人群分为三六九等，新闻领域划个高下肥瘦，那是形而上学的。范敬宜同志积数十年新闻工作经验，深有体会地说："只要找准基调，找准角度，找准语言，再难的题目也能做出好文章来。只要有理、有艺（宣传艺术），就没有不可接触的东西。"为了说明这个观点，他曾举过一个自己"睡觉睡出来新闻"的例子。1982 年他到辽宁一个贫穷的公社采访。公社把他安排在一个土炕上，让他守电话。一睡几天他也没发现什么新闻线索，到了第三天他醒过来，对公社干事说："我可发现大新闻了。这三天，我们接到过一个电话没有？有一个来上访的没有？一个也没有。

这就是大新闻。”像这样的穷困乡，过去晚上电话很忙，不是大搞形式主义、催进度、要报表，就是上访、吵架，哪能像现在一样睡得安安稳稳。家庭联产承包责任制推行以后，老百姓日子好过了，事情就少了。于是他写了一篇报道《早无堵门夜无电话羊夹子干部睡上了安稳觉》。那位干事说：“老范，你这篇稿子是睡出来的。”为什么能睡出来，就是因为脑子里有农村的大局。这类着眼于静悄悄发生、不为人注意的，但一经点破之后会使人恍然大悟的事情，不是新闻精品，又是什么呢？

独特发现是指能在普通题材里挖出有价值的观点来。新闻是事实，但支撑事实的是观点。事实如同一盒火柴，不可不用，也不可滥用。独特发现的观点就如同在暗夜里擎起的一把火炬，火炬之下把诸事烛照通明。

依靠独特发现，从而形成新闻精品，这已是一条新闻界所认准的康庄大道。而发现之花只有植根于思想积累的深厚土壤才能盛开，这也是为越来越多新闻界人士所认识的一个道理。新闻精品之精，不是单纯地建立在文字叙述之精上，而是建立在思想力量之强大上。如果忽视这一点，就会走入单纯业务、技术至上的泥淖中。获全国好新闻特别奖的《中国改革的历史方位》的作者曾深有体会地说：“过去讲积累，主要是积累知识、政策和新闻线索。现在，恐怕更多地应强调积累思想，这是最重要的，没有思想积累不行。否则，非但处理不好各种事实材料，连能不能抓到有价值的材料恐怕都要打个问号。”

发现是一个具有主观能动性的行为，不主动就无所谓发现。在发现的领域里，不分新手与老手、熟悉与生疏，只要谁把发现的引擎开得欢畅，谁就可能跑在发现的前列。在这个无尽的赛道上，资历是不起决定作用的。20 世纪 90 年代在西藏最有影响的军事新闻《特别能吃苦、特别能忍耐、特别能战斗、特别能创业》，并不是《解放军报》跑西藏最多的记者写出来的，而是第一次上高原的著名记者江永红写出来的。西藏军人普遍认为，该文第一次把老西藏精神概括为“四个特别”，是极为精当的。“四个特别”现在早已越出了军营，成为广大西藏干部群众的精神财富。发现与概括这“四个特别”的新闻作品，完全称得上是精品和名篇。说起这件事，军报跑西藏最多的记者徐文良十分有感触地说：“这事挺启发人的。一线记者的岗位靠下，但是稿子的新闻品位不能低下。记者一是必须要跑动到位，靠双脚去巩固自己的岗位；二是要思考到位，靠脑子去巩固自己的岗位。”

独特风格是说“以潇洒纵横之笔，达通心会神之意”。文字是没有色彩且不会发声的，但独特的行文风格，可以使人产生新闻是活蹦乱跳、有声有色的感觉，这就是文字的魅力所在。风格如人，人之性格是千变万化的，文字的风格也应千变万化。如果千人一面，那就抹杀了新闻的生命力。党八股式的文字为什么会遭人唾弃？就是因为它泯灭了人的本性，违背了多样化的人性内在追求。

风格之多样是不可尽数的，新闻作品的风格当然应该百花齐放。凡是出于己心而不是照搬他人的的结构、凡是独立表现而不是模仿套用的形式、凡是出自胸臆而不是曲意构撰的情思、凡是大胆杂交而不是因循保守的创意，都是风格产生的无尽泉源。陆机在《文赋》中说道："其为物也多姿，其为体也屡迁。"他指出了风格不完全是主观的产物，它是与客观现实丰富性相统一的，也就是注重文气时还应注重文体，从而形成文势。新闻工作者掌握了这一点创作规律，那么他的创作就会进入自由的王国。中美知识产权谈判是一场艰苦的舌战，充满火药味和斗争性。但是，《人民日报》记者却在这扣人心弦的场面中，在结构上插入了一段"闲笔"："记者们有一天注意到这样一幅图景，美国代表巴尔舍夫斯基女士穿着中式对襟丝缎上衣，而中方团长石广生则是标准的西装革履，当两人一起步入谈判会场时，人们不禁为他们穿着上的'中西反串'而会心一笑。"这种宕开一笔的方式，这种平中见奇的构思，这种潇洒飘逸的文字风格，这种开合有度的行文思路，这种严肃中有轻松的情趣，不就是风格的表现吗？

优秀记者总是用他们关注国家发展、关注人民疾苦的责任意识作为创作新闻精品的动力。新闻工作者是站在时代前列的人，是历史的记录者和见证人，是"今天的左丘明、司马迁"（郭沫若语），只有用敬业的态度和高度专业的水平，才能创作出无愧于时代、无愧于人民的新闻精品，才会使记者不做只会搬运的蚂蚁，而做能酿蜜的蜜蜂，这才是记者应有的人生追求。

心理小典 独立人格与精品意识

独立人格表现为习惯独立思考，独立实践，控制情绪的能力强，有理性，注意维护自己参与决策的权利，社会参与程度高。精品意识是一种追求完美形态的意识，其特点为：优化总体，精雕细节。记者从认知到传播，独立和精品两种意识，需要经常处于激活的状态中。

心智掌故 换一种方式离成功更近

他出生在美国新泽西州一个贫穷的外来移民家庭。在学业上，他虽然勤奋，但还是学得一塌糊涂，伙伴们嘲笑他笨，邻居们说这个孩子将来注定一事无成。他为此十分苦恼。

一次，他看到一位老人为了一张被老鼠咬坏的一美元钞票而痛哭不已。为了不让老人伤心，他悄悄回家将自己平时积攒的硬币换成一张一美元的钞票，交给了老人，并告诉老人这是他用魔法变回来的。老人激动不已，说他是个聪明善良的孩子。

父亲知道这件事后，认为自己的孩子还不是一个笨到家的人。父亲带他出门，去波士顿。他说："我们可以坐汽车去。"父亲说："那我们就坐汽车吧！"可是，在中途的一个小站，父亲下车买东西忘记了汽车出发的时间。就这样，汽车在他的喊叫声中呼啸而去。他很害怕，心想这下该怎么办，没有汽车，父亲怎么能到波士顿呢？波士顿汽车站到了，他下车时却看到父亲正在不远处等着他。他快速跑了过去，扑进父亲的怀抱，诉说一路上的忐忑不安，害怕父亲到不了波士顿，并惊讶父亲是如何到达的。

父亲说："我是搭另一辆好心人的便车过来的。"

是这样的！他惊讶不已。父亲说："只要我们能到达目的地，管它用什么方式呢，孩子，就像你学业不成功，并不代表你在其他方面不能成功，换一种方式吧！"此时，他猛然醒悟。

随后，他看到很多人因为自己的理想不能实现而痛苦不已，就想假如自己用魔法帮助他们实现梦想，即使是假的，但起码从精神上减轻了他们的痛苦。

从此，他对魔术表现出浓厚的兴趣，并跟随一些魔术师学习魔术，从而克服了心中的怯懦。教他魔术的老师发现他在这方面具有很高的悟性，学东西很快，而且每次都能在原有的基础上有所创新。很快老师的技巧便被他学完了，他不得不换老师。就这样，短短两年的时间里，他换了四位魔术老师。

他就是大名鼎鼎的魔术师大卫·科波菲尔，一个匪夷所思的成功人士。

心灵启悟　独立出精品

但凡拥有独立人格的人，做事就不会随波逐流，总是表现为独具一格、别出心裁。拥有独立人格的记者不会轻易出现"乱花渐欲迷人眼"的问题，在众多的事实和复杂的环境中始终会选择有价值的信息。一个记者良好的心理状态是，既有很好的自我稳定性，又有很高的自我灵活度。二者结合，就可以使之产生良好的洞见力，埋藏于自我深处的洞见之光，通过反复的观察与思考得以释放，这是产生新闻精品的必备精神状态。

第十节　常干常新之魂

“新闻事业是常干常新的事业，是有着广阔驰骋空间的事业。”江泽民同志在视察人民日报社时说的这段话，是对新闻传播事业基本品格的精当概括。

新闻创新的动力，源于人民群众与时俱进的创造精神。人民群众的实践和创造活动不但指引着新闻创新的方向，更为新闻创新提供了丰富的素材，进而激发记者的创新灵感，调动他们的创新积极性。如果没有群众实践所提供的新闻素材，新闻创新就成了无本之木、无源之水。

新闻创新的压力，来自受众的要求。随着信息时代的到来，报纸、广播、电视、网络空前繁荣，新闻文化趋向多元，受众对新闻和信息的选择也愈加挑剔。媒体为了在竞争中生存和发展，就不得不在新闻创新上下功夫，以获取更多的“眼球资源”。

一切创新都是通过新的发现，达到新的认识，创造新生事物，这正是创新的根本功能。从这个意义上说，创新是新闻事业进步的制约性因素。抓住了创新，也就抓住了矛盾诸方面中的主要矛盾，完全符合唯物辩证法的方法论。

只有解放思想，才可能冲破传统的束缚和教条的束缚，提出新的观点和见解。目前，新闻工作仍普遍存在创新能力不足的问题，许多新闻报道仍处于被动方式和低效状态，如果不改变这一状态，就不能适应和满足中国社会面临的严峻挑战与民族复兴的形势和需求。

创新具有极为重要的意义，这就需要新闻单位的领导把营造一个创新的环境当作自己的重要职责；在营造创新环境、鼓励积极创新、提高创新效益方面，领导起着任何其他部门都无法取代的作用。领导人物必须努力倡导解放思想、实事求是的基本原则，在遵守法律的前提下，真正做到报道无禁区、学术无禁区、研究无禁区。

领导必须充分发扬民主，营造一个良好的制度环境。创新意味着有可能触动一些人的既得利益，引发矛盾和反弹，在创新的过程中一旦出现这些情况，就必须有一套机制，保护创新者的积极性，使创新不被抑制。

要使新闻创新不断地、迅速地转化为报纸的版面成果，才能实实在在地推动社会的发展。在这种转化的许多环节上，我们新闻单位还存在诸多问题，若不加以解决，就会拖住整个创新的脚步。为此，相关的人事体制、部门设置体制、薪酬体制都应该进行相应的变革，让它们为新闻创新提供条件。在新闻事业高度发达的美国，新闻业也在不断地推动政策调整，以支持新闻创新。他们认为，迅速变化和日益全球化的经济对创新提出了新的要求，过去已证明是成功的机制和组织结构，今天很可能已成为创新的障碍。必须确保为促进创新创造机会，而不是形成制约创新的障碍，为此必须进行适时的重大政策调整、产业调整。

经过多年的探索，我国新闻事业的改革取得了重大的进展，新闻单位面向市场的活力和自我发展的能力大幅度提高。在这个基础上，要进一步抓住创新这个主题，抓好配套改革，处理、协调好新闻与宣传的关系，处理好传播效果与经济效益的关系。

新闻理论的创新是新闻工作创新理性化和自觉化的结晶，这几年新闻理念早已突破了许多限制，有了突破才有今天新闻界的繁荣。对新闻功能的认识理论，由单一的宣传理论变为多功能的复合理论，这已是大家的共识。如果没有创新精神和新闻界创造性的实践，我们对新闻的功能与形式的认识还停留在老地方，就谈不上新闻报道形式的创新。理论给创新思维带来活力，但是，不会活用理论，理论就可能遏制创新的冲动，成为创新的羁绊。体现在新闻实践中，一些记者在采访和写作时，总是不自觉地在老观念的驱使下，沿用习惯做法。一不留神，就写出旧的、单一宣传模式的稿件。这种观念和习惯如同僵死的框框，把人们的思维限在一定的范围内，墨守成规，安于现状，阻碍人们去突破、创新、开拓。

以前是呼唤创新，现在是投身创新报道的时候。新闻创新的出发点和归宿，在于贴近实际、贴近群众、贴近生活、增强时效性、加大信息量、提高信息值。形式是创新诸要素中最活跃的因素，例如，记者从旁观者变成参与者、当事人，就是一种新闻发布方式的创新；在参与中再实施多媒体报道，可收到容量更大、互动性更强的效果。据中国社会科学院的学者介绍，这种新兴的新闻报道方式——电脑辅助新闻学在西方发达国家特别是美国正在发展，它主要是借助网络进行新闻采集，借助数据库进行数据的收集与分析。它包括四个方面：

网络辅助报道。利用网络上大量的、实时的信息，寻找与发现新闻报道的人物和事件线索，寻找报道思想。同时，网络上的信息也是新闻记者寻找和发现新闻报道背景材料的有效渠道。通过网络发现报道线索的领域主要有教育新闻，竞选新闻，地方政府财政开支新闻，商业、金融新闻和刑事犯罪与法庭新闻，等等。

大数据技术辅助参考。利用各种在线资源进行数据的检索和事实的交叉验证。

大数据技术辅助研究。利用在线服务提供的各种报告与文章的数据库、新闻稿，以及重要组织机构和个人的网络主页等，开展与新闻报道有关的调查研究。

UGC 辅助聚会。利用网络上的数千个新闻组布告牌和新闻论坛，定期与遍布世界各地的具有相同兴趣、爱好或职业的人进行访谈和讨论。

这些依托新技术成长起来的新的报道形式有没有生命力？我们不要匆忙下否定的结论，而要满腔热情地去试验。新华社就已经多次在重大报道中，运用多媒体和超文本的以及机器人写作的方式，极大地丰富了报道内容并加快了传播速度。

新闻创新还要突出以人为本的原则。新闻创新的终极目的是为了增强表达效果，吸引和影响受众。因此，新闻创新要突出以人为本的原则，任何一种新的形式、新的手法，都是手段，它的目标都在于张扬和突出自己的个性和特色，通过出奇制胜，引起读者兴趣和强化接受效果。

创新是一项永不重复的思维劳动，其过程可能成功也可能失败。要让创新之树常绿，没有他途可走，唯有不断地进行新的实践与探索。

心理小典　突破自我

一个人的人格中，“我”本来就是具备的力量；而自我的疆界，讲的是一个人对“你”的感知和态度，这个"你"指的就是外界。如果记者将外界感知为敌意的，那他就会倾向于缩小自己的疆界，趋向于在自恋自守的范围里，发布自认无新而实际上旧的信息。创新意识就是不断突破自我疆界，拓展新领域。它是记者意识活动中的一种积极的表现形式。

心智掌故　都市里的悬崖

日本最大的帐篷商、太阳工业公司董事长能村先生想在东京建一座新的销售大厦。善于动脑筋的他认为，在寸土寸金的东京只建一座大厦，不仅一时难以收回成本，而且大厦的每日消耗也是一笔不小的开支。怎样能做到既建了大厦，又可以借此开拓新的市场呢？

万事就怕有心人，有了这样想法的能村先生便特别关注生活里的一些热点问题。当时，攀岩热正在日本兴起，且大有蓬勃发展之势，这令能村先生茅塞顿开：何不建一座都市悬崖，满足那些都市年轻人的爱好？经过调查研究，能村先生邀请了几位建筑师反复研讨，决定在十层高的销售大厦的外墙加一点花样，建成一座悬崖绝壁，作为攀登悬崖的练习场。

半年后，一座植有许多花木青草的悬崖，便昂然矗立在东京市区内，仿佛一个多彩而意趣盎然的世外桃源。练习场开业那天，几千名喜爱攀岩的血气方刚的年轻人，兴高采烈地聚集此处，纷纷借此过一把攀岩瘾。

在东京市区内出现了从前只有在深山峻岭才能看到的风景，这一下子就吸引了人们的目光，每日来此观光的市民不计其数。而一些外地的攀岩爱好者闻讯后，也不辞辛苦来到东京一显身手。

接着，能村先生又恰到好处地把握了这种轰动效应，在公司的隔壁开了一家专营登山用品的商店。很快，该商店便因货品齐全，占据了登山用品市场的榜首。

“越能利用有利用价值的东西就越能赚钱。”这是能村先生的经营之道，而他也正是在这一理念的引导下，把大楼的外墙建成都市里的悬崖，在创新中赢得了市场回报。

心灵启悟　在竞争中合作

竞争性，这是最重要的人性之一。在充分展开竞争的过程中，记者的人性内涵会完全展开，当全面展现而感到被挑战之时，就可以去完善它，成为一种生生不息的心理能量。从宏观上来看，竞争是最好合作的前提，记者工作的竞争性是绝对的，每天都在比拼谁更快更强，正是因为客观存在的“我比你强”竞争，才使得总体媒介环境优化，这是一种更具社会意义的职业合作，也是职业伦理升华的驱动力。

后记：细流归于大泽

一

华中楚地，多大江大泽。

生长于斯的我，虽受水乡朝晖夕阴的熏染，却难成气吞云梦的英雄气概。我更热爱汇入大江大泽的涓涓细流。

我在河网纵横的江汉平原胼手胝足地当过9年的工农；我曾长期失学，却在恢复高考后又获得了到复旦大学上学的权利；我少年时做过当记者的梦，却没有想到在经历了那么多年的曲折之后，梦圆在而立之年。

我热爱长江两岸的这片土地。当我梦圆之时，就暗暗抱定信念：像小溪一样把毛细管深深植于大地。

生活给了我太多的馈赠，使我的手中之笔得以充实。

“息息相关”是一种境界。当走进农家、下到工地、深入山林、踏进车间时，那些与普通劳动者相同的阅历，使我的心灵上时时产生浓得化不开的亲近感。

记者职业是一种社会分工，但记者的人格和思想脉搏，却不应与其他劳动者有什么分野，贴近生活不仅是记者写作的需要，更应把它当作记者的立身之本。

二

细流不等于柔弱，它可贵的品质是顽强。

长江出川后在南津关以下蓦然变得宽阔，得益于千回百转的条条支流的鼎力相助。

记者可以有多种当法，但没有哪个成功记者的性格里缺少了“顽强”二字。

不仅秉笔直书需要顽强，抵御恶劣采访条件需要顽强，就是日复一日地在和平的社会生活中满腔热情地发掘新闻，也需要身心充满顽强和毅力。

新闻是易碎品，愿意用整个生命塑造一个个转瞬即碎的作品，没有“顽强”二字支持是难以持久的。

回首记者生涯，尽管发表过数量不少的新闻稿件和副刊作品，也曾获得过一些大大小小的奖以及“全国百佳新闻工作者”的称号，但扪心自问，笔下的作品都称不上什么名篇佳作。这个事实既有令我有自愧的一面，又有自感坦然的一面，我算是顽强地履行了记者应尽的义务。

自叹没有“一苇可航”的悟性与法力，为了修得正果，我愿继续一次次顽强地游过汹涌的大河。

三

记者无我。

呈现于千百万读者面前的报纸，字里行间容不得半点记者一己的私利。

记者又有我。只有在以“小我”反映人民群众这个“大我”的时候，“小我”才能获得表现的权利和空间。

溪流虽小，折射太阳光芒的责任却与江海无异。

在洪水滔滔的灾区，当我乘坐的小木船深入到被淹没的村庄，看到群众在党的领导下奋起抗灾、互助互救的感人场面时，“小我”的心灵被撞击得难以自已，不由得产生了“如果不好好写他们，留着这支笔干什么？”的写作冲动。

在伸手不见五指的夜行运猪列车上，我们与被采访的猪倌一样倚着稻草堆，忍着臊臭以聊天打发长夜。聊着聊着，“小我”的心灵产生了强烈的净化感，不由地马上打亮手电，匆匆记下这样的感受：“平凡劳动者的工作环境往往并不那么洁净，但他们的心灵却是世界上最圣洁的。”

多年来我一直相信这样的直觉：当刻意在文字上想自我表现点什么的时候，稿件往往反而苍白无力；而当在一些急就章中不用什么技巧，直接再现那些非写不可的人和事时，文字却有了魅力。这就好像溪流在折射光辉时，自身也获得了引人瞩目的美感。

四

记者要有一个跳动的灵魂。

河水不流动，很快成为死水。缺乏热情的记者，将沦为旧时代那种刻板的师爷。

记者的劳动，属于那种回报率最高的劳动之列。你付出的采访艰辛程度，与你的成果大小，不仅是成正比例的，而且当你积累到一定程度时，成果将可能以倍数增加。作为记者，没有权利嫌贫爱富。相反，在最贫穷的神农架森林、大别山农家、鄂西山寨、楚南丘陵采访时，却找到了许多令人惊喜的新闻富矿。

身处新时代，生活中出现那么多新人新事，真如潮水一般，时时拍打记者的案头，令人热血沸腾。我做过时政记者，文艺记者、驻站记者，编过城市小报、周末报和数种副刊，不论在什么岗位上，我都感到生活的脉搏时时都在催人振作，惟有辛勤地采写与编辑，才能跟上时代的节奏。

记者不是苦行僧，但一个有责任感的记者，是应该经常自找点苦吃的。建设需要苦干，生活中还有那么多人在与贫困作斗争，自然界还经常降给人一些苦难。记者的劳动，如果能促成苦向甜的转化，那是记者的荣幸和骄傲。我在未来的岁月里，将继续抱定这个想法，尽绵薄之力。

晶莹不浊、百折不回是溪流的本色。保持本色，与百川并肩映日归海，这是我此生的大愿。

五

学习是记者的职业需求，思考是记者的职业特点。在 30 年的记者生活中，我一直感到学养的贫乏制约着自己的思想深度，工作中虽有一些零星的理论思考，也都来不及记录和整理。2001 年，我被选调到中央党校中青班学习一年，这使自己获得了一个“充电”的宝贵机遇。除了学习政治理论之外，我亦涉猎了若干新闻理论书籍，并产生了结合自己的理论思索，写一本书的想法。

在中央党校幽静的校园里，学员们课余最喜爱的活动之一，就是登千萃山望远、绕掠燕湖漫步。这攀登和漫步的过程，也是思考的绝佳时机。每有兴会，我就匆匆赶回宿舍，在电脑上记下这些思维的轨迹。一年下来，不觉积累了 20 余万字，分为 10 章 100 节。这些文字有理论的严肃，却没有没有严谨的理论框架；文体像是论说文，又没有论说得那么严肃。但是，这些文字都是自己发自内心的真实感受和思考，索性书名就叫《记者心语》，风格就任其原样，交给读者去审视和评说。

感谢中国记协主席邵华泽同志，他欣然为本书题写了书名。

感谢艾丰同志拨冗为拙作赐序。他的新闻理论著作和新闻作品，一直为我所景仰。他在《序》中的鞭策鼓励之辞，我将铭记在心并努力为之。

六

理性思维与理论研究是我的爱好。在我年届六旬之时，转型成为华中师范大学教授和新闻传播学院院长，这是我之前未曾料及的经历。在华中师大校园里，我在执教于本科、硕士、博士之余，以媒介法规与伦理、媒介经营与管理为重点开展研究，形成了包括国家社科基金项目在内的一系列成果。但是，我仍然敝帚自珍于旧作，在出版15年之后，为适应与青年学子更好分享的需要，以"新修"为方式重设框架，订正疏漏，增写内容，俾使其芥微之功再释。黄雪莹是我的学生，在新修中做了许多工作。在此，向多年来关注此书的读者，向协助新修的多位师生表示诚挚的谢意！

作者

2017年12月

图书在版编目(CIP)数据

记者心语新修 ：职业伦理与心理取向/江作苏，黄雪莹著 .—北京：中国传媒大学出版社，2018. 2

（新媒体与社会变革丛书）

ISBN 978-7-5657-2105-2

Ⅰ. ①记… Ⅱ. ①江… ②黄… Ⅲ. ①新闻工作-文集 Ⅳ. ①G21-53

中国版本图书馆 CIP 数据核字(2017)第 198953 号

新媒体与社会变革丛书

记者心语新修：职业伦理与心理取向

JIZHE XINYU XINXIU：ZHIYE LUNLI YU XINLI QUXIANG

著　　者	江作苏　黄雪莹
策划编辑	司马兰　姜颖昳
责任编辑	姜颖昳　司马兰
特约编辑	魏　征
装帧设计	拓美设计
排　　版	楠竹文化
责任印制	阳金洲
出版发行	中国传媒大学出版社
社　　址	北京市朝阳区定福庄东街 1 号　　邮编：100024
电　　话	86-10-64450532 或 65450528　　传真：010-65779405
网　　址	http://www.cucp.com.cn
经　　销	全国新华书店
印　　刷	北京玺诚印务有限公司
开　　本	787mm×1092mm　1/16
印　　张	23.75
字　　数	426 千字
版　　次	2018 年 2 月第 1 版　2018 年 2 月第 1 次印刷
书　　号	ISBN 978-7-5657-2105-2/G・2105　　**定　价**　59.80 元